El gran éxodo

Alianza Singular

Ludovico Incisa di Camerana

El gran éxodo
Historia de las migraciones italianas en el mundo

Prólogo de Miguel Ángel De Marco

Alianza Editorial S.A.
Madrid - Buenos Aires

Incisa di Camerana, Ludovico
  El gran éxodo: historias de las migraciones italianas en el mundo /
  con prólogo de: Miguel Ángel De Marco - 1a ed. - Buenos Aires:
  Alianza Editorial, 2005.
  536 pp. 22x14 cm. (Alianza singular)

  Traducido por: Luciana Daelli

  ISBN 950-40-0188-2

  1. Migración italiana - Ciencias Políticas I. De Marco, Miguel Ángel, prolog.
  II Daelli, Luciana, trad. III. Título

Título original: *Il grande esodo. Storia delle migrazioni italiane nel mondo.* (Milano, Corbaccio, 2003.)
Traducción: Luciana Daelli
Revisión técnica: Martín Lafforgue

Para la publicación de este libro
se ha contado con una contribución
del Ministerio de Relaciones Exteriores
de la República Italiana.

Diseño de cubierta: Pablo Barragán
Composición y armado: La Galera

© Ludovico Incisa di Camerana
© Alianza Editorial, S.A., Madrid-Buenos Aires
  Distribución y venta:
  Cúspide Libros S.A.
  Montes de Oca 1601; 1270 Buenos Aires
  Tel: 4303-8050 / Fax: 4303-8027
  Administración y producción editorial:
  Valentín Gómez 3530; 1191 Buenos Aires
  E-mail: alianza_arg@uolsinectis.com.ar
  Hecho el depósito que marca la ley 11.723

Impreso en la Argentina - *Printed in Argentina*

ÍNDICE

Prólogo, de Miguel Ángel De Marco 13
Introducción 17

PRIMERA PARTE
Italianos afortunados o el cosmopolitismo mercantil y aristocrático 23
I. Los caballeros de la globalidad 25
Italia nace global: el modelo genovés, 25; Ciudad sin fronteras, 27; Colón emigrante, 29; Emigrantes, no conquistadores, 31.
II. La Francia italiana 35
El imperio desvanecido, 35; Carlos VIII. El conquistador conquistado, 37; La Gioconda o la emigración conquistadora, 39; La marcha hacia el poder, 40; De Mazzarino a Scaramouche: el italiano enmascarado, 43; El cuarteto de los ases, 46.
III. La España italiana 53
"Nuestra España", 53; El oculto imperio genovés de Occidente, 55; El fin de la hegemonía genovesa, 57; La última oleada italiana, 59.
IV. El imperio italiano 67
Austria, casi una patria, 67; Los profesores de Europa, 68; Reinas de exportación, 71; Hungría, una atracción italiana, 72; Los generales de la Contrarreforma o el barroco armado, 74.

V. La Inglaterra mitad italiana y mitad no 79
El falso italiano, 79; El ciclo precedente, 81; Renacimiento con italianos, 83; María e Isabel: renacimiento sin italianos, 84.
VI. El Levante italiano 89
El imperio disimulado, 89; Entre la decadencia y el espacio vital, 91; Egipto o el canto del cisne, 94; Las dos políticas, 98; Dos vidas paralelas, 101; Japoneses de los Balcanes, pero sin Japón, 104.
VII. Los italianos en el exterior construyen Italia 109
Los hombres venidos del mar, 109; Capitanes, no almirantes, 110; París, capital de Italia, 112; El regreso de las reinas italianas, 114; La ópera como mensaje nacional, 116; El ejército desaparecido, 118; Italia renace en Montevideo, 120.

SEGUNDA PARTE
Fuga de Italia 127
I. Emigración como eliminación 129
La Italia proletaria se mueve, 129; El vicecónsul y los emigrantes, 131; El milagro de la tierra, 133; Las primeras señales, 135; Los malos pensamientos de la Italia legal, 138; La pequeña modelo vendida y la matanza de los inocentes, 142.
II. Emigración como revolución 149
El protagonista: el campesino, 149; La revolución del Norte, 153; La revolución del Sur, 155; El ejército abandonado, 157.
III. Emigración como liberación 163
El microcosmos revolucionario, 163; Los anarquistas o los caballeros equivocados, 165; El mito de las Américas, 168; El gran engaño, 171; ¿Liberarse de Italia?, 173; Los emigrantes de primera clase, 176.
IV. Después de la marea 181
El cambio étnico, 181; El cambio social y económico, 185; Las tribulaciones de la lengua italiana, 190; Las ciudades de rostro italiano, 192; La hegemonía musical, 195; Curas a caballo, 197; ¿Los italianos delincuentes? Más bien policías, 199.
V. Los italianos y los otros 207

El caso de la Argentina: la fórmula de Mazzini o la República en la República, 207; La ideología ruralista criolla contra la ideología industrialista italiana, 209; Uruguay, semiitaliano, 211; Uruguay, más garibaldino que italiano, 214; Brasil: anarquistas, patrones, patroncitos, 216; Brasil: religiosidad y defensa nacional, 220; El periplo de una corbeta, 224; La burguesía del Pacífico y del Caribe, 227.

VI. Estados Unidos: no siempre gueto 237
Italianos-Ajenos, 237; Un modelo americano: Providence, 239; La elección del gueto, 242; Cuando el juego se torna duro, 244; Canadá: los huérfanos de Gaboto, 246.

VII. El Reino sorprendido y dividido 251
El preámbulo saboyano-piamontés, 251; El sueño del barón Ricasoli: un pueblo de marineros y de comerciantes, 253; Italia no reconoce la doctrina Monroe, 256; La gente se va y el gobierno no se mueve, 257; Preaviso al gobierno, 260; La Iglesia se mueve, 263; La diplomacia no sabe cómo comportarse, 267; Las cañoneras ya se han movido, 272; El espejismo africanista, 278.

TERCERA PARTE
Las dos Italias entre dos guerras 287

I. La Italia de la victoria 289
Un acorazado va a América, 289; La desilusión de Orlando, 292; El fin de la tierra prometida, 294; Las islas italianas, 297; La conquista de las ciudades, 299; La segunda generación, 301.

II. El crucero 305
El rostro mercantil de la Italia victoriosa, 305; El embajador, 307; Las embajadas, 309; El redescubrimiento de América, 312; Los recibimientos oficiales, 317.

III. De la Italia navegante a la Italia voladora 323
Italianos reencontrados y perdidos, 323; Italia opulenta, Italia proletaria, 325; Triunfo sin estrategia, 327; Cuando el buen Dios también es italiano, 330.

IV. Una vez más el mito de América 335
Cuando América inunda, 335; Los italianos invisibles, 337; Los italoamericanos casi nacionalistas, 339; De Sacco y Vanzetti a Frank Capra, 341.

V. La emigración negada 345
   La falsa reanudación, 345; Ave, Mussolini, migrantes *te salutant*, 347; El nacionalismo de los otros o el efecto *boomerang*, 350; Entre Parini y Gramsci, 353; La elección definitiva: el colono soldado, 355; La guerra de Etiopía: venganza contra la emigración, 357.
VI. Dos Italias, incluso tres 363
   La Italia alternativa o la Italia de calidad, 363; España: la Italia roja contra la Italia negra, 365; Tres italianos y medio en la España roja, 368; La migrante revolucionaria, 370; Con el Imperio en América, 372; Gran potencia en otra parte o el Imperio disimulado, 376.
VII. 1941: la emigración derrotada 385
   La "mala noche" de los italoamericanos, 385; Salvados por Colón, 388; El genocidio cultural, 390; La derrota en otra parte, 392.

CUARTA PARTE
La última emigración, mitad útil, mitad inútil 397
I. El último éxodo 399
   Aprendan lenguas y váyanse de aquí, 399; La emigración del miedo, 401; La Italia desocupada, 403; La emigración, falso remedio, 405; ¿Todo como antes?, 407; Llegan los ingenieros, 411; Extraños encuentros entre italianos, 412.
II. Tres millones de italianos perdidos 419
   El gran error, 419; Conclusión privada de una cuestión privada, 421; Una transición ausente, 423; Cómo se ubicaron laboralmente, 425; No se ha ido solamente el Sur, 430.
III. Las capitales externas 433
   París es siempre París, 433; Nueva York, "Italian-American", 435; La ciudad quimérica, 437; Londres, capital refugio, 439; La capital de los oriundos, 442; Las capitales ausentes, 443.
IV. Los otros italianos 447
   Los ítalo-brasileños: santos, intelectuales, coroneles, tecnócratas y guerrilleros, 447; Argentina: seis generales, seis patrones del poder y el tano Galimba, 451; El descubrimiento de los ítalo-franceses, 453; Brooklyn

vence a Hollywood, 456; Microprocesadores y pasta a las berenjenas, 458.
V. Perdidos, aislados, vencedores 463
Alemania: los italianos en el último lugar, 463; La historia olvidada, 465; La lección alemana, 468; Suiza: de indeseables a benjamines, 470; El caso de Australia, 472.
VI. Difíciles retornos 479
La otra cara de Italia, 479; Paisaje con inmigrados, 481; Gioconda y Gabriella, 483; Europa: la infantería del trabajo se repliega, 485; América latina: la preferencia italiana, 486.
VII. Pantaleón y Arlequín 491
Los negocios de Italia son los negocios, 491; Las colonias comerciales ausentes, 493; Una ocasión ausente: el capitalismo reacio, 495; Pantaleón vestido de harapos crea un imperio industrial, 496; Italia llama a Italia, 499; El amargo té de los *condottieri*, 499; Lobos y hormigas, 502.

Primer epílogo 507
Segundo epílogo 515
Nota bibliográfica 521

Las cuatro ilustraciones
Partida desde el puerto de Génova 4
Reservistas italianos se embarcan
ante el llamado a las armas, 1915 286
Los italianos se expanden por el territorio argentino 288
Una oleada del gran éxodo 398

PRÓLOGO

Este libro ofrece una nueva y amplia visión del fenómeno de la inmigración italiana que, según subraya el autor, comenzó en tiempos remotos y no, como se ha sostenido casi siempre, en los siglos XIX y XX. "Italia es país de mar y ha aceptado siempre el desafío del mar", dice Incisa di Camerana, quien realiza en la página inicial de la obra, esta afirmación tan contundente como dramática: "La evasión de la tierra firme es una vocación".

Lo demuestra a través de diferentes capítulos de esta obra cuya originalidad corre pareja con una versación que proviene de la compulsa de diferentes fuentes y de una rica experiencia diplomática. Ésta permitió que el autor accediera a diferentes realidades y confirmara sus hipótesis sobre el gran éxodo hacia todos los puntos cardinales, que se produjo en oleadas de diferente intensidad según las épocas y ámbitos de destino.

Pero, más allá del exhaustivo conocimiento bibliográfico y de la valoración de la idiosincrasia de los italianos y sus descendientes en los países donde ejerció su misión, Ludovico Incisa di Camerana realiza una valiosa y profunda reflexión sobre la pluralidad de realidades que presenta esa emigración tan prolongada como singular.

Es muy cierto que "no hay una sola historia de Italia; son dos historias de Italia: la de los italianos en Italia y la de los italianos fuera de Italia", porque los hijos de la península no se confundieron utilitariamente en los lugares de destino, perdiendo su propia identidad, sino que la mantuvieron en cada circunstancia procurando proyectarla, con variada suerte, en sus descendientes. Lo que ocurría en la patria alegraba o hería a los que se hallaban lejos de ella. Y lo que sucedía en la inmensa diáspora italiana, preocupaba a los gobiernos y, sobre todo, a los particulares que contaban en el exterior con familiares muy cercanos.

Por otra parte, conviene señalar la capacidad de asimilación que patentizaron en el exterior los laboriosos y creativos hijos de cada región de Italia, para quienes no fue en general indiferente el presente y el porvenir de las naciones en cuya propia vida arraigaron profundamente.

Los italianos del éxodo vivieron con el corazón partido, a veces amargamente, entre el recuerdo de la tierra nativa y las realidades de la tierra de adopción.

El autor observa el fenómeno desde los dos puntos de vista y analiza los motivos de la inmigración en cada momento de la historia, las características de los que optaban por partir al extranjero y, consecuentemente, el modo de inserción de cada uno en la nueva realidad; la forma en que se produjo el arraigo lejos de los lindes peninsulares y la manera en que aún perdura la pluralidad de lazos anudados a través de muchos siglos.

Hubo una larga etapa que abarcó varias centurias, en que la inmigración fue altamente calificada y tuvo un papel muy importante en el comercio y la cultura de los países hacia los que se dirigió. Desde el Medioevo hasta el Renacimiento, el aporte perteneció predominantemente al terreno de las operaciones mercantiles; luego, y por espacio de trescientos años, el éxodo estuvo caracterizado por una fuerte presencia cultural y aun política.

En lo que se refiere a la América latina, un considerable número de italianos participó en las luchas por la independencia y en los procesos de organización nacional. Muchos de ellos fueron emigrados políticos que llevaron a los respectivos países el contingente de su formación doctrinaria, unido a la participación militar en forma individual o mediante cuerpos que marchaban bajo una bandera ajena que adoptaban como propia, pero a la que agregaban los símbolos distintivos del ideario que habían sostenido en su tierra.

Incisa di Camerana titula a la segunda parte del libro, que se refiere al siglo XIX, "fuga de Italia", e involucra a los que partieron para ser consecuentes con sus ideas y evitar la cárcel o la muerte, fuesen mazzinianos o anarquistas. También de los que procuraron modificar en otras latitudes la pesada carga de la pobreza. Luego se ocupa del modo como los italianos se insertaron en cada país y la manera en que influyeron en las respectivas sociedades a través de sus profesiones, oficios, habilidades artísticas y gustos. Y enfoca como muy particulares los casos de la Argentina, el Uruguay, Brasil y los Estados Unidos.

En efecto, lo fueron, y el lector podrá apreciar la fina disección que el destacado autor realiza de cada realidad en América y en Italia, donde gobiernos sorprendidos procuran interpretar y aprovechar la presencia de sus connacionales en los respectivos países.

No menos henchidas de reflexiones y fina ironía, están la tercera y la cuarta parte, donde Incisa di Camerana se refiere al conflictivo siglo XX en lo que atañe a sus compatriotas en el exterior, y a las distintas posiciones de las autoridades italianas, particularmente dramáticas durante la dictadura de Mussolini, henchida de trágicos sueños imperiales. Las vicisitudes de la emigración en la última parte de la pasada centuria, merecen el título de "medio útil, medio inútil", que implicó "tres millones de italianos perdidos".

El esperanzador epílogo que contempla "desde las pequeñas Italias a la más grande Italia", constituye un ajustado cierre al análisis de una secular epopeya que protagonizó la tierra en cuyo reducido territorio o más allá de sus fronteras, efectuó un cuantioso aporte a la historia de la humanidad.

MIGUEL ÁNGEL DE MARCO
Presidente de la Academia Nacional
de la Historia (Argentina)

INTRODUCCIÓN

> "Una historia completa, magnífica
> y peculiar sería
> aquella de los italianos
> fuera de Italia."
>
> Cesare Balbo
> (*Sommario*, Libro VII, 22)

No hay una sola historia de Italia, hay dos historias de Italia: la de los italianos en Italia y la de los italianos fuera de Italia.

La historia de los italianos fuera de Italia no es menos continua y rica que la historia de los italianos en Italia: es más, en ciertos momentos en los que la primera se debilita, se opaca o se dispersa, la sustituye la segunda, restituyéndole su espesor a la identidad nacional, asumiendo, como ocurrirá en el período más sombrío de la declinación política, un papel de suplente y de representante respecto de una Italia dividida, internacionalmente anulada.

Es posible sostener que la conciencia de la identidad nacional nace en el exterior; que, en los momentos de decadencia y de tragedia, la continuidad de la identidad nacional la mantuvieron más los italianos residentes en el exterior que los de casa. El 8 de septiembre de 1943* no hubo dudas ni en Nueva York ni en Buenos Aires acerca de la supervivencia de Italia, y los italianos del lugar se condujeron en consecuencia. Y en la óptica de los que viven en el exterior la identidad de Italia es unitaria. Fuera de Italia, los meridionales y los septentrionales se reconocen "italianos". El italiano en el exterior está so-

---

*Fecha del armisticio con Estados Unidos e Inglaterra durante la Segunda Guerra Mundial. *N. del ed.*

brecargado con toda la historia y el folclore de la península y está dispuesto a administrar este patrimonio.

La historia de los italianos en el exterior es menos fragmentaria que la de los italianos en Italia. Empieza como una historia de elites cosmopolitas que asumen, justamente después de la unidad de Italia, un sólido carácter. En 1861 Italia tiene 21 millones de habitantes: en un siglo emigraron 26 millones, más de la mitad. La proporción se mantuvo: los oriundos son 58 millones, de los que por lo menos una décima parte, más de 5 millones, ha conservado o recuperado la nacionalidad italiana, mientras que una buena parte, por lo demás, nunca la perdió, aunque no posea pasaporte italiano.

¿Una Italia perdida o una Italia reencontrada? La segunda generación, la primera nacida en el exterior, parece perdida, se hace nacionalista del país en el que vive, reniega del padre o se burla de él: "la potestad paterna", escribía un ensayista argentino, Raúl Scalabrini Ortiz, hijo de un intelectual italiano, "es un mito en Buenos Aires cuando el padre es europeo. Quien realmente ejerce la potestad y la tutela es el hijo".[1]

Pero las nuevas generaciones hurgan en los archivos, buscan las raíces. Hasta en un país como Francia, donde hasta los años cincuenta, cuando la gente se naturalizaba, se cortaban los puentes, se desaparecía voluntariamente en la masa anónima, se afrancesaba el apellido y Finocchi devenía Finoki, Livi Montand, Colucci Coluche, hoy se apela al propio origen étnico como un elemento que une y califica la pertenencia cultural y política a Francia.

¿Una Italia virtuosa o una Italia degradada o casi caricaturesca? Hasta hace no muchos años la Italia peninsular se presentaba a los turistas extranjeros como la patria del "dolce far niente"* o de su versión más refinada, la "dolce vita"**; pero en el exterior nadie osaba poner en duda la capacidad de trabajo, la obstinada voluntad de progresar del inmigrante italiano. En todo caso, eran los italianos de Italia los que juzga-

---

* En la Argentina la frase es tan conocida que prácticamente no necesita aclaración. No obstante, equivale al dicho español "estar panza arriba". *N. del ed.*

** "Dolce vita" refiere a un modo de vida irresponsable y hedonista. *N. del ed.*

ban con desprecio, cuando se encontraban en el extranjero con sus propios connacionales, sus recuerdos deformados por el tiempo y la distancia, la imagen anacrónica pero persistente de la Italia de los padres y abuelos, una imagen de la Italia pobre y trágica que los italianos de hoy nunca conocieron o han alejado por completo.

En algunos países los oriundos se han integrado perfectamente. Distribuidos en las clases medias y altas, hace tiempo que escalaron las cimas no sólo económicas, sino también políticas y culturales de la sociedad en la que viven. El desarrollo económico de estos países es su propia historia. En otros, el proceso de integración fue un poco más lento y sólo ahora el componente étnico italiano revela en las nuevas generaciones su congénita capacidad de imaginación y de creatividad. En otros casos, en cambio, una condición de origen proletario y subalterno arriesga reproducirse indefinidamente.

En Italia, durante mucho tiempo, se le dio importancia sobre todo al momento de la partida, al momento del éxodo; la pobreza italiana se trató con el mismo método con el que se curaban las enfermedades, con sangrías, pensando aligerar un cuerpo social demográficamente denso sacándole sangre, vale decir, con la emigración.

La administración de los italianos en el exterior tuvo aspectos emotivos y casi heroicos a nivel individual, pero por lo general se manejó con criterios más notariales que políticos; la expatriación no se asoció a un fenómeno dirigido con ejemplar acierto por los antiguos Estados italianos en los tiempos de la emigración de elite; no se insertó en un gran diseño estratégico, rompiéndose en esquirlas constituidas por las especulaciones de los intermediarios y de los proyectos individuales de las personas y de las familias que fueron los protagonistas. Si a una estrategia obedeció la emigración masiva, en un marco férreo de disciplina en el número y en la selección, fue, mientras duró, o sea hasta los tiempos próximos a nosotros, a la estrategia de los países huéspedes.

Queda ahora un patrimonio que en el plano cultural y lingüístico nunca recibió la atención debida, que en el plano sentimental y afectivo es cada vez más débil, mientras que, por el contrario, en el plano político y económico puede demostrarse decisivo en el armado de la estrategia europea y mundial de Italia.

En un mundo globalizado los núcleos de oriundos representan los nexos de una gran potencia industrial y de su modelo más original, ese sistema de la pequeña y mediana empresa que Francis Fukuyama teorizó en su ensayo *Trust*,[2] y que en los países emergentes se convirtió en el modelo de un crecimiento rápido, no violento y pluralista.

Las nuevas generaciones de ascendencia italiana ya no ven en Italia al país pobre e indolente, que alentó la fuga de sus abuelos y de sus padres, sino que lo ven como un ejemplo: sienten la afinidad de una cultura, que no es la de la lengua o la de la literatura, sino la cultura del trabajo, que ya no es la del arte puro sino la de la estética de la moda y la del diseño industrial o de los *mass media* visuales.

La Italia que gusta no es la bella Italia, estatuaria pero severa que rechazó a sus progenitores, sino una Italia "útil", una Italia con las mangas remangadas, una Italia otra vez maestra.

Nuestros emigrantes han superado desde la época de la navegación a vela la filosofía sedentaria de la Italia de la decadencia. Atravesaron los océanos por millones, amontonados en las estibas de los bergantines y luego de las naves de vapor. Se condujeron según la geopolítica de las repúblicas marineras, que nunca consideraron el mar como un límite. Durante demasiado tiempo la Italia oficial siguió una geopolítica autolimitante y terrestre, interrumpida por algún infortunado chapuzón en el Mediterráneo. Y ahora el único modelo de globalidad es el primero.

Por lo tanto, es necesario imaginar una estrategia de conjunto, entre las dos Italias o las dos mitades de Italia, pero esta estrategia por cierto sólo se puede elaborar recabando de la historia las necesarias consecuencias. Una historia descuidada: es más fácil hallar en Italia fondos para estudiar las costumbres y ritos de las tribus africanas o para hacer excavaciones arqueológicas en el Yemen, que para registrar lo que queda de los usos y los dialectos originarios de las colectividades piamontesa en la Argentina, veneciana en Brasil o siciliana o de la Puglia en los Estados Unidos, o bien para profundizar la influencia de los arquitectos italianos en la difusión del Barroco en las misiones jesuíticas desde Paraguay hasta Polonia. Y sin embargo, aunque no faltan estudiosos de valor, en las universidades italianas no existe una cátedra de historia de la emigración: la historia, en un siglo, de 26 o quizá 30 millones de italianos. Por sobre todo, ésta es una historia que continúa: los problemas que se presentaron a causa de la inversión del fenómeno, a causa de la inmigración masiva de la que Italia es objeto desordenadamente, no deben hacer olvidar que la vocación cosmopolita del italiano aún persiste: ya no se trata de la emigración de masas, volvió a ser la emigración de elite, una emigración que no es combatida, pero que no es excesivamente querida. Este texto quiere ser testimonio de un pasado que hemos arrinconado como un recuerdo desagradable, pero también un relato sobre la realidad, para nada desoladora, que produjo esta historia y que ofrece una plataforma extraordinaria a la geopolítica de la Italia de hoy.

El deber que asumí debe mucho a mi condición profesional: la de diplomático. Mi carrera me llevó a actuar y observar desde una posición privilegiada el abismo que separa las dos Italias. Desarrollé mis funciones en un período que coincidió con un ciclo histórico completo. Estaba en Le Havre, en Normandía, en la segunda mitad de los años cincuenta, la última fase de la emigración masiva, cuando afluían los rezagados del "escape a Francia" descrito por el homónimo y bello filme de Mario Soldati, cuando quemaban todavía las heridas de la Segunda Guerra Mundial, y llegaban del Véneto, aún no opulento, los trabajadores estacionales para la recolección de la remolacha, y era necesario encontrar un puesto ya sea a los connacionales que llegaban sin contrato de trabajo como a los *pied noirs* italianos expulsados de Túnez. Inmediatamente después en Brasil, donde tenían lugar los póstumos contratiempos de un experimento anacrónico de colonización agrícola a gran escala, donde junto a la omnipotencia de la elite industrial italiana de San Pablo convivía la miseria de los fracasados, abandonados voluntariamente en las *favelas*.

En 1972 estaba de servicio en Roma, en la Dirección General de Emigración, cuando los que regresaban compensaban a los expatriados, pero pocos se daban cuenta,[3] y una Italia que había alcanzado el bienestar se comportaba aún como si fuese pobre e infeliz. Luego fueron Inglaterra, Venezuela, Argentina, entre fines de los años setenta y el principio de los noventa, cuando, agotado este fenómeno, nuestras colectividades se habían organizado y estabilizado y eran "administradas", cuando muchos emigrados, luego de haber superado las dificultades que se le presentaban en el país que los recibía, se quejaban de una apuesta equivocada y se delineaba la perspectiva de numerosas repatriaciones.

Recorriendo con la memoria ese período de actividad profesional, creo haber actuado frente a un contexto humano no siempre triunfador y no carente de un sustrato patético y a menudo doloroso, sin impulsos sentimentales, asumiendo el riesgo de ser antipático e impopular, ateniéndome a esa dureza práctica que era lo máximo posible en un marco burocráticamente vinculante, siendo incluso consciente de que todo lo que podía hacer era inevitablemente inferior a lo que nuestros compatriotas y los oriundos esperaban de nosotros.

En la diplomacia se tiende a anteponer una distancia formal a una identificación plena con los connacionales, de donde resulta una extranjeridad ambigua que inevitablemente comporta excepciones, al nacer relaciones de familiaridad y amistad que luego el nivel oficial defrauda. Pero ciertamente el diplomático vive cada vez más como un italiano en el exterior y cada vez menos como el miembro de un grupúsculo internacional y cosmopolita.

No quiero hoy justificarme, pero reconozco tener hacia la otra Italia un deber moral que busco saldar dedicándole este ensayo.

Ludovico Incisa di Camerana

Octubre de 2002

NOTAS

1. Raúl Scalabrini Ortiz, *El hombre que está solo y espera*, Buenos Aires, Plus Ultra, 1983, p. 39.
2. Francis Fukuyama, *Trust. The Social Virtues & the Creation of Prosperity*, Nueva York, The Free Press, en especial pp. 107-111.
3. Ludovico Garruccio (seudónimo del autor), "Problemas y dilemas de la política de la emigración", *Biblioteca della libertà*, año X, núm. 47, noviembre-diciembre de 1973.

# PRIMERA PARTE

ITALIANOS AFORTUNADOS
O
EL COSMOPOLITISMO
MERCANTIL Y ARISTOCRÁTICO

I

LOS CABALLEROS DE LA GLOBALIDAD

Italia nace global: el modelo genovés

Italia es país de mar y siempre aceptó el desafío del mar. Evadirse de la tierra firme es una vocación. Roma se convierte en imperio siguiendo las vías de expansión de sus súbditos romanos e itálicos. La guerra de Numidia contra Yogurta es provocada por la masacre de los comerciantes itálicos instalados en las costas africanas. Ni siquiera los Alpes representan un obstáculo: son, más bien, una invitación a atravesarlos.

El segundo imperio italiano no es el Sacro Imperio Romano germanizado, sino el imperio del mar o los imperios de las repúblicas marineras y empieza con la reconquista del Mediterráneo devenido lago del Islam. La primera Cruzada representa un episodio de esta reconquista que alía el interés mercantil con la fe religiosa y es por cierto el episodio más idealista, porque el terreno del encuentro es económicamente menos interesante que otros teatros de guerra. "Los italianos de las ciudades mercantiles", observa Jacques Heers, "se comprometieron del mismo modo que todos los otros, como cristianos y como peregrinos, para orar y combatir."[1]

Más tarde se delinea el intento de volver a partir de Oriente para imponer una hegemonía comercial a Occidente. El partido güelfo tratará de reunir el ecumenismo eclesiástico con el ecumenismo mercantil, pero será bloqueado por su propia incapacidad para imaginar un ordenamiento cívico y militar unitario y acabará optando por delegar en las dinastías externas. El intento, primero de los normandos vía Albania y luego de los angevinos vía Grecia, de apuntar sobre el imperio bizantino y de oponer al imperio terrestre germano un imperio mediterráneo, un imperio de Oriente italianizado, fracasa.[2] Logrado momentáneamente en Venecia en 1204 con la Cuarta Cruzada, muestra la dificultad de un dominio directo y la validez de la estrategia seguida por Génova, desde Caffa en Crimea hasta Quío en el Egeo, con la instalación de colonias comerciales.

La fórmula imperial de Génova y en menor medida de Pisa y Venecia prevé dos escenarios de guerra: uno interno, la metrópoli, y uno externo, las colonias de los propios comerciantes. Es el primer modelo de inserción de los ciudadanos en el exterior según un diseño estratégico uniforme.

Gracias a este esquema, Génova pasará a ser lo que Fernand Braudel llamará una *économie monde*,[3] un Estado global, un imperio sin territorio. El esquema es tan sólido que resiste a la permanente inestabilidad política de la metrópoli así como a luchas externas, la ofensiva otomana en Levante, que Génova no está en condiciones de contener militarmente. Una vez caída Bizancio en 1453, obligados a embarcarse los soldados genoveses sobrevivientes con su moribundo comandante Giustiniani, caerán las plazafuertes mercantiles, las cabeceras de la "ruta de la seda", caerá Quíos, la Hong Kong del Egeo. El Mar Negro ya no es un "lago genovés", como lo llama Jacques Heers.[4] Pero Génova reconstruye su dispositivo en Occidente, en la ruta atlántica donde ya puso sus pies.

Génova no trató de ocupar territorios. Cuando no pudo evitarlo, confió sus bases externas a la administración de su banca: el Banco de San Giorgio. Su tumultuoso juego político interno no tendrá, de este modo, reflejos negativos sobre sus colectividades en el exterior, una red que va del Mediterráneo oriental a Málaga y luego a Sevilla hacia el Norte, a Londres, a Southampton y en Brujas hacia el Sur hasta el Norte de África. Su fuerza es el sentimiento de solidaridad y de lealtad de las colectividades genovesas en el exterior. Dentro de este marco, la política exterior de la república deja obviamente un amplio margen a la iniciativa privada y sobre todo a la de los genoveses en el exterior y a sus uniones familiares.

Geopolíticamente Génova es, en una Italia estrecha, aún más estrecha entre el mar y los Apeninos. Su potencia sólo puede ser principalmente externa: en el mar y en tierras extranjeras. También por esta razón no será traicionada, a diferencia de Venecia, por los descubrimientos. Por lo demás, América supone un proyecto genovés y florentino, mientras que Asia fue un proyecto veneciano fracasado.

Ciudad sin fronteras

Lejos, en Asia, hay un mundo más avanzado y más rico, incluso tecnológicamente más moderno, con sus grandes ciudades, sus metrópolis imperiales. Capitales populosas, pero puramente administrativas, hechas de una "materia lujosa y blanda", ciudades en las que lo que vale son los cortesanos y los funcionarios y no los oficios y los comerciantes, sin una burguesía autónoma, sujetas a la autoridad de los príncipes. "En la India como en la China", explica Fernand Braudel, "las estructuras sociales obstaculizan el libre destino de la ciudad. Si ésta no concreta su independencia no es sólo a causa de los golpes del mandarín o de la crueldad de los príncipes hacia los mercaderes y los simples ciudadanos. La sociedad es estática, se ha cristalizado previamente."[5]

La ciudad europea, a la inversa, posee una fuerza dinámica, una capacidad expansiva que encarna su burguesía, la burguesía mercantil. Y la ciudad italiana está en la vanguardia. Si no es territorialmente imperial, es global: no conoce fronteras. Por eso no será descubierta por el mundo de afuera, sino que descubrirá el mundo de afuera.

El primer esfuerzo de las ciudades italianas es militar: la conquista de la libertad de navegación. Gracias a su flota y a su maquinaria de guerra fueron posibles las cruzadas. Gracias a las cruzadas las repúblicas italianas establecen sus colonias en lo que queda del imperio bizantino y en las tierras conquistadas a los infieles. Las colonias fueron el teatro de una guerra civil italiana entre Génova, Venecia y Pisa, y de una guerra exterior contra los principados locales. Causa de "feroces luchas, de complicadas negociaciones diplomáticas y siempre subordinadas a la política de las tres ciudades en Italia... se perdieron, se recuperaron y se volvieron a perder como resultado de la violencia que daba testimonio de la intolerancia de los griegos por el predominio comercial latino que los perjudicaba."[6] Nadie preveía que una de las tres Repúblicas daría vuelta la mesa de juego tratando de establecerse como patrona en la capital del imperio bizantino. Será la ex súbdita de Bizancio la que en 1203 desviará el curso de la Cuarta Cruzada sobre Constantinopla, sirviéndose de socios, los vasallos franceses y flamencos y mucho más los piamonteses del marquesado de Monferrato, que le deben los gastos de la expedición.

Venecia tendrá un tercio de las posesiones bizantinas. Pero, en la medida en que el conde de Fiandra sea el soberano, a la república italiana le tocará la parte más sustanciosa: el litoral desde el Adriático hasta el Egeo, o sea, las provincias mediterráneas y un tercio de la capital. El imperio latino de Oriente deviene imperio veneciano. Pero para los griegos los venecianos son el equivalente en el siglo XIII del "feo norteamericano" de nuestros años 1960: "serpientes de agua, gente sacrílega, depravada, prepotente", como los califica un escritor bizantino.[7] A los nuevos súbditos no se les ofrece un plan de grandeza, aunque no se descarta la idea de llevar la laguna veneciana al Bósforo, centro de los dominios venecianos. Después de medio siglo, los griegos, respaldados por los genoveses, deshacen una construcción aún frágil. El predominio de esta área pasa a Génova, que no tiene ambiciones imperiales, sino sólo comerciales.

La ocasión de crear otra Italia al Este se ha perdido. Los herederos del imperio de Bizancio serán los turcos, no los italianos. Marco Polo descubrirá una ruta terrestre hacia el Asia, pero sin una base territorial la expansión mercantil resultará más privada que política, más precaria que sistemática. La Italia del Levante se verá sujeta a las reglamentaciones y a los volubles y provisorios privilegios de la hospitalidad en tierra ajena. La ruta de Asia será más recorrida por misioneros, como Giovanni di Pian del Carmine, que por comerciantes, y en la época de los grandes descubrimientos marítimos será exclusiva de las potencias atlánticas.

Colón emigrante

Marinero en busca de fortuna, pero con una buena cultura de autodidacta, Cristóbal Colón sigue el recorrido normal de los otros emigrantes: se transfiere a la casa del hermano en Lisboa, se asienta en una colectividad genovesa menor (la capital portuguesa no es una escala muy frecuentada por la flota genovesa de la ruta atlántica), se casa con la hija de otro emigrante que ha conseguido notoriedad y bienestar. Cuando constata que Portugal no satisface sus aspiraciones, deja Lisboa por Sevilla, sede de una colectividad genovesa más poderosa y que se hace oír. Es precisamente en España donde logra convencer a los soberanos para que apoyen su gran proyecto: la exploración de otra ruta hacia Asia, un proyecto que refleja la fórmula inspiradora de la república de San Giorgio, el espíritu de las cruzadas y la búsqueda del oro.

El espíritu de las cruzadas, de la liberación del Santo Sepulcro, está vivo en Génova, donde todos los barcos tienen un nombre sagrado, el de Santa María, al que se añade el de algún otro santo.[8] La búsqueda del oro es la búsqueda de la primacía financiera, el sustrato de la vocación global de la ciudad.

En Cristóbal Colón estos dos elementos, el místico y el materialista, conviven sin contradicción, tanto que se reconoce en él a uno de los mensajeros que la Iglesia de Roma envía a la China con la esperanza de encontrar aliados contra la amenaza islámica.[9] Tan visible como la avidez de privilegios persiste en él paralelamente la codicia del lucro, lo que produce en los interlocutores la impresión de que en el personaje hay una vena de locura.

El historiador español Felipe Fernández Armesto recuerda su fama de "locoide": "afirmaba oír voces celestiales. Causaba embarazo en la corte de los soberanos españoles compareciendo provocativamente en público de extrañas maneras, una vez encadenado, regularmente en hábito franciscano."[10]

Pero Colón no es un locuelo sino un gran actor. Porque sólo un gran actor puede transformar un aire aparentemente extraño en carisma, un humilde capitán de ultramar extranjero en el profeta de un descubrimiento revolucionario y, una vez alcanzado la cima del poder, puede asumir el papel de "gran aristócrata" y de "capitán conquistador", un papel, advierte también Fernández Armesto, "escrito con extraordinaria capacidad", "un libreto aprendido de manera admirable."[11]

Su actuación no tiene un fin en sí misma, sino que es en función de un proyecto conforme a la simbología geopolítica de su ciudad natal. Fernández Armesto recuerda una representación del siglo XVI de Génova como un Jano bifronte, que empuña una enorme llave, o sea "un Jano dirigido a este y oeste, por un lado hacia el comercio de Levante, del Mar Negro y de Oriente, por el otro hacia el Mediterráneo occidental, el Magreb, la península ibérica". La llave de Jano abría la puerta de las columnas de Hércules, es decir, la puerta del Atlántico.[12]

En el intento de llegar al este, a las tierras descubiertas por Marco Polo por la ruta de Occidente, Colón imagina una contraofensiva contra el Islam, que gira en torno a Asia: se trata de recuperar la ciudad santa del mundo cristiano, Jerusalén, tomando, gracias a la alianza con el Asia mongol, el mundo musulmán-otomano por la espalda. Obviamente, el aspecto místico del proyecto de Colón no excluye finalidades más prosaicas, como la reapertura de la ruta de la seda y el restablecimiento del predominio occidental, que tendrá lugar efectivamente sacando del medio al Medio Oriente para ventaja no de Génova y de España, sino de Portugal y luego de las potencias marítimas nórdicas, Inglaterra y los Países Bajos.

En el descubrimiento de América sobresale, de manera típicamente genovesa, la grandeza de Colón como marino, así como su incompetencia o, mejor aún, su repugnancia como colonizador. Por lo demás, Colón, tal como los otros navegantes italianos, se mueve en España en un ambiente caracterizado por una fuerte presencia genovesa, y en cuanto pueda, en su cuarto viaje a las Indias, elegirá una tripulación mayormente genovesa e italiana.[13] Y cuando sienta que arriesga perder los privilegios que se le habían asignado pedirá, como tantos otros italianos en el exterior, protección al representante de su patria de origen, al embajador de Génova Nicolò Oderigo, y le ofrecerá una participación de las ganancias reclamadas al banco de Génova, la Casa de San Giorgio.[14]

En Génova no encontrará apoyo, aunque se ha movido en el marco de una estrategia nacional, bien descrita por Fernández Armesto. Los dirigentes genoveses tienden, en la medida de lo posible, a trabajar dentro de o junto con otros Estados. El resultado es que, mediante esta forma de "colonialismo disimulado" o de "imperialismo subrogante", "gran parte de las ganancias de la expansión castellana de ultramar acabará en manos genovesas."[15]

Emigrantes, no conquistadores

En dos siglos, entre el XIII y el XV, los italianos descubrieron China, África, América. Los italianos descubrieron la globalidad, pero se negarán a administrarla.

Los genoveses como Colón y antes que él Noli y Antonietto Usodimare, venecianos como Alvise da Cadamosto y luego Giovanni y Sebastiano Caboto, toscanos como Amerigo Vespucci y Giovanni da Verrazzano, los marinos italianos navegan y descubren, pero no ocupan las tierras descubiertas. Su status es el del emigrante y, como los Caboto, pasan con indiferencia del servicio de un Estado al otro. Los seguirán, con ellos o con otros capitanes de ultramar, centenares de especialistas navales italianos, aunque muy pocos de ellos se establecerán en las nuevas tierras. Pero detrás de ellos están los banqueros genoveses y florentinos de Sevilla, de Lyon, de Ruán. Luego aparecerán los misioneros para crear una ulterior conexión. Los jesuitas italianos serán exploradores y arquitectos: el trentino Chino evangeliza Nuevo México, Mascardi explora la Patagonia, el lombardo Brasanelli construye imponentes iglesias barrocas entre los indios en las tierras del Sagrado Experimento.

Geoeconómicamente, la estructura del mundo italiano en el exterior es orgánica. Las relaciones con las capitales italianas se mantienen constantemente. El expansionismo mercantil coincide con el ecumenismo de la Iglesia, aun cuando el gran proyecto de cercar en Asia al mundo islámico sólo se logrará parcialmente y no redundará en ventajas para los Estados italianos.

A comienzos de la época moderna las dos Italias se mueven en sincronía. Esta auténtica división del trabajo entre las dos Italias será destacada por el repliegue de las repúblicas italianas, cansadas y apagadas, en un perezoso y sedentario aislacionismo. En la segunda mitad del siglo XVII la Italia peninsular "ya no estaba en condiciones de arriesgar sus capitales y, por así decirlo, jugaba a la defensiva".[16]

Las flotas mercantiles italianas se retiran de la ruta atlántica, irrumpen en el Mediterráneo las potencias marítimas nórdicas, Holanda e Inglaterra. El reforzamiento de los Estados nacionales europeos sustituye a las colonias comerciales con colonias territoriales. El imperialismo político de los grandes Estados prevalece sobre el imperialismo comercial y semiprivado de los Estados italianos.

La Italia en el exterior, la Italia extra, se disolverá lentamente en los nuevos Estados nación, no sin un último esfuerzo, el de adueñarse de ellos desde el interior.

Notas

1. Jacques Heers, *La première Croisade-Libérer Jérusalem 1095-1107*, Perrin, La Fléche (Sarthe) 2002, p. 16.
2. Para el intento normando y luego el angevino véase Gennaro Maria Monti, *L'espansione mediterranea nel Mezzogiorno d'Italia e della Sicilia*, Bolonia, Zanichelli, 1942, pp. 50 y ss. Y pp. 120 y ss.
3. Fernand Braudel, *Civilisation matérielle, économie et capitalisme*, vol. III. *Le temps du Monde*, París, Colin, 1979, p. 144.
4. Jacques Heers, *Genova nel Quattrocento*, trad. it. de Piero Mastrorosa, Milán, Jaca Book, 1984, p. 225.
5. Braudel, ob. cit. vol. I, *Les Structures du Quotidien*, p. 462.
6. Camillo Manfroni, *I colonizzatori italiani durante il Medio Evoe e il Rinascimento (l'opera del Genio italiano all'estero*, de ahora en adelante, *Genio italiano*, serie XII "Los banqueros, los comerciantes, los colonizadores"), I, Libreria dello Stato, año XI E.F. (1933) pp. 167-168.
7. Ibídem, p. 152.
8. Véase J. Heers, *Christofhe Colomb*, París, Hachette. 1991, p, 50.
9. Acerca de esta hipótesis y sobre los planes pontificios, véase Enrique de Gandía, *Nueva Historia del Descubrimiento de América*, Buenos Aires, Universidad del Museo Social Argentino, 1989, *passim*.

10. Felipe Fernández Armesto, *Cristoforo Colombo*, trad. it. de Federico Corradi, Laterza, Roma-Bari, 1992, p. IX.
11. Ibídem, p. 5.
12. Ibídem, pp. 10-11.
13. Consuelo Varela, "El rol del cuarto viaje colombino", en *Anuario de estudios americanistas*, vol. XLII, Sevilla, 1985, pp. 243,295.
14. J. Heers, *Christophe Colomb*, ob. cit., pp. 588 y ss.
15. F. Fernández Armesto, ob. cit., p. 11.
16. Gigliola Pagano de Divitiis, *Mercanti inglesi nell'Italia del Seicento*, Venecia, Marsilio, 1990, p. 26.

II

LA FRANCIA ITALIANA

El imperio desvanecido

Francisco I, rey de Francia, tiene un sueño y una pasión, la Italia, un imperio ítalo-francés, una gran Italia revisada y corregida desde Francia. Fernand Braudel justifica retrospectivamente tal diseño: "Es posible pensar en un 'imperio francés', de un lado al otro de los Alpes, con su centro en Lyon". La operación es racional y elegante: la Francia de esa época, "un poco rústica y retrasada, 'subdesarrollada', digamos, se ofrece como un campo de acción que seduce a los hombres de negocios italianos, milaneses, lugueses, genoveses, sobre todo florentinos. Ellos aportan al gran país vecino su experiencia, sus capitales, los productos de sus industrias, e incluso las especias y la pimienta del Levante". "Un economista de hoy", comenta el historiador francés, "soñaría lo que la iniciativa italiana hubiera podido hacer entonces."[1]

Éste es precisamente el sueño de Francisco I. Es más, su biógrafo, Jack Lang, le atribuye un proyecto político preciso: "Tomar a Italia como modelo, tanto en las ciudades, como en los bancos, como en las ferias, aprender la lección en el lugar, en los libros, en los laboratorios, en los palacios. Luego absorber esta enseñanza en el genio francés y, una vez operada esta síntesis, ofrecer a Europa el modelo de una 'Francitalie'."[2]

El sueño se disolverá. Su realización se verá truncada en los campos de batalla de la casa de Austria que impondrá a Italia la hegemonía española, un proyecto que no toma a Italia como modelo o como plataforma estratégica. La traición de Andrea Doria que, despechado por los privilegios acordados por Francisco I al puerto de Sabona, pasa a España con la flota genovesa, cuenta no menos que las derrotas terrestres en la medida en que priva a Francia de un soporte naval.

Con el cambio de alineación Génova no pierde, pero Italia en su conjunto sí. El progreso de Francia será también interno: Francia mantendrá un perfecto equilibrio entre el desarrollo de la metrópoli y la expansión externa. España dará lo mejor de sí en las Indias, la península permanecerá pobre y retrasada. Y, si Francia busca en Italia el perno de la supremacía europea, España lo busca en los Países Bajos y usará a Italia como retaguardia del frente flamenco.

Francisco I tratará de conseguir de Italia todo lo que pueda servir no a la reconstrucción del Estado nacional francés, sino a la de un Estado abierto al mundo, a la de un Estado, si no imperial, al menos global. Las ideas, pero sobre todo los recursos humanos son los italianos. Será un ingeniero italiano, Girolamo Bellarmato, quien trace, en el estuario del Sena, el plano de un puerto, Le Havre, destinado a competir con los puertos ingleses en el canal de la Mancha. Será un italiano, Giovanni da Verrazzano, quien zarpe del nuevo puerto, al frente de una escuadra francesa que se dirigía a descubrir en el Atlántico ese pasaje en el Noroeste que tendría que conducir a Catay.

Al mismo tiempo, Francia es acaparada por los ingenios italianos, desde Leonardo da Vinci a Benvenuto Cellini, y con ellos decenas de pintores, escultores, arquitectos, que "irrigan la tradición francesa, terminando allí un castillo, trazando allá los planos de nuevas construcciones, elaborando, por lo demás, un estilo compuesto, cada vez más lejano al modelo italiano según la influencia de las distancias geográficas y cronológicas". "Porque lo importante no es transportar producciones idénticas, sino favorecer la aparición de artistas, asimilar las enseñanzas italianas, para transformar la tradición nacional."[3]

A la espera de que madure el arte autóctono, el rey no duda en optar por las creaciones originales. Por orden suya se confía a un arquitecto italiano la construcción del palacio real de Fontainebleau; el resultado será algo que se parece al palacio Te de Mantua. Marc Fumaroli define esta obra como un "golpe de Estado": "Al no poder construirse un reino más allá de los Alpes, Francisco transporta a Italia a Fontainebleau, arriesgando mortificar el arte nacional".[4] Su consejero cultural es un pintor italiano, el Primaticcio, y el rey prefiere ser retratado como un emperador romano antes que como Vercingetórix. Italia es interiorizada en la monarquía francesa.

El proyecto francés tiene una lógica que será escuchada, en ausencia de un interlocutor político nacional, por los italianos.

Carlos VIII. El conquistador conquistado

Francisco I se mueve en un terreno ya preparado por su predecesor, Carlos VIII.

Este personaje nefasto para la historia italiana, conductor de una expedición militar que derrumba definitivamente el precario equilibrio interno de los Estados italianos, llegado a Italia para conquistar *les Italies*, acabará por ser conquistado por los italianos. La impresión es que en Italia, antes de hacer la guerra hizo las compras. En vez de los trofeos militares se llevará de la península "cuadros, estatuas, telas y muebles preciosos, hasta piedras y mármoles, para los que no se había retaceado el gasto": 87.000 libras de equipajes, según los cronistas de la época. Y ante todo vuelve a tomar residencia en Amboise: "Basta con los palacios-fortaleza, con las salas oscuras como bodegas; el austero castillo medieval de Luis XI no tardará en transformarse en una mansión elegante y fastuosa." El ejemplo real hace escuela: "A lo largo del Loira, y luego por todas partes sobre el suelo de Francia, caerán las viejas murallas para dar lugar a maravillosos edificios del Renacimiento."[5]

Para realizar sus planes Carlos VIII reclutó en Italia un pequeño ejército de jardineros, marmolistas, orfebres, carpinteros, e inclusive especialistas en sastrería, desde camiseros a un *faiseur de journales* (ropa interior) y a un *faiseur de habillement de dames à l'ytalienne*.[6] Pero el personaje más eminente es un fraile franciscano, Giovanni da Verona, (1435-1515), llamado Fray Giocondo, contratado como *déviseur de batiments*, proyectista de construcciones.

Fray Giocondo, junto a un jardinero, el avelinés Pacello o Passello da Mercegliano, y un ingeniero, Domenico da Cortona, cambiará, en los diez años de su estada en Francia, el rostro oscuro y severo de la Francia medieval. Comenzará a construir por sí mismo, en el lugar de un antiguo torreón que le habían dado como residencia provisoria, un palacete renacentista, rodeado por un jardín diseñado por su compatriota Pacello, con una bella fuente en el medio. Luego hará de todo: como arquitecto guiará la transición del estilo gótico al renacentista, como ingeniero construirá puentes (como el de Notre-Dame en París) y acueductos, indicando, en el campo de la hidráulica, "métodos y posibilidades aún no aplicadas en Francia."[7]

Si Pacello introducirá en Francia el jardín a la italiana, Domenico da Cortona, llamado Boccadoro, también ingeniero y arquitecto, luego de haber colaborado con Fray Giocondo, asegurará la ligazón con la era de Francisco I, quien le encargará la construcción del Palais de la Ville en París y completar las fortificaciones de la ciudad.

Pero la penetración italiana sigue contemporáneamente otra directriz, la industrial. Ya en la época del predecesor de Carlos VIII, Luis XI, Lyon se convirtió en el centro de distribución de los tejidos de seda italianos y era una ciudad casi italiana; la mitad de su población era italiana y el italiano era la lengua oficial que se hablaba en la época de las exposiciones; las importaciones desde Italia alcanzaban un valor de 500.000 escudos de oro, un lujo de los comerciantes italianos que obligaba también a los grandes señores franceses a ostentar vistosas ropas de seda y brocado de oro y de plata provenientes de Italia.

La presencia italiana en la capital del Delfinado es tal que incluso se consagra en las ceremonias según un preciso orden de precedencia. En ocasión de una visita del rey, el cónsul de Génova intervenía en la recepción en las puertas de la ciudad. En el cortejo de acompañamiento el primer lugar correspondía a los luqueses, seguidos por los florentinos y los milaneses; al final iban los notables lyoneses. Este ceremonial tuvo lugar para la recepción de Francisco I en 1515 y de Enrique II y Catalina de Medici en 1548.[8]

Luis XI tratará de crear un centro de producción alternativo en Tours pero siempre con maestranzas italianas y con la tecnología italiana: durante un siglo y medio en Francia se usará el *métier à tisser la soie de Jean le Calabrais*, el telar para tejer de Giovanni el calabrés.[9]
La cultura industrial italiana entrará a Francia a la par de la cultura renacentista. Toda una clase técnica y obrera se transferirá de Italia a Francia.

La Gioconda o la emigración conquistadora

En 1516, en las maletas de Leonardo da Vinci llegaba a Francia *La Gioconda*: será la imagen misteriosamente sardónica, esencialmente italiana, de una emigración vencedora, de una *emigration conquérante*, como la llama un joven historiador francés, Jean-François Dubost.[10] Ausentes como conquistadores en las nuevas tierras, los emigrantes italianos fueron conquistadores en Francia. Una conquista individual o familiar, pero con un impacto y modalidades capaces de dominar y modificar la sociedad local, de suscitar vistosas reacciones de atracción y rechazo, de influir en la historia de Francia, a caballo entre dos siglos entre el XVI y el XVII, tanto que, en suma, indujeron a Dubost a dedicarle un ensayo documentado en la *France italienne*.

Emigration conquérante: los italianos no van a Francia a hacer fortuna, pero llevan capital e inversiones. La emigración italiana es "la emigración de la riqueza y del progreso", se funda en la superioridad italiana o, mejor aún, en el papel de vanguardia, en la modernidad de los italianos en todos los campos. Emigración tecnocrática, de técnicos del poder, de técnicos de las finanzas, de técnicos de la guerra, de técnicos del arte. "La Italia de este período más que bisecular", afirma Braudel, "revela una primera modernidad: algo entre la Francia de ayer y los Estados Unidos de hoy,"[11]

Emigration conquérante, "incluso cuando los emigrados son de menos importancia que la de los banqueros-comerciantes o de los artistas de fama internacional, y componen el diverso mundo de los mozos de cuadra y los maestros de armas, los artesanos del vidrio o de la seda, los médicos y los perfumistas, los ingenieros militares y del espectáculo."[12]

Una emigración que despierta polémicas extravagantes. A los "ítalo-galos", que ciertamente contribuyeron a reforzar políticamente la estructura institucional francesa, es decir, que hicieron aquello que no habían podido hacer en Italia, se los acusa de ser siervos del despotismo monárquico y de fundamentar la guerra civil entre católicos y protestantes. Pero, sobre todo, los ítalo-galos pasan a ser el chivo expiatorio del sistema fiscal modernizado por ellos: "No hay ninguna suerte de tiranía en lo que atañe a impuestos, tasas, tributos, aduanas vigentes en Florencia, Ferrara, Milán, Mantua y otros lugares de Italia que estos señores no hayan introducido en Francia".[13] Los ítalo-galos "saquearán al rey, saquearán a los eclesiásticos, saquearán a la nobleza, saquearán a los comerciantes, saquearán a los campesinos, saquearán todo y nada se les pasa por alto".[14]

Las calidades humanas también son negativas, es más, el ítalo-galo es una síntesis de todos los vicios posibles: la astucia, el disimulo, la crueldad, la avidez, y hasta la sodomía y el ateísmo. Todo lo contrario del buen francés, simplote, pero sobrio y leal.

La xenofobia "no nace del temor de una competencia económica y popular sino del rechazo de una cultura superior, de una preeminencia económica y de una preeminencia social, fuente de múltiples dividendos."[15] Al resentimiento popular no lo determina el desprecio hacia una comunidad marginal, subproletaria, sino que nace de un complejo de inferioridad frente a los intrusos.

En realidad, como sintetiza Dubost, los italianos en la Francia de los siglos XVI y XVII constituyen un fenómeno mayor, irreductible a las otras migraciones contemporáneas flamencas, saboyanas, británicas, ibéricas. Un fenómeno cuya importancia "desconcertó a los contemporáneos y dio una coloración particular a la Francia de este período. Sin sus italianos, la Francia de los años 1560-1680 tendría tintes apagados".[16]

La marcha hacia el poder

La presencia italiana en Francia sigue una evolución paralela al progresivo refuerzo del absolutismo monárquico en perjuicio de la nobleza feudal medieval. El ascenso empieza como la *Italie française*, como la llama Michelet. Francisco I pule, según la moda estética italiana, a la nueva clase dirigente local, cortesanos y funcionarios, imponiéndoles vivir, vestirse y comer a la italiana.[17] Mimados o extorsionados, los banqueros florentinos, los Albizzi, los Guadagni, los Strozzi, que establecieron su cuartel general en Lyon, financian el tesoro real. La italianización es un aspecto de la modernización del país. Francisco I inaugura una Francia moderna y bien administrada.

La dejará en buenas manos. La dote de la esposa del delfín, su sucesor Enrique II, es de trescientos mil liras de oro: un monto enorme para la época. Las bodas son un negocio. Pero abren una nueva fase de la presencia italiana: la futura reina es feúcha, pero florentina e inteligente. Catalina de Medici llega a Marsella acompañada por su tío, el papa Clemente VI, por catorce cardenales y setenta gentileshombres.[18]

Pero estos gentileshombres se quedarán en Francia al servicio de la casa real. Y el peso político de los italianos en los asuntos del reino comienza a ser relevante si no preponderante. La muerte precoz de sus hijos hará de Catalina de Medici el personaje central del reinado y entre sus consejeros figuran Luigi Gonzaga, duque de Nevers, y Alberto Gondi, conde de Retz, mientras que canciller del reino es un prelado milanés Birague (Biraghi). Será fácil cargar sobre ellos la acusación de haber provocado la matanza de los hugonotes —los protestantes franceses— la noche de San Bartolomé,[19] aunque Biraghi llevará adelante una política de conciliación.

Las posiciones claves son siempre de carácter económico, pero de allí no es fácil pasar al dominio político directo, como acaecerá de nuevo a comienzos del siglo XVII bajo una nueva reina italiana, María de Medici, viuda del primo Borbón Enrique IV. Concino Concini, un joven noble florentino, marqués de Ancre y mariscal de Francia, secundado por su esposa, Leonora Dori llamada Galigai, dama de la reina, se adueña de las riendas del poder. Es demasiado para el joven rey, Luis XIII, prácticamente desautorizado, y para la vieja nobleza: en 1617 Concini es asesinado. Su esposa, "mujer de gran espíritu y actitud" pero "odiadísima por el pueblo porque se sabe que la reina gobierna según su consejo",[20] acusada de brujería, es ajusticiada.

Otro favorito de María de Medici, Monseñor Luigi Rucellai, de familia florentina que se ha enriquecido en Francia gracias a la administración del impuesto sobre la sal, sólo recibirá una paliza y obtendrá las disculpas del ofensor, pero no conseguirá tener la influencia de su compatriota masacrado y seguirá a la reina al exilio.[21] Lo que no lograron ni Concini ni Rucellai lo logrará en cambio otro italiano, Giulio Mazzarino.

El hombre más poderoso del reino, primer ministro, cardenal, no menos impopular que su predecesor, es tan consciente de serlo como para devolver la antipatía al punto de que se puede vislumbrar, como escribe un diplomático veneciano, que "ama apasionadamente a Francia y aborrece a los franceses con venenosa aversión".[22] Enfrenta mucho más que una conspiración, una guerra civil, la guerra de la Fronda, una oposición encabezada por otro purpurado, el cardenal de Retz, por añadidura medio italiano, Paul de Gondi, que se vanagloria de pertenecer "a una casa ilustre en Francia, antigua en Italia".[23]

Los dos se disputarán los favores de la reina y, salvo intervalos de "paz amenazadora", se intercambiarán malas palabras en francés y alguna vez en italiano, entre parlamentos atroces e ininterrumpidos por parte de Retz, "pequeño, feo, negro", pero jovial, que acusa a su rival de querer introducir en Francia un gobierno autoritario a la italiana.[24] Con mayor moderación, Mazzarino, aunque "vil de nacimiento y de niñez canallesca",[25] comentará: "La tranquilidad y el cardenal de Retz nunca pueden encontrarse en el mismo lugar".[26]

Mazzarino triunfará. Logra "éxitos espléndidos, inverosímiles, casi escandalosos", reconoce Braudel.[27] No exagera: consciente tal vez de una oculta consanguinidad, pero intuyendo principalmente que el país no toleraría como reina a una plebeya italiana, trunca un naciente idilio entre una de sus sobrinas y el futuro Luis XIV, el rey Sol. La muchacha, Olimpia Mancini, se casará con un inútil, un Saboya-Carignano trasplantado a Francia, el conde de Soissons, pero le transmitirá al hijo el ADN del tío. El príncipe Eugenio, otro emigrante, por una serie de circunstancias, pondrá su genio al servicio de Austria.

Con Mazzarino termina con éxito el proceso de interiorización de la elite italiana en Francia. Los matrimonios de los sobrinos del cardenal con vástagos de la más alta nobleza francesa concluyen un ciclo.

El gran éxodo

Los italianos han conquistado y mantenido de manera permanente posiciones muy elevadas. Los nobles militares, como los piamonteses Broglia, devenidos Broglie, entrarán a la historia de Francia y no saldrán hasta nuestros días. Los grandes banqueros, luego de haber tenido dificultades para que se les reconociera como título de nobleza la pertenencia al patriciado de las ciudades italianas, ganarán ducados y condados locales y se mezclarán con la aristocracia feudal francesa.

La presencia italiana se impondrá de manera exclusiva en algunos sectores como en el episcopado. El obispado de París será durante un siglo herencia de los Gondi: el último de ellos será justamente el cardenal de Retz, por el título ducal otorgado a la familia. Dubost enumera, entre 1500 y 1700, 113 obispos italianos, de los cuales, 30 son cardenales.[28]

Los italianos contribuyeron a hacer el Estado francés, una robusta formación institucional incompatible con la existencia en su interior de una nación extranjera. La Francia italiana al final de una era extraordinaria pasó a ser la Francia francesa.

De Mazzarino a Scaramouche: el italiano enmascarado

De participación a representación: la nueva emigración italiana no buscará primados políticos ni económicos; será, en el nivel más alto y refinado, espectáculo. Braudel le reconoce a Italia la invención del teatro moderno.[29] Francia será el escenario: el escenario de las invenciones italianas, el ballet, la comedia del arte, la ópera.

El ballet, llevado a Francia por maestros de danza italianos, será inmediatamente asimilado por la corte, en tal medida que regresó a Italia como ballet "a la francesa".[30] La comedia del arte, a la inversa, será la *comédie italienne*. Las máscaras italianas empezarán a incluir París en sus giras ya desde la última parte del siglo XVI. A partir de 1613, por insistencia de Enrique IV y María de Medici, sus *tournées* serán cada vez más frecuentes. Audaz y descarado, el Arlequín de la compañía de los Fedeli, Tiziano Martinelli, conquista la corte: "La reina no se asombra si él le pide que sea la madrina de su hijo, y rey y cardenales hallan placentero tener trato con él (porque no es un actor, sino una máscara) y hacerse llamar sus compadres".[31]

En 1639 llega otra compañía, dirigida por un actor napolitano, Tiberio Fiorilli, que se hará conocido con el nombre de su máscara, Scaramuccia, en francés Scaramouche, algo entre Arlequín y el Capitán Fracassa. Hábil con la guitarra y con la espada, capaz de hacerse entender más con los gestos y con una mirada que con las palabras, "lleno de infinita argucia y de extraordinaria agilidad y fantasía", a los ochenta años es aún capaz de dar una bofetada con un pie.[32] Maestro de Molière, entrado en la leyenda, Scaramouche sobrevivirá hasta nuestros días en las novelas de capa y espada y en los filmes de aventura en trajes de época.

La presencia de la comedia del arte en París deviene permanente: en 1660, con la benévola protección de Mazzarino, los cómicos italianos fundan en el Hotel de Bourgogne un teatro estable. Ya forman parte de la ciudad, comentan malignamente los sucesos, obtienen permiso para actuar en francés y también un trato privilegiado de la Iglesia, que reservará su rigor para los artistas locales. En efecto, los actores italianos, "en lugar de ser excluidos de la comunión de los fieles, recibían los sacramentos, se casaban por iglesia, eran sepultados en tierra consagrada y se los admitía en la confraternidad del Santísimo Sacramento, los viernes hacían reposo por motivos religiosos y en París se vio a Arlequín, Scaramuccia o Pantalone (obviamente en hábitos burgueses) sostener los cordones del anda en la procesión".

Siglos después aún se nos pregunta la razón de este favor del clero, "tanto más inexplicable en cuanto el francés era un teatro morigerado y decente, mientras que muy poco lo era el italiano". La cosa era demasiado hermosa como para durar y, en efecto, en 1697 el teatro italiano es cerrado por la autoridad. El pretexto son los excesos licenciosos, pero la orden proviene del soberano, tras el anuncio de una nueva comedia, *La fausse prude*, en la que se alude, como registra el cronista malévolo de la corte, el duque de Saint Simon, a la amante de Luis XIV, madame de Maintenon: algo excesivo para actores que formalmente estaban al servicio del rey.[33]

Sólo en 1716, después de la muerte del Rey Sol, bajo la regencia del duque de Orléans, el teatro italiano reabrirá sus puertas, pero luego de un período espléndido bajo la dirección de Lelio (Luigi Riccoboni) la nueva fase será decadente, a pesar del intento de extender el repertorio a los nuevos géneros teatrales y a la búsqueda con la ayuda de la música y del baile de una originalidad a toda costa: las *folies italiennes*, las locuras italianas. Al final, el derrumbe será precipitado: "La comedia acabará en los palcos de las ferias y en los teatros de marionetas de los niños". "Es", comenta Braudel, "su última manera de mantenerse vivos".[34] Formalmente la lucha termina en 1762 con la fusión del teatro italiano con la *Opéra comique*: su recuerdo sólo quedará en el Boulevard des Italiens.

La presencia de artistas italianos proseguirá en niveles más altos en el campo musical. Ya manifestada por talentos individuales como el florentino Gian Battista Lulli, en el siglo XIX conquistará mayor fuerza y prestigio gracias a figuras como Rossini y Bellini.

Sin embargo, estos personajes, como la influencia que tuvo el teatro italiano sobre el francés, no alcanzan para disipar cierta imagen del "italiano" distinta de aquella ávida pero poderosa y temible del político, del financista, del técnico militar italiano. Las máscaras se prestan a esta forma de desplazamiento de clase. Como observa Pierre Milza, nace un estereotipo malévolo del italiano, identificado con la peor máscara: "Insolente y ruidoso, glotón y borrachín, fanfarrón como su compatriota Fracassa, *Polichinelle* encarnará durante mucho tiempo en la versión francesa (muy distinta del Pulcinella napolitano) los defectos atribuidos por los habitantes del Hexágono a sus vecinos del Este".[35] Los aventureros de nuestro siglo XVII, tipo Casanova y Cagliostro, parecen confirmar, bajo una postiza costra de refinamiento, la degeneración del temperamento italiano.

No mejora nuestro prestigio la contribución militar italiana a las campañas napoleónicas en España, Rusia, Alemania: 200.000 enrolados, más de 120.000 caídos sólo por el Reino itálico (a lo que se añaden los caídos de la Italia occidental, Piamonte, Liguria, Toscana, incorporada a Francia); el número de los generales italianos, 70, sólo es inferior al de los generales franceses, y supera en más del doble a los 32 de los generales polacos.[36] No bastará siquiera que la princesa de Belgioioso tenga en París, en la época de Luis Felipe, un salón literario frecuentado por la flor y nata de la inteligencia francesa.[37]

Es más, el desplazamiento degradante de clase se acentúa cuando, hacia mediados del siglo XIX, la avanzada del gran éxodo de Italia estará llena de "vagabundos, cómicos ambulantes, organilleros y tañedores de otros instrumentos, saltimbanquis, prestidigitadores, domadores de osos, de monos y perros sabios, adivinos y charlatanes de toda especie",[38] en suma, los desechos de la subcultura popular, una caricatura trágica y patética de la gran y gloriosa emigración renacentista y posrenacentista, que, con todo, tiene su último eco en algunas grandes personalidades.

El cuarteto de los ases

Gambetta, Savorgnan di Brazzà, Zola, Gallieni, cuatro personajes que pertenecen a la vida de Francia entre la última treintena del siglo XIX y comienzos del XX, sin tener nada en común entre ellos salvo el origen familiar, italiano, y el deseo de cambiar la historia.

El primero tiene un abuelo de Celle Ligure, comerciante entre Francia y Liguria. El padre, ya mozo en la marina genovesa, monta un negocio, un *Bazar Génois* en Cahors, donde nace en 1837 León Gambetta. De él se dirá que de la Liguria tiene la habilidad y la capacidad de seducción, y de los gascones, por parte materna, la audacia y la elocuencia, pero sobre todo es el hombre, como otros coterráneos, de Colón a Garibaldi y Mazzini, que desafía las tempestades. "Hay en él algo de los dux realistas, que supieron fundar, a través de las luchas civiles, el más sólido de los gobiernos. Esta gente de la costa ligur tiene emociones más profundas, deseos más violentos y desenfrenados, una voluntad más imperiosa que la nuestra. Él tomará al vuelo la fortuna con osadía y la obligará a seguirlo."[39]

Gambetta es el De Gaulle de la Francia de 1870: "Francia comprendió que tenía un jefe y volvió a esperar".[40] Ministro de Defensa de la República, nacida tras la capitulación en Sedán del emperador Napoleón III frente al enemigo, salva el honor de Francia organizando con desesperada energía nuevos ejércitos para contener al invasor. Conquista la admiración de los mismos enemigos, incluido el emperador alemán. Cuando en una conversación un historiador le cita los versos de la *Pulzella di Orléans*, de Schiller: "¿Puedo hacer nacer ejércitos de la tierra con sólo golpear el pie en el suelo?", el Kaiser comenta: "Y sin embargo yo conozco a alguien que supo hacerlo, Gambetta".[41]

Grande en la guerra pero también grande en la paz. Como líder de la alineación republicana consolidará la democracia parlamentaria y Francia volverá a ser una gran potencia. El final será amargo: junto a la presidencia del Consejo, su gobierno, el *Grand Ministère*, caerá luego de tan sólo setenta y tres días. Cansado y desilusionado, morirá algunos meses después a la temprana edad de cuarenta y cuatro años.

Los reclamos a Italia no son en sus planes internacionales menos vagos que los de De Gaulle: él también evoca la idea de una unión latina, una idea que queda sin seguidores en la práctica; pero, caído su gobierno, encuentra consuelo en un viaje a Génova, "esta gran ciudad de mármol, que siento como si fuese mi cuna". "Allí respiro más libremente que en ninguna otra parte, lejos de sentirme extranjero, y toda su historia regresa a mí como una tradición de familia. Me dejo ir por estas visiones del pasado y me sumerjo en el olvido en la admirable aventura de Colón, en las audaces correrías de los Doria, en los golpes de espada de los Spinola, en las fantasías doradas de los dux: aunque bien francés, experimento un sentimiento de raza al reencontrar todos estos grandes testimonios de la fortuna de la soberbia república de Génova, una república en la que la fuerza y la dignidad iban a la par con la libertad popular."[42]

Gambetta le restituye a Francia su orgullo, un italiano le regalará un imperio. Pietro Savorgnan di Brazzà pertenece a la rama romana de una casa friulana de tradiciones guerreras. Para el vástago de una familia devota de la Iglesia, la Italia del *Risorgimento* aparece menos atrayente que los viejos Estados, aunque tambaleantes y polvorientos. Pero a un joven que tiene ganas de viajes y aventuras, el Estado pontificio le queda chico: no resta sino seguir las huellas de tantos aristócratas italianos del pasado y ponerse al servicio de un Estado extranjero. Será precisamente su maestro, el astrónomo padre Secchi, quien lo recomendó a un almirante francés y lo hizo admitir en la escuela naval de Brest, de la que saldrá como guardiamarina en junio de 1870. Pocos meses más y, unida Roma a Italia, el joven conde se hubiera enrolado tal vez en la Marina italiana.

No obstante, Italia no le hubiese ofrecido las mismas oportunidades que Francia, que derrotada por Prusia busca en las colonias de ultramar satisfacer sus ambiciones imperiales, humilladas en Europa. Siendo aún guardiamarina Brazzà intuye, en un crucero a lo largo de las costas del África ecuatorial, que hay un imperio por conquistar y en una comunicación a París pide autorización para explorar el interior. La obtendrá no sin esfuerzo. Gracias a este viaje y a los siguientes, costeados también con el dinero de la familia, logrará vencer la competencia del explorador angloamericano Stanley y asegurarle a Francia un territorio de un millón y medio de kilómetros cuadrados con 11 millones de habitantes. Las muchedumbres parisienses lo reciben con aplausos, aunque llegue hecho un esqueleto y cubierto de andrajos, en tan malas condiciones que, con celo burocrático, sus superiores lo pondrán a disponibilidad sin asignaciones, salvo arrepentirse mandándolo a reparar los males que habían producido los funcionarios enviados a gobernar las nuevas colonias. Brazzà recompondrá las cosas pero gastará lo poco que le queda de salud, vale decir la piel, en una modesta aldea de Argel.[43]

El tercer hombre es el escritor Émile Zola, que con su *j'accuse* atacará frontalmente a la derecha antisemita francesa sosteniendo la inocencia del capitán israelita Dreyfus, acusado de espionaje a favor de Alemania. Su batalla llevará al descrédito a la derecha francesa y a las clases conservadoras que la sostenían, favoreciendo el ascenso al poder de esa burguesía radical que mantendrá el poder en Francia durante toda la Tercera república, hasta 1940, y de nuevo con la Cuarta república, de 1946 a 1958, o sea hasta la llegada del general De Gaulle.

Con Zola nacerá en Francia ese partido de intelectuales que, no siempre en nombre de nobles causas, se propondrá a lo largo del siglo XX como la conciencia moral de la República. Véneto de origen, el novelista no mostrará particular sensibilidad por tal vínculo étnico (no sabemos, por ejemplo, si toma contacto en sus amistades de colegial con otro genio de origen italiano, Paul Cézanne, hijo de un sombrerero lombardo, de apellido Cesana, devenido banquero y acaudalado). Poco se preocupará igualmente de ese mundo proletario italiano, que estaba formándose en la Francia contemporánea. Pero su misma visión literaria lo llevaba a un pesimismo social que contrastaba con su activismo político.

El cuarto hombre es Joseph Simon Gallieni: hijo de un italiano, devenido oficial francés, a su vez oficial de la infantería de marina, el cuerpo colonial por excelencia. Pacificador en Toukin y en Madagascar, comanda en 1914, ya casi a un tris de jubilarse, la guarnición de París y logrará hacer, movilizando hasta a los taxis para llevar al frente los refuerzos, lo que medio siglo antes no había logrado hacer Gambetta con su desesperada energía: detener la invasión alemana en la batalla del Marne. Morirá un par de años después siendo Ministro de Guerra y mariscal de Francia.

Vistos con los ojos de hoy, estos cuatro formidables personajes representan, como escribió recientemente un historiador holandés, "la más importante contribución que Italia dio a la joven República".[44] En suma, eran una avanzada suficiente como para proyectar el propio prestigio en la primera oleada migratoria proveniente de la península. Pero esto no ocurrió. La presencia italiana, articulada en una relación exclusiva del individuo con el país huésped, no hallará un catalizador distinto del interés individual. El gran éxodo de la Italia posunitaria se volcará en primer lugar sobre Francia pero no llegará a los *beaux quartiers* de los banqueros y de los estadistas, sino que se afirmará en las periferias urbanas y rurales recomenzando de cero.

NOTAS

1. Braudel, *Ecrits sur l'histoire*, II, París, Flammarion, 1994, p. 175.
2. Jack Lang, *François 1er ou le rêve italien*, Saint-Armand-Montrond (Cher), Perrin, 1997.
3. Ibídem, p. 105.
4. Ibídem, p. 298.
5. Francesco Savorgnan di Brazzà, *Tecnici e artigiani italiani in Francia (Genio italiano*, serie VI, "Gli industriali, i

costruttori, le maestranze"), Roma, La Librería dello Stato, 1942, p. 3.
  6. Ibídem, pp. 8-11.
  7. Ibídem, p. 45.
  8. Ibídem, pp. 39-40.
  9. Ibídem, p. 45.
  10. Jean-François Dubost, *La France italienne XVIe-XVIIe siècle*, Mayenne, Aubier, 1997, p. 113.
  11. Braudel, *Il secondo Rinascimento. Due secoli e tre Italie*, trad. italiana de Corrado Vivanti, Turín, Einaudi, 1986, p. 6.
  12. Dubost, ob.cit, pp. 113-114.
  13. Ibídem, p. 317.
  14. Ibídem, p. 318.
  15. Daniel Roche, prefacio a Ibídem, p. VI.
  16. Dubost, ob. cit. p. 14.
  17. Lang, ob. cit., p. 304.
  18. Ibídem, pp. 373-374.
  19. Dubost, ob.cit., p. 313.
  20. El juicio es de Pietro Contarini, embajador de Venecia, citado en Enrico Falqui (dir.) *In giro per le Corti d'Europa-Antologia della prosa diplomatica del Seicento italiano*, Roma, Colombo, 1949, p. 41.
  21. El episodio lo narra el nuncio apostólico, cardenal Guido Bentivoglio (Ibídem, pp. 134-136).
  22. De un despacho de 1653 del embajador véneto Michele Morosini (Ibídem, p. 167).
  23. Paul de Gondi, Cardenal de Retz, *Memorie*, coord. por Serafino Balduzzi, prefacio de Sergio Romano, Bari, Giuseppe Laterza, 2001, p. 67.
  24. Ibídem, p. 213.
  25. Ibídem, p. 149.
  26. Ibídem, p. 65.
  27. Braudel, *Il secondo Rinascimento*, ob. cit., p. 9.
  28. Dubost, pp. 453-456.
  29. Braudel, *Il secondo Rinascimento*, ob. cit., p. 93.
  30. Ibídem, p. 102.
  31. Armand Bachet, *Les Comédiens italiens à la Cour de France sous Charles IX, Henry III, Henry IV et Louis XIII*, París, Plon, 1882 (reproducido por Ferdinando Taviani, Mirella Schino, *Il segreto della Commedia dell'Arte - La memoria delle*

compagnie italiane del XVI, XVII *e* XVIII *secolo*, Florencia, La casa Usher, 1982, p. 281).

32. Giovanni Macchia, *Il silenzio di Molière*, Milán, Mondadori, 1975 (reproducido en Taviano, Schino, ob. cit., p. 119).
33. Sobre estas vicisitudes véase Gaston Maugras, *Le comédiens hors la loi*, París, Calmann Lévy, 1887, pp. 158-159 (reproducido en Taviani, Schino, ob. cit. pp. 286-289).
34. Braudel, *Il secondo Rinascimento*, ob. cit., p. 100.
35. Pierre Milza, *Voyage en Ritalie*, París, Payot y Rivages, 1995, p. 146.
36. Antonio Perfetti, "Il Reggimento 111º", *Storia*, año I, vol. 1, 10 de junio de 1938. Véase también Niccolò Giacchi, *Gli uomini d'arme italiani nelle campagne napoleoniche* (*Genio italiano*, serie V, "Gli uomini d'arme"). Roma, La Librería dello Stato, 1940, y Nino Del Bianco, *Francesco Melzi d'Evril: la grande occasione perduta*, Milán, Corbaccio, 2002, pp. 189-199.
37. Ludovico Incisa, Alberica Trivulzio, *Cristina di Belgioioso. La principessa romantica*, Milán, Rusconi, pp. 119-228.
38. P. Milza, ob. cit., p. 148.
39. Paul Deschanel, *Gambetta*, París, Hachette, 1920, p. 10.
40. Ibídem, p. 70.
41. Ibídem, p. 113.
42. Citado en Ibídem, p. 227.
43. Morirá en Argel en 1905 a los cincuenta y tres años; véase Francesco Savorgnan di Brazzà, "L'uomo che donò alla Francia un impero", *Storia*, año I, vol. 3, 10 de julio de 1938.
44. Henri Wesseling, *La spartizione dell'Africa*, trad. italiana, Milán, Corbaccio, 2001, p. 27.

III

LA ESPAÑA ITALIANA

"Nuestra España"

"Felici genovesi con la nostra Spagna": *venturosos genoveses con nuestra España*. Los primeros fueron mercaderes y cruzados lígures, incorporados a las flotas y a los ejércitos de la *Reconquista* cristiana, en las expediciones a las Baleares junto con los pisanos para tomar Almería y Tortosa (1147-1148). A cambio, el conde de Barcelona, Raimundo Berengario II, concede a genoveses, lombardos, y florentinos particulares privilegios,[1] pero, mientras los otros italianos se quedan en Cataluña, los genoveses comprenden que será Castilla la que guíe la liberación de la España meridional del dominio musulmán y, en la marcha hacia el sur, abandonan Cataluña. Su objetivo es el control del estrecho de Gibraltar. Y a la vanguardia de las fuerzas cristianas de los reyes de Castilla y León van los almirantes y marineros genoveses: "Que se abra la historia y se verá que antes los Zaccaria, más tarde los Boccanegra, llegaron a disponer de los exiguos armamentos de la Corona; y los capitanes de las galeras eran en su mayor parte parientes, coterráneos de aquellos almirantes". "Genoveses eran los carpinteros encargados de reparar las naves, genoveses los fabricantes de ballestas, genoveses los guerreros, genoveses los custodios de los remos, genoveses los pilotos, genovesas partes del instrumental, todo era genovés y de Génova era, finalmente, el almirante de la flota."[2]

La correspondencia no tarda en llegar: poco tiempo después de la ocupación de Sevilla, en 1251, el rey de Castilla Fernando III reconoce a la "nación genovesa" un estatuto especial con el derecho de establecer en la ciudad otra Génova, un barrio propio, con iglesia, almacén, lugar de reunión bajo dos cónsules.[3] Análogos privilegios se concederán a las colectividades lígures en otras localidades del reino: Córdoba, Cádiz, Jerez, Murcia, Cartagena.

Las concesiones reales prueban, según el historiador catalán Jaime Vicens Vives, que los ciudadanos de la república de San Giorgio habían alcanzado un doble resultado: el control de los puntos estratégicos del estrecho de Gibraltar[4] y el de los puertos de la exportación de lana merino, introducida por ellos mismos en Castilla, que se había convertido en la mayor productora europea.[5] Sevilla pasará a ser el perno de un eje Génova-Castilla, que no se borrará nunca,[6] salvo con la contemporánea decadencia de las dos aliadas.

Sevilla, por lo demás, era para los genoveses una base ideal. Como afirma Geo Pistarino, "proponía frente a sí, al oeste del horizonte, el inmenso espacio del océano, con la fascinación de lo ignoto... aparecía como el lugar abierto, receptivo, hospitalario por excelencia, cualquiera fuese el credo religioso o político", "Todo lo contrario de Barcelona, encerrada en el Mediterráneo, en cercana y constante contienda con Génova, desde la insurrección del Vespro en adelante, por el predominio en la cuenca occidental de este mar; no fácilmente dispuesta a abrirse a las exigencias y a las influencias del extranjero." En resumen, Sevilla, convirtiéndose en la escala de las rutas genovesas hacia el Mar del Norte y hacia el norte de África y el África occidental, tomará en el ámbito ibérico el lugar de Barcelona en esta red de comunicaciones. La capital andaluza era asimismo "la vía de más fácil y profunda penetración de instituciones y módulos de vida italianos en la España meridional",[7] o sea, un polo de influencia cultural, como subrayan los historiadores españoles de Sancho de Sopranis a Felipe Ruiz Martín.[8]

Vicens Vives deplora la ausencia de estudios sobre la posición de los genoveses en Castilla y en Aragón en aquella época. No es claro su papel de grandes intermediarios entre el mercado atlántico andaluz y el de la Europa central y mediterránea, ni se sabe cómo hacían para llevar el oro sudanés a su propio país. Es indudable que "la colonización de España por parte de los genoveses a partir del siglo XIII, signó una etapa fundamental en el descubrimiento de las Américas" y que establecieron en Sevilla "esa plataforma mercantil y capitalista que le dio el cetro en el mercado financiero castellano".[9]

Como buen catalán, Vicens Vives acusa a los genoveses de haber bloqueado la unión económica entre Castilla y Aragón.[10] Como parte del reino de Aragón, Cataluña es definitivamente excluida de la colonización de América, patrimonio exclusivo de la corona de Castilla, permitiendo a los genoveses ponerle las manos encima y encaminar aquella que Braudel define como "la más grande aventura humana del siglo XVI": Génova, "esta extraordinaria ciudad que devora al mundo".[11]

El oculto imperio genovés de Occidente

En 1528 el pasaje de Andrea Doria del lado de Carlos V no dañará sólo a Francia; también Cataluña pagará los costos. Carlos V reconfirmará los privilegios de los ciudadanos de Génova. Bastará una decena de millares de súbditos de la república de San Giorgio para dominar económicamente el imperio español, comportándose, se lamentará Vicens Vives, "como los japoneses de hoy", inundando las Indias de manufacturas baratas con gran perjuicio de la industria local. Además los genoveses se asegurarán el monopolio de la trata de esclavos. El mejor negocio será el oro: según los cálculos del embajador veneciano Vendramin, sobre 80 millones de ducados de oro y plata importados de América entre 1530 y 1595 los genoveses embolsaron 24, o sea el 30 por ciento.[12] Pero su potencia en España deriva del monopolio del crédito, del rol de máximos acreedores del tesoro real: en 1567 los genoveses junto a otros italianos le prestan al rey 2.185.000 ducados, contra un aporte local que no llega a ochocientos mil ducados.[13] No basta: la familia Spinola le presta a Felipe II el dinero para construir el Escorial.[14]

En el fondo es comprensible que, como reclamará un cónsul genovés, *un hombre de mala intención*, un malintencionado, difunda un dibujo alegórico: una doncella exhausta, con los pies ensangrentados, España, y a sus pies, chupándole la sangre, la república de Génova.[15] Es ésta una acusación retomada, cuando ya España está en vías de decadencia, por una mala lengua italiana, Traiano Boccalini, que contempla, apiadado y asombrado, una España "llena de sanguijuelas en su mayoría genoveses".[16] Más modestamente, Tirso de Molina se limita a constatar la desaparición de las monedas de oro de Castilla, a causa de las "barbas rubias", de los *barbirrubios,* genoveses.[17]

A la inversa, en una época como la primera mitad del siglo XVII, de gran corrupción, criminalidad, violencia, cuando, como imprecaba un eclesiástico, "matan a diestra y siniestra; / matan de día y de noche; / matan al Ave María; / matarán al Padre Nuestro", los italianos son más víctimas que encubridores de la mala vida.[18]

En España, a causa de la guerra de Flandes, los genoveses ya no tienen rivales serios. Incluso cesa el antagonismo con Barcelona cuando Génova sustituye a Amberes como plaza financiera de Castilla: el oro y la plata de las Américas afluirán de los puertos cantábricos a Barcelona para su embarque a Génova.[19]

La hegemonía genovesa indujo a Felipe Ruiz Martín, seguido por Ferdinand Braudel, a llamar *siglo de oro,* si por oro se entiende el puro metal y no el esplendor cultural de la época de Cervantes y Lope de Vega, del Greco y de Velázquez, al *siglo de los genoveses.*[20]

Ciertamente la república encuentra en España el imperio que perdió en Oriente con la caída de Bizancio. Según el historiador español Collado Villalta, Génova "ha compensado su desastre mercantil en Oriente con una victoria financiera en Occidente", gracias a una gradual reconversión geopolítica y geoeconómica de su propia estrategia: mientras en Oriente se basaba sólo en colonias mercantiles, en Occidente Génova se servirá de tal instrumento para una dominación financiera.[21]

Dominación financiera pero, ¿hasta qué punto dominación política? El carácter no público, no institucional de la propia potencia, más articulada sobre maniobras defensivas de intereses concretos que con planes de gran aliento, explica la opción por líneas operativas ocultas. En su biografía del ex favorito de Felipe II, Antonio Pérez, que luego fue apresado y huyó a Francia, Gregorio Marañón se basa en sus relaciones con los banqueros genoveses, en especial con la familia Spinola. No obstante el asunto Pérez no comprometerá al grupo genovés, y tampoco a los Spinola, que incluso no renegarán de su amistad con el réprobo, tanto que el ex secretario encontrará en su exilio en París y en Londres el apoyo de los genoveses locales. Existen indudables relaciones entre los genoveses de España y los compatriotas residentes en Francia e incluso en Inglaterra, donde, entre los consejeros de la reina Isabel, figura un patricio genovés, Orazio Pallavicino, pero nada prueba la existencia de estrategias coordinadas, aun cuando Marañón alude a una conjura dirigida a separar de la corona de los Habsburgo de España el reino de Nápoles para cederlo a Inglaterra.[22]

Sobre un presunto secreto internacionalismo en provecho propio, prevalece una actitud leal hacia la Corona de Castilla. Se da por descontado que no sólo la suerte de los genoveses de España, sino la de la misma Génova, se liga a la fortuna de España.

El fin de la hegemonía genovesa

Los genoveses no excluyen a los otros italianos. También Venecia, la vieja rival, se inserta en el circuito financiero hispano-genovés, enviando el oro de las Américas hacia Asia a cambio de algodón, seda y especias.[23] Y más aún los banqueros florentinos, que en Sevilla son como dueños de casa; así, por ejemplo, Giannotto Berardi, socio di Colón.[24]

Por lo demás, las guerras españolas son las guerras de los italianos. En 1567 la primera expedición contra los rebeldes de los Países Bajos partirá de Italia e incluirá 5000 soldados españoles y 7000 italianos provenientes de la Lombardía, de Nápoles y de las islas. La armada está a las órdenes del duque de Alba, pero el comandante es el florentino Chiappino Vitelli. También en las expediciones siguientes el contingente italiano es consistente, tanto que, en el período 1560-1600, se encuentran en Flandes 18 *tercios* (regimientos) italianos. Cuando el duque de Alba fue mandado a llamar, el comando en jefe es asumido por un general italiano, Alessandro Farnese, príncipe de Parma que, a pesar de una vida cortesana en Bruselas típica de señor renacentista, conducirá a su heterogéneo ejército de victoria en victoria.[25]

No es sólo un aporte de carne de cañón el de los soldados de la península. Se los consideraba particularmente aptos para los asaltos y las acciones sorpresivas. Óptima era también la caballería ligera. Pero, como observa el historiador canadiense Gregory Hanlon, no tenían rivales en la artillería y en la ingeniería: por otra parte, de 32 manuales publicados en esa época sobre la técnica de las fortificaciones, 26 eran de autor italiano. El mismo duque de Parma era un experto en ingeniería militar.[26]

Farnese persigue igualmente un plan personal: desembarcar en Inglaterra, liberar a la reina de Escocia, María Estuardo, y casarse con ella, destronar a la reina Isabel y restaurar en Londres una monarquía católica, o sea, italianizar Inglaterra. La condición es el encuentro de sus fuerzas de tierra con la *Armada Invencible*, enviada por Felipe II y destrozada y dispersada por el mal tiempo y por la flota inglesa. El príncipe de Parma, desilusionado, será enviado —por un rey español que sospecha de sus ambiciones— a un frente, el de la lucha con los protestantes franceses, donde el mayor *condottiero* del siglo morirá a causa de las heridas y los maltratos. La desventura de la flota española, de todos modos, es compartida por los buques italianos, en especial napolitanos; un galeón toscano, el *Florencia*, vuelve hecho trizas de una campaña en la que había luchado en primera línea.[27] Algunos meses antes, en Cádiz, atacado por la escuadra naval de Sir Francis Drake, el único que reacciona, disparando con sus cañones hasta el hundimiento, es un galeón genovés.[28]

En los Países Bajos, desaparecido Farnese, que había impuesto a sus tropas una forzada concordia, diversas unidades italianas a las que se les debía la paga se amotinaron. Pero la presencia militar italiana continuará y llegará inclusive, en el transcurso de los años, a superar, en el conjunto de la infantería real, a la española: en 1621, al ascender al trono Felipe IV, los *tercios* italianos, 13, son más numerosos que los de los otros contingentes, incluidos los españoles.[29] El rey llamará para comandar el ejército de Flandes a otro italiano, Ambrogio Spinola, marqués de Los Balbaces, banquero y general. Como banquero financiará al rey y les pagará a los soldados, co- mo general dará a España los últimos laureles como victorioso protagonista en 1625 de la "más elegante rendición del mundo".[30] En el cuadro de Velázquez que celebra la rendición de Breda, sobre un fondo de lanzas alineadas, el genovés Spinola, que saluda y conforta al vencido, el comandante enemigo, pasará a ser el símbolo permanente de la *hidalguía*, de la magnanimidad castellana. En su relación sobre Flandes, el cardenal Guido Bentivoglio elogia su capacidad también como negociador y su rectitud en la administración de la cosa pública, "tanto como para ser más tenaz defensor del dinero del rey que de su propio dinero".[31]

No obstante, vencedor de las batallas en el campo, Spinola perderá su batalla con el soberano cuando este último, deudor insolvente, pondrá en riesgo sus créditos.[32] Políticamente el vencedor de Breda posee la suma del poder, pero no encontrará espacio entre los favoritos del rey, el duque de Lerma y el conde-duque de Olivares, los consignatarios de la decadencia española. Con Spinola el partido italiano llega a su ápice, pero pronto comienza la parábola descendente.

Según Vicens Vives el siglo de los genoveses terminará en 1629 a causa de la competencia de los banqueros portugueses, en su mayoría judíos conversos que fueron llamados a Sevilla por los soberanos, cansados de los abusos mercantiles de los lígures.[33] Más fundamentalmente el "poder disimulado", la hegemonía económica de los genoveses, termina precisamente cuando, asociándose con Spinola en la conducción militar, no da el paso adelante hacia el poder político.

Desde entonces todo depende de España que, luego de Spinola, ya no está en condiciones de defender su posición en Europa. En 1643, en Rocroi, la ya invencible infantería española es abatida por el príncipe de Condé. El nervio de las tropas españolas está constituido, además de por soldados alemanes y flamencos, por 5 *tercios* españoles y 4 italianos.[34] Pero los genoveses ya están fuera de juego.

La última oleada italiana

El golpe final de España como potencia llevará un nombre italiano, el del cardenal Alberoni, liquidado como "un jardinero de profesión que se había ganado la estima del duque de Vendôme por su habilidad para cocinar los macarrones."[35] Esta drástica subvaloración no es compartida por todos. Alberoni se abre camino "con gracia y cinismo", protegido por una conciudadana, la reina Isabel Farnese, y con el doble sostén de un rey, Felipe V, lleno de manías y enfermedades imaginarias, y aún más sensible a la influencia de otro italiano, el cantante Farinelli. Pero, como primer ministro, el prelado italiano promueve una política "activa y audaz"que, si bien no logra volver a hacer de España una gran potencia, tratará de salvar lo salvable.[36] España perderá sus posiciones italianas, pero el ducado de Parma y el reino de Nápoles pasarán a los dos hijos de Isabel Farnese.

Como en Francia, el advenimiento al poder directo de un italiano se verifica cuando el proceso de italianización ya se ha agotado. La diferencia reside en el hecho de que, mientras en París se delinea con Mazzarino el relanzamiento definitivo de la potencia francesa, en España ocurre lo contrario: Alberoni, en el intento de dar la señal de la revuelta, da la señal de que ya no hay nada que hacer.

España pierde por primera vez la batalla de la modernización. El advenimiento al trono de Madrid de Carlos III, ya duque de Parma y luego rey de Nápoles, brinda una segunda ocasión: un grupo de gentileshombres iluministas parmesanos y napolitanos inaugura "el gobierno más decididamente reformista de su reino",[37] proponiendo un nuevo proyecto político.

La fórmula de la continuidad de Carlos III es simple: rejuvenecer, europeizar España. El proyecto tendrá éxito parcial en el plano militar. El piacentino conde Gazzola fundará la academia de artillería de Segovia. Gravina modernizará la flota. Pero en el plano político fracasa por una insurrección popular fomentada por la nobleza feudal: es el *motín de las capas*.

El napolitano Leopoldo De Gregorio, marqués de Squillace, primer ministro, quiere modificar la vestimenta de los petimetres de Madrid, que llevan a cabo sus tareas escondiéndose tras capas y grandes sombreros. Es una medida simbólica que da por descontada la voluntad del gobierno de abrir la frontera a la influencia extranjera.[38] La imposición se aplica con decisión: "Los soldados recorrían las calles, deteniendo a los desobedientes y metiéndolos dentro de un portón. El sastre les cortaba la capa y le sacaba una punta al sombrero". Bastaba eso para provocar la indignación popular: el tricornio y la capa acortada representaban "la opresión de Europa sobre la España antigua y eterna".[39] Sangrientos tumultos inducen al rey a despedir al ministro italiano. Tres siglos después un escritor español republicano, ex combatiente de la guerra civil y desde la prisión de los vencidos, dedicará un drama de éxito al extranjero que había soñado una España alternativa y moderna.[40]

Los faroles, que otro ministro italiano, el marqués Grimaldi, mandó instalar en una capital antes tenebrosa y llena de asechanzas, se apagan. Con ellos se apaga la europeización: España se cerrará en un estrecho aislacionismo. Pero no será abandonada ni por los genoveses, que aún a fines del siglo XVII, en el puerto de Cádiz, son 5000, la más numerosa colectividad extranjera, ni por los jóvenes de la nobleza italiana en busca de carrera.

Uno de ellos, el marqués Alessandro Malaspina, oficial de marina al servicio de España, efectúa la circunnavegación de las colonias españolas de América: una empresa conducida con tal maestría y tales resultados científicos que el iluminista español Jovellanos lo compara con Colón, Magallanes, James Cook. A su regreso aconseja modificar la clase política del imperio colonial para evitar la revuelta. Está de tal modo en la cresta de la ola que algunas damas bienintencionadas lo incitan a tomar el lugar del favorito de la reina, Godoy, el príncipe de la paz. Como Squillaci y Grimaldi, Malaspina espera detener la decadencia de España. Su idealismo y las asechanzas de una dama lo traicionan. Godoy, un astuto petimetre, llevará a España a la ruina, pero se hace de tiempo para mandar apresar a Malaspina que, luego de años de cárcel, liberado por intervención del vicepresidente de la república italiana, Melzi d'Eril, regresará a Italia sólo para morir.[41]

Llega igualmente a su fin la presencia italiana en el ejército español. En 1809 el último regimiento de infantería italiana, el *Napoli*, heredero del *Tercio viejo de la Armada del Mar Océano de Infantería Napolitana*, un cuerpo de infantería de desembarco, formado en 1571, veterano de diversas campañas en África, protagonista en Brasil, entre 1627 y 1638, bajo el comando de un Sanfelice, de victoriosa resistencia a la invasión holandesa, es disuelto en 1808 tras las pérdidas reportadas en batalla contra los ocupantes franceses.[42] Durante la guerra de la independencia española intervendrán con el ejército napoleónico en Cataluña y Aragón tres divisiones del reino itálico y una división napolitana que enfrentarán a soldados italianos enrolados bajo las banderas enemigas: en el sitio de Sagunto, tomada por las tropas "itálicas", el comandante de la guarnición española es un oficial italiano, el coronel Andreani.[43] La campaña será larga, de 1808 a 1813, y dura (sobre 30.000 hombres sólo volverán 5000), pero la tradición de la participación de los italianos en los conflictos españoles, más de una parte y de la otra que de una parte o de la otra, seguirá desde las tres guerras civiles del siglo XIX hasta la reglamentación de las cuentas finales de 1936-1939.

Siempre en el siglo XIX, Italia dará a España un rey, un torero, un maestro de música, un caudillo anarquista,. El joven rey, Amedeo de Saboya, ya duque d'Aosta, al que llamaban *pobre bambino* por su edad (veintiséis años), políticamente incorrupto y constitucionalmente impecable, abdicará noblemente.[44] El torero Luis Mazzantini, descendiente de italianos y proveniente no de la España folclórica sino de la España técnica (era un jefe de estación) introducirá un nuevo estilo en la corrida y será el último de los grandes *espadas* del siglo XIX.[45] El músico Falcionetti, el "gran Silvero", el "maestro mágico", como lo llama José Bergamín,[46] hará que el flamenco salga de las tabernas y de las cavernas de los gitanos. El anarquista es Giuseppe Fanelli, patriota y discípulo de Mazzini, convertido al pensamiento de Bakunin, "un tipo alto, con expresión amable y grave, una tupida barba negra y grandes ojos negros que relampagueaban o expresaban una sentida compasión según los sentimientos que lo dominaban". Con una gran capacidad de convicción Fanelli, sin hablar una palabra de español, recurriendo al italiano y al francés, echará la semilla de aquel fenómeno grandioso y trágico que será el anarquismo español.[47]

Pero ahora se trata de aventuras individuales. De Amicis, que viaja a España en la época del breve reinado de *Don Amedeo* (2 de enero de 1871- 11 de febrero de 1873), sólo en Barcelona encuentra trazas de una colectividad italiana que ha conservado alguna característica nacional, pero el nivel es muy distinto del de las colonias del pasado. "En Barcelona hay un número de camareros de hotel, de mozos de café, de cocineros, de servidores de todo tipo, piamonteses, en su mayor parte de la provincia de Novara, que fueron a España de chicos y que hablan esta jerga horrible, mezcla de francés, italiano, castellano, catalán, piamontés, no con los españoles, se entiende, porque el español lo aprendieron todos, sino con los viajeros italianos, como gracia, para hacer ver que no olvidaron la lengua patria."[48] La presencia de un soberano italiano no exalta a una elite ya inexistente; el popular eslogan *Italianos al tren*, una invitación a irse, no se dirige a una aristocracia económica omnipotente, sino a los pocos, humildes compatriotas de un rey que pronto será repudiado.

Ya pasó el momento mágico, el período áureo e irrepetible en el que Italia en el exterior, a través de Génova, alcanzó un máximo de identificación e integración con el país que la hospedaba, sin perder la propia identidad y sin cortar los puentes con la madre patria, al contrario, ampliando las alianzas y los intereses.

Notas

1. Jaime Vicens Vives (con la colaboración de J. Nadal Oller), *Historia económica de España*, Barcelona, Vicens Vives, 1959, pp. 166-157.

2. Es lo que escribe el historiador de la Marina española Javier de Salas, como cuenta Roberto López, *Genova marinara nel Duecento. Benedetto Zaccaria ammiraglio e mercante*, Mesina-Milán, 1933, p. 170, e *Storia delle colonie genovesi del Mediterraneo*, Génova, 1938, p. 315 (v. Geo Pistarino, "Presenze ed influenze italiane del Sud della Spagna, Sec. XII-XV", en *Presenza italiana in Andalusia. Siglos XIV-XVII*, Sevilla, Escuela de Estudios Hispanoamericanos, Consiglio Nazionale delle Ricerche, Consejo Superior de Investigaciones Científicas, 1982, pp. 36-37).

3. Manuel González Jiménez, "Genoveses en Sevilla (siglos XII-XV)", en *Presenza italiana in Andalusia*, ob. cit., pp. 259-260.

4. J. Vicens Vives (con la colaboración de Nadal Oller), ob. cit., pp. 259-260.

5. Ibídem, p. 231.

6. Ibídem, p. 241.
7. Pistarino, "Presenze ed influenze italiane", cit., pp. 31-32.
8. Ibídem, p. 329.
9. Vicens Vives, ob. cit., p. 285.
10. Ibídem, p. 329.
11. Fernand Braudel, *Civiltà e imperi del Mediterraneo nell'epoca di Filippo II*, trad. italiana de C. Pischedda. Turín, Einaudi, 1976, p. 363.
12. Vicens Vives, ob. cit., p. 306.
13. Juana Gil-Bermejo García, "Naturalizaciones de italianos en Andalucía". En *Presenza italiana in Andalusia*, cit., p. 176.
14. Gregorio Marañón, *Antonio Pérez (El hombre, el drama, la época)*, Madrid, Espasa Calpe, 1963, p. 97.
15. Gil-Bermejo García, "Naturalizaciones...", ob. cit., p. 186.
16. Transcripto por Pistarini, "Presenza ed influenze...", cit., p. 51.
17. Transcripto por Fernando Díaz-Plaza, *Otra historia de España*, Esplugues de Llobregat (Barcelona), Plaza & Janes, 1972, p. 224.
18. Véase en general José Deleito y Puñuela, *La mala vida en la España de Felipe IV*, Madrid, Espasa Calpe, 1959 (para los versos citados véase p. 90),
19. Pierre Vilar, *La Catalogne dans l'Espagne moderne*, París, SEVPEN, 1962, I, pp. 548 y ss.
20. Transcripto por Pedro Collado Villalta, "La Nación genovesa en la Sevilla de la Carrera de las Indias: Declive mercantil y pérdida de la autonomía consular", en *Presenza italiana in Andalusia*, cit., p. 81.
21. Ibídem, pp. 91-93.
22. Marañón, *Antonio Pérez...*, cit., I, pp. 95-99.
23. Pedro Voltes, *Historia inaudita de España*, Esplugues de Llobregat (Barcelona), Plaza & Janes, 1984, p. 200.
24. Consuelo Varela, *Colón y los florentinos*, Madrid, Alianza, 1988, pp. 71-72.
25. Gregory Hanlon, *The Twilight of a Military Tradition. Italian Aristocrats and European Conflicts, 1560-1800*, Londres, UCL Press, 1998, pp. 71-72.
26. Ibídem, p. 73.

27. Garret Mattingly, *The Defeat of Spanish Armada*, Harmondsworth, Penguin, 1962, p. 389.
28. Ibídem, pp. 116-117.
29. En 1635 los regimientos españoles se elevan a 13, pero los italianos son 14 (véase José Deleito y Piñuela, *El declinar de la monarquía española*, Madrid, Espasa Calpe, 1855, pp. 166-167.)
30. Díaz-Plaza, ob. cit., p. 218.
31. Guido Bentivoglio, "Relación de Flandes", en Enrico Falqui, *In giro per le corti d'Europa*, Roma, Colombo, 1949, pp. 217-218.
32. Hanlon, ob. cit., 101.
33. Vicens Vives, ob. cit., p. 383.
34. Hanlon, ob. cit., p.102.
35. Voltes, ob. cit., p. 285.
36. Díaz-Plaza, ob. cit., p. 233.
37. Juan Pablo Fusi, *España. La evolución de la identidad nacional*, Madrid, Temas de hoy, 2000, p. 127.
38. Antonio Ubieto, Juan Reglá, José María Jover, Carlos Seco, *Introducción a la historia de España*, Barcelona, Teide, 1966, p. 361.
39. Díaz Plaja, ob. cit., pp. 263-264.
40. Antonio Buero Vallejo, *Un soñador para un pueblo*, Cádiz, Alfil, 1965.
41. Sobre Malaspina véase Ludovico Incisa di Camerana, *L'Argentina, gli italiani, l'Italia*, Milán, Spai, 1998, pp. 36-40; Dario Manfredi, *Alessandro Malaspina e Fabio Ala Ponzoni. Lettere dal Vecchio e Nuovo Mondo (1788-1803)*, Bolonia, Il Mulino, 1999. Sobre las causas de su arresto véase la biografía de John Kendrick, *Alessandro Malaspina, Portrait of a Visionary*, Montreal, Mc Gill-Queens University Press, 1999, pp. 122-143.
42. Diversos *tercios* italianos y otros repartos reclutados en la península sobrevivirán durante todo el siglo XVIII: véase José María Bueno, *Italiani al servizio della Spagna 1700-1820*, Milán, Editora militar, 1989, pp. 40-41.
43. Giacchi, *Gli uomini d'arme italiani nelle campagne napoleoniche*, cit., 1940, pp. 65-106.
44. La valoración de los historiadores españoles sobre Amedeo d'Aosta es positiva, véase Antonio Ramos Oliveira,

Historia de España, México, Compañía General de Ediciones, d. II, pp. 280-281 y Juan Reglá, José María Jover y Carlos Seco, *Introducción a la historia de España*, ob. cit. pp. 549-550, p. 74.

45. Lorenzo Ortiz, Cañavate, "El torero español". En *Folklore y costumbres de España*, Barcelona, Martín, 1931, pp. 542-543.

46. José Bergamín, *Al volver*, Barcelona, Seix Barral, 1962, pp. 144-145.

47. George Woodcock, *Anarchism*, Harmondsworth (Middlesex), Penguin, 1962, pp. 338-339.

48. Edmondo De Amicis, *Spagna*, Florencia, Barbera, 1928 (la primera edición es de 1879), p. 74.

IV

EL IMPERIO ITALIANO

Austria, casi una patria

Aún en el siglo XVI, las grandes familias feudales italianas son clasificadas según su pertenencia al partido güelfo o al gibelino, como surge de los relatos de los diplomáticos vénetos.[1] En el caso de las familias gibelinas los feudos dependen directamente del imperio, que sigue siendo una referencia política legítima y permanente, una referencia distinta del aliciente ejercido por Francia y España, concebidos como entidades extranjeras. El Sacro Imperio Romano es algo italiano y sigue sustituyendo, como en los tiempos de Dante, a una Italia que no existe.

La reforma protestante y la prolongada unificación con Castilla bajo Carlos V interrumpen el proceso de germanización del imperio. La separación en el seno de la casa de los Habsburgos entre la parte alemana y la española, separación que se lleva a cabo después de la muerte de Carlos V, no hace al imperio más alemán, al contrario, subraya la naturaleza multinacional, asignándole la conducción del alineamiento contrario a la reforma protestante en la guerra de religión que se desencadena en Alemania, transformándolo en el heraldo del catolicismo, un papel confirmado también en Oriente como muro de defensa de la civilización cristiana frente al desborde del imperio otomano en Europa central.

Por consiguiente, en Italia el viejo antagonismo entre güelfos y gibelinos pierde todo sentido con efectos curiosos: las familias gibelinas mantendrán su lealtad a un imperio devenido "papista", las familias güelfas, desvinculadas de la relación con la Iglesia, elegirán el lado más conveniente en las guerras de Italia y en las guerras externas.

La presencia de los italianos en un imperio menos alemán y más multinacional se articula entonces de manera diversa respecto de su inserción en Francia y en España. En Viena los italianos se sienten en casa propia, se sienten dueños. La ciudad es una colonia artística de los italianos: "Ninguna nación y ninguna ciudad más allá de los Alpes hospeda en el siglo XVIII tal multitud de artistas italianos como Viena".[2] El italiano es una lengua de la casa. La Corte hospeda arquitectos, músicos, poetas italianos. El ejército imperial incluye unidades enteras de los Estados italianos.

Desde el punto de vista militar, se puede decir que nunca antes Italia en su conjunto se movilizó como en la guerra de los Treinta Años contra los protestantes alemanes y en las sucesivas campañas contra los otomanos. Débil, casi inerme en su casa, Italia es guerrera en los campos de Alemania, de Bohemia, de los Balcanes.

En forma paralela, la cultura italiana imprime a la cultura del imperio su marca en cada sector. El Barroco será el nuevo caballito de batalla y su influencia, inclusive lingüística, será relevante hasta la declinación política y militar del imperio y el renacimiento del mundo alemán bajo la égida de Prusia.

Hasta ese momento el imperio es para muchos italianos una patria, es más, es la patria.

Los profesores de Europa

El período que va de la segunda mitad del siglo XVI a la segunda mitad del siglo XVII es ciertamente, para Italia, una fase de decadencia política, pero es también, como observa Braudel, "el período de máxima irradiación de la civilización italiana".[3] Los italianos siguieron siendo "los profesores de toda la Europa".[4]

El siglo de los genoveses en España es el siglo de oro de los italianos en el área de la Contrarreforma. Aceptada su posición en el interior de la hegemonía española, que cubre el segundo frente, es decir, la ofensiva otomana en el Mediterráneo, conscientes de una hostilidad antirromana y por ende antiitaliana del Norte protestante, los italianos se enancan ideológica y también militarmente en la Contrarreforma, la reconquista católica. El área a conquistar es la Europa central, la Europa del imperio. Luego vendrá la gran cruzada contra la invasión islámica en los Balcanes y a lo largo del valle del Danubio.

Indudablemente, las características de este nuevo ciclo son distintas de las de la fase precedente. El primer Renacimiento tiene su centro en una Italia a la vanguardia de la modernidad; el segundo no tiene su centro en la Italia peninsular sino en la Italia exterior. La Italia de afuera asume la suplencia de la Italia de adentro. En el plano artístico el arma de la reconquista es el Barroco.

Italia, como escribe Braudel, crea el Barroco, "o sea una nueva forma de gusto y de cultura, una 'civilización' que abarcará a toda Europa".[5] Con el Barroco Italia no crea tan sólo una arquitectura, crea el teatro moderno, la ópera, la nueva ciencia, aun cuando refleja su propio drama y un tiempo de inquietud.

Junto con la arquitectura, la música será la expresión más vistosa de este nueva revolución cultural italiana. Si en el primer Renacimiento los mensajeros del modelo italiano son los comerciantes y los banqueros, en el segundo serán los arquitectos y los músicos los que impondrán en Europa un nuevo modelo.

En el campo musical el impacto es fortísimo y, prolongándose, repercutirá también en la zona enemiga, la Alemania del Norte. Braudel observa que al principio del siglo XVIII las salas de ópera alemanas se ven obligadas a cerrar las puertas o a hospedar la ópera italiana.[6] En Viena, Salieri y Mozart serán amigos o rivales según las exigencias de los libretos teatrales o cinematográficos actuales, pero emplean la misma lengua, el italiano.

En la retaguardia de esta nueva ofensiva artística está Venecia; según Braudel,[7] la iglesia de Santa Maria della Salute es un modelo para las iglesias de Viena y de Praga: de una veintena de iglesias construidas en Viena en un siglo, entre 1603 y 1703, sólo una no es de estilo italiano.[8] Arquitectos y escultores jesuitas, en su mayoría italianos como el lombardo Giuseppe Brasanelli, el "segundo Miguel Ángel", llevarán el Barroco romano hasta las misiones del Paraguay. No inferiores a él son otros tres jesuitas italianos, Gian Battista Primoli, Camillo Petragrassa, Giuseppe Cataldino.[9]

Roma pasa a ser, durante el pontificado del papa Barberini (Urbano VIII), la capital del Barroco y, "por lo menos durante la mitad de ese pontificado, domina toda la vida artística de Italia y es el centro de todo el arte occidental". El Barroco romano es internacional y "unifica todas las corrientes vivas en el único estilo que refleja la Europa del siglo XVII ".[10] Roma se convierte en una Meca para los artistas extranjeros, tiene prevalencia sobre las grandes capitales modernas, siendo al mismo tiempo cosmopolita, compleja, tolerante, "llena de variedad y de extremos".[11] Con el contraste entre una libertad irrefrenable y un gobierno paternalista, "algo como la Berlín de los años treinta: una ciudad tolerante que se encuentra con un régimen que no ama pero con el que debe convivir".[12]

En Occidente la fuerza propulsora del Barroco romano encontrará un límite en el nacionalismo cultural, en el rechazo de la corte francesa a aceptar el proyecto de Bernini para el palacio de Versalles. En el Norte los arquitectos italianos continuarán siendo requeridos. A través del imperio central, irradiarán en las tierras vecinas como adalides de la modernidad.

Hay un campo, además, en el que su monopolio resulta imbatible: la arquitectura militar, la ingeniería militar. Los italianos son los inventores del cuadro técnico militar; se dedican a esto diletantes, príncipes, prelados, hasta cardenales. Se tratan de igual a igual con los soberanos: Tiburcio Spanocchi con Felipe II de España y Rocco Guerrini, conde de Linari, con el Gran Elector de Brandeburgo. Y, frente a los que los acusan de manchar a la nobleza con el ejercicio de las artes mecánicas, reivindican con orgullo "la nobleza de los científicos y de los artistas".

En el período 1540-1620, en una lista española de 364 ingenieros hay 160 italianos. El primer comandante de los cuadros técnicos españoles, fundados en 1581 por el duque de Alba, es el italiano Battista Antonelli. En Hungría la proporción es mayor. En Francia las plazafuertes de Le Havre y Sedan, en Bélgica los bastiones de Amberes, en Alemania las fortalezas de Spandau y Kustrin se deben a italianos.[13]

La primacía italiana durará hasta la segunda mitad de 1600. Pero en poco más de un siglo los italianos tuvieron tiempo de diseminar fortalezas en Europa y hasta en la América española, desde las costas de Colombia y Venezuela hasta Cuba, desde Cartagena hasta La Habana.

Reinas de exportación

El imperio es una meta y un puente de paso al mundo eslavo. Desde el imperio se va a Polonia, a Rusia, a Hungría.

En Polonia la presencia italiana aparece en 1518 de manera masiva y con un toque real: la llegada a la capital, Cracovia, de la princesa Bona Sforza para celebrar sus nupcias con el rey Segismundo.

El séquito que acompaña a Bona Sforza se parece más que a un surtido de pajes y damiselas, a un cuerpo de expedición, incluyendo, además de las delegaciones oficiales, a cardenales, aristócratas, arquitectos, literatos, poetas, músicos, comerciantes, más de setecientas personas: un pequeño ejército desarmado, que ocupará la capital polaca e inaugurará bajo el signo de Italia lo que será el "siglo de oro" de un país hasta entonces considerado marginal, periférico. En efecto, según el historiador polaco Stanislaw Widlak, esta especie de ocupación italiana "se traduce en italianización de la corte real en primer lugar y, además y en consecuencia, de la vida pública y privada de los ciudadanos polacos". "La ciencia, el arte, la literatura, las instituciones políticas y culturales, el modo de vivir y de divertirse, los trajes, los alimentos, y todo lo que era italiano (en polaco *wloszczyzna*), les encantaba a los polacos y atraía su interés impulsándolos a imitarlos, algunas veces de forma exagerada."[14]

La italomanía terminó, como en Francia, por generar italofobia, el temor de los polacos a perder la propia identidad cultural. Sin embargo, aun después de la partida de la reina (1556) esa influencia actuará en profundidad: "Basta con mirar la ciudad de Cracovia y también las otras ciudades polacas, los monumentos, las obras de arte, basta leer las obras literarias para darse cuenta de la profundidad de la presencia italiana en Polonia así como de la profunda presencia italiana en la cultura polaca para ver cuántos italianismos, obvios o bien ocultos —en cuántos campos de la vida— están presentes hasta hoy".[15] Para Widlak, en suma, se trata de una influencia determinante.

Pero Italia no se detiene en Cracovia, también Vilnius, la capital de Lituania, es una ciudad italianizada.Y en los momentos en los que el poder en Rusia opta más o menos violentamente por la europeización, llegan los italianos, antes aún que a Polonia, en 1472, acompañando a Moscú a una princesa griega pero criada en Italia, Zoe (Sofía) Paleologo, esposa de Iván III.

Los italianos trazan las murallas del Kremlin, levantan sus torres y fabrican los primeros cañones. A pedido de los comisionados, el boloñés Aristotele Fieravanti, junto con Pietro Antonio Solari, Marco Ruffo, Aloisio Novi y otros, inventará el estilo ruso: las múltiples cúpulas esmaltadas y coloreadas de las catedrales de Moscú y alrededores.[16]

Tres siglos después, en la fundación de la nueva capital, San Petersburgo, se dirá que "siempre y en todas partes los proyectos pertenecían a un italiano, la construcción la iniciaba un alemán, la continuaba un francés, luego otra vez un italiano, nuevamente un alemán, y por fin, metía sus manos un holandés".[17] Parece un lindo lío, pero el heredero del fundador, Pedro el Grande, otra princesa, la emperatriz Isabel Fedorovna, pondrá las cosas en su lugar: el arquitecto italiano Bartolomeo Rastrelli se convertirá en "la figura central de la arquitectura rusa del siglo XVIII" imponiendo el Barroco.[18] Luego el estilo neoclásico de otro arquitecto italiano, el bergamasco Quarenghi, completará la fisonomía de San Petersburgo: una capital de tono italiano, elegante y monumental.

Hungría, una atracción italiana

En Hungría, como en Polonia y en Rusia, una princesa desempeña un papel decisivo: Beatrice di Napoli, casada en 1477 con el rey Matías Corvino. Pero Italia ya era como de la casa antes: en tiempos del primer rey de Hungría, San Esteban (997-1038). El arzobispo de Buda, otro santo, Gerardo, es italiano. En 1162, después de la destrucción de Milán por parte de Barbarossa, muchos lombardos se establecen en Hungría, son la vanguardia de grandes grupos de comerciantes, que se expanden en los mayores centros magiares.

Se estrechan las relaciones dinásticas. El sucesor de Esteban es el sobrino, un veneciano, Pietro Orseolo, hijo del dux Ottone Orseolo, que se había casado con la hermana del soberano. Extinta la dinastía veneciana, las vicisitudes genealógicas llevarán al trono magiar en 1257 a los angevinos de Nápoles, que lo conservarán hasta 1383, extendiendo con Luis el Grande los dominios del reino a Dalmacia, Transilvania y Polonia. Los angevinos llevarán a Hungría más italianos que franceses.

El fin de los lazos dinásticos no interrumpe las relaciones entre los italianos y Hungría. El florentino Filippo Scolari, llamado Pippo Spano, del título que ya le habían atribuido, *spano*, prefecto o gobernador, se convertirá en héroe nacional. Pippo Spano hará de todo: a las órdenes del nuevo rey, Segismundo de Luxemburgo, arrancará de raíz las veleidades vindicativas del pretendiente angevino Ladislao de Nápoles, rechazará a los turcos, que avanzan hacia la frontera, liberará Belgrado y la anexará a Hungría; construirá fortificaciones, embellecerá las ciudades, rodeándose siempre de parientes y amigos florentinos.[19]

Belgrado será defendida en 1456 después de la muerte de Scolari, por el nuevo rey, Juan Hunyadi, contra el ejército otomano alentado por la conquista de Costantinopla. Lo ayudará un franciscano abrucés, San Juan de Capistrano con treinta mil cruzados.

Hijo de Hunyadi y marido de Beatrice di Napoli, Matías Corvino, se servirá de grandes cancilleres italianos, primero el cardenal Rangoni, luego Ippolito d'Este. Con su desaparición, desaparece también el elemento italiano y los turcos, derrotados los húngaros en Mohacs (1526), invaden Hungría. El desafío del sultán es recogido por el imperio de los Habsburgo y por sus italianos. Pero la guerra está en dos frentes: contra los otomanos en Hungría y en los Balcanes, contra los príncipes protestantes en Alemania. Los italianos se distinguen en los rangos de los ejércitos imperiales, pero sobre todo en los comandos, tanto como para suscitar los celos y la aversión de sus colegas alemanes.[20]

El segundo frente es el que prevalece hasta la paz de Westfalia (1648). La guerra por la liberación de Hungría se desmenuza en episodios individuales de resistencia sostenidos por la habilidad de los ingenieros italianos que también obtendrán los más altos grados militares. La ofensiva turca se abre paso en 1683 hasta los muros de Viena. Un franciscano italiano, Marco d'Aviano, predica la cruzada.

Después de la derrota de los turcos en Viena, la contraofensiva lleva al ejército imperial más allá de Hungría, a la liberación de Belgrado y a la ocupación de Kosovo por parte de dos regimientos de caballería al comando del conde Enea Silvio Piccolomini, con el sostén de auxiliares serbios. Muerto de peste Piccolomini, las tropas, al mando de un comandante alemán y derrotadas por el ejército otomano, vuelven bajo el mando de un general italiano, el conde Federico Veterani, que restablece la situación, pero es obligado por Viena a retirarse.[21] Otros italianos, como el conde Caprara y el conde Carafa, nombrado comisario general por Hungría, se hallan en los puestos de comando, o bien como el conde Marsigli se distinguen en calidad de ingenieros militares y consejeros políticos.[22]

El golpe decisivo al dominio otomano sobre Hungría será dado por el sobrino de Mazzarino, el príncipe Eugenio, pero de Italia marchan para la reconquista cristiana, más o menos forzados por los Habsburgo, dinero a carradas y también soldados y conductores.

Los generales de la Contrarreforma o el barroco armado

La Italia interior, la Italia inerme de aquellos que serán llamados los siglos oscuros, contrasta con el rostro guerrero de la Italia exterior.

En la guerra de los Treinta Años, una guerra de religión, Italia moviliza cuadros y regimientos. Los lugartenientes del comandante supremo austríaco Wallenstein son italianos: el sienés Octavio Piccolomini, el trentino Galasso, los friulanos Colloredo y Collalto. El marqués Del Carretto de Grana funge en Viena como jefe del Estado mayor. El barón Isolani comanda la caballería croata. En la reconstrucción de Schiller los gregarios alemanes se quejan en los vivaques de esos "inservibles" de los *Welschen*, a los que Wallenstein es acusado de preferir, pero en Lutzen las cargas de los escuadrones de Piccolomini salvan al ejército imperial de una ruinosa derrota y la infantería toscana, matando al conductor adversario, el rey de Suecia Gustavo Adolfo, quita del medio a un enemigo peligroso y victorioso. En su trilogía, el mismo Schiller sintetiza en Piccolomini y en su único hijo una creación literaria, el dramático dilema entre la lealtad hacia el jefe que se disponen a traicionar y la fidelidad al emperador, que ordena secretamente su eliminación.[23]

La fama de los comandantes italianos como técnicos de guerra, confirmada por dos grandes capitanes al servicio del imperio, Raimondo Montecuccoli y Eugenio di Savoia, todavía está viva a fines del siglo siguiente, luego de una serie de continuas guerras europeas. En la segunda edición de la *Enciclopædia Britannica* (1777-1783) se lee, a propósito del pueblo alemán este sorprendente juicio: "En general, se piensa que los alemanes necesitan ser animados desde el momento en que su físico promete más vigor y actividad que los que ellos ejercitan en el campo de batalla. Pero cuando son comandados por buenos generales, especialmente los italianos, como Montecuccoli y el príncipe Eugenio, han hecho grandes cosas tanto contra los turcos como contra los franceses".[24] El lenguaje militar internacional adoptará términos italianos como "brigada", "coronel", "cañón".

¿Qué pasa después? Incluso un historiador sagaz y bien documentado como Gregory Hanlon no logra explicar la repentina, rápida declinación de la tradición militar de los italianos en el exterior, pero observa cómo la presencia italiana en los ejércitos imperiales se atenúa mucho en los rangos subalternos, como consecuencia de una clara preferencia de tipo nacionalista de las nuevas generaciones de Habsburgos en lo que atañe a los reclutas alemanes.[25] La germanización se extenderá luego, aun cuando con mayor lentitud, a la oficialidad: la progresiva apertura a elementos burgueses y provenientes de la nada alimenta la homogeneidad étnica de las fuerzas imperiales.

Una llave para comprender el fenómeno la otorgan los recuerdos de un iluminista milanés, el conde Pietro Verri, que se enrola en el ejército imperial y participa en la guerra de los Siete Años (1753-1760), que signará en el mundo germano la afirmación del poder de Prusia. Es una guerra huidiza conducida mecánicamente por un ejército de sonámbulos, comandado por generales que no saben ni siquiera dónde están y leen los diarios para conocer las noticias acerca de la guerra que están combatiendo.[26]

Pero sobre todo Viena ya no es, como en la época de la guerra de los Treinta Años, la ciudad más italianizada en el norte de los Alpes, cuando el italiano y no el alemán era la lengua de la nobleza y de la corte. Y el lobby italiano cada vez cuenta menos: sólo el arzobispo de Viena es un italiano, monseñor Mingazzi. El ejército que está en el frente está lleno de oficiales italianos, pero los otros comandos están en manos de generales austríacos y alemanes.

La posición menos prestigiosa del elemento italiano se refleja en el siglo XVIII también en Viena, que es ciudad provincial. Los italianos son considerados "pícaros" y como para desmentir esta fama "el italiano bien nacido trata de superarla con una decidida ingenuidad y buena fe" al final termina por caer en las trampas locales: "Entonces somos enormemente traicionados en las compras y en los contratos, en el juego y en las relaciones con las muchachas".[27]

El imperio tiene todavía un sentido de pertenencia y, aun despreciando a los austríacos, el joven Verri no duda en hablar de sí como austríaco. Pero en un clima ya descuidado, sin la devoción a una causa o a un jefe, el papel de un héroe de Schiller ya no está disponible. Para un joven señor milanés no queda más que preceder a Fabrizio Del Dongo: seguir la guerra desde los márgenes y luego regresar a casa. Con él también volverá a casa la Italia combatiente, llevando consigo este sentido stendhaliano de extranjeridad y no compromiso con la aventura bélica, que le pesará a la Italia interior en la época de sus pruebas militares.

Notas

1. Relación del ducado de Milán del secretario Gianiacopo Caroldo, 1520, en Arnaldo Segarizzi (dir.), *Relazioni degli ambasciatori veneti al Senato*, Bari, Laterza, 1912, pp. 1-29.
2. Enrico Morpurgo, "Gli artisti italiani in Austria", II, "Il Secolo XVII", Roma, Poligrafico, 1962, p. 87 (*Genio italiano*, serie I, "gli artisti").
3. Fernand Braudel, *Il secondo Rinascimento*, cit., p. 83.
4. Braudel, *Grammaire des civilisations*, París, Champs-Flammarion, 1993, p. 439.
5. Braudel, *Il secondo Rinascimento*, cit., p. 84.
6. Ibídem, p. 108.
7. Ibídem, p. 123.
8. Morpurgo, ob. cit., p. 88.
9. Incisa di Camerana, "Nostalgia della città europea nel dominio portoghese e spagnolo delle Americhe", en Leonardo Benevolo, Sergio Romano (comps.), *La città europea fuori d'Europa*, Milán, Scheiwiller, 1998, p. 153.
10. Arnold Hauser, *Storia sociale dell'Arte*, trad. del alemán de Ana Bovero, Turín, Einaudi, 198012, I, p. 472. [Hay trad. española, *Historia social de la literatura y el arte*, España, Gredos].
11. Mark Girouard, *Cities & People*, New Heaven y Londres, Yale University Press, 1985, p. 129.
12. Ibídem, p. 136.
13. Leone Andrea Maggiorotti, *Architetti e architetti militari*, II ("Genio italiano", serie IV, 2 "gli architetti militari") Roma, Librería dello Stato, año XIV (1936), pp. 52-61.
14. Stanislaw Widlak, "Gli italiani nella Cracovia rinascimentale e i loro scritti letterari", en Jean-Jacques Marchand (comp.), *La letteratura dell'emigrazione*, Turín, Fondazione Agnelli, 1991, pp. 8-9.
15. Ibídem, p. 10.
16. Ettore Lo Gatto, *Gli artisti italiani in Russia*, I, *Gli architetti a Mosca e nelle province* ("Genio italiano", serie I) Roma, Librería dello Stato, año XII E.F. (1934), pp. 15 y ss.
17. Lo Gatto, ob. cit., II,. *Gli architetti del secolo XVIII a Pietroburgo e nelle tenute imperiali* (Genio italiano, serie I), Roma, Librería dello Stato, año XIII E.F. (1935), p. 13.

18. Ibídem, p. XVIII.
19. Mangiorotti, ob. cit., pp. 70-71.
20. Hanlon, ob. cit., pp. 98.
21. Noel Malcolm, *Kosovo. A Short History,* Londres, Papermac, 1998, pp. 143-159.
22. Maggiorotti, ob. cit., pp. 117-139.
23. Para ls citas sobre los italianos véase Friedrich Schiller, *Wallenstein - Il campo di Wallenstein - I Piccolomini - La morte di Wallenstein,* Milán, BUR, 2001, pp. 330, 331 y 579.
24. *An Anthology of pieces from early editions of Encyclopædia Britannica,* Londres, 1963, p. 37.
25. Hanlon, ob. cit., pp. 303 y ss.
26. Pietro Verri, *Diario militare* (dir. por Gianni Scalia), Rocca San Casciano, Cappelli, 1967, p. 66.
27. Ibídem, p. 43.

V

LA INGLATERRA
MITAD ITALIANA Y MITAD NO

El falso italiano

Inglaterra acepta y admira a Italia, pero no acepta y no admira a los italianos. Lamentablemente a causa de la renuencia a acoger el producto original emerge el subrogado local, un resultado no siempre feliz que resume el dicho: "Inglés italianizado, diablo encarnado".

En Inglaterra no existió un Mazzarino, un hombre de Estado italiano, con una extraordinaria y constructiva, aunque cruel, capacidad para gobernar, pero para los historiadores ingleses es como si hubiese existido. Es Thomas Cromwell, ministro de Enrique VIII, prácticamente dictador durante diez años (1530-1540), creador de la monarquía nacionalista, autor de la separación entre la Iglesia de Inglaterra y la Iglesia de Roma. Una figura muy distinguida en la historia de los estadistas ingleses del que "se querría saber mucho más, pero del que se conoce muy poco".[1]

Cromwell no es italiano, pero es un aventurero. Mercenario al servicio francés en las guerras de Italia, pasa de la milicia al comercio convirtiéndose en contable de un comerciante veneciano y luego en Londres entra en relaciones con los Frescobaldi. Pasa con desenvoltura de un trabajo a otro: se enriquece entre los asuntos legales y financieros, entre los bancos y la usura, y deviene miembro de la Cámara de los comunes.

Se ganó la benevolencia del favorito del rey, el cardenal Worsley, lo defiende ante Enrique VIII cuando cae en desgracia, pero, ya en contacto directo con el rey, encuentra el expediente que permite el divorcio del soberano, obteniendo también el apoyo del parlamento para la separación del papado de Roma y el Acto de Supremacía que hará de Enrique VIII el jefe de la Iglesia de Inglaterra.

El nuevo ministro del rey está tan italianizado que un amigo al pedirle prestados dos libros italianos, los *Trionfi* de Petrarca e *Il libro del cortegiano* de Castiglione, le recuerda la promesa de hacer de él "un buen italiano".[2] Incluso su indiferencia por la pompa, por las formas exteriores del poder, se hará pasar, junto con su "versatilidad", por una característica italiana.[3] De él se dirá con razón: "En toda la vida agitada del nuevo ministro la impronta más profunda había sido dejada por Italia. Con Cromwell entraba a la política inglesa la técnica italiana del poder. No sólo en la rapidez y lo despiadado de sus nuevos designios sino en la visión más amplia, en la claridad de los propósitos y una admirable combinación".[4]

Su objetivo, en una Inglaterra aún política y socialmente fragmentada, es concentrar en la corona una autoridad absoluta, incluso a costa de instaurar un régimen de terror. Su maestro es Maquiavelo, al que lee y aconseja leer. Su plan en política exterior es grandioso: una alianza entre Francia e Inglaterra contra el imperio en apoyo a los príncipes alemanes protestantes. Con ello se bloquearía la ofensiva militar de la Contrarreforma en Europa central y se evitaría la guerra de los Treinta Años. La clave de este ingenioso proyecto es el matrimonio de Enrique VIII con Ana de Cleves, cuñada del protestante elector de Sajonia.[5] El plan, que anticipa la estrategia de Richelieu, no funciona: Cromwell pierde el favor de Enrique VIII, furioso por el aspecto absolutamente desagradable de la nueva consorte; la Cámara de los Lores lo incrimina, lo condena a la pena capital. El alumno de Maquiavelo sigue la trágica suerte que le infligiera a Tomás Moro, la antítesis encarnada del *Príncipe*, el impecable gentleman británico, leal a la corona, pero mucho más a su propia conciencia y su propia fe, más atento a las prescripciones del conde Baldasarre Castiglione que a las desencantadas sugerencias del secretario florentino.

Dos libros italianos, *Il Principe* e *Il libro del cortegiano*, pasarán a ser uno el modelo oculto, el otro el modelo público de las elites de la isla, pero Inglaterra se cuidará mucho de importar de Italia príncipes y cortesanos; se limitará a imitarlos.

El ciclo precedente

Hace tiempo que los italianos descubrieron Inglaterra. Frailes, banqueros, comerciantes, establecieron en la isla sus cabezas de puente. Los franciscanos, que llegaron en 1225 y fueron recibidos como "los hermanos del pobre", suscitaron un entusiasta *revival* espiritualista y crean en Oxford un polo de irradiación intelectual.[6] A fines del siglo XIII comparecen en Southampton los primeros buques venecianos;[7] banqueros y comerciantes florentinos y luquenses[8] en Londres y en las ciudades de la costa. Los cinco puertos de la Mancha habilitados al comercio con el exterior serán llamados a la italiana *Cinque puertos*.[9] Los italianos, devenidos acreedores de los monarcas, empiezan a pesar también en el terreno político: Francesco Accursi es consejero de Eduardo I.[10]

Ya en el curso de la baja Edad Media surgirá el revés de la moneda. Los recién llegados no son todos "hermanos del pobre". Para conformar a los acreedores italianos los soberanos les conceden la cobranza de los impuestos, una tarea que no los hace populares.[11] La iglesia de Roma nombra como jefes a cargo de las diócesis inglesas a cardenales y obispos italianos, más interesados en las rentas que en curar almas, lo que suscita el resentimiento del clero local.[12] Las residencias de los comerciantes extranjeros son las primeras en ser saqueadas e incendiadas junto a otras sedes del poder durante los frecuentes motines populares.[13]

Por añadidura, el rey Eduardo III suspende el reembolso de los créditos debidos a los banqueros florentinos. Los más influyentes, los Frescobaldi, aprovechan para pedir a cambio de los pagos no efectuados el usufructo de las minas de plata de Devonshire y la cobranza como recaudadores del tributo sobre la lana. El parlamento inglés se opone a estas concesiones y el rey da marcha atrás, pero la amenaza de otro Frescobaldi, destacado en Bordeaux, de interrumpir las exportaciones de vino de Francia a Inglaterra obliga al deudor inglés a pactar.[14] Otras dos familias florentinas, los Bardi y los Peruzzi, no se dan tan buena maña y fracasan.

En la guerra de los Cien Años entre Francia e Inglaterra contra el ejército nacional inglés, Francia alinea también a mercenarios italianos. Esto no le impide a los italianos mantener el monopolio del comercio exterior inglés, sólo compartido en parte con los comerciantes alemanes de Hansa. No obstante, a fines del siglo XV, cuando terminada la guerra civil inglesa, la guerra de las Dos Rosas, comienza a formarse una burguesía local, la preponderancia italiana empieza a resquebrajarse.

Los italianos les hacen un último regalo a los ingleses. *Grand Henry*, la primera nave de guerra británica, será preparada por los carpinteros reparadores de buques de Varazze; un escritor francés atribuye a los italianos el origen del poderío marítimo inglés: "Esta potente Marina inglesa probablemente nunca hubiera salido de la infancia sin el aporte de los Italianos con mayúscula. La ciencia náutica de los pilotos del Norte consistía en navegar de las Orcadas a las Shetland y de éstas a las Faer Oer. De Enrique II a Enrique VII Inglaterra siempre recurrió a los venecianos y a los genoveses para sus expediciones navales."[15]

La crisis se agravará, no tanto a causa del descubrimiento de América, a lo que contribuyen los Gaboto padre e hijo (por parte de los ingleses transcurrirá casi un siglo antes de que comiencen la colonización de las tierras descubiertas por dos navegantes italianos), sino a causa de la guerra con Flandes. Como plaza financiera Londres toma el lugar de Amberes, saqueada y devastada. Las galeras venecianas, que tenían el monopolio de las exportaciones inglesas de lana, dejan de hacer escala regular en Londres en 1533 y se las verá por última vez en Southampton en 1587.[16] Inglaterra supera a Italia también en la industria del vestido, las confecciones inglesas más baratas encuentran una clientela internacional en las nuevas clases medias de la Europa del Norte. Por el contrario, la industria italiana, condicionada por reglamentos corporativos y fiscales sofocantes, produce a costos tan elevados que la obligan a dirigirse sólo al mercado de lujo.[17]

En realidad, el sistema económico global se extendió del

Mediterráneo a los océanos e Inglaterra ocupa el centro de una nueva geografía política y económica, que empuja a las ciudades italianas hacia la periferia. Será el turno de los ingleses ir a una Italia que ya juega a la defensiva.[18] El final de la larga historia de nuestros comerciantes y banqueros en Inglaterra es negativo: la última llamarada tiene lugar en el período 1620-1630 con el financista italiano Burlamacchi y su clamorosa bancarrota en 1633.[19]

Renacimiento con italianos

La declinación de la hegemonía comercial italiana se verifica tan rápidamente que, a la inversa de lo ocurrido en Francia y en España, no termina con la explosión cultural, con el Renacimiento. Al contrario, la influencia económica languidece y se apaga, mientras que la influencia cultural es fundamental en el avance de la sociedad inglesa hacia la modernidad: el *new learning*, la nueva enseñanza aceptada en Londres con todos los honores, es el *Italian learning*.[20]

El Renacimiento italiano provoca en Inglaterra un fuerte impacto, determina más que en otras partes una auténtica revolución cultural, que por lo menos en un primer tiempo convivirá con la reforma religiosa. Esta última debería actuar en sentido contrario, pero son precisamente los hombres más influidos por el Renacimiento los que dirigen, más política que ideológicamente, el desafío británico a Roma. Éste es el caso de Thomas Cromwell, pero también el de su rey Enrique VIII.

La corte se llena de pintores italianos pero, si en el campo de la pintura los holandeses compiten con nuestros artistas, en las otras artes y en particular en la música los italianos tienen la exclusividad. Y son, en fin, los ingenieros militares italianos a los que Enrique VIII recurre para fortificar las costas de la isla, así como se dirige a los banqueros italianos, como los Frescobaldi, para financiar la preparación de una poderosa marina de guerra.[21]

En 1512 la italianización da otro paso hacia delante: se desarrolla en la corte el primer baile de máscaras, una novedad que, como en Francia, llega de Italia. De inmediato llegará también la comedia del arte, pero "las impúdicas, antinaturales, desvergonzadas acrobacias de las mujeres italianas" ofendieron a "Dios y la honestidad".[22] Las máscaras italianas llegarán, pero no se quedarán. En cambio tendrá más suerte el género dramático. El mismo drama inglés, en efecto, tiene un origen italiano: el pionero es Nicholas Grimald (Grimaldi) en la primera mitad del siglo XVI, quien mezcla en la comedia ingredientes cómicos y dramáticos.[23]

El Renacimiento italiano se hace escuchar en el conjunto de la literatura. Es más, el desarrollo de la literatura inglesa en este período depende, según los historiadores ingleses, de la creciente influencia que ejerce Italia, en parte a través de los viajes de los ingleses a la península, en parte a través de su poesía y de su prosa, sobre las costumbres y gustos de la época. "La gente da más importancia a un cuento de Boccaccio, se dice, que a una narración de la Biblia. La ropa, el modo de hablar, los modales de Italia pasan a ser objeto de una casi apasionada imitación." Algunos parangonan esta perturbación de las costumbres locales con un hechizo de la maga Circe. El célebre poeta John Lyly inventará una manera de expresarse, un estilo italianizante, excesivamente afectado, que pasará a llamarse *Euphuismo* por uno de sus poemas.[24]

María e Isabel: renacimiento sin italianos

María Estuardo es bella, valiente, inteligente, católica y tiene un secretario y confidente italiano, el piamontés Davide Rizzio. Heredera al trono de Escocia, pero educada en la corte francesa, viuda desde los dieciocho años de un rey de Francia, Francisco II, como pretendiente al trono de Inglaterra María representaría un Renacimiento a la italiana. Como reina de Escocia queda atrapada en disputas entre clanes y fanatismos confesionales, con una clase dominante que combina, como escribe eficazmente un historiador inglés. "la propensión homicida de los afganos con el cinismo del Renacimiento italiano".[25] Un pésimo marido mandará matar a Rizzio, culpable de haberle aconsejado restaurar el catolicismo, y él también será despedazado. Obligada a huir a Inglaterra, más prisionera que huésped durante diecinueve años, involucrada también por un banquero italiano —Roberto Ridolfi— [26] en conspiraciones contra su rival, la reina Isabel, María Estuardo será decapitada.

Su prima, Isabel Tudor, reina de Inglaterra, menos bella pero más astuta, habla el italiano y el francés. Lee a Ariosto y a Tasso, en sus aposentos reales tiene un camarero italiano, el señor Ferdinando, un bufón italiano cuyo sobrenombre es Monarco, y en la penumbra un consejero italiano, sir Horatio Pallavicino, su emisario en los asuntos continentales.[27] Asimismo se rodea de músicos italianos como Alfonso Ferrabosco y la familia Bassano. Es acusada de ser la más encarnizada y la más detestable de los *euphuistas*, es más, el Euphuismo es casi de rigor para las damas de la corte.[28] En suma, vive a la manera italiana, una manera italiana sensible al fasto exterior y combinada con una "inteligencia renacentista descaradamente italianizada".[29] No obstante ello, se proclama "verdadera inglesa" y hará el Renacimiento a su modo, o sea, sin italianos.

Por lo demás, los italianos sólo dominan en dos sectores: la equitación y la esgrima, dos artes en las que no tienen rivales en Europa, pero subordinadas a la protección de la aristocracia. El favorito de la reina, el conde de Leicester, tiene a su servicio a Claudio Corte, autor de un *Cortigiano* pero para el uso ecuestre. *Il Cavallerizzo*.[30] El conde de Essex es el amo de un maestro de esgrima, Vincenzo Saviolo, y el conde de Southampton de otro maestro, Giovanni Florio. A los italianos se debe la difusión de la espada de dos filos: un progreso en el *art of killing* que, unido a una aplicación demasiado peligrosa del código caballeresco italiano, extremadamente sensible a cualquier posible ofensa, inducirá a Isabel y a su sucesor, Jaime I, a desalentar con medidas severas la difusión del duelo.[31]

Un exceso de atracción hacia Italia sin intrigas en los planos político y económico, y una presencia local marginal y no particularmente calificada, del elemento italiano, en cierto momento acabaron por provocar una reacción negativa. Por cierto el teatro ingles tiene una deuda hacia un mundo italiano que le brinda técnicas y tramas. Pero su influencia se refleja en alguna de las peores características de la escena inglesa: "Los aspectos de nuestro drama que sorprenden la moral del tiempo y se ganan el odio mortal de los puritanos, su grosería y vulgaridad, la tendencia a escenas de horror y de crimen, el abundante empleo de la crueldad y de la concupiscencia como bases de la acción dramática, el audaz recurso a lo horrible y a lo antinatural toda vez que sirven para explicar los lados más terribles y rechazantes de la pasión humana, derivan de la escena italiana."[32]

Al mismo tiempo, la ruptura con Roma, con el "papado" presupone, por un lado, una identificación por lo menos parcial entre papado e italianismo, y por el otro lado inspirará cada vez más un sentido de superioridad étnica del pueblo inglés respecto del mundo exterior. "El protestantismo", sostiene un historiador de nuestro tiempo, A. J. P. Taylor, "dio a los ingleses un sentido de superioridad respecto de las otras razas. Desde el momento de la ruptura con el Catolicismo romano en 1533, los ingleses se consideraron el pueblo elegido, autorizado por Dios a superar las reglas ordinarias de un comportamiento civilizado".[33] Se admiran todavía los *sea dogs* de la marina isabelina que eran de hecho, como observa Taylor, piratas, pero se revuelve con un sentido de repugnancia en la crónica negra italiana. Se pasa de la Venecia de Shakespeare, noble y respetada, a la Venecia del *Volpone* de Ben Johnson, receptáculo de la avidez y de la corrupción. En *Otelo*, el oficial florentino Cassio se presenta como un serio técnico de la guerra frente a un capitán Spaventa intrigante y perverso, pero en otros autores Yago se multiplica y pasa a ser el prototipo de la maldad itálica. La Italia feliz y magnífica de las comedias de Shakespeare se hunde en las obras de sus sucesores en un clima oscuro de conspiraciones y delitos.

Los viajeros ingleses seguirán admirando la Italia del arte y de la creatividad. Será un embajador inglés en Venecia, sir Henry Wotton, el que dará a conocer a Palladio en Inglaterra y quien brindará una faz palladiana a los barrios y villas de la aristocracia británica.[34]

Los *story tellers*, los narradores ingleses, desde los textos postisabelinos a la novela gótica de Horace Walpole y a la novela negra de Mary Shelley, propagarán en cambio, aun cuando el Renacimiento volverá a estar de moda,[35] un italiano imaginario pero negativo, que no encontrará desmentida en una Inglaterra que, luego de haberse abierto a las ideas italianas, desconfiará de los italianos. Un país que, más aún que Francia y España, parecía destinado a una italianización no pasiva, sino extraordinariamente creativa, se revelará desconfiado en el plano de un encuentro a nivel humano. Esta actitud se acentuará cuando Londres se transforma en el gigantesco mercado internacional y en la capital de la modernidad.

En 1820 el escándalo del siglo, el divorcio de Jorge IV, una especie de Falstaff inepto y bonachón, de su mujer Carolina de Brunswick, una mujer incansable y excéntrica, a causa del adulterio de ella, lleva a primer plano a su amante, el italiano Bartolomeo Pergami, ex soldado de Napoleón. Durante el proceso los servidores italianos llamados a atestiguar responden con un "*non mi ricordo*" en italiano que, como observa el biógrafo de Jorge IV, pasará al inglés corriente "para indicar hechos que no es conveniente recordar".[36]

Notas

1. John Richard Greene, *A Short History of English People* (Nueva Edición, Alice Stofford Green, dir.), Londres, MacMillan, 1911, p.332.
2. A. L. Rowse, *The Elizabethian Renaissance: The Life of the Society*, Londres, Cardinal, 1974, p. 20.
3. Greene, ob. cit., p. 347.
4. Ibídem, p. 335.
5. Ibídem, p. 348.
6. Kathe Feiling, *A History of England*, Londres, Book Club Associates, 1975, pp. 151-153.
7. Ibídem, p. 149.
8. Greene, ob. cit., p. 202.
9. Ibídem, p. 281.
10. Feiling, ob. cit., p. 179.
11. Ibídem, p. 194.
12. Greene, ob. cit., p. 237.
13. Ibídem, p. 252.
14. Dino Frescobaldi, *Privilegio di nascita*, Milán, Longanesi, 1997, pp. 118-119.
15. Jurien de la Gravierie, *Les Marins du XV et du XVI siècle*, pp. 214-215 (reportado por Gio Bono Ferrari, *L'epoca eroica della vela. Capitani di bastimenti di Genova e della Riviera di Ponente nel secolo XIX*, Rapallo, Tigullio, 1941, p.2).

16. Christopher Hill, *La formazione della potenza inglese. Dal 1530 al 1780,* trad. italiana, de Vittorio Ghinelli, Turín, Einaudi, 1972, p. 78.
17. Ibídem, p. 98.
18. Pagano de Divitiis, *Mercanti inglesi nell'Italia del Seicento,* Venecia, Marsilio, 1990, p. 26.
19. Hill, ob. cit., p. 136.
20. Feiling, ob. cit., p. 322.
21. Frescobaldi, ob. cit., p. 119.
22. Taviani-Schino, ob. cit., p. 277.
23. Rowse, *The Elizabethian Renaissance: the Cultural Achievement,* Londres, Cardinal, 1974, p. 19.
24. Greene, ob. cit., p. 400.
25. Keiling, ob. cit., p. 426.
26. La de Ridolfi es una de las distintas conspiraciones contra Isabel y es anterior en once años a la decapitación de María (Ibídem, p. 397).
27. Garrett Mattingly, *The Defeat of Spanish Armada,* Harmondsworth, Penguin, 1959, p. 180.
28. Greene, ob. cit., p. 400.
29. Feiling, ob. cit., p. 387.
30. Rowse, *The Elizabethian Renaissance: The Life of the Society,* Londres, Cardinal, 1974, pp. 213-214.
31. Ibídem, pp. 227 y ss.
32. Greene, ob. cit., p. 426.
33. A. J. P. Taylor, *Essays in English History,* Harmondsworth, Penguin, 1976, p. 28.
34. Rowse, *The Elizabethian Renaissance: the Cultural Achievement,* Londres, Cardinal, 1974, p. 170.
35. Marilyn Butler, *Romantic, Rebels & Reactionaries. English Literature and its Background 1760-1830,* Oxford, Oxford University Press, 1981, pp. 122 y ss.
36. Alan Palmer, *George IV,* Londres, Cardinal, 1975, pp. 92-93.

VI

EL LEVANTE* ITALIANO

El Imperio disimulado

Cuando llega a Jerusalén en 1806, después de un largo viaje por Grecia y Turquía, Chateaubriand no se asombra: "Todos entienden el italiano". Los cuentos también están escritos en italiano.[1] En su periplo por Levante encontró italianos por todas partes: médicos, comerciantes, capitanes de ultramar, frailes, traductores, vale decir, intérpretes de los cónsules europeos.

Hasta 1861 en Odessa las indicaciones viales también figuran en italiano, como lo atestigua el sociólogo ruso Novikov.[2] La colonia italiana es la más numerosa y una de las más ricas entre las colonias extranjeras en Rusia.[3] En Albania, informa el cónsul italiano Giulio Tesi a Scutari, "a pesar de los cuatro siglos y medio transcurridos desde el final del dominio veneciano, la lengua comercial y marinera en este país siguió siendo el italiano, que se habla junto con el propio idioma, incluso en familia, por parte de la mayoría de la población".[4] Tesi rinde homenaje por la difusión de la lengua a los misioneros italianos, auténticos agentes de la modernización, con sus escuelas y sus laboratorios: por lo demás, casi todos los párrocos son franciscanos italianos o han realizado sus estudios en Italia.[5]

*Levante: se trata de los países o regiones de la parte oriental del Mediterráneo considerados en su conjunto. N del ed.

En 1889 hay escuelas italianas masculinas y femeninas en el puerto turco-armenio de Trebisonda.[6]

En 1914 un joven triestino, Guido Relli, embarcado en una nave de bandera austro-húngara que fuera sorprendida en un puerto ruso al estallar la guerra, con patrones julianos (de la Venecia-Giulia) —los Cosulich— y equipaje triestino, es internado junto con sus compañeros. En su favor interviene el cónsul honorario italiano, el genovés Corsanego, y, confinado en un puerto del Mar de Azov, Marjupol, Relli encuentra asilo con sus compañeros de aventura junto a los colonos genoveses. "Estos colonos genoveses", relatará, "ya parecían totalmente rusos; dedicados a la agricultura, sólo hablaban el ruso y el dialecto genovés de algunos siglos previos. Con ellos Corsanego, transferido de Génova a Marjupol por razones de trabajo, se entendía perfectamente, hablando una curiosa mezcla de ruso y genovés, divirtiéndose al reencontrar y reconocer antiguas palabras de su dialecto".[7] Hace años, alguno evocaba el presunto origen genovés del omnipotente jefe de los servicios secretos stalinianos, Beria.

En un Mediterráneo prolongado hacia el Este a fin de incluir el Mar Negro, como de hecho había ocurrido en la época de nuestros imperios comerciales, en la primera mitad del siglo XX todavía quedan como manchas de leopardo islotes italianos o de origen italiano. "Italia", constata un historiador francés, Daniel Grange, "es en efecto el único país europeo que puede dar cuenta de núcleos de poblaciones esparcidas en el espacio mediterráneo y que se remontan, sin solución de continuidad, a fines del Medioevo, todo reavivado, en el curso de los siglos, por la presencia de la república de Venecia y nuevamente alimentado en el siglo XIX por la emigración política del *Risorgimento* y luego por la emigración popular de la segunda mitad del siglo".[8]

La burguesía italiana, una burguesía sin Estado, continúa, luego de la retirada de Génova y Venecia, una tradición multisecular, la más prolongada respecto de las migraciones hacia Occidente. En pleno siglo XIX Génova, por una parte, y Venecia y Trieste por la otra parte, retornan la flota ligur bajo la bandera sarda, la flota véneta y juliana lo hacen bajo la bandera austríaca en las rutas del Levante, reconquistando el primado en los puertos del Mar Negro.

La presencia de una burguesía ítalo-levantina sólo se extinguirá completamente después de la Segunda Guerra Mundial, con la derrota de Italia primero, y luego con la descolonización, con la retirada general de Occidente.

En el Levante los italianos estuvieron más cerca que nunca del dominio directo según una estrategia geopolítica que se remonta nueve siglos con alternadas vicisitudes, que van de la gran ofensiva de Venecia —que culmina en 1204, con la separación del imperio bizantino—, a la guerra defensiva de la Serenísima —desde la época renacentista hasta el siglo XVIII, cuando Venecia impone aún la moda con sus tejidos de damasco a motivos florales de seda, de oro y de plata, tan de moda que "no hay casi mujer turca, griega o judía que no los vista, y es necesario que sean muy pobres para que no tengan muchos trajes"—,[9] hasta la parcial y lenta recuperación del siglo siguiente y la eliminación completa de los asentamientos italianos del siglo XX.

El resultado paradójico es que las fases más destacadas no son las de los períodos siempre precarios de ocupación, sino las de los momentos en los que los Estados italianos encuentran, con los imperios locales, el bizantino, el otomano, un *modus vivendi* similar al realizado en España con el "colonialismo disimulado". La declinación de la influencia italiana comenzará con el deterioro y luego con la desaparición del viejo enemigo-amigo, el imperio otomano. La precisión del teorema, que en el caso italiano premia el imperialismo subrogante y castiga al imperialismo directo, será confirmada por el fracaso de la última ofensiva imperial, la de la primera mitad del siglo XX, desde el ataque contra la Libia turca hasta el intento de copiar a los grandes imperios territoriales, Francia e Inglaterra, que, luego de haber eliminado a Italia, arrastrarán en su derrota a los ítalo-levantinos cerrando un ciclo extraordinario en la historia de la Italia externa.

Entre la decadencia y el espacio vital

Precisamente después de la constitución del reino la influencia de los italianos entra en crisis. Los factores concomitantes son diversos: algunos externos, otros internos, algunos superables, otros decididamente negativos.

En primer lugar, la ausencia de un vínculo cultural tradicional, cuya única excepción es la del litoral adriático ex veneciano. Por otra parte, el italiano es una lengua de compromiso, una lengua técnica, ligada a los tráficos marítimos y comerciales y subalterna a ellos. No es la lengua del Renacimiento, que se detuvo en la frontera con el imperio otomano y con el mundo eslavo y helénico que aquél incorporó. La influencia de la Europa moderna es sucesivamente dada por una versión revolucionaria del Iluminismo francés, que estimulará la búsqueda de itinerarios culturales autónomos de impronta eslava o neobizantina.[10]

En segundo lugar figura el factor relativo a la creciente aversión de la clase dirigente local. Al emanciparse del dominio otomano algunos gobiernos locales se definen inevitablemente en las antípodas de las memorias del otro imperialismo, el de las repúblicas italianas y sobre todo Venecia, compitiendo además en el comercio y la navegación con las colonias italianas, literalmente seguidas de cerca en los puertos del Mar Negro y del Mar Egeo por las colonias helénicas.

En tercer lugar encontramos la denigración, el aislamiento de las colectividades italianas. Este fenómeno es muy rápido en los dominios vénetos, de Dalmacia a las islas jónicas, a causa de las hostilidades de los gobiernos locales. A la inversa, a partir de 1864 se delinea en los nuevos países independientes la llegada desde Italia de cuadros técnicos y de una mano de obra especializada para la construcción de redes ferroviarias locales, una actividad monopolizada por las maestranzas italianas que, por lo demás, una vez finalizadas las tareas vuelven a su patria y no contribuyen a formar una burguesía técnica, incluso porque no van acompañados por iniciativas empresariales permanentes.[11] Esto vale particularmente para países como Rumania, donde el sector comercial ya está ocupado por una fuerte inmigración alemana, austro-húngara, israelita.[12] La competencia alemana y austríaca, por lo demás, terminará por reducir al mínimo la presencia ya preponderante de la bandera italiana en el Bajo Danubio.[13] Otros países, como Montenegro y Serbia, mejor dispuestos, no se prestarán económicamente a abigarrados asentamientos italianos.[14]

En cuarto lugar figura el retraso de la Marina mercante italiana en el pasaje de la navegación a vela a la navegación

El gran éxodo

de vapor, atraso que se agravará de manera alarmante. Todavía en 1870 la flota italiana ocupa el primer lugar en el Mar Negro y controla los tráficos con Marsella y los puertos ingleses, pero, advierte nuestro cónsul, "la navegación a vela está condenada a morir" y la competencia de las naves de vapor inglesas es "muy seria".[15] Es una previsión exacta: en pocos años la flota italiana, principalmente la ligur, pasará al tercer puesto luego de la inglesa y la austro-húngara. Los armadores triestinos, más dinámicos, realizan rápidamente la conversión al vapor. La Italia del Este, aunque irredenta, suple los atrasos de la Italia del Oeste.[16]

En quinto lugar, mencionamos dos fenómenos opuestos, la rápida evolución del imperio ruso, por un lado y, por el otro lado, el vertiginoso proceso de desintegración de los dominios otomanos. En las costas rusas del Mar Negro, el clima es el de un intenso dinamismo social: en pocos decenios Odessa, una antigua fortaleza, se transforma en la más importante plaza comercial del imperio ruso y en un centro de elaboración del grano ucraniano, pero todavía amenazado por la competencia americana.[17] En Odessa la burguesía italiana, que ha protagonizado un papel pionero desde los orígenes mismos de la gran aventura del puerto, es progresivamente sustituida por las clases emergentes locales. En el imperio otomano, en cambio, la situación se invierte: los italianos no se encuentran frente a una competencia local, sino más bien frente a un país que se cae a pedazos. En efecto, en el imperio otomano la decadencia provoca una declinación irreversible, casi suicida, que trastorna incluso los intereses italianos. Nuestros cónsules denuncian el desorden administrativo y fiscal, la miseria desbordante, el bandidismo que deriva de ello.[18] Describiendo las condiciones de la agricultura armenia en 1881, el cónsul italiano enumera las causas de este modo: "La falta absoluta de rutas para llevar los productos a las ciudades y a los puertos donde podrían ser exportadas; la convivencia de diversas razas, algunas de las cuales viven exclusivamente del pastoreo, y que por eso a menudo recorren y acampan con sus ganados cerca de las zonas de terreno cultivado, con sumo detrimento de los mismos, la poca seguridad, en fin, y el estado general de los hombres y de las cosas, que no alientan a efectuar una obra asidua y cuidadosa".[19]

En sexto lugar, se ubica la difícil compatibilidad entre el desarrollo industrial interno y la internacionalización del sistema. El despegue industrial de Italia entre 1880 y 1920 produce excedente en el sector empresarial y técnico (hay abundancia de ingenieros), pero no en el sector financiero, de donde se desprende la necesidad de los grupos italianos frente a las inversiones más consistentes, de recurrir a los capitales internacionales, incluidos los de los países rivales. La debilidad financiera del país no hace más fácil la articulación de la política exterior, aunque las desilusiones coloniales en África confirmarán al Levante como el "espacio vital" más próximo y plausible para Italia.

Egipto o el canto del cisne

Provincia otomana sin historia, Egipto fue reavivado, a fines del siglo XVIII, por la invasión francesa, pero el verdadero descubridor del Egipto de las pirámides y de las momias fue un aventurero italiano, mitad arqueólogo y mitad anticuario, mitad Indiana Jones y mitad Cagliostro: Gian Battista Belzoni, un paduano (1778-1823).[20]

Por una vez el descubrimiento coincide con un momento favorable para los italianos. En el proceso de disgregación del imperio otomano, Egipto parece destinado a tener una posición autónoma y privilegiada, gracias al *leadership* de un virrey de origen albanés, el *khedivé* Mehemet Ali, que abre el país al mundo occidental, encamina su modernización y está claramente bien dispuesto hacia los italianos, y en particular hacia los exiliados de los primeros movimientos del *Risorgimento*.

Durante su reinado (1801-1849) y el de sus sucesores, Abbas y Said (1849-1863), la administración interna está en gran parte confiada a los italianos; italiana es igualmente la administración de los correos, creados por iniciativa italiana, de los servicios sanitarios, de la seguridad pública. "Italiano es el único vicealmirante europeo de la Marina egipcia; la milicia se ordena según sugerencias de italianos; las construcciones públicas se ejecutan por obra de italianos, que fueron los primeros en llevar a Egipto el gusto por las bellas artes; los emprendimientos se confían a los italianos; las mejoras agrícolas se realizan por intermedio de italianos; los italianos son los consejeros legales del Virrey, y hasta son exclusivamente italianos los abogados patrocinantes en los procesos judiciales; y la lengua italiana está tan difundida en el país que podía considerarse como la segunda lengua, tanto que durante todo el reinado de Mehemet Ali, nuestra lengua era la lengua diplomática de Egipto y la única usada por el gobierno egipcio en las relaciones internacionales."[21] Tres oficiales italianos elaboran los planos que permiten, en 1832, la conquista de la fortificación de San Juan de Acri, que había resistido el asedio del general Bonaparte poniendo un nada glorioso final a la campaña de Egipto.[22] Sólo la intervención de las grandes potencias europeas impedirá a un Egipto victorioso y a sus italianos incorporar Palestina a Siria.

La italianización de Egipto, la edad de oro de los italianos en Egipto, como la define Daniel Grange,[23] se verifica de este modo en la primera mitad del siglo XIX, en coincidencia con la primera fase del *Risorgimento*. No es estimulada por un Estado italiano en particular, es una vez más obra de una burguesía sin Estado, una manifestación de la política exterior privada de los italianos, un episodio extraordinario de la Italia exterior.

La unión política inicial se debe a dos consejeros de Mehemet Ali, el veneciano Carlo Rossetti y el piamontés Bernardino Drovetti, veterano de las guerras napoleónicas, oficialmente cónsul de Francia en Alejandría, muy conocido por Chateaubriand.[24] En el momento de la unificación de la península, los italianos constituyen la colonia europea más nutrida. A partir de 1861 le corresponde al reino de Italia proseguir y reforzar la influencia que los italianos lograron de manera individual.

El momento es favorable: la construcción del canal de Suez (1859-1869) lleva a Egipto ingenieros y obreros especializados italianos. En 1871, la primera función de *Aída* en El Cairo, en un teatro de ópera construido por un arquitecto italiano, representa, como justamente observa Daniel Grange, el punto culminante de la influencia italiana. Pero el canal hace de Egipto un lugar clave para el control de la ruta de las Indias y de los tráficos con Asia. Las dos grandes potencias coloniales, Francia e Inglaterra, entran en juego y pocos años después, en

1876, se aseguran, excluyendo a Italia, el control financiero del país. Es el primer síntoma de nuestra lenta recesión, aunque compensado por la invitación al senador Antonio Scialoja para enderezar las finanzas del país.

La causa de Italia se hace desesperada: la historia está ayudando a los imperialismos más agresivos, el francés y el inglés. Egipto está condenado a convertirse en pieza de una de las dos superpotencias coloniales que se están repartiendo África. Italia debe elegir entre acomodarse con Francia o con Inglaterra. La tendencia es a elegir la segunda posibilidad. Pero, cuando en 1882 un patriota egipcio, Arabi Pasciá, se levanta contra el imperialismo europeo e Inglaterra le pedirá a Italia asociarse a su intervención militar, Italia se negará, vale decir, elegirá Egipto.

El respeto del principio de nacionalidad influyó en la decisión italiana. Arabi Pasciá se convierte en el imaginario romántico de una clase política italiana aún devota de los ideales del *Risorgimento* en el "Garibaldi egipcio".

La conclusión es triste. Inglaterra sabe usar a los italianos en forma individual, como ocurre con Romolo Gessi, patriota, ex garibaldino, explorador, precioso auxiliar del general Gordon en la represión a la guerrilla en Sudán, hasta hoy considerado por la historiografía inglesa uno de los mejores comandantes coloniales, pero tratado por parte del amigo sin demasiadas consideraciones.[25]

La fuerte presencia de los italianos en los empleos públicos egipcios no es tolerada. "La categoría de los empleados gubernamentales de nacionalidad italiana puede decirse ya que ha desaparecido" se lamenta en 1905 Giuseppe Salvago Raggi, agente diplomático ante el sultán y cónsul general en El Cairo. "En la depuración llevada a cabo en estos veinte años, los italianos fueron en su casi totalidad eliminados y la causa de esto debe buscarse en el sistema mediante el cual se los reclutaba. Cuando el gobierno egipcio recurría de buen grado a elementos extranjeros para buscar funcionarios, se dirigía por lo general a las Agencias diplomáticas o, para ser más exactos, aceptaba las recomendaciones de las mismas Agencias. Éstas, en general, y sobre todo la de Francia, que tenía mayor autoridad e influencia, trataban de colocar en la administración egipcia buenos elementos, aptos para ocupar los altos niveles preocupándose por el prestigio que esto prodigaba a su país." Y hete aquí en Italia la estrategia de la auto selección: "La Agencia de Italia, en cambio, oprimida por numerosísimas recomendaciones, renunció en la práctica a obtener buenos empleos para los italianos y se conformó con emplear muchos. De este modo se viene aplicando la regla que las altas posiciones son ocupadas por los franceses (tanto, que no pocas administraciones tuvieron una dirección exclusivamente francesa), por algunos austríacos, por pocos ingleses y poquísimos alemanes, los más humildes de los italianos e ínfima cantidad de griegos."[26]

El bajo nivel del elemento italiano se volverá en contra como un boomerang. En efecto, cuando el representante de la potencia protectora Lord Cromer decide hacer limpieza, muchos italianos son eliminados porque se lo merecían, otros porque no estaban sostenidos por los jefes de personal de las oficinas extranjeras. Los italianos serán empujados a la esfera privada con los riesgos degenerativos y oscuros que ya había señalado veinte años antes el cónsul de Alejandría.[27]

En 1927 la colonia italiana es todavía la más numerosa de las europeas, luego de la griega.[28] Pero ya no recuperó un nivel dirigente. El italiano dejó alguna huella en el árabe hablado en Egipto, sobre todo en lo que atañe a la cocina, la vestimenta, el calendario y la jerga de los vendedores ambulantes.[29] Algunos sectores, como los educativos, resistirán hasta último momento con la esperanza de que el fin de la hegemonía británica reabra un nuevo espacio a la influencia italiana. El fin llegará demasiado tarde: en 1956, con el fracaso lamentable de la expedición franco-británica a Suez.

A pesar de ciertos éxitos momentáneos (algunos pilotos italianos sustituirán a los franceses e ingleses en el nacionalizado canal de Suez) el desastre involucrará también a los italianos, obligados por una normativa xenófoba a abandonar el país junto con otros occidentales, dejando paso a una clase emergente local más depredadora que productiva, como en el resto del Norte de África.

Las dos políticas

La política exterior italiana hacia el imperio otomano sigue dos andariveles distintos: la emulación respecto de Francia e Inglaterra y la búsqueda de una hegemonía no política sino comercial según el antiguo modelo de las repúblicas marineras. En el primer andarivel se mueve la política oficial, es decir la política de Italia; en el segundo la política de las empresas y del mundo privado en general, o sea la política de los italianos. Nuestras colonias serán de vez en cuando los instrumentos de la estrategia económica privada y los rehenes de la política oficial.

La contradicción entre las dos políticas surge una vez más de la unidad del país, cuando el primer ministro del Reino de Cerdeña, Cavour, decide intervenir en la guerra de Crimea. Los diputados de la Liguria protestan y demuestran "los gravísimos daños que produciría a las propiedades, al comercio y a la navegación, un acto cualquiera que nos constituya en estado de guerra con el imperio ruso." Los parlamentarios recuerdan el primado en el Mar Negro de la flota mercante ligure y el rol de las empresas comerciales instaladas en Odessa y en los puertos del Mar de Azov: un conjunto que constituye ya "la única fuente de producción y subsistencia de las poblaciones lígures".[30]

Los daños serán menos graves de lo previsto, pero nuestros asentamientos se resentirán por la crisis económica rusa. La flota ligure será abatida en los años siguientes por la véneto-dálmata, que aprovechará la neutralidad observada por Austria en la guerra de Crimea. En 1858, también la marina inglesa sobrepasa a la marina italiana, que, por sobre todo, se confía únicamente en la navegación a vela, exponiéndose al golpe fatal que recibirá por su increíble retraso en lo que respecta a la navegación de vapor.[31]

En realidad, no toda la diplomacia sarda comparte la decisión de intervenir en Crimea. En 1853 el Ministro de Relaciones Exteriores, un viejo general, el conde Giuseppe Dabormida, enfría el ardor proturco del representante sardo en Constantinopla, que habría anunciado a sus interlocutores locales la formación de una legión italiana para alinearla a su lado.[32] Dabormida terminará por dimitir, pero por divergencias con

Cavour sobre la marcha de las negociaciones con la alianza anglo-francesa, antes que por una preocupación por los intereses económicos italianos.

Con el fin de la guerra de Crimea Cavour expondrá a su ministro en Constantinopla una doctrina basada en la unidad de acción con Francia e Inglaterra y el mantenimiento de la alianza con el imperio otomano en función austríaca: en efecto, Austria es presentada como la enemiga principal de la presencia turca en los Balcanes.[33]

La rivalidad con Austria seguirá siendo una constante de nuestra política exterior balcánica, a pesar de la Triple Alianza. Si por un lado se entiende obtener de Viena la satisfacción de las reivindicaciones sobre las tierras "irredentas" con la rectificación de nuestra frontera en el Noreste, por otro lado se visualiza en Austria el principal obstáculo a nuestra expansión en los Balcanes.

El resultado es que Austria nunca pensará, como lo demostrará en 1908 de manera clarísima el caso de la anexión de Bosnia Herzegovina, en ofrecer compensaciones a Italia; al contrario, en la costa adriática favorecerá la sustitución en las dirigencias locales de los italianos con los eslavos. Por lo demás, con el Lloyd Austríaco, compañía subvencionada por el gobierno, se impone una alternancia entre los directores de lengua italiana y los directores de lengua alemana. La política de Viena tendrá éxito al interrumpir el proceso de aculturación del elemento eslavo por parte del elemento italiano en las ciudades dálmatas, en cambio no logrará a extinguir la italianidad de Trieste y de la marina: en las naves austríacas el italiano seguirá siendo la lengua de uso.[34] Pero el futuro juega en contra de los italianos: Viena será cada vez menos la heredera de Venecia y cada vez más la heredera de Bizancio.

Por parte de los italianos la política oficial se resiente con la esquizofrenia que está en un juego de falsas alianzas y de seudo enemigos para la ruina de la política privada y con graves contragolpes sobre los residentes italianos. El colmo de la esquizofrenia se alcanzará en 1911 con la declaración de guerra a Turquía.

A comienzos de año las relaciones ítalo-turcas son tan buenas que el canciller de ese momento, el marqués de San Giuliano, invita a los hombres de negocios italianos a extender sus operaciones en Turquía, como ya lo están haciendo. La compañía prepara en sus astilleros cinco torpederos para la marina otomana y confía en ser la encargada de modernizar el arsenal de Estambul. Las bancas italianas sostienen junto con otras bancas occidentales las tambaleantes finanzas de la Sublime Puerta. Sin embargo surge una rivalidad entre la Banca Commerciale, interesada en una penetración pacífica en la Turquía europea y asiática, y el Banco di Roma, que, encaprichado con Libia, pide y obtiene una intervención militar en aquella lejana y descuidada provincia otomana, un cajón de arena transformado por la propaganda bélica en una tierra fértil.

El Encargado de Negocios en Costantinopla, Giacomo de Martino, presentará ante el Gran Visir un ultimátum. El gobierno italiano anuncia que para remediar el "estado de disolución y de abandono" hacia el que van Tripolitania y Cirenaica, ha decidido proceder a su ocupación, esperando no tener oposición por parte de los otomanos. El Gran Visir cae de las nubes, rechaza leer la nota y cuando se decide a hacerlo exclama amargamente: *C'est donc la guerre*, "entonces es la guerra".[35] El 3 de octubre de 1911 Trípoli es bombardeada, seguirá el desembarco de nuestros marinos.

Italia hace el papel de aprendiz de brujo reivindicando, en nombre del equilibrio mediterráneo, una playa que durante la Segunda Guerra Mundial no nos encontraremos en condiciones de defender. Trípoli "la bella tierra del amor" se revelará como un nido de víboras donde todos quedan desilusionados. Pero peor quedará el Banco di Roma, que, como se burla el historiador norteamericano Webster,[36] será "literalmente arruinado" por la ocupación italiana.

Mientras tanto, Italia ha encendido la mecha que en el espacio de pocos meses hará explotar el polvorín balcánico. Con una cara de piedra ejemplar le pedirá a Turquía, alcanzada la paz, concesiones sobre la costa de Anatolia, precisamente frente a las islas del Dodecaneso, de las que se había apropiado durante la guerra.

En realidad, Italia no había entendido que, más que ninguna otra potencia europea, tenía interés en la integridad del imperio otomano y no en su repartición, que tendría lugar, como realmente ocurrió, para ventaja de Francia e Inglaterra, anulando todo resto de presencia italiana en la región. Tampoco había comprendido, como observa el historiador francés Robert Paris, que la revolución de los jóvenes turcos, que en 1908 encaminará el nacimiento de la Turquía moderna, "se inspiraba abiertamente, en los métodos y en los objetivos, en la Carbonería y en la Joven Italia", mientras los nombres de Garibaldi y Mazzini aparecían en los diarios de los intelectuales revolucionarios. Lo cierto es que con la guerra al imperio otomano se disipará ese patrimonio moral y se dará un golpe mortal a la presencia italiana en el país. Tal vez no se alcanzarán, considera Paris, las cincuenta mil expulsiones, pero ciertamente para los residentes italianos es el principio del fin; en 1945, según el censo turco, sólo 2.640 individuos tienen como lengua materna el italiano.[37]

Dos vidas paralelas

Una figura diminuta, con sombrero flexible, corbata moñito, las manos en los bolsillos, natural de Biella, pequeña ciudad piamontesa de grandes negocios. Renato Gualino representa en la Europa balcánica y en el imperio ruso el prototipo del nuevo comerciante conquistador; construye y revende industrias.

Su pequeño imperio del Este nace en los últimos años de la *belle époque*. Gualino surge como comerciante de madera y compra en concesión en Rumania en los confines con el imperio austro-húngaro, la explotación de una foresta. En tres años en un valle nacen dos grandes aserraderos. "Más de veinte líneas de ferrocarril, dispuestas en abanico, llevaban los troncos directamente de la floresta hasta las sierras de múltiples cuchillas, y regresaban los maderos de las sierras a los depósitos". "Una luz suntuosa, como sólo se puede ver en la ciudad, iluminaba la escena en las noches de gala... El efecto era mágico. La gente quedaba estupefacta frente a ese brusco, casi instantáneo pasaje de un lugar desolado, silencioso, privado de cualquier signo de vida, a semejante centro vibrante de actividad industrial".[38]

En Rusia los aserraderos se instalan en las aldeas, "aglomerados informes de pequeñas casas de madera y de barro", donde se reunían, cuenta Gualino, "algunos miles de habitantes, de raza ucraniana, andrajosa y sucia, aquí se desconocía, no digo cualquier confort moderno, sino todo principio de civilización", casi todos estaban enfermos de tuberculosis. Bastará con esta iniciativa benéfica y "de cada parte de la región, por centenares de kilómetros, se hablaba de los 'talianski', de los italianos, que construían vías férreas, levantaban hospitales, abonaban las tierras, trataban bien a sus empleados."[39]

Gualino no se queda en el condado, va a Petersburgo, se asocia con un grupo de financistas ingleses, proyecta la Nueva Petersburgo en el único terreno que permaneció libre. Ya se predispone la inauguración solemne del primer conjunto de obras con la presencia de las autoridades zaristas, cuando el día antes un general amigo lo llama por teléfono: debe partir inmediatamente, está estallando la Primera Guerra Mundial. La situación se precipita: el empresario italiano tomará el último tren para Berlín. A través de las campiñas todavía pacíficas y serenas en los días de la cosecha llega a la capital alemana. El viaje seguirá de la estación de Berlín, donde una multitud de pasajeros asustados busca en vano trenes que partan para destinos ya prohibidos, en vagones sobrecargados que cruzan con los convoyes militares directos a Francia, hasta la frontera suiza.

En el caos de la Gran Guerra Gualino perderá Nueva Petersburgo. Las instalaciones en la foresta ucraniana serán devastadas, los rieles de los ferrocarriles serán desmontados. Los aserraderos rumanos no correrán mejor suerte: serán destruidos en el transcurso de los combates, pero por lo menos se podrá sacar algo de la venta de la empresa.

La de Giuseppe Volpi es una vida paralela a la historia del empresario de Biella, pero conducida de manera más vistosa y apuesta que la afectada modestia del otro. Veneciano, él también pequeño burgués de origen, se rodeará de patricios, pasará a ser el patrono del renacimiento de la Serenísima: "el último dux", aunque se autodefinirá con D'Annunzio "el pirata fiel y siempre listo".[40]

Pero la suya es una guerra que consiste en correr entre los grandes hoteles y las cortes reales: hombre de mundo, se creará un círculo de amigos poderosos en Montenegro, en Serbia, en Constantinopla. Ama los trajes de gala y los honores y no duda en hacerse fotografiar en la capital de Montenegro, en el

El gran éxodo

traje regional: "Luce una casaca montrenegrina abierta en el pecho, decorada con alamares y cartucheras. De una faja de seda a rayas que le ciñe la cintura —tiene cierta tendencia a engordar— asoma el mango esculpido de un revólver a tambor. Sobre el pecho tiene cinco condecoraciones: dos cruces de caballero a la izquierda, tres cruces de comendador en el cuello y una placa de gran oficial a la derecha". "Ya se percibe en ese retrato su gusto por disfrazarse y por lo teatral que lo acompañará toda la vida" comenta su biógrafo Sergio Romano. "Pero también se nota el cálculo del mediador inteligente que no duda en enmascararse de notable balcánico para halagar a la opinión local".[41]

Volpi funda una "Sociedad para las minas de Oriente" pero la verdadera mina es el tabaco montenegrino. De acuerdo con el Monopolio italiano se asegura la exclusividad. Siguen otros proyectos: en pocos años el grupo Volpi reestructura el puerto de Antivari y construye en un área montañosa e inaccesible un ferrocarril que va de Antivari a Scutari en Albania. Es el primer trayecto de un proyecto grandioso: el ferrocarril transbalcánico, un corredor del Adriático al Mar Negro. El proyecto es visto como humo en los ojos en Viena y en Berlín, que apuntan al ferrocarril de las cuatro B, Berlín-Belgrado-Bisanzio (Constantinopla)-Bagdad, que debería atravesar en diagonal los Balcanes y el Cercano Oriente. Por otra parte no existen medios para la construcción: es necesario recurrir a un financiamiento francés cediéndole la mayoría.

La guerra de Libia obstaculiza este plan. Volpi se batirá por la reconciliación con Turquía, pero el mérito de la paz le cabrá a otro hombre de negocios, Benardino Nogara, un ingeniero lombardo llegado a Turquía como director general de las minas de Oriente, y devenido experto del complicadísimo mundo otomano y la punta de lanza de la penetración económica, financiera y política italiana en el imperio.[42] Excluido gracias a su prestigio de las represalias que siguieron a la declaración de guerra italiana Nogara permaneció en Constantinopla durante el conflicto y se desenvolverá como intermediario en las negociaciones entre Italia y la Sublime Puerta, que llegaron a buen fin con el tratado de paz del 12 de octubre de 1912. Pero es demasiado tarde. Los intereses italianos resultaron definitivamente perjudicados. En los años 1920 Nogara, comprometido por los elevados encargos que le ha confiado el gobierno italiano primero y luego la Santa Sede, dejará Turquía.

Gualino y Volpi también abandonarán Oriente. Después de una experiencia en los Estados Unidos más ocasional que deseada, Gualino se replegará en Italia y creará una gran empresa, la Snia Viscosa. Volpi tiene las espaldas bien custodiadas: fue un pionero de la electricidad en Italia y ha pasado a ser un magnate del "carbón blanco"

Luego ambas vidas divergerán: Gualino tendrá problemas con el régimen fascista y será confinado. Volpi, que nunca fue un africanista, será conde de Misurata y gobernador de Libia, pasando del traje montenegrino al fastuoso uniforme con echarpe, espada, capa, coronitas doradas en el cuello y una docena de placas de gobernador de la colonia.

Japoneses de los Balcanes, pero sin Japón

En abril de 1914 los italianos dan miedo. Un diario católico vienés pone en guardia al gobierno austríaco: con su energía y su mano de obra los italianos se están convirtiendo en "los japoneses" de Turquía y de los Balcanes.[43]

Pero detrás de los italianos no está Japón e Italia no está en condiciones de hacer en los Balcanes una política militarmente agresiva, como el imperio nipón en el Asia oriental. Cuando ello ocurra como en 1940 al atacar Grecia, hará un pésimo papel.

Por otra parte la victoria en la Primera Guerra Mundial libera a Italia de la rivalidad austríaco-alemana: se abre camino a una generosa hegemonía, por lo que el Ministro de Relaciones Exteriores Sforza tiene una fórmula: "Los Balcanes son nuestros —pero no hay que decirlo."[44]

Pero Sforza es un "renunciatario": los nacionalistas quieren restaurar el imperio veneciano y mientras tanto se fabrican un enemigo, Yugoslavia, dejando el campo libre a los nuevos rivales de Italia, Francia y Gran Bretaña. La insatisfacción de Italia, que no deja de reclamar a los aliados de la Gran Guerra compensaciones territoriales, levanta las sospechas también de Turquía y Grecia, dado que las colonias italianas asentadas en esos países se están despoblando progresivamente.

Italia tratará de trabajar de aguafiestas, ofendiendo a todos, pero al final se quedará con las manos vacías, vale decir, con un único desleal satélite, Albania. La política exterior oficial insiste en un acercamiento político y no brinda un paraguas protector al sistema económico. Paradójicamentre, el país que, en los años que median entre las dos guerras, se abre más a la penetración de la técnica italiana es la Unión Soviética, lo que induce a un ingeniero italiano encargado de instalar en Rusia una fábrica de cojinetes a auspiciar una evolución "corporativa" del modelo soviético.[45]

Después de las efímeras ganancias territoriales de 1941, Italia es recluida por el tratado de paz de 1947 a la península. En los territorios del ex imperio otomano, de los europeos al cercano Oriente, la experiencia histórica de la Italia exterior es reducida a la nada. No habrá ni conservación ni recuperación. Un ciclo de varios siglos se cierra definitivamente.

NOTAS

1. Le Vicomte de Chateaubriand, *Itinéraire de Paris à Jérusalem*, en *Oeuvres complètes*, 3, Bruselas, Weissenbruch, 1828, pp. 230-231.
2. Giacomo Novikov, *La missione dell'Italia*, trad. italiana, Milán, Treves, 1902, p. 255.
3. Salvatore Castiglia, R. cónsul, "Sulla colonia italiana in Odessa", en *Bollettino consolare*, vol. III, parte I, fascículo I, p. 213.
4. Giulio Tesi, R. cónsul en Scutari, "Rapporto statistico-commerciale sul Vilayet di Scutari d'Albania per l'anno 1887", en *Bollettino del Ministero degli affari esteri*, primera parte, vol. II, fasc. I, julio de 1888, p. 490 (comercio), p. 21 (Turquía).
5. Ibídem, p. 500 (comercio), p. 31 (Turquía).
6. Ludovico Gioja, R. cónsul en Trebisonda, "Rapporto commerciale per l'anno 1888", en *Bollettino del Ministero degli affari esteri*, vol. I, (26ª de la Colección), p. 348 (comercio), p. 80 (Turquía).
7. Fernando Mezzetti, *Fascio e martello. Quando Stalin voleva allearse col Duce. Guido Relli: memorie di un diplomatico dalla Russia zarista allo sfacelo europeo*, Milán, Greco & Greco, 1997, p. 97.

8. Daniel J. Grange, *L'Italie et la Méditerranée (1896-1911)*, Roma, Ecole Française de Rome, I, 1994, p. 413.

9. Memoria de 1728 (Arch. Nat. Marino, B7, 295), reportada en Angelo Sammarco, *Gli italiani in Egitto. Il contributo italiano nella formazione dell'Egitto moderno*, Alejandría de Egipto, Ediciones del Fascio, 1937, p. 19.

10. V. Ellie Scopetea, "Greek and Serbian Enlightenment: a Comparative Approach", en *Proceedings of the Fifth Greek-Serbian Symposium*, Tesalónica, Instituto de Estudios Balcánicos, 1991, pp. 202-209.

11. Para Rumania y Bulgaria véase Grange, ob. cit., pp. 459-468.

12. Carlo Cattaneo, R., cónsul en Ibraila, 21 de enero de 1862, "Relazione", 21 de enero de 1862, p. 186.

13. N. Revest, R. cónsul en Galatz, "Movimento della navigazione marittima e fluviale nei porti di Galatz e Braila, e dell'importazione ed esportazione di merci da e per Galatz", 20 de marzo de 1886, en *Bollettino consolare*, vol. XXII, parte I, 1886, p. 633.

14. Grange, ob. cit., pp. 457-459.

15. Castiglia, reporte citado, pp. 214-215.

16. El R. cónsul general en Trieste, Cesare Durando, hace una interesante comparación entre el puerto de Genova y el de Trieste ("Notizie sulla navigazione e commercio del porto di Trieste per l'anno 1887", en *Bollettino del Ministero degli affari esteri*, primera parte, vol. II, fasc. I, julio de 1888).

17. Castiglia, R., cónsul en Odessa, "Sulle condizioni dell'agricoltura. Industria e commercio della provincia di Odessa", en *Bollettino consolare*, vol. VIII, parte I, fasc. I, enero de 1872, pp. 260-261.

18. Giuseppe Camillo Mina, R., vicecónsul en Beirut, "Navigazione italiana negli scali del Distretto consolare di Beirut", Beirut, 13 de febrero de 1886, en *Bollettino consolare*, vol. XXII, 1886, pp. 331-333.

19. Gaetano Solanelli, R. cónsul en Trebisonda, "Sull'Armenia e sue province appartenenti alla Turchia", diciembre de 1881, en *Bollettino consolare*, vol. XVIII, parte I, febrero de 1882, pp. 339-340.

20. Marco Zatterin, *Il colosso del Nilo*, Milán, Mondadori, 2000.

21. Sammarco, ob. cit., p. 36.
22. Los tres oficiales son el teniente coronel ingeniero Giovanni Romei, el artillero Giuseppe del Carretto, el capitán de zapadores Albertini (Ibídem, p. 70).
23. Grange, ob. cit., I, p. 507.
24. Chateaubriand, ob. cit., pp. 249-259.
25. Roy MacGregor Hastie, "Gordon and Gessi", en *The Spectator*, 26 de enero de 1985.
26. El agente diplomático y cónsul general en El Cairo Salvazo Raggi al ministro de Relaciones Exteriores Tommaso Tittoni, El Cairo, 4 de junio de 1905 (Ministerio de Relaciones Exteriores, Servicio histórico y documentación, Roma 1977, pp. 71-72).
27. Giovanni Venanzi, R., cónsul en Alejandría, "Criminalità della Colonia italiana di Alessandria d'Egitto durante l'anno 1885", relación de Tommaso Carletti, 22 de julio de 1886, en *Bollettino consolare*, vol. XXII, parte II, 1886.
28. Sammarco, ob. cit., p. 41.
29. Socrates Spiro Bey, "Nota sulle parole italiane nell'arabo moderno parlato d'Egitto", en Ibídem, pp. 191-200.
30. Secretaría de Estado de Relaciones Exteriores del Reino de Cerdeña, Primera Serie, sobre 93, fasc. 1 (1856).
31. G. Galateri, R., cónsul general en Odesa al ministro de Finanzas en Torino, 4 de marzo de 1858, "Notizie commerciali sull'anno 1857", (Ibídem, Tercera Serie, sobre 259, fascículo "Consulado en Odesa").
32. Dabormida al barón Romualdo Tecco, ministro de Cerdeña en Constantinopla, Turín, 1º de agosto de 1853 (Ibídem, Primera Serie, sobre 93, fasc. 1).
33. Cavour al caballero Mossi, ministro de Cerdeña en Constantinopla, 14 de junio de 1856 (Ibídem, Primera Serie, sobre 120).
34. Richard Webster, *L'imperialismo industriale italiano. Studio sul prefascismo (1908-1915)*, trad. italiana de Mariangela Chiabrando, Turín, Einaudi, 1974, p. 306.
35. Sergio Romano, *La Quarta sponda, La guerra di Libia*, Milán, Bompiani, 1977, pp. 59-60.
36. Webster, ob. cit., p. 221.
37. Robert Paris, "L'Italia fuori d'Italia", en *Storia d'Italia, IV: Dall'unità ad oggi, 1*, Turín, Einaudi, 1975, pp. 557-558.

38. Riccardo Gualino, *Frammenti di vita*, Milán, Mondadori, 1931, pp. 58-59.
39. Ibídem, pp. 62-65.
40. Sergio Romano, *Giuseppe Volpi: industria e finanza da Giolitti a Mussolini*, Milán, Bompiani, 1979, p. 8.
41. Ibídem, p. 21.
42. Antonietta Osio Nogara, *Diari e pagine sparse*, Verona, 1989, pp. 36-37.
43. Reportado en Webster, ob. cit., p. 312.
44. Livio Zeno, *Ritratto di Carlo Sforza*, Florencia, Le Monnier, 1975, p. 93.
45. Gaetano Ciocca, *Giudizio sul bolscevismo. Come ê finito il Piano Quinquennale*, Milán, Bompiani, 1933, pp. 274-275.

VII

LOS ITALIANOS EN EL EXTERIOR CONSTRUYEN ITALIA

Los hombres venidos del mar

"El primer tipo de italiano que inmigró a la Argentina es el *marinero*". Luigi Einaudi tiene razón,[1] pero lo que afirma no vale sólo para la Argentina sino para todas las Américas, donde el marinero, navegante o trasplantado en el litoral del Atlántico o inclusive del Pacífico, no puede sino ser italiano.

Joseph Conrad escribió una novela, que es un poema épico, el retrato de un marinero ligur, Nostromo, el capitán Fidanza, devenido *capataz de cargadores*, jefe de peones en una república sudamericana de fantasía, inevitable intermediario para su prestigio entre los mercaderes extranjeros y los trabajadores locales. Nostromo, como el mismo Conrad precisa, sólo puede ser italiano. "Porque necesitaba un hombre del Pueblo, lo más libre que fuera posible de las convenciones de clase y de modos de pensar prefijados... De haber sido un anglosajón hubiera tratado de entrar en la política local. Pero Nostromo no aspira a ser un líder en un juego personal. No quiere elevarse por encima de las masas. Se conforma con ser él mismo un poder, pero dentro del Pueblo."[2]

Conrad pone al lado de Nostromo, que aúna al carisma la aspiración a la riqueza, a otro italiano, un posadero, también ligur, Giorgio Viola, "un garibaldino, el idealista de las viejas revoluciones humanitarias", que repudia una Italia que lo ha desilusionado, pero desprecia a los revoltosos locales. Por un equívoco sobre una cuestión de honor Viola matará al marinero, pero en realidad las dos figuras se completan y representan una generación de emigrantes italianos que cierran el ciclo de las grandes aventuras entre el Viejo y el Nuevo Mundo, pasando de uno al otro y alternando el ideal patriótico con una elección de oficio y una búsqueda de fortuna material.

La primera figura que se recuerda, como prototipo, es la de Garibaldi. Marinero embarcado, se descubre como patriota en Taganrog, en el Mar Negro. Políticamente comprometido, desierta de la marina sarda, duda entre la vida de comerciante en Río de Janeiro y la guerra corsaria. En Rio Grande do Sul experimenta la guerrilla en una causa perdida, la de quienes se rebelan frente al poder imperial de Río. En Montevideo, la Troya americana, asediada por las tropas del tirano argentino Rosas, asume el comando de las primeras unidades militares italianas. Entrado en la leyenda del *Risorgimento* con la defensa de la república romana, deja Italia por diez años como emigrante en Nueva York y luego de nuevo como capitán de ultramar en las rutas del Pacífico.

Pero tal vez más típico es su lugarteniente, Nino Bixio. A los catorce años era mozo en un velero en el litoral de Brasil y del Río de la Plata; a los veinticuatro de nuevo en Río de Janeiro. Prisionero de una tribu malasia en Sumatra y afortunadamente rescatado, vuelve a Europa a tiempo para inscribirse en la Joven Italia y participar en la Primera guerra de la independencia en defensa de Roma. Retorna al mar, navega hacia los puertos de América del Sur y del Pacífico: es el primer capitán italiano que llega a Australia, a Melbourne, sin escalas. En 1859 está nuevamente con Garibaldi como mayor de los Cazadores alpinos y al año siguiente es segundo de los Mil, distinguiéndose como comandante rígido y colérico, pero eficiente. Como "apoyo" de Garibaldi le sugiere en la batalla de Catalafimi una respuesta heroica "Aquí hacemos Italia o morimos", mientras otro marinero ligur, Simone Schiaffino, hace ondear, antes de caer, la tricolor donada a los garibaldinos por las mujeres italianas de Valparaíso. Integrado en el regio ejército como teniente general, diputado y luego senador, deja todo al cabo de diez años, arma el buque *Maddaloni* para inaugurar, rompiendo el monopolio de los comerciantes ingleses y holandeses, una nueva ruta hacia el Mar de la Sonda y las Indias holandesas.[3]

Garibaldi y Bixio, dos capitanes de ultramar que acabaron siendo generales de tierra, hombres que en una vida aventurera hallan el incentivo para la liberación de Italia, que restituyen, precisamente por ser gente de mar, gente de mar abierto, del *grand large*, un sentido geopolítico global a una península contraída en pequeños Estados.

Capitanes, no almirantes

La generación de Garibaldi y Bixio no tiene nada que ver con los grandes navegantes del Renacimiento, como Colón, Gaboto, Vespucio, Verrazzano y ni siquiera con Malaspina, expertos almirantes de los océanos. Garibaldi conoce el oficio, pero es sólo un buen profesional del mar. Bixio es perseguido por una mala suerte rayana en lo grotesco; sus naves encallan regularmente cerca del puerto. Cuando se hace armador por cuenta propia, el fracaso es seguro: para huir a esta suerte alquilará el *Maddaloni* a las autoridades holandesas para un transporte de tropas hacia las islas rebeldes, pero con los soldados embarcará el cólera y la muerte.

Auténtica gente del oficio son los lobos de mar descritos a fines del siglo XIX por Jack La Bolina y Anton Giulio Barrili, personajes anónimos como Nostromo, lígures y típicos en sus nombres y sobrenombres, capitán Dodero, capitán Cichero. Capitán Tempesta.[4] Especialistas en la navegación fluvial, los capitanes Nicola Descalzi[5] y Giuseppe Lavarello[6] descubrirán en la Argentina nuevas rutas de agua. Otro Lavarello, Gian Battista, siempre en la Argentina, creará una gran compañía de navegación, La Veloce,[7] que luego crecerá mucho más con su yerno, Nicolás Mihanovich, el mayor armador de América del Sur, un dálmata que, como recuerda Einaudi "se considera parte de la colonia italiana, porque proviene de un país que durante 500 años fue regido por los venecianos y aún hoy conserva nuestra lengua y sigue vivo el afecto por la antigua y paterna dominadora".[8]

Los marineros lígures se entrometen de todo. En una de las confusas guerras civiles argentinas Giuseppe Muratori, ligur de Alassio, comanda la escuadra naval del gobierno de Buenos Aires contra la flota del enemigo, la Confederación: de seis de los comandantes que están bajo su mando cuatro son ligures.[9]

La declinación de la navegación a vela señalará el fin de los capitanes valientes de la marinería de autor. Ya no es momento de descubrimientos o por lo menos queda poco que descubrir: entre lo poco que queda aparece a fines del siglo pasado la exploración de los canales de Tierra el Fuego por parte de un teniente de navío de la Marina italiana, Giacomo Bove. Elogiado por todos, pero no demasiado, se lo enviará a explorar los grandes ríos africanos. Como tantos italianos, será víctima del mal de África y no sentimentalmente. Golpeado por una enfermedad maligna en el Congo, Bove se suicidará.[10]

La Marina de guerra precederá en América del Sur a la diplomacia. La flota napolitana acompaña en 1843 a Cristina de Borbón, hermana del rey de las Dos Sicilias, Fernando II y esposa del emperador de Brasil Pedro II[11] a Río de Janeiro. La Marina sarda la precedió, constituyendo en Montevideo una estación naval permanente y ese mismo año el contraalmirante Giorgio Mameli, padre de Godofredo, al mando de una fragata, remonta el Río de la Plata, una proeza cumplida por primera vez por una nave de su calado.[12]

París, capital de Italia

La verdadera capital de Italia en el *Risorgimento* no es Turín, ni siquiera lo será Florencia, sino que hasta 1870, hasta la ocupación de Roma, es París: la París orleanista de Luis Felipe, la París de la breve Segunda República, la París imperial del tercer Napoleón.

Capital, porque es desde París desde donde se espera la señal de la liberación italiana y porque es en París, precisamente por esta espera, donde se ha formado de nuevo una colonia de elite, de expatriados y de exiliados demasiado geniales y demasiado elegantes. Como escribe uno de ellos: "Los males políticos que han desolado a Italia han obligado a su hijos más nobles a huir lejos. Lo más destacado que mi país tenía se expatría. La mayoría de estos nobles exiliados vino a París". Y he aquí el dilema: ponerse al servicio de una Francia que sigue siendo el país más fascinante y estimulante de Europa, o al servicio de la patria de origen, una Italia que aún no existe. Dos personajes encarnan este dilema: un joven hombre de negocios, que se mueve cómodamente en los ambientes de París y Londres, y un *testa d'uovo** de las más célebres de la época. El primero recuerda en una carta a una dama amiga que le aconseja elegir un futuro francés las razones de hacer la elección contraria y cita el caso del otro: "Un italiano solo logró ser alguien en París y alcanzó una posición... pero ¡qué posición, qué posición! El hombre más inteligente de Italia, el genio más flexible de la época, el espíritu tal vez más práctico del universo, logró tener una cátedra en la Sorbona y un asiento en la Academia, lo máximo que la ambición podía procurarle en Francia". Frente a esta perspectiva para nada alentadora, la elección por Italia es inevitable: "Dejando de lado la cuestión del deber, olvidando mi calidad de ciudadano y de hijo, veamos qué podría yo ganar y hacer en Francia." ¿Con hallar reputación y gloria? El único instrumento a mi alcance sería la literatura. Pues bien, señora, se lo confieso francamente, no creo ser un genio literario... A pesar de todos mis esfuerzos no lograría ser nada más que un literato mediocre, un hombre de letras de segundo rango".[13]

El personaje que eligió Italia, el conde Camillo Benso di Cavour, hizo una apuesta ganadora. Pellegrino Rossi, el intelectual que eligió Francia, un genio de suerte, no se detiene en la posición y en el lugar que Cavour ha despreciado de tal modo: consejero del hombre más poderoso de la Francia orleanista, Guizot, deviene conde y par de Francia. Pero el destino lo regresa a Italia como a Cavour. Embajador de Francia ante la Santa Sede, impone su presencia intelectual en el mediocre mundo de Pío IX, incierto y titubeante. Habiendo perdido la embajada en 1848, después de la caída de la monarquía orleanista y la instauración de la República en París, se queda en Roma. Consejero del ministro liberal, Terenzio Mamiani, es llamado a sustituirlo por el Papa, a quien la situación se le había ido de las manos entre las presiones tumultuosas de los fa-

---

* *"Testa d'uovo"*: expresión con la que se definía a los intelectuales americanos en los años de la guerra fría. *N. del ed.*

náticos patriotas y las presiones en contra de los reaccionarios. Rossi, no sin reluctancia, se reasume como italiano y acepta el encargo como Primer Ministro de hecho. En plena tempestad, pero animado por la "pasión de Estado",[14] elabora un plan de modernización de la decrépita administración pontificia, un nuevo sistema representativo y una reforma económica, relanzando al mismo tiempo el proyecto de una liga itálica, de una confederación italiana, en la línea de todo lo que había propuesto Vincenzo Gioberti en *Primato*. Desafiando un riesgo respecto del cual ha sido puesto al corriente, el hombre de Estado que mira a los italianos desde lo alto, se trasladará, siguiendo inconscientemente la puesta en escena de los idus de marzo de Julio César en la asamblea romana, y será asesinado a puñaladas.

Es un destino italiano que la víctima había previsto: Cavour, que en París comparte con Rossi el desprecio por los exiliados más extremistas, a los que tildaban de "locos, imbéciles, fanáticos, perturbadores", reporta todo lo que le dice el amigo a propósito de aquello: "Si esos señores gobernaran Italia no sólo no volvería, sino que ni siquiera mandaría una de mis botas".[15] La suerte hará que vaya a Italia, con las botas y todo lo demás, y, aunque esos señores no gobernarán, no lo dejarán gobernar.

Para un hombre de bien como Massimo d'Azeglio, tan grande será la impresión que despertó el apuñalamiento, por parte de un grupo de sanguinarios asesinos, de un hombre de genio y de experiencia (el período francés había sido precedido por un período suizo no menos triunfal intelectual y políticamente) que llega a considerar indigna de ser capital de Italia a una Roma tan turbulenta y feroz.[16]

El regreso de las reinas italianas

En las época de oro de la Francia italiana, la Italia del Renacimiento manda a París dos reinas, Catalina y María de Medici. Dos siglos después, la Italia del *Risorgimento* manda a París dos bellas y nobles mujeres, dos conquistadoras, a su modo dos reinas. Intelectual, patriota y reina de los salones intelectuales, Cristina Trivulzio, princesa de Belgioioso; reina de corazones y también patriota, la condesa de Castiglione, Virginia Oldoini.

En la *dolce vita* de la París orleanista, la Belgioioso produce gran impresión. Su patriotismo inflama las reliquias de la Francia revolucionaria, desde el Marqués de Lafayette hasta el último secuaz de Robespierre, Filippo Buonarroti. Su belleza le hace perder la cabeza a Alfred de Musset. Su espíritu le procura la amistad de Chateaubriand y de Enrique Heine y alimenta una asidua correspondencia con Liszt. Un docto ensayo que le pertenece sobre el dogma católico suscita la admiración de Saint-Beuve y de Tocqueville. Es preseleccionada como presidenta de la Academia de mujeres, en una elección en la que ha competido también George Sand.

Incluso se le perdona una *gaffe* memorable. Frente a un invitado, el maestro de la pintura romántica Delacroix, se pelea con Giacomo Alessandro, el hermano pícaro de Nino Bixio, que hizo fortuna en Francia y exalta el carácter "más franco, más verdadero de los franceses" respecto del de los italianos, incapaces de batirse por una causa con la mente fría "por principio". "¿Por principio?" replica la Belgioioso, "¿qué pretende decir? ¿Cuál es, para un francés, el principio que no se doblegue frente a una comida?" Golpeado de lleno por este insulto, Delacroix, que recuerda en la amarillez de la cara a su presunto padre natural Talleyrand, se pone aún más amarillo, se levanta y se va.[17]

Ahora es posible entender cómo la Belgioioso, inspiradora de por lo menos tres personajes de Musset y de dos de Balzac, sin contar a otros autores secundarios, no hace en todas estas versiones un buen papel. Stendhal se apresurará a negar que ella sea el modelo de una heroína positiva, la Sanseverina, la hermosa tía y protectora de Fabrizio del Dongo en la *Cartuja de Parma*. Pero ella misma desmentirá las acusaciones renunciando para siempre a la brillante mundanidad parisiense y regresando a Italia en 1848, cuando organiza cuerpos de voluntarios y termina en Roma como enfermera con la república (como tal recogerá el último suspiro de Godofredo Mameli, herido de muerte); luego marcha otra vez al exilio pero a otro lugar, a Turquía, viajera y reportera incansable, pero siempre patriota.

La condesa de Castiglione la reemplaza en la época de Napoleón III, medio italiano por una turbia implicación en los primeros movimientos liberales. Cavour, como explicará a uno de sus colaboradores, el ministro de Relaciones Exteriores conde Luigi Cibrario, la enrola en la diplomacia piamontesa con una tarea precisa. "La invité a coquetear con el emperador y, si se diese la oportunidad, a seducirlo. Le prometí, en el caso de que todo salga bien, que enviaré a su hermano a un puesto diplomático en Petersburgo." Hija de un diplomático, hermana de un diplomático, madre de un futuro diplomático, acepta la tarea que se le ha confiado y la lleva a cabo tan bien como para pensar que, si hubiese llegado antes que Eugenia de Montijo, la primera consorte del emperador, una española de belleza insípida, la habría sustituido en el trono imperial. Pero en un momento dado exagera: odiada por Eugenia y sospechada de ser espía de Cavour, una especie de Mata Hari más chic y refinada, cae en una trampa urdida por agentes provocadores, que en ocasión de una visita de Napoleón III a la casa de su amiga hacen que allí encuentre un hombre asesinado. Virginia es excluida de la corte.

Años después, readmitida, se presentará a un baile de máscaras disfrazada de reina, y precisamente de Catalina de Medici, reina de Francia, peró la alusión es gratuita y nadie la recoge. Su misma estrepitosa belleza expand hielo entre las mujeres y miedo entre los hombres. Con el tiempo, el emperador está cansado e debilitado. La condesa no regresará a Italia y su fin será triste, su hermano no hará carrera, su hijo morirá víctima de las locuras e irresponsabilidades de una diplomacia que lo lleva de Buenos Aires a Petersburgo. Ella sobrevive en un departamento parisiense en el que ha velado los espejos para evitar confrontarse con su propia vejez.[18]

La ópera como mensaje nacional

La ópera recorre la unidad de Italia. Autores, maestros, cantantes llegan de todas partes de Italia y como italianos, del siciliano Bellini al lombardo Donizetti, al marquesano Rossini, al otro marquesano Gaspare Spontini, se presentan en el exterior. Los teatros, que afloran como hongos, de París a Londres a Petersburgo, a las ciudades americanas, se refieren a la ópera italiana, a nuestra música, son las avanzadas italianas. Hasta en Constantinopla el director de música del sultán es italiano: el hermano de Donizetti. Si en Italia de "ocupación principalísima del hermoso mundo", como escribe un novelista milanés, la ópera devino objeto, con sus protagonistas, de una hinchada casi deportiva,[19] fuera de Italia ella tiene en el siglo XIX un papel representativo de la identidad nacional. Un compositor, Verdi, que encuentra inspiración en la literatura dramática francesa e inglesa, se convierte en la personificación internacional de la revuelta italiana.

La misma historia de la unidad italiana es una obra con tenores y sopranos, agudos que arrebatan ovaciones de una platea internacional, fragmentos musicales potentes y vigorosos, coros no siempre entonados, trajes fastuosos. Antonio Gramsci individualizará en la ópera un auténtico sustrato nacional popular. El melodrama italiano equivale a la novela popular anglo-francesa. Hasta su cosmopolitismo, el recurso a las tramas, las intrigas, las leyendas, sugeridas por historias o literaturas extranjeras, es típicamente italiano. "Incluso en este momento en el que en cada país tiene lugar una fuerte nacionalización de los intelectuales indígenas, y este fenómeno se verifica también en Italia... los intelectuales italianos siguen su función europea a través de la música."[20]

Es obvio que incluso en esto París desempeñe el rol de capital italiana concediendo a nuestros compositores los honores que una Italia que aún no existe no puede reconocerle. La Belgioioso subraya en sus memorias la importancia capital atribuida por los artistas italianos a la Legión de Honor y a su insignia, el lazo rosa que se lleva en el ojal. Sabedor del codiciado otorgamiento, Donizetti se desmaya de alegría. Bellini, al que la noticia le es anunciada por la princesa misma, tiene una reacción más prolongada, pero no menos emotiva: "Oídme, se puso a saltar en mi habitación y terminó por enrollarse en la alfombra soltando algunas lágrimas de alegría. Adorné su ojal, tras lo cual se plantó frente a un espejo diciendo que no podía dejar de admirar el maravilloso realce que esa cinta le confería a su graciosa figura."[21]

También para los otros compositores de ópera italianos, para Verdi inclusive, en la medida en que estaba tan ligado a Milán, París es la capital que consiente "Una libertad intelectual incomparablemente mayor respecto de la vigente en los tradicionales Estados italianos, con su oprimente censura y sus anacrónicas ligazones de dependencia y protección."[22]

El ejército desaparecido

La Italia napoleónica tenía un ejército, un ejército que se había batido en España y en Rusia con divisiones orgánicas, soldados y generales italianos. En la última campaña en Alemania 80.000 italianos formaron parte de las unidades de combatientes. En Leipzig, la batalla decisiva, la XV División italiana, comandada por el general Fontanelli, es la última en replegarse.

Derrotado Napoleón, ocupado el reino itálico por las tropas austríacas, el ejército italiano es disuelto. Este preludio involuntario del 8 de septiembre* no asombra: ni Austria, ni los Estados Italianos de la época muestran interés en mantener un organismo que tuvo una vida propia y no poco gloriosa. Lo que asombra es su desaparición completa del escenario histórico como referencia para sus veteranos en las futuras campañas por la independencia italiana, con excepción de algún general que, en las nuevas circunstancias, se moverá como un pez fuera del agua.

La desaparición tiene que ver esencialmente con miles de oficiales, muchos de los cuales son absorbidos por la Italia de afuera en una serie de odiseas con finales trágicos, como un grupo de trece oficiales que se enrola en el ejército independentista venezolano (sólo dos sobrevivirán),[23] o más afortunados, como las vicisitudes de un joven ayudante suboficial de Lugo di Romagna, Agostino Codazzi.[24]

Después de un período como teniente en la Legión ítalobritánica de Lord Bentink, rechazada la incorporación a media paga en el ejército pontificio, Codazzi se embarcará para Constantinopla esperando un enrolamiento en el ejército persa que, sin embargo, optará por oficiales británicos. Se resignará así a trabajar en una casa de juego administrada por un ex ayudan-

*8 de septiembre de 1943: fecha del armisticio de Italia con los aliados durante la Segunda Guerra Mundial. *N. del ed.*

te de campo de Murat y de otros compañeros de armas, comprenderá que las mujeres locales no son tan pudibundas, a pesar de velos y contravelos, y constituyen un peligro del que es necesario huir, pero peligro mayor es la peste: una epidemia elimina al ayudante de Murat y a otros colegas. El *casino* se cierra. Junto a otro oficial, Constante Ferrari, Codazzi empezará un largo viaje en dirección a Rusia con la esperanza de enrolarse en la armada del zar.

Llegados a Varsovia, los dos italianos son acogidos con cortesía por el gobernador ruso, el gran duque Constantino. Pero hay demasiado oficiales polacos a la espera de un empleo y las informaciones que de uno de ellos llegaron a Ferrari sobre la disciplina rusa no son tranquilizadoras: "El general en jefe puede golpear al soldado a bastonazos, el sargento al caporal, el oficial al sargento, el mayor al oficial, el coronel al mayor, el general al coronel." "Luego", aconseja el polaco, "las estepas rusas no les convienen".[25]

Más podrían convenir los calurosos mares y, sabiendo que en Holanda se necesitan oficiales para un cuerpo de expedición destinado a las Indias holandesas, Codazzi y Ferrari se embarcan en Dantzig, pero llegan a Amsterdam demasiado tarde, cuando las tropas ya partieron.

Queda una última oportunidad: América. La noticia de que el hermano de Napoleón, Giuseppe, esté organizando una colonia para los oficiales emigrados resulta infundada; en realidad, se buscan oficiales para naves corsarias bajo las banderas de los independentistas latinoamericanos. Un general francés, Aury, los enrola reconociendo los grados de capitán de infantería a Ferrari y de teniente de artillería a Codazzi.

La guerra de corsarios contra los españoles es una continua, confusa aventura entre el Caribe, América Central y Nueva Granada (la futura Colombia), pero tiene su lado comercial que Codazzi aprecia. Después de la muerte de Aury, Codazzi elige decididamente las ropas "menos simpáticas y menos bellas", como escribe un biógrafo, del "hombre de comercio".[26] Vendida ventajosamente una carga en Amsterdam, Codazzi y Ferrari regresan a la patria.

Socios en una hacienda, comienzan entre los dos amigos las primeras disputas; por otra parte, la Italia de los fracasados movimientos liberales de 1821 es demasiado pequeña para Codazzi que en 1826 regresa a América. Pone al servicio de Venezuela primero y luego de Colombia su competencia militar y sus conocimientos geográficos acumulados en sus peripecias de guerrero-corsario-comerciante. Será recibido con los brazos abiertos.

Como oficial de estado mayor, como coronel ingeniero, como general en las pequeñas guerras civiles locales, como gobernador, pero sobre todo como cartógrafo, su figura se engrandece en los dos países que eligió y que describe y retrata geográficamente. Morirá en 1859. Ocho años antes había muerto su amigo Ferrari que, como viejo soldado, había retomado las armas en 1848 al servicio de la independencia italiana. Pero ya había nacido una nueva generación militar italiana y había hecho las primeras pruebas precisamente en el Nuevo Mundo.

Italia renace en Montevideo

En la primera mitad del siglo XIX, en un área geográfica precisa, en América Latina se mantiene cierto equilibrio entre la emigración de elite y una emigración proletaria, a su modo seleccionada y socialmente ascendente, como la de los marineros. Los marineros no son solamente precedidos por los ex combatientes de las campañas napoleónicas; en efecto, se añaden a los mercenarios italianos, reclutados antes de las guerras de independencia por el ejército colonial español, y a los comerciantes infiltrados a través de Cádiz entre las apretadas redes, aunque cada vez más laxas, del monopolio español.

Estos núcleos de italianos o de oriundos, en su mayoría de origen ligur, sobresaldrán en primer lugar en la revolución independentista. En la Junta revolucionaria de Buenos Aires, tres de sus nueve miembros son hijos de italianos: Castelli, Belgrano y el sacerdote Alberti. Castelli es un abogado jacobino, incita a la Junta a romper con España, reprime fusilando sin piedad una conspiración realista, trata de sublevar a los indios del Alto Perú (la actual Bolivia) contra la dominación española y es tomado como rehén y traicionado por sus mismos compañeros. Belgrano, también abogado y economista, deviene general, toma el comando del Ejército del Norte y bloquea en Tucumán la invasión española, pero no logra imponer a los independentistas un soberano inca, juzgado internacionalmente poco presentable. Belgrano es un Washington fracasado. Morirá solo, asistido por su ayudante, el italiano Emilio Salvigni, después de haber cedido el mando a un San Martín dispuesto a proponer, sin éxito, un candidato italiano para la corona latinoamericana: el príncipe de Lucca, Carlo Ludovico di Borbone Parma.[27]

En Venezuela, el *libertador* Bolívar, se vanagloria de que en su árbol genealógico hay italianos, los Ponte genoveses y los Graterol venecianos. El hijo de un lombardo, Germán Roscío, y el piamontés Francesco Isnardi firman la declaración de independencia.

En los años de la guerra, los italianos están por todos lados, como en las posteriores guerras civiles. Francia los usa para defender sus Indias: *la légion du Midi* enviada a las Antillas en 1805 está compuesta por piamonteses.[28] Un artillero italiano usa sus cañones en Haití como instrumento de poder. Un cuerpo militar mixto de creoles e italianos, encabezado por un oficial italiano Pezzi, trata de hacer el mismo juego en la otra parte de la isla, en Santo Domingo, tramando en 1810 contra el dominio español en la que será llamada la "conjura de los italianos": descubiertos, los conspiradores serán fusilados o ahorcados.[29] Los capitanes de ultramar lígures trajinan en el Caribe en guerra. A un capitán Barbafumo (*Barbafán*) se debe el hecho de que Bolívar no caiga en la trampa de dirigirse a Cartagena, ya no asediada pero ocupada por las fuerzas españolas. Lo que desilusiona, para vergüenza de la celebridad conquistada como corsario mediterráneo al servicio de Francia, el capitán Bavastro desaparece con la mejor nave de guerra de la flota venezolana llevándosela a Cuba.[30] Tres hermanos genoveses entran en la guerra de corsarios de una manera, según la versión venezolana, menos generosa y señoril que la del corsario negro de Salgari y la de su hija Yolanda. El hermano mayor, que se haría pirata, "con dos pistolas en la cintura y constantemente seguido por hombres sin patria y sin ley", al comienzo brinda valiosos servicios a la causa de la independencia, y luego será acusado de haber sustraído el tesoro de las iglesias de Caracas. Esto provocará un litigio con el gobierno de Venezuela.[31]

Los ex oficiales del ejército napoleónico llegan también a México. El conde Stavoli sigue la carrera de las armas como capitán de la guardia del emperador Iturbide; mezclado en los golpes y contragolpes locales, resiste con setenta hombres frente a dos mil atacantes, es condenado a muerte y salva el pellejo gracias a su mujer mexicana. Otro prófugo militar, el conde Linati, abandonará el uniforme, y se convertirá en el padre de la litografía mexicana, dedicando artísticas ilustraciones a los uniformes de los demás en una hermosa publicación sobre los trajes mexicanos civiles, militares, religiosos.[32] Las crónicas mexicanas de un Pittaluga[33] y un general Lombardi o Lombardini darán que hablar, el primero mal, el segundo bien.

En el sur de Brasil, en Uruguay, la provincia oriental del Río de la Plata, en la Argentina, los italianos combaten como nacionalidad y como ideología bajo la égida de la Joven Italia. La democracia mazziniana hace proselitismo en el lugar con la Joven Argentina, a los que adhieren los cuadros de una futura clase dirigente. Su trasposición, alentada por Livio Zambeccari que recluta a Garibaldi, fracasa en Río Grande del Sur frente a la potencia imperial de Río de Janeiro. Pero, deshecha la Arcadia armada de los rebeldes *gauchos*, es el turno de Montevideo en cuya defensa militan, en la legión italiana, por primera vez bajo una bandera tricolor en la que se destaca un Vesubio humeante, comerciantes y marineros de todas las regiones italianas, del norte al sur.

Montevideo es la capital de una Italia combatiente pero ya estrechamente ligada a la península. En otros tiempos Garibaldi se hubiera quedado en América con un destino no menos glorioso del que tendrá en Italia. El hijo de un comerciante genovés, Derchi o Derqui, llegará en esos años a la presidencia de la Confederación argentina, y otro tanto le ocurrirá a su amigo y compañero de armas, él también de origen italiano, el general Mitre. Pero Garibaldi con otros compañeros suyos elige Italia.

En el *Risorgimento* se verifica un fenómeno contrario al que tuvo lugar en el tardío Renacimiento. No se italianizan los otros países, se italianiza Italia. Incluso el que se queda, si representa algo, sigue siendo italiano. Bellini y Rossini son inconfundiblemente nacionales, como su música. En París y en Montevideo hay italianos y no franceses o uruguayos. Y la elite regresa. Quienes vuelven para fundar Italia no son solamente hombre venidos del mar. Cuatro protagonistas de las vicisitudes de los unitarios, sin contar a un Rossi, predestinado, de haber sobrevivido, a un rol protagónico también en Italia, son italianos en el exterior.[34] En la vigilia de la primera guerra de independencia, Cavour regresa de París, Garibaldi de Montevideo, Mazzini de Londres, Gioberti de Bruselas.

NOTAS

1. Luigi Einaudi, *Un principe mercante. Studio sull'espansione coloniale italiana*, Turín, Bocca, 1900, p. 35.
2. Joseph Conrad, *Nostromo. A tale of the Seabord*, Londres, Pan Books, 1975 (la primera edición es de 1904), p. 12.
3. Una cuidada biografía de Bixio es la de Marcello Staglieno, *Nino Bixio*, Milán, Rizzio, 1973.
4. Jack La Bolina, *Nuove leggende di mare (Preboggion)*, Bolonia, Zanichelli, 1883.
5. V. Descalzi, Nicolás, en Dionisio Petriella y Sara Sosa Matiello, *Diccionario Biográfico Italo-Argentino*, Buenos Aires, Dante Alighieri, 1976, pp. 249-250.
6. V. Lavarello, José, en Ibídem, pp. 379-380.
7. V. Lavarello Juan Bautista, en Ibídem, p. 380.
8. Einaudi, ob. cit., p. 38.
9. Giuseppe Parisi, *Storia degli italiani nell'Argentina*, Roma, Voghera, 1907, pp. 49 y ss.
10. V. Bove Santiago en Petriella y Sosa Matiello, ob. cit., pp. 101-103.
11. V. Mariano Gabriele, "L'armamento italiano sulle rotte atlantiche dal 1800 al 1860", en *Storia e politica*, a. VI, 4, octubre-diciembre de 1968, p. 683.
12. Niccolò Cuneo, *Storia dell'emigrazione italiana in Argentina (1810-1870)*, Milán, Garzanti, 1940, p. 92.
13. Cavour a la condesa Anastasia de Circourt, París, mayo de 1835 (Luigi Chiaia, *Lettere edite e inedite di Camillo Cavour*, Turín, S.T.E.N., 1913, vol I, pp. 286-287).
14. Arturo Carlo Jemolo, prefacio a Giulio Andreotti, *Ore 13: il ministro deve morire*, Milán, Rizzoli, 1981, p. VIII (recabo en la obra de Andreotti las otras indicaciones sobre Rossi).

15. Cavour a Paul-Emile Maurice, 13 de agosto de 1835 (reportado en Rosario Romeo, *Cavour e il suo tempo, 1810-1842*, Roma-Bari, Laterza, 1984, p. 515).
16. Jemolo, prefacio a Andreotti, ob. cit., pp. XV-XVI.
17. Ludovico Incisa y Alberica Trivulzio, *Cristina di Belgioioso*, Milán, Rusconi, 1984, *et passim*.
18. Pio Pecchiai, "La dama di cuore nel gioco politico dei Cavour", en *Storia*, vol. 1, a.1, 10, 25 de octubre de 1938.
19. Giuseppe Rovani, *Cento anni*, Milán, Rizzoli, 1960, p. 1067.
20. Antonio Gramsci, *Letteratura e vita nazionale*, Turín, Einaudi, 1954, p. 69.
21. Cristina Tivulzio di Belgioioso, *Ricordi dall'esilio*, en Luigi Severgnini (dir.) Milán, Edizione Paoline, Cinisello Balsamo, 1978, p. 181.
22. Emilio Sala, "Verdi e Parigi", en *Giuseppe Verdi, l'uomo, l'opera, il mito*, en Francesco Degrada (dir.), Milán, Skira, 2000, p. 109.
23. El grupo está formado por el general Neri, el coronel de artillería Giacosa, el capitán Giacosa, el teniente de artillería Sabino, el teniente coronel Lanzani, el teniente coronel Berzolari, el teniente coronel ingeniero Passoni, el coronel Cestari, el capitán Perrego, los suboficiales Lorenzi y Bicenchi, el comisario de guerra Dalla Costa, el capitán Castelli. Perecerán todos en combate, salvo los dos últimos. Castelli, promovido a general, está considerado como uno de los padres, *próceres* [en castellano en el original], de la independencia venezolana (Marisa Vannini de Gerulewicz, *Italia y los italianos en la Historia y la Cultura de Venezuela*, Caracas, Oficina Central de Información, 1966, pp. 411-423).
24. Codazzi ha dejado sus propias memorias. Mario Longhena ha publicado extensos fragmentos de las mismas en *Memorie inedite di Agostino Codazzi nei suoi viaggi per l'Europa e nelle Americhe*, Milán, Alpes, 1930; y más recientemente lo ha hecho Giorgio Antei, *Los Herpes Errantes. Historia de Agustín Codazzi 1793-1822*, Santa Fe de Bogotá, Planeta, 1993. Este último ensayo, limitado al primer período americano de Codazzi, es muy riguroso desde el punto de vista científico.
25. Antei, ob. cit., p. 139, núm. 29.

26. Longhena, ob. cit., p. 409.
27. V. L. Incisa di Camerana, *L'Argentina, gli italiani, l'Italia*, Milán, SPAI, 1998, pp. 78-82.
28. Greci, ob. cit., p. 26.
29. Valentina Peguero y Danilo de los Santos, *Visión general de la Historia Dominicana*, Santo Domingo, UCMM, 1984, p. 147.
30. Vannini de Gerulewicz, ob. cit., p. 466. Sobre Giuseppe Bavastro, que volverá al servicio de Francia, véase Greci, ob. cit., pp. 293-294.
31. Ibídem, pp. 467-470.
32. José Iturriaga de la Fuente, *Anecdotario de viajeros extranjeros en México. Siglos XVI-XX*, México, FCE, 1990, t. II, pp. 139-143.
33. Franceso Pittaluga (Pitaluga, Picaluga), genovés, acusado de haber traicionado al presidente Guerrero, que escapó a la pena capital pero "de execrable memoria para todo lo que tiene nombre mexicano" según Gastón García Cantú (*Idea de México*, México, FCE, t. IV, pp. 92-93). El general Manuel María Lombardi o Lombardini coloca en la presidencia en 1853 al general Santa Anna (Ibídem, pp. 112-116).
34. Se podría agregar también a Giuseppe Avezzana, ligur, cadete en el ejército piamontés, desterrado después de los motines de 1821, soldado mercenario en México, que después, en Nueva York, se casó con una americana y se hizo negociante al por mayor. Aunque naturalizado americano, volverá a Italia en 1848. Coronel de la guardia nacional en Génova, será después primer ministro de la Guerra en la República romana (véase Erik Amphitheatrof, *I figli di Colombo. Storia degli italiani in America*, trad. italiana de Anna Molle Briasco y Paulette Peroni, Milán, Mursia, 1975, p. 63).

SEGUNDA PARTE

FUGA DE ITALIA

I

EMIGRACIÓN COMO ELIMINACIÓN

La Italia proletaria se mueve

La migración tradicional no fue sólo aristocrática o burguesa. A los comerciantes, a los prelados, a los artistas, los acompaña un séquito de origen popular pero, a su modo, seleccionado y por ende preparado y predispuesto para un pasaje de clase. El fenómeno no es nuevo. Desde siglos los campesinos y artesanos emigran de la Italia occidental, del Piamonte y de la Liguria, a la vecina Provenza, pero generalmente se establecen en las ciudades. En Marsella, a fines del siglo XVIII, un habitante sobre veinte es italiano: marineros, zapateros, cargadores, sastres, albañiles, empleados domésticos, en su mayoría pertenecen al proletariado, es más, al proletariado más turbulento. Para los historiadores reaccionarios el batallón de confederados que, llegando de Marsella irrumpe en París en el palacio de las Tullerías el 10 de agosto de 1792, está compuesto por "1.200 bandidos, genoveses, italianos, piamonteses, malteses, moros, berberiscos y otros ex combatientes de los baños de Marsella". A la inversa, se trata de elementos autóctonos, de esos pequeño burgueses enojados que aportan los rangos de los primeros militantes revolucionarios.[1] Pero los italianos son ya tan numerosos como para ofrecer un chivo expiatorio a los excesos de la revolución, aunque en el fondo el aporte étnico italiano se limita a un médico burgués, el oriundo de Cerdeña Marat o Mara, y al pasado remoto del conde Honoré de Mirabeau (de apellido Richetti, afrancesado Riquetti).

El italiano es un proletariado que tiene cierta capacidad de oficio o bien está pronto para adquirirla y se inserta en un área contigua, étnica y culturalmente homogénea, con respecto al lugar de origen. Por otra parte el fenómeno no responde a la modalidad de masas: se emigra por una estación o por toda la vida, por una elección individual o familiar.

Con la unidad del país la elección es una elección de masas, una transmigración de poblaciones enteras. Siempre comienza en el Piamonte y en la Liguria, para extenderse al resto de la Alta Italia, a la Lombardía, al Véneto, al Friuli, y devenir un río torrencial cuando el fenómeno llega al Mediodía. La fuga de Italia sigue una espiral incontrolable. En 1861 los italianos en el exterior son 221.000, diez años después son, según las cifras oficiales, 371.660, según cálculos más atendibles, 547.469, o sea casi el doble y probablemente más del doble.[2] El flujo desde Italia hacia el exterior está en continuo crecimiento. Tan sólo en el año 1876 los emigrantes son 100.000, diez años después 200.000, en 1896 300.000, en 1903 500.000. No es suficiente aún: en 1905 se llega a 726.000 y a 803.000 en 1906.

El éxodo compromete ya a enteras levas de trabajadores, pero no responde a una estrategia debatida y delineada de la clase pública dirigente y de la privada, del aparato administrativo y de la sociedad civil. No faltan los gritos de alarma, pero la coincidencia con el despegue industrial del país y con los primeros movimientos sociales no permite que salga de un cono de sombra la deserción de una parte considerable de la población. Se recaudan las rentas, las remesas de los emigrantes, pero se evita hablar de un evento que en sí mismo resulta perturbador.

En la época de Giolitti, cuando el éxodo asume dimensiones bíblicas, en materia de emigración no se asume ninguna responsabilidad. Ni siquiera se tiene el valor de decir si es un bien o un mal. Un intelectual contemporáneo pone el dedo en la llaga. "El problema entre nosotros es poco conocido, poco estudiado". Por cierto no falta la documentación: actos parlamentarios, boletín del comisariado de la emigración, relaciones consulares. Pero el país, escribe en 1906 Pasquale Villari, "no parece haber comprendido toda la importancia del problema, sobre el que se manifiestan las más variadas, inciertas y a veces contradictorias opiniones."[3]

En realidad, en correspondencia con la emigración masiva se verifica un proceso continuo de remoción que se transformará con el tiempo en un completo olvido. La emigración será excluida de la historia nacional. La mitad del país olvidará lo que le ha ocurrido y le ocurre a la otra mitad.

El vicecónsul y los emigrantes

El éxodo sorprendente en sus dimensiones, no es inesperado. En efecto, ya se habían precisado las advertencias y hasta las indicaciones operativas. El informe de Galli es un ejemplo de ello.

El conde Goffredo Galli, un abogado de Las Marcas, que había entrado al servicio consular en 1861 a los veinticuatro años, y que fue transferido a Caracas en 1865, ya había conquistado en las sedes anteriores —Alejandría, Argel, Lyon— una notable experiencia.[4]

En la capital venezolana está en condiciones de observar el fenómeno migratorio con los caracteres de masa que ya asumió en los Estados Unidos y está por asumir en la América meridional. Y en 1867 compendiará estas observaciones en un informe que, modestamente titulado "Indicios estadísticos sobre la emigración y colonización europea en las dos Américas", y que se hizo público en un boletín oficial, brinda un documento de base para una estrategia de la emigración italiana al otro lado del océano.[5]

Galli parte de un dato de hecho: de la guerra de la independencia de los Estados Unidos a 1863 nueve millones de europeos se establecieron en América del Norte y entre 400 a 500 mil en la América del Sur. La media anual señala a Inglaterra a la cabeza con 200 mil individuos, seguida por Irlanda (140 mil), por los Estados alemanes, con la misma cifra y, con cifras mucho menores, por Francia (10 mil), España, Portugal, Suiza, Bélgica (8.000 cada una) y finalmente por Italia (5.000).

Fijados los aspectos cuantitativos del fenómeno, Galli adhiere a la teoría de las ventajas que da la emigración al que se queda: menos pauperización, menos criminalidad, más eficiente utilización de las áreas productivas. Éstos son los factores que convencen a los Estados alemanes a pasar de una actitud reticente a dar un apoyo concreto a los emigrantes.

Refiriéndose a evaluaciones de expertos económicos norteamericanos, el vicecónsul establece una gradación de mérito entre los emigrantes de diferentes nacionalidades europeas. A la cabeza van los alemanes: "La raza alemana, con esta persistencia en la laboriosidad y en el trabajo, da continuos ejemplos a la sociedad de familias que, habiendo vivido durante muchos años en las estrecheces de la miseria, suben luego a la gran prosperidad de la riqueza... El clima y la naturaleza de su país de origen los hacen habituarse sin preferencias en las dos Américas. Se acostumbran fácilmente a las duras fatigas que exige el cultivo de las tierras vírgenes, y poseen bastante inteligencia y método en lo que atañe a la agricultura... En la América del Norte se asimilan, en la segunda generación, a la raza anglosajona y pierden incluso el carácter germano: con la raza latina de la América del Sur su transformación es más lenta."

"Los italianos (piamonteses, genoveses y lombardos)", prosigue Galli, "ocupan la segunda clase de los pueblos colonizadores por haberse observado que tienen en común con los alemanes la facultad y la facilidad de adoptar como patria nativa la de su elección. Estas cualidades, que son las principales entre las que necesitan los colonos para ser útiles tanto al país del que derivan como a aquél en el que se quedan, hacen que los economistas [norteamericanos] los prefieran antes que a los pueblos de las otras naciones."

A los italianos no les faltan generosos elogios: "traen con ellos la inteligencia, el carácter afable. El espíritu de economía y de orden; se adaptan con facilidad a los pueblos a los que van a vivir". "La peor plaga en la historia de las colonias, es decir, el uso de licores, no es uno de los grandes defectos de la familia italiana que aquí fue transferida; todo lo contrario, ella muestra una sobriedad relativa, y ciertamente por encima de los pueblos anglosajones."

Por su parte Galli no exagera: los italianos podrían ubicarse en el primer puesto si a las cualidades que se les reconocen "pudiesen añadir un carácter más elevado y más firme, más espíritu de unión, más respeto y estima recíproca y mayor deseo de instrucción, sobre todo el amor por la lectura, dotes que influyen muchísimo en el bienestar y la prosperidad inclusive de los más humildes colonos." Mientras tanto, los italianos son considerados a la par de los suizos, salvo en la moralidad en la que, por otra parte, superan a los franceses.

Los economistas norteamericanos no ubican a la emigración del Reino Unido, tal vez por las características de masa que ha asumido, en los primeros lugares como el diplomático italiano estaría dispuesto a conceder, pero Galli tiende, tal vez recordando la propensión a los lamentos y al refunfuñar de las comunidades italianas que conocía, a exaltar la tendencia de la inglesa "a confiar en sus propias fuerzas y a no esperar nada de los demás."

El milagro de la tierra

Finalizado este cuadro psicológico, Galli examina las capacidades de recibimiento, precisamente en el campo agrícola, de los pueblos americanos individualmente, partiendo de un modelo de éxito, los Estados Unidos, y no dudando en descartar a aquellos en donde la colonización europea, francesa, belga, holandesa, alemana (y la italiana en Venezuela) fracasó o ni siquiera se intentó al no hallar excusas favorables.

Las razones del éxito norteamericano Galli las sintetiza en la fórmula *liberty and property*, un binomio gracias al cual se resolvió el problema de la emigración, "problema que los hombres de Estado de las Repúblicas del Sur todavía están elucubrando". En efecto, el extranjero en los Estados Unidos puede usufructuar con la naturalización de los mismos beneficios que los nativos, es decir, igualdad en los derechos civiles, políticos, religiosos. A la inversa, en la otra América corre el riesgo, naturalizándose, de perder la protección de los cónsules de su país de origen y de sufrir el mismo tratamiento arbitrario infligido a los ciudadanos locales.

El segundo término del binomio es el fácil acceso a la propiedad fundiaria gracias a un sistema legislativo que impide la formación de grandes fondos en las tierras incorporadas por la hacienda pública* en la avanzada hacia el Oeste. Rige un sistema de parcelización, *townships,* basado en la posibilidad dada a los jefes de familia de encaminar sin un desembolso inmediato la colonización de las parcelas de terreno de medianas dimensiones que se les asignaban (en general de un máximo de 160 acres, o sea, de 64 hectáreas). El pago del fondo tiene lugar inmediatamente después con notables facilidades. De este modo se extiende a las nuevas tierras una clase igualitaria, echando políticamente las bases de una democracia rural difundida.

En la América meridional el modelo norteamericano no se aplica; no obstante, Galli reconoce el éxito de los experimentos realizados en la Argentina y el Brasil, con la participación también de colonos italianos.

Sobre la base de estas informaciones Galli toma en consideración tres clases de emigrantes. La primera es la "de las familias de agricultores habituados a cultivar pequeñas extensiones de tierra, con un capital limitado, que, aunque les asegura una vida sin problemas, no les permite hacer suficientes economías como para educar y dejar una pequeña herencia a su prole". Estas familias deberían reagruparse con otras y dirigirse a los países que ofrecen tierras en concesión, Brasil, Chile, Argentina, Uruguay.

La segunda categoría está constituida por "aquellas familias que, por carecer de tierras o por desgracias añadidas, se ven reducidas a un estado que podría llamarse precario por no tener seguridad en el porvenir". Pero "aunque se preparen para grandes sacrificios, para enormes desengaños; y a pesar de su constancia y buena voluntad, difícilmente encontrarán, como imaginan, una ubicación estable."

La tercera categoría está constituida por "las familias indigentes que tienen asegurada la vida en la patria con trabajos precarios del Estado o por la caridad ciudadana, y carecen de conocimientos de agricultura". "Enormes, insuperables son los obstáculos que estas familias encontrarían, y mejor sería para ellas quedarse en la patria, donde alguna mano benefactora las socorrerá cuando sea necesario."

Una cuarta categoría está constituida por una elite, la de

---

* Conjunto de los bienes del Estado y su administración. *N. del ed.*

aquellos individuos con profesión estable, que pueden encontrar una mejor ubicación en países como los Estados Unidos, Brasil y las repúblicas del Plata, donde los salarios son más elevados.

Evidentemente, la primera y la cuarta categorías son las destinadas al éxito, pero son las minorías, en posesión de una libertad de elección. El ejército de la emigración masiva estará constituida por la segunda y la tercera categorías. Seguirá firme la indicación geopolítica dada por Galli, el triángulo Estados Unidos-Brasil-Plata. Inclusive los analfabetos y los emigrantes no lectores, que Galli deplora, seguirán su sugerencia. Los verdaderos no lectores, los que tardarán en entender, serán los dirigentes italianos.

Las primeras señales

Casi siempre las primeras señales son justas e inclusive son percibidas de manera tempestiva, pero la interpretación casi siempre es equivocada. No sólo el informe de Galli permanece ignorado, como otros informes consulares llenos de sugerencias, sino que no se toma en cuenta la experiencia realizada en la primera mitad del siglo XIX por los otros países europeos y por los mismos países de acogida.

En efecto, se puede afirmar que la migración masiva de Italia tiene lugar cuando ya se ha agotado la fase más primitiva del fenómeno, cuando ya existen estructuras y controles en los puertos de llegada. No faltarán las situaciones trágicas, pero no se llegará a los horrores de la primera migración irlandesa hacia los Estados Unidos: en 1846 de 90.000 emigrados irlandeses 15.000 mueren durante la travesía, entre un tercio y un cuarto de la carga humana termina en los hospitales del puerto de llegada.[6] Los buques de los negreros que transportaban a los esclavos cuidaban más a sus pasajeros.

El problema nacerá en Italia debido a un hecho paradójico: durante toda su permanencia la emigración será acompañada por un debate que no concluye en nada acerca de si es o no deseable, de donde se desprende la inexistencia de una estrategia de la emigración. O, mejor aún, la estrategia será espontánea y privada y no pública y culturalmente coherente. En suma, exigirá una estrategia por parte de los emigrantes y no una estrategia de la emigración.

En el plano sociológico no faltan investigaciones profundizadas sobre nuestras colectividades en el exterior y hacer de los posibles candidatos a partir.

En 1871, un ex diputado, Leone Carpi, por mandato de ambientes económicos, presenta una verificación cuidadosa del fenómeno, sin descuidar sus aspectos económicos, luego de haber interpelado ya sea a nuestras autoridades externas, los cónsules, como a nuestras autoridades internas, prefectos y síndicos.*

De la investigación surgen valiosas indicaciones: el deterioro de las posiciones italianas en el Levante, con excepción de Egipto; un flujo migratorio de segunda categoría con artesanos y pescadores en el Norte de África; el mantenimiento de Francia como el desembarco más cercano, pero su superación por parte de la Argentina como polo de atracción principal incluso a causa de la mayor movilidad ascendente ofrecida en el conjunto del eje Buenos Aires-Montevideo al emigrante italiano.

En la investigación no figuran las respuestas de las dos representaciones consulares en la Argentina, Buenos Aires y Rosario, pero desde hace tiempo sus comunicaciones confirmaban tanto las reflexiones de Galli como los concretos progresos realizados por las colonias italianas en toda la cuenca del Plata.

El bienestar de los compatriotas está testimoniado, en efecto, por la entidad de las remesas a Italia. En 1870, sobre un total de 6.613.972 liras de órdenes de pago consulares, dos tercios provienen de Buenos Aires (2.522.071 liras), Rosario (171.180), Montevideo (401.647 liras); si a esto se añade Río de Janeiro (749.061 liras) conforman casi los cinco sextos del importe total. Las cifras latinoamericanas son aún más significativas si se comparan con las plazas más redituables del Levante: Constantinopla (318.329 liras) y El Cairo (123.081 liras). O bien de los Estados Unidos: Nueva York (342.411 liras), Nueva Orleans (142.712 liras), San Francisco (228.411 liras). Los importes aumentarán ulteriormente en el bienio sucesivo alcanzando, en 1872, para Buenos Aires 3.129.351 liras, para Montevideo 1.706.591 liras y para Río de Janeiro 1-423.351 liras, a lo que

*Prefectos y síndicos: sus funciones corresponden o son similares a las de nuestros gobernadores e intendentes. *N. del ed.*

se añadirá Lima con 351.145 liras. Sólo en Rosario se registra una inflexión, pero de todos modos la distancia con las otras colonias del Levante y de los Estados Unidos se profundiza.[7]

Emerge, además, que la red consular italiana, en Europa tan densa, disminuye en América latina, aunque ella se ofrezca como el puerto más prometedor y provechoso para la emigración italiana. A la inversa Italia será tomada por sorpresa por el carácter multitudinario que asumirá, en los decenios sucesivos, la emigración hacia esta parte del mundo. La sorpresa no debía ser una sorpresa verdadera sino la confirmación de una elección popular casi plebiscitaria.

Por lo demás, hace falta reconocer que las prefecturas interpeladas tienden a minimizar la propensión popular a la emigración.[8] El fenómeno se manifiesta efectivamente en Piamonte y en la Liguria, con un abanico social que se extiende del elemento obrero al campesino y a algunos sectores de clase media, pero de un modo equilibrado y no alarmante. Es más, para el prefecto de Novara la emigración está en descenso e "irá disminuyendo en proporción a la prosperidad que está por conquistar nuestro país." Incusive el prefecto de Pavía ve disminuir la emigración, pero luego de un menor requerimiento externo. En el Véneto los "aldeanos jornaleros" van hacia los países vecinos, en Austria y Hungría buscando "muy mezquinos provechos", escribe el prefecto de Padua, que añade: "*Verdadera emigración*, con ánimo de cambiar de país, no se verifica en esta provincia".

El Mediodía (*Mezzogiorno*), con excepción de los Abruzos (pero el exterior era para los abruceses el Estado Pontificio), no parece tocado por el problema. En Catania no hay "costumbre de emigración". En la provincia de Palermo la emigración tiene que ver sólo con los habitantes de Ústica

En Cosenza, sólo emigran los caldereros y en forma temporaria. En Reggio Calabria el prefecto refiere que "la verdadera emigración es casi negativa". Sólo en Catanzaro el prefecto encuentra en la emigración el índice de un malestar social que involucra a familias enteras: "Sobre el número total de los emigrantes un tercio fueron mujeres, todas campesinas, las que se expatrian con sus maridos en busca de trabajo porque en sus propios pueblos no hay ni industrias y los propietarios están acostumbrados a pagarles mezquinamente y a maltratarlos, abusando de la miseria en la que ellos viven."

Recapitulando los resultados de la investigación, Carpi indica cuáles son las ventajas que Italia puede sacar de la emigración, subordinándolas a ciertas regiones y en vistas de objetivos precisos. Según él, la emigración es de utilidad absoluta en la Liguria, en los Alpes Cozie, en los Alpes saboyanos, en la provincia de Luca, y podría serlo también para las principales zonas marítimas, Venecia, Nápoles, Palermo, "si acaso esas poblaciones supiesen tal como las lígures, darse al gran comercio y a la navegación mundial". Es un razonamiento impecable desde el momento en que los genoveses ya crearon avanzadas propias en las costas americanas.

De cierta utilidad sería la emigración de la Valtellina, del Friuli, de Calabria, de Lucania, de Molise, como lo sería "igual para una parte de las plebes ociosas y turbulentas de nuestras populosas ciudades siempre que se fuese capaz de inducirlas cuidadosamente a expatriarse".[9]

En suma, por un lado se preconiza una emigración seleccionada, de prestigio y, por otro lado, una emigración de escasa calidad, úsela y tírela. Tendrá lugar un fenómeno curioso, la primera emigración seguirá su camino sin mezclarse con la segunda, que se extenderá al conjunto de las campiñas italianas, con resultados perturbadores.

Treinta años después el cuadro de Calabria que presenta Villari es apocalíptico: "En el mediodía, donde el apego al lugar de nacimiento parecía antes tan tenaz como para hacer imposible una verdadera emigración, estos vínculos, en cambio, de pronto se rompieron y en los últimos años comenzó una especie de emigración colectiva, que casi no tiene ejemplo en la historia. Países enteros se quedan vacíos, y la población, con el párroco a la cabeza, atraviesa el Atlántico para ubicarse en los Estados Unidos."[10]

¿Qué ha pasado? ¿Ha estallado en Italia una revolución, una revolución urbana? ¿Una revolución campesina?

Los malos pensamientos de la Italia legal

La secreta esperanza de la clase dirigente es, como confiesa Carpi, liberarse del proletariado urbano, "de las plebes ociosas y turbulentas de nuestras populosas ciudades, de la numerosa caterva de malvivientes y de los marginados, tormento y flagelo de toda sociedad urbana".[11] El ex parlamentario antepone una descripción alucinante de la plebe parisiense, "estos salvajes de Europa", "estas generaciones embrutecidas, oprobio de los Estados civiles, fecundas de prostitución, de incesto de robo, de delitos de toda suerte.", que tienen por otra parte el mérito de perecer antes de tiempo "extenuadas por las miserias y la corrupción". Pero también recarga las tintas en la correspondiente clase nacional. "Pocos Estados, y tal vez ninguno en Europa, tiene tan numerosos centros atestados de población como Italia que, en su conjunto, contengan una falange brutal de plebe y de obreros y artesanos en pésimas condiciones, capaz de todo extremo y dispuesto a ello, siempre que consiga a los audaces que, en general bajo cualquier bandera, se convierten en instrumento."[12]

Las respuestas, que llegan a Carpi por un cuestionario enviado por él a personas autorizadas y a ciudadanos comunes "sobre la condición de la plebe y en general los obreros y artesanos de las grandes ciudades", parecen confirmar su pesimismo.[13] El vulgo de la alegre y culta Florencia "afecto a las bacanales y a las orgías", "propenso al hacinamiento y al robo", "reparte las horas del día y de la noche entre las hosterías y los lupanares", "alterna las estaciones del año entre las cárceles y los hospitales y los hospitales y las cárceles". La plebe de Venecia no es mejor tratada: "sucia, viciosa, indolente... al trabajo prefiere lamentablemente la beneficencia y el hacinamiento." Su único lado positivo sería el servilismo hacia las clases pudientes "de las cuales espera e invoca continuos socorros". "Las plebes (o clases afines) de Palermo, Livorno y Ancona figuran entre las más feroces y testarudas de Italia. Son plebes que serían capaces de cualquier extremo contra las clases acomodadas, si por desventura se les diera la propia ocasión de levantarse".

Ni Roma se salva: "La plebe es lamentablemente propensa a irse a las manos. El uso del cuchillo es viejo y ni siquiera la rigurosa policía pontificia logra hacerles perder esa costumbre"; por añadidura la plebe romana es "refractaria a las leyes y los ordenamientos civiles". La clase popular napolitana recibe un tratamiento contradictorio. Según "un personaje autorizado y de gran estimación", "es la más laboriosa y humana que yo conozca". "Es un pueblo desconocido, o calumniado. El amor de la familia es poderosísimo, sagrado, casi un sentimiento religioso. Blasfeman, sin ánimo de injuriar, por costumbre." A la inversa "los carenciados que tienen frente a ellos el lujo y la opulencia de las clases afortunadas, pueden convertirse en un peligro. La plebe napolitana, desencadenada, tiene una fuerza irresistible y cumple atroces y muy terribles hechos." Existe la camorra, "asociación inextirpable porque está encarnada en las costumbres, y tiene interminables hilos en todos los estamentos y en todos los oficios públicos." "En la camorra entran los proletarios más valerosos; pero los jefes directores visten paños y llevan sombreros de primera calidad".

Se salva Génova, por el credo mazziniano difundido entre la clase obrera, unida y solidaria. De índole "altanera e incluso valerosa" el pueblo es "peleador y belicoso", "no rehúye el trabajo y se sostiene por sus medios", "no odia a las clases acomodadas, pero no quiere sufrir su superioridad". "Por otra parte, es raro y casi increíble en una población vigorosa y enérgica como la de Génova que, en cuanto el pueblo rumorea, las clases medias y superiores se eclipsan". Aparte de Venecia, sólo en dos grandes ciudades italianas, Milán y Turín, "las clases medias y en general las clases cultas y acomodadas serían capaces de tener la cabeza firme y frenar las intemperancias y las pretensiones de la plebe".

Carpi añade el riesgo de que las "sectas" internacionalistas y socialistas aprovechen el malestar popular para provocar "alguna desventura nacional", o sea una revolución. Y he aquí el remedio: proceder "por eliminación", crear una válvula de escape, fundando más allá del océano libres colonias penitenciarias italianas.[14]

Es una idea que ya habían tenido las autoridades del Estado Pontificio con una primera deportación de condenados a Brasil. El cónsul general del Reino de las Dos Sicilias en Buenos Aires había propuesto al gobierno argentino transferir seis mil condenados, y en 1857 el gobierno borbónico había concluido un acuerdo con la Argentina por la deportación de detenidos deportados a colonias agrícolas, esperando de este modo liberarse de prisioneros políticos.[15]

La idea es tomada en consideración por el reino unitario. En 1868 el nuevo ministro en Buenos Aires, conde Della Croce de Dojola, es encargado por el presidente del Consejo y ministro del Exterior, general Menabrea, "de mejorar la condición moral de nuestro país", de sondear al gobierno argentino acerca de la posibilidad de instalar establecimientos penales en la Patagonia.[16] Otros sondeos con resultados análogamente negativos se efectuarán en otras partes, inclusive en las Indias holandesas. Un emigrante de elite, el médico y científico Paolo Mantegazza, explicará los límites y los costos atroces de la única emigración forzada que había tenido lugar, la deportación de la resaca de la sociedad inglesa a Australia, e invita a Italia a no soñar con "curar a Sicilia con la isla de Sumatra".[17]

No obstante en los niveles oficiales permanece el concepto de emigración como un modo de liberarse de la "escoria" de la población italiana, de una expulsión en masa de los sectores improductivos, de marginados o fracasados, incluidos "los náufragos de las borrascas de la vida", pertenecientes a las clases acomodadas, cultas e instruidas, y los intelectuales revoltosos, los "menos doctos", instrumentos "letales en manos de una internacional dispuesta a producir una guerra de exterminio al sindicato civil."[18]

Indirectamente, esto también ocurrirá, más o menos conscientemente promovido por las mismas autoridades, con una parte minoritaria pero vistosa de nuestra emigración, ciertamente la parte más folclórica y patética. Nuestros consulados denuncian la difundida presencia en el exterior, en particular en los países de la Europa del Norte, de aquella que nuestro cónsul en el puerto francés de Le Havre define como "la peste de nuestras colonias"; vagabundos, músicos ambulantes, organilleros, conductores de animales amaestrados, saltimbanquis, muchachos —como observa escandalizado el cónsul en Ibrailia— que "cantan canciones lúbricas".[19] En su informe, Galli tiene palabras comprensivas y humanas para las compañías de músicos ambulantes que invaden el mundo entero. "Ellos deleitan al pueblo, es verdad; recuerdan el exclusivo genio musical de los italianos, pero su profesión no es trabajo y, en consecuencia, no moraliza."

Es casi como asistir a la transformación del cosmopolitismo aristocrático, a su reemplazo con un contraelitismo del subproletariado, a nivel del *Lumpenproletariat*, que dará en distintos países y en particular en los más avanzados una imagen distorsionada de nuestro emigrante, una imagen obviamente rechazada en Italia, y que desagrada a los países que los reciben, por ejemplo la Argentina, donde con quienes no tienen un trabajo fijo los modos son expeditivos. En la saga nacional *Martín Fierro*, un *gringo*, "grande y altanero", que toca un organito con una mona bailarina es enrolado a la fuerza y despachado con otros reclutas a las tropas de frontera para vérselas con los indios.[20]

Más siniestro aún es otro aspecto de la emigración italiana: el mercado de niños.

La pequeña modelo vendida y la matanza de los inocentes

Una periodista inglesa, Magdalen Goffin, hurga entre las cartas de familia. Encuentra un manuscrito de su abuela elogiado por Evelyn Waugh, que había hecho algunas sugerencias para que fuera publicable. Era la vida de la bisabuela, una mujer italiana. Del desván emergen otros documentos y luego las fotos de familia de una joven señora, casada con un *gentleman* de buena familia burguesa, y los retratos pintados de una niña, ya vestida como pastorcita ya como una pequeña prisionera griega.

Hay dos elementos en común entre los retratos de la señora conservados en familia y los retratos de la niña, conservados en museos y colecciones privadas: la belleza extraordinaria y la expresión de la cara, siempre melancólica. Hay otro retrato, el de *Madame*, una señora robusta y poderosa, ligada, siendo una Baring por nacimiento, a las altas finanzas inglesas y, por su matrimonio con un Noailles, a la aristocracia francesa. La condesa de Noailles es la protectora de la niña y luego de la señora inglesa y, para mayor precisión, es la que le compró la niña a su padre.

La niña, María Pascua, es hija de un padre abruzés y de una mujer de Velletri. El padre y la madre posan como modelos para los pintores romanos. Luego el padre se separa y busca fortuna en París. Pero más que él la que tiene éxito es su hija. La "pureza de raza y la limpieza" de la cara de la niña en una pintura de Hébert entusiasman a Gautier, aunque se los ve, en uno de sus artículos, ya arrugados por las crinolinas y los cabellos a la moda parisiense. Más que él se entusiasma la condesa de Noailles: al no poder comprar el retrato, que ya fuera comprado por un Rothschild, comprará el original: la niña. El padre la cederá por una suma que le permitirá comprar en su pueblo una pequeña viña; pretenderá el pago en oro, exigirá que su hija conserve la religión católica, luego de lo cual no se lo volverá a ver. La señora Noailles mantendrá sus compromisos, se ocupará de la educación de la niña entre colegios e institutrices privadas, será afectuosa como puede serlo una snob, acostumbrada a satisfacer sus propios caprichos (posee residencias lujosas en Inglaterra y pasea con una carroza real que perteneciera a Luis Felipe). Al crecer la muchacha se casará con un médico rural viejo y solitario, tendrá una vida acomodada, aunque a medio camino entre la exuberancia snob de su protectora y la misantropía del marido. Pero antes aún de un hecho trágico, la muerte de un hijo en la Gran Guerra, dará en familia la sensación constante de quien ha perdido definitivamente algo. Cenicienta no será nunca completamente feliz.[21]

Y sin embargo su destino fue excepcional, es más, único. Muchos de sus coetáneos italianos serán vendidos y aprovechados por los vagabundos y mendigos o bien empleados masivamente en la industria del vidrio en Francia y Bélgica, así como en las fundiciones en Alemania. El resultado es una auténtica masacre. Según la estimación de un médico napolitano contemporáneo de 1867 "sobre cien niños de ambos sexos que abandonan su país, sólo veinte vuelven a casa, cerca de treinta se establecen en las más diversas partes del mundo y cincuenta sucumben a las enfermedades, a las privaciones y los maltratos."[22]

El maltrato de la infancia no es, en el siglo XIX, una prerrogativa italiana: basta pensar en las novelas de Dickens, *Oliver Twist* y *La pequeña Dorrit*. En las minas inglesas de carbón los niños, inclusive por debajo de los cinco años, trabajan en la oscuridad durante catorce horas al día.[23] Condiciones de vida similares sólo se dan en Italia en las minas de azufre sicilianas.

Típica de Italia es esta involuntaria cruzada de los niños, la exportación del horror, la doble complicidad entre los padres que venden o alquilan a los hijos y la contraparte, los intermediarios, que los revenden en el exterior. Por lo menos 8.000 serían los niños italianos, comprados y revendidos en las principales ciudades de América del Norte.[24]

Ciertamente, sobre este fenómeno no hay en la clase dirigente italiana una actitud de silencio y descuido. Dos diplomáticos italianos, Raniero Paulucci di Calboli, secretario de la embajada en Londres y luego en París, y Carlo Caccia Dominioni, vicecónsul en Lyon, denunciarán los aspectos más repugnantes. El primero lo hace públicamente ya sea en *La Riforma sociale*, ya sea en una revista francesa en 1897 y en 1898.[25] En violación a la ley, con la cobertura de los contratos suscritos por los padres, niños italianos, provenientes de la Basilicata y de Casertano, son embarcados a Nápoles, nutridos durante la navegación "a pan, naranjas y agua", desembarcados en Marsella y enviados al trabajo en la vidrierías francesas. Las condiciones de vida y de trabajo, descritas por Paulucci di Calboli son espantosas: "Estas pequeñas plantas, privadas de aire, languidecen y mueren en el ambiente de los laboratorios. Están demacrados y magros, con amplias manchas rosadas, indelebles, que les dan una impronta particular. Su desarrollo es retardado: todo su organismo está enfermo. Han perdido la sonrisa, ¡si acaso la conocieron! La mirada que dirigen al 'patrón', que por contrato debería ser su segundo padre, ¡es una mirada de odio y de desprecio! ¡Horrible existencia de bruto, de la que son testigos, si no se desea dar fe a los relatos de los niños, las equimosis y las heridas de sus cuerpos!"[26]

La comida y el alojamiento no son mejores: las condiciones higiénicas dan miedo: "Los pobres pequeños no poseen más que los pobres harapos que tienen encima". "Durante el invierno duermen en general sin desvestirse". La limpieza del cuerpo es ignorada. Y no se trata de pocos casos: según el diplomático italiano, los pequeños vidrieros italianos serían entre 1600 y 1700, pero casi igual cantidad huiría de los controles."[27]

Para reprimir severamente este "tráfico infame" se fija una normativa. La reacción oficial no sólo tiene que ver con motivos humanitarios, sino también por la conciencia de los daños que se producen al prestigio y al decoro de un país por una infancia que es enviada al exterior, a la deriva.

Será precisamente el lado infantil del éxodo lo que más golpeará en Italia. Tres figuras de los relatos mensuales de *Cuore* (*Corazón*) son chicos emigrantes, pero tienen que ver con figuras anómalas. De Amicis presenta al muchacho emigrante como le gustaría que fuese: el valiente patriota de Padua, "andrajoso y enfermizo", vendido por los padres a un saltimbanqui, en el viaje de regreso, gracias a un cónsul apiadado, rechaza el dinero de los que hablan mal de Italia; el valiente muchacho ligur parte, no sólo al descubrimiento de una nueva tierra, sino a la busca de su madre, que había marchado a la Argentina como empleada de servicio para "ayudar" a la familia, caída en la pobreza y en las deudas, en una narración "De los Apeninos a los Andes" retomada incluso en los dibujos animados japoneses; el joven siciliano "de rostro ardiente y severo" en "Naufragio" cede su lugar en la chalupa de salvataje a una joven italiana que acababa de conocer.[28] Contra dos relatos mensuales dedicados a las guerras del *Risorgimento*, los cuentos dedicados a la emigración son tres: la emigración es la guerra de las nuevas generaciones italianas.

Los tres pequeños emigrantes de de Amicis son tal vez más improbables que el tamborcillo sardo y el pequeño vigía lombardo, pero su terrible soledad es real. La imagen del pequeño italiano que dan los escritores extranjeros es menos heroica y más patética como en *Sin familia* de Malot o peor aún en la de Burnett, la autora de *El pequeño lord*, pero al final resulta menos convincente.

Amiga de Noailles, la Burnett se inspira en las vicisitudes de María Pascua para escribir un cuento *Piccino*. El protagonista es un niño italiano, sucio como un cerdito y hermoso como un ángel. La Noailles es sustituida por una Lady Aileen, la escena se desarrolla en San Remo y Piccino es comprado por el precio de un asno. El rechazo de la servidumbre de la lady, que debe desvestir al niño de sus harapos y obligarlo a tomar un baño. Frente a los baños, a las ropas, a la comida inglesa (y esto es comprensible), a un tratamiento de muñeca de lujo, Piccino patea y chilla y por fin se escapa.[29] No es un final realista: a pesar de la maligna predicción de la Burnett, María Pascua, aunque entristecida, no es tonta, y acepta el papel de "pequeña lady". Antes bien, no resulta que otro coetáneo, limpiabotas o deshollinador italiano, se haya encontrado en la situación de poder salir de la foresta de los bajos fondos metropolitanos convirtiéndose en un pequeño lord, tanto menos le ocurre esto a las niñas cuyo tráfico se inserta de manera alarmante en la trata de blancas.

En este sector Italia no se encuentra en primer plano, sino en una red que involucra a todos los países europeos. No obstante, observa Paulucci, "si en París, en las tablas infames, los italianos figuran en sexto lugar luego de los franceses, los belgas, los ingleses, los suizos y los alemanes, en el sur de Francia en cambio, como en Tolón y Marsella, son centenares y centenares las jovencitas nuestras que han sido arrojadas a los brazos de la prostitución. Marsella resulta ser también el principal puerto de embarque de la mercadería italiana destinada a casas americanas." En muchos casos, como referirá Caccia Dominioni, se trata de muchachas ya reclutadas de las fábricas francesas.[30]

El relato de Burnett, desmentido por María Pascua, queda como la expresión de la mala conciencia del mundo despiadado, que recibe a los niños italianos en los países del Norte, mala conciencia que no compensa la miseria humana de los recónditos rincones de marginados de la Italia del siglo XIX.

Notas

1. Michel Novelle, "Les Piémontais en Provence Occidentale", en *Migrazioni attraverso le Alpi Occidentali - Relazioni tra Piemonte, Provenza e Delfinato dal Medio Evo ai nostri giorni*, Actas del Convenio Internacional, Cuneo, 1-2-3 de junio de 1984, Región Piemonte, Turín, 1988, p. 89.

2. Leone Carpi, *Delle colonie e dell'emigrazione d'Italiani all'estero sotto l'aspetto dell'industria, commercio, agricoltura e con trattazione d'importanti questioni sociali*, Milán, Editrice Lombarda, 1874, vol. II, pp. 40-41.

3. Pasquale Villari, *Scritti sull'emigrazione*, Bolonia, Zanichelli, 1909, pp. 3-4.

4. Sobre los datos biográficos de Goffredo Galli, véase Universidad de Lecce, *La formazione della diplomazia nazionale (1861-1915)*, Roma, Istituto Poligrafico dello Stato, 1987, pp. 342-343

5. Galli, "Cenni statistici sull'emigrazione e colonizzazione

El gran éxodo

europea nelle due Americhe", en *Bollettino consolare,* 1867, vol. 4, fasc. I, pp. 303 y ss.

6. Paul A. Ladame, *Le rôle des migrations dans le monde Libre,* Ginebra, Droz, 1958 (en Banine, *La France étrangère,* Biarritz, S.O.S., Desclée, De Brouwer, 1968, p. 40).

7. Carpi, ob. cit., II, pp. 50-53.

8. Las respuestas a la encuesta de la cual he extraído mis citas son datos de Carpi en ob. cit., vol I, pp, 32-47.

9. Carpi, ibídem, I, p. 64.

10. Villari, ob. cit., p 35.

11. Carpi, loc. cit.

12. Ibídem, I, pp. 123-124.

13. Las respuestas al cuestionario sobre la "condición de las plebes y, en general, de las clases bajas de las grandes ciudades" están contenidas en Carpi, ob. cit., I, pp. 123-136.

14. Ibídem, I, p. 139.

15. Incisa di Camerana, *L'Argentina, gli italiani, l'Italia,* ob. cit., pp. 141-142.

16. Carpi, ob. cit., II, pp. 191-194.

17. Paolo Mantegazza, "Le colonie europee nel Rio de la Plata", en *Nuova Antologia,* vol VII, 1868, pp. 285-287.

18. Carpi, ob. cit., II, pp. 106.

19. Ibídem, II, 107.

20. José Hernández, *Martín Fierro,* Madrid, Alianza Editorial, 1981, p. 34.

21. Magdalen Goffin, *Maria Pasqua,* Oxford, Oxford University Press, 1979.

22. Raniero Paulucci di Calboli, *Lacrime e sorrisi dell'emigrazione Italiana,* traducción y adaptación de Odette Gelosi, Milán, Giorgio Mondadori, 1996, p. 121.

23. G.M. Trevelyan, *Storia dell'Inghilterra nel secolo XIX,* trad. italiana de Umberto Morra, Turín, Einaudi, 1945, p. 215. Recién en 1833 el trabajo de las mujeres y de los niños en las fábrica será limitado a diez horas por día (Ibídem, p. 330)

24. R. Paulucci di Calboli, "La traite des petits italiens", en *Revue des Revues,* 1 de septiembre de 1897.

25. Giulia di Bello y Vanna Nuti, *Soli per il mondo. Bambine e bambini emigranti tra Otto e Novecento,* Milán, Unicopoli, p. 78, septiembre de 1897 y 15 de abril de 1898.

26. Paulucci di Calboli, *Lacrime e sorrisi...,* ob. cit., p. 121.

27. Ibídem, p. 124.
28. Edmondo De Amicis, *Cuore*, Milán, Accademia, sin fecha, pp. 21-22, pp. 180-204, pp. 227-231.
29. Esta es la descripción del relato de Frances Hodgson Burnett dada por Goffin (ob. cit., p. 36).
30. Paulucci, *Lacrime e sorrisi...*, ob. cit., p. 135.

II

EMIGRACIÓN COMO REVOLUCIÓN

El protagonista: el campesino

El verdadero emigrante es el campesino. Al exterior, y especialmente a las Américas, no van millones de italianos sino —como observa Emilio Franzina— millones de campesinos.[1] Ya en 1870, cuando aún se confía en la eliminación de las escorias urbanas, se comprueba que sobre 105.000 de los que parten, 85.000 provienen de los campos y sólo 20.000 de las ciudades. "No es sin tristeza" exclama Leone Carpi, "que vemos a decenas de miles de robustos campesinos abandonar la propia patria que tanto los necesita, tanto más cuando se tiene la certeza, como la tengo yo, de que un gran número de ellos están obligados a hacer esto por la pobreza, por el sufrimiento y los malos tratos de los que son atribulados por tantos propietarios y por tantos locadores".[2]

La emigración es una respuesta a una situación insostenible, es "la revuelta resignada, dado que si no fuese resignación sería revolución", sostiene un testimonio de la época, un enemigo de la emigración, el napolitano Giovanni Florenzano.[3] En realidad, es la única revolución posible en un país en el que la fractura entre la inteligencia activista y el mundo campesino es de siglos, la única revolución que, como todas las revoluciones, puede cambiar la vida.

El campesino rechaza su condición en Italia. Su revolución

es una revolución nacional. Es un plebiscito negativo, compartido, aunque por motivos distintos, por los campesinos del Norte y los del Sur. Lo que tienen en común es una situación de malestar y de frustración por las promesas no cumplidas de la revolución unitaria: los cambios políticos no han producido cambios sociales. Al contrario, en las campiñas la situación ha empeorado. La lucha de clases se ha convertido, por culpa de una nueva burguesía agraria, ávida y depredadora, en áspera y brutal. Los nuevos propietarios ya no son los "tutores naturales" de los dependientes: en el nuevo orden "los campesinos ya no tienen más esperanza; la utopía o el residuo de una utopía de una sociedad rural sufriente en su miseria pero llevada a creer en la intervención de los propietarios en los momentos de extrema necesidad, se quiebra para no representarlos más".[4] Mientras tanto, de la represión de los movimientos rurales de Bronte, en Sicilia, en 1860, durante la campaña garibaldina, a la distorsión de la *jacquerie* meridional, al bandidaje, al fracaso en 1885 del movimiento agrario de la Baja Padana, *la boje*, en poco más de veinte años, los campesinos se ven exluidos de la sociedad política. "*La boje, la boje, e de boto la va de fora*" es el grito de revuelta de los campesinos del Noreste: "Hierve, hierve, y de golpe desborda": si no desborda en Italia desbordará fuera.

Además de todo, la condición del campesino italiano es ignorada también por la sociedad literaria. "Al estudiar la emigración", constata a comienzos del novecientos un hombre de ciencia, "me di cuenta de la laguna que existe en la literatura italiana respecto de la vida de nuestros campesinos. Todos cuantos leen novelas y cuentos conocen mejor la vida de los campesinos rusos que las miserias de nuestros campesinos. Salvo Giuseppe Verga, pocos dirigieron su atención a un estudio tan importante y fecundo en conmoción y en sentimientos humanitarios como es la vida en los campos, en torno a la cual George Sand y Zola escribieron páginas estupendas."[5]

La revolución de los campesinos coincide con otra revolución, la unitaria, que sacude al país, pone en movimiento, con las líneas ferroviarias y con la leva obligatoria, a familias enteras y a las jóvenes generaciones. Las vías férreas acercan las puertas y las fronteras. Trenes de veinte, treinta vagones cargados de emigrantes atraviesan el Véneto y la Lombardía. Las condiciones, descritas por las crónicas de los diarios de provincia, son las de una deportación en masa: "En seis vagones se metió a los emigrantes de nuestra provincia y los llenaron por completo. Otros cinco completos llegaron con el tren de Legnano. Once vagones conteniendo por lo menos 500 individuos entre hombres, mujeres y niños, muchos de ellos lactantes. En Castelluccio, nos dijeron, estaban listos otros cuatro vagones apiñados de campesinos emigrantes, en su mayoría de países circunvecinos. ¡Y la dolorosa historia no ha terminado! Ayer a la noche partieron muchos otros que van a Génova a reunirse con sus compañeros del voluntario exilio, y mañana zarparán todos juntos de ese puerto."[6]

El servicio militar saca a la fuerza a los jóvenes del inmovilismo de los valles prealpinos en el Norte, de las praderas de la Basilicata y de Calabria, del latifundio siciliano en el Mediodía. Lleva a los reclutas del Sur al Norte en las guarniciones de frontera, y a los reclutas del Norte a los cuarteles del Sur. Arranca al joven de una estructura familiar demasiado posesiva. Presenta alternativas de vida antes ignoradas. El joven que regresa es otro hombre "más fuerte física y moralmente", como observa un escritor inglés contemporáneo, experto en temas italianos.[7]

La evolución del reino italiano discurrirá por dos carriles: la revolución industrial y la revolución campesina. La revolución industrial será urbana, absorberá a la plebe, a una parte la transformará en clase obrera y a la otra parte en la pequeña burguesía de los servicios, del artesanado, del comercio, del turismo, de los empleos públicos. La plebe urbana perderá los instintos destructivos, aislará la enfermedad en los bajos fondos, en los barrios de mala fama como en otras ciudades europeas; en realidad aún más dado que Italia seguirá siendo el país de las cien ciudades. El descentramiento urbano permite en Italia más que en otras partes la multiplicación de los amortizadores sociales. El *scugnizzo** no se convertirá en Gavroche, un rebelde. Es en Italia que nace con don Bosco, en el Piamonte, una orden religiosa a medida para la revolución industrial.

---

* Es preferible no traducir esta palabra, pues perdería su color. *Scugnizzo* se le dice en Nápoles (y en dialecto) al pícaro, granuja, ratero que anda por las calles. *N. de la T.*

La revolución campesina se manifiesta en *canzonettas* en las que los ex patrones, "los "señoritos" abandonados por los dependientes deben tomar su lugar y la azada para trabajar la tierra.

> Vamos valientes, o señoritos,
> arrojen los paragüitas,
> tiren los guantes,
> trabajen los campos:
> nosotros nos vamos a América.[8]

Pero la revolución fracasa. La utopía igualitaria de un mundo sin patrones y sin proletarios, que refulgió en la imaginación de los rústicos en la época de las guerras de independencia, se disuelve.

La euforia se apaga rápido. La partida es triste. En su relato de una travesía realizada en 1884 entre Génova y Montevideo en compañía de los emigrantes, De Amicis describe el momento en el que la nave zarpa del puerto italiano: "El barco se deslizaba poco a poco en la media oscuridad del puerto, casi furtivamente, como si se llevara una carga de carne humana robada. Me dirigí hacia la proa, entre lo más apretado de gente, que estaba toda inclinada hacia tierra para mirar el anfiteatro de Génova, que se iluminaba rápidamente. Los pocos que hablaban lo hacían en voz baja. En varias partes, en la oscuridad, vi a algunas mujeres sentadas, con sus niños apretados contra el pecho y la cabeza abandonada entre las manos". Pero la rabia irrumpe bruscamente: "Cerca del castillo de proa una voz ronca y solitaria gritó en tono sarcástico: —¡Viva Italia!— y, alzando los ojos, vi a un viejo que le mostraba el puño a la patria."[9]

El rechazo no continuó durante mucho tiempo y no por una, no siempre remota, hipótesis de regreso, sino porque los lazos no se deshacen. En el exterior, no siempre demasiado débil, tienen la protección de la Italia oficial. Y luego están las remesas: existe una complementariedad entre las dos Italias. Como contrapartida, la revolución campesina externa financia con sus ahorros, desde los orígenes, a la revolución industrial interna. Las liras en billetes serán sostenidas por las liras de oro de los italianos en el exterior.

La revolución del Norte

El éxodo empieza en el Norte, porque es más fácil. La Alta Italia ya está unida a los puertos de las Américas. Lo dicta la necesidad. La modernización de la agricultura disminuye los salarios agrícolas. El impuesto sobre la molienda arruina a los pequeños propietarios golpeando también a esa parte de la recolección cerealera destinada a la subsistencia de la familia campesina. El trigo barato, proveniente también de la Argentina de los colonos italianos, acentuará la crisis agraria italiana con un efecto *boomerang* y acelerará las nuevas oleadas migratorias.

Los primeros en irse a plantar trigo en otra parte son los vencedores de las guerras de independencia, los súbditos del reino de Cerdeña, los piamonteses y los ligures; les seguirán los lombardos, los vénetos y los friulanos. No es sólo culpa del régimen unitario, de los impuestos italianos. El trabajo es precario y no hay tierra para todos.

El reino hereda una situación de pobreza. Cristina de Belgioioso describe en una carta la miseria material y moral de la sociedad rural lombarda: "Los campesinos de esta región son casi todos jornaleros, sólo ganan lo que les da el trabajo diario y ni siquiera gozan de ese pasajero bien que se obtiene de los alquileres. Son nómades; cuando todos los que pueden darles trabajo están descontentos se van a trabajar a otro lado, donde no los conozcan. Y de este modo no hay pueblo más inmoral que éste, y quienes sufren son los niños. Cuando vinieron a verme por primera vez, parecían más necesitados de ir al hospital que a la escuela."[10]

En la zona Lombardo-Véneta las primeras escaramuzas tendrán lugar bajo el gobierno austríaco. El fenómeno abarcará también a los territorios italianos que quedaron bajo el dominio de Viena, como el Trentino. Los "tiroleses" volverán a ser italianos en Brasil, con vénetos y friulanos, antes aún de pasar a serlo formalmente. Todo el arco alpino —desde el arco de los Apeninos ligur-piamontés hasta la provincia de Cúneo, el Biellese, la Valtellina, las provincias de Como y de Bérgamo, el alto Véneto, la Carnia— está involucrado en la migración.

En su relato De Amicis dará una descripción suficientemente representativa de la oleada migratoria del último período del siglo XIX hacia la América meridional. "Muchos valsusinos, friulanos, agricultores de la baja Lombardía y de la alta Valtellina, campesinos de Alba y de Alejandría (de Italia) que iban a la Argentina sólo para la cosecha, o sea, para ahorrar trescientas liras en tres meses, navegando cuarenta días. Muchos de Val de Sesia, muchos también de esos hermosos pueblos que coronan nuestros lagos, tan bellos que parecería que a nadie podría ocurrírsele abandonarlos; tejedores de Como, familias de Intra, segadores del Veronés. De la Liguria el acostumbrado contingente, formado en su mayor parte por los distritos de Albenga, de Sabona o de Chiavari, dividido en pequeñas brigadas, costeadas por el agente que los acompaña, al que están obligados a pagar cierta suma en América, al cabo de un tiempo convenido."

Y también las mujeres: "Muchas de esas vigorosas transportadoras de pizarra de Cogorno, que pueden competir con los varones más forzudos". Entre ellas la mayoría traía consigo la familia, pero "muchas estaban solas, o sólo acompañadas por una amiga; y entre éstas muchas eran de la Liguria, que iban a buscar servicio como cocineras o mucamas; otras que iban a buscar marido, seducidas por la menor competencia con la que tendrían que luchar en el nuevo mundo; y algunas que emigraban por un motivo más amplio y más fácil."

A los septentrionales se les agrega un pequeño número de toscanos: "Algún trabajador de alabastro de Volterra, fabricantes de figurillas de Luca, agricultores de los alrededores de Firenzuola, alguno de los cuales, como suele ocurrir, dejaría algún día el azadón para hacerse músico ambulante."[11]

La mayor parte de los compañeros de viaje del escritor ligur provenía de la Alta Italia y tenía como meta a la Argentina, un número inferior a Uruguay y poquísimos las repúblicas de las costas del Pacífico. "Además, algunos no sabían bien adónde irían a parar: al continente americano sin duda, luego verían. Había un cura que iba a Tierra del Fuego."[12]

Ocho de diez provienen del campo. El campesino del Norte, que tradicionalmente emigra a las zonas limítrofes por trabajos a menudo estacionales, a fines del siglo XIX se dirige, como aconseja el vicecónsul Galli, hacia el Brasil y las Repúblicas del Plata, la Argentina y el Uruguay. Busca un cambio de estatus, ya no quiere patrones y desea la tierra, y, si ya posee tierras en su patria, afuera quiere tener más.

La revolución del Sur

En la nave de De Amicis el Mediodía es una neta minoría: "Había quieres tocaban el arpa y el violín provenientes de la Basilicata y de los Abruzos y esos famosos caldereros, que van a hacer sonar sus yunques en todo el mundo"; "pastores de ovejas y de cabras del litoral del Adriático y particularmente de la tierra de Barletta, y muchos campesinos de Catanzaro y de Cosenza. Luego, mercaderes ambulantes napolitanos".[13]

El Sur tarda en moverse. En este retraso influye un factor práctico: una mayor dificultad de comunicación con el puerto de embarque, Génova, todavía no alineado adecuadamente con Nápoles y Palermo; pero igualmente juega un equívoco, el mito del Sur, "un doble secular prejuicio" como lo llama un pionero del meridionalismo, Giustino Fortunato: "Primero, que nosotros éramos los poseedores del jardín de la península; segundo, que sólo por iniquidad de los Borbones nos hallábamos en mala posición".

¿Romántico paisaje con ruinas clásicas y aireados escorzos marinos? Hay alguna semejanza con el mito en el Napolitano, en las áreas costeras, pero no en la parte interna. En su conjunto "desde que el mundo es mundo, la Italia meridional, por extremos dificilísimos de clima y de suelo, y también por la excesiva segregación geográfica, siempre es valiosa y no obstante vale muy poco".[14]

La situación no mejora en Sicilia: "La campiña romana, de Grosseto y más allá de Civitavecchia, que parece una tierra deshabitada —tan raras son las casas de los colonos— contiene mucha más gente que el interior de Sicilia, donde el latifundio domina desolado las grandes ondulaciones del suelo uniforme y triste, y, aunque el ojo se tienda lejos hacia el mar en los planos escalonados, no ve ni una casa; ni un velo azul de humo se alza en el cielo para indicar un fogón doméstico. Los campesinos, al no tener las casas en los lugares donde cultivan, se amontonan en las ciudades. Ésta es la gran desgracia de la Italia meridional y especialmente de Sicilia... El proletariado que vive lejos de los campos gana menos y se cansa más y por este motivo emigra más fácilmente".[15] Las condiciones de vida en las minas de azufre que ocupan a 38.000 mineros siguen siendo las de hace veinticinco siglos:

los *carusi* son los últimos herederos de un trabajo primitivo: "Trabajan bajo tierra, desnudos, a una temperatura elevada, en medio de continuos peligros".[16]

Derrumbes, malaria, terremotos: así resume Fortunato los males del Mediodía, lamentando "el frecuente espectáculo, entre nosotros, muchas veces temible, de cuestas resquebrajadas como en un cataclismo, de calles rotas por las vorágines, de torrentes violentos y puentes venidos abajo y campos sacudidos por un imprevisto temblor o un furioso aguacero."[17]

El resultado es obvio: "Me parece sentir en los ínfimos estratos sociales un sombrío rumor, como de cercano terremoto, un trueno sordo, como de inminente tempestad".[18] Es la emigración de los campesinos al exterior. A las primeras partidas individuales con el proyecto de regresar a la patria una vez hecha una fortuna, sucederá inmediatamente el avance del Norte en la fuga masiva: "La fiebre del ejemplo, el sueño de una tierra menos avara, de hombres menos crueles sometió a todos, hasta a los más fríos.". "Y poco a poco, a la idea de una ausencia temporaria, alegrada por la esperanza de buscar fortuna, siguió el proyecto más modesto pero más moderado de cambiar cielo y tierra, de una vez para siempre, de *hacerse americanos*, de abandonar para siempre Italia."[19]

Las partidas tienen lugar en un clima de abierta y lacerante desesperación: "Sentí un enorme ruido en la estación y me dijeron que eran los emigrantes. Asomándome a la ventanilla vi una humareda negra de campesinos con sacos de tela a sus espaldas, que corrían hacia la máquina, allá, donde estaban los vagones de tercera clase: mujeres y niños los seguían gritando. En la confusión no se terminaba de entender quiénes eran los emigrantes y muchos que entraban a los vagones con sacos salían después llorando, abrazándose y besándose todos en una confusión indescriptible... La locomotora silbaba a intervalos con un afanoso silbido; pero el maquinista no osaba poner en marcha el tren, tal era el desorden... cuando el tren se movió el grito fue desgarrante, como un estallido de llanto que prorrumpiese de una multitud en un momento de gran desventura."[20]

El recuerdo del bandidaje, de la revuelta armada, aunque alimentó la primera emigración meridional, se extinguió para siempre. "A menudo les he preguntado a los ancianos de mi comuna si todavía era algo de temer, por un motivo o por otro, el resurgimiento del bandidaje: 'No', me respondieron todos con seguridad; 'no, porque los campesinos del sur fueron soldados de Italia'."[21] Una Italia difícil hará de los emigrantes los soldados del mundo. El campesino del Sur, hombre de ciudad, no busca tierra: busca trabajo y se dirigirá sobre todo hacia los zonas industriales y mineras de los Estados Unidos.

El ejército abandonado

La oleada migratoria que viene del Sur pasa antes por Génova y antes de dirigirse hacia los Estados Unidos se dirige hacia el Brasil gracias a la gratuidad del pasaje. La descripción de un viaje que hace un ex parlamentario véneto, Ferruccio Macola, diez años después del viaje de De Amicis, demuestra cómo la lección de la emigración masiva nada enseñó al sistema Italia y que, más aún, tendiendo en cuenta las condiciones cada vez más miserables de los migrantes, la impotencia del sistema es ya orgánica.

Macola, como De Amicis, trata de distinguir los grupos regionales: "más dóciles" y disciplinados los vénetos, casi todos campesinos. "De carácter más tenaz" los lombardos y los piamonteses, "gente despierta que a la emigración a Brasil da quizá más operarios que agricultores". Mezclados con ellos, obreros de Parma y de Módena, ya ocupados en la construcción de los ferrocarriles italianos, pertenecientes a "regiones demasiado conocidas por el espíritu de actividad y de inteligencia de sus poblaciones, como para que en países tan lejanos no pudiesen hacer un buen papel." Casi todos obreros los romanos: "algunos se decían socialistas y eran muy prepotentes" y "su exclamación favorita, *li mortacci** resonaba de popa a proa". La gente de Nápoles "había llevado a bordo toda su vivacidad, el colorido de su país, las canciones de sus plazas, las guitarras de sus serenatas, las bufonadas de sus *lazzari*,** los sonidos

---

* *Mortacci tuoi*, es un insulto muy fuerte porque incluye a todos los familiares muertos. *N. de la T.*

** *Lazzaro* es el nombre dado por los españoles a la gente del pueblo de Nápoles, partidarios de Massaniello, que se rebelaron contra ellos en 1647. *N. del ed.*

vivaces de un dialecto maravillosamente hablado con las manos, con los ojos, con la boca." "Para nada ruidosos, más bien serios, taciturnos, poco sociables, siempre junto a sus mujeres y a sus niños, estaban los sicilianos. Almas más fieras y cuerpos más limpios, a pesar de la vida vivida en la miseria y en el embrutecimiento de la miseria." "Los otros meridionales de la península eran todos o casi todos labriegos en la patria."[22]

El sesenta por ciento estaba constituido precisamente por meridionales. Respecto de ellos Macola refiere las frases de Nitti: "Quien dijo que los campesinos de la Italia meridional abandonan la patria, con la esperanza de enriquecerse e ignorando las dificultades, ha dicho algo que no es cierto y es desconsiderado. Ellos parten con la esperanza de *poder vivir*... Por otra parte, si para algunos sectores de la Italia superior la emigración es una necesidad social, para muchas provincias de la Italia meridional es una necesidad que proviene del modo en que está distribuida la propiedad".[23]

Y helos allí, en el momento de la partida: "Remendados, consumidos, se habían embarcado. Porque se habían enterado de que a Brasil podían ir sin pagar ni un peso, de que a bordo tenían comida, bebida y camas para dormir, de que finalmente alguien los mantendría; y no preguntaban nada más. Eran en su mayoría abruzeses, campesinos de la Basilicata, de Casertano, o *fellah* de los latifundios sicilianos que huían de la usura de sus patrones, a veces grandes feudatarios, más a menudo burguesitos perversos e ignorantes, los que, como nos informa Nitti, pudiendo contar con cinco o seiscientas liras anuales, se creen con derecho a *vivir de rentas* y por ende con el deber de estrangular al prójimo".[24]

Sin ninguna precaución sanitaria preventiva, una higiene personal inexistente (son excepción en lo que atañe al uso de la canilla del agua los obreros de las ciudades y los soldados de la leva militar, de donde el elogio tributado por el escritor al servicio militar), tal el viaje en los corredores donde se amontonan los emigrantes.

"Recorrimos los corredores. ¡Qué horror! Nos manteníamos muy pegados a los travesaños de madera porque el suelo estaba emporcado por todos lados con materias innobles, y hacía peligroso cualquier movimiento", cuenta Macola. "Nunca me expliqué cómo tantas criaturas humanas podían vivir allí dentro, a veces veinte, a veces treinta y más noches, respirando las exhalaciones más pestíferas en un aire húmedo, viscoso, corrompido por los gases ácidos desarrollados por la comida mal digerida y expulsada, y los olores insoportables de los excrementos depositados en todos los rincones, o por ausencia total de limpieza o por haraganería, o en fin, porque el mar movido les quitaba a las mujeres y a los niños el valor y las fuerzas para subir a cubierta".[25]

Pocos tienen idea de qué harán una vez que desembarquen: van "a lo que resulte", a la ventura, o sea a merced de los mediadores y los agentes de negocios. En una entrevista aparecida en el *Corriere della Sera*, el cónsul de San Pablo, el conde Rozwadowski,[26] revela: "La odisea de los emigrantes de Italia es terrible. En general son víctimas de los agentes de transporte, creen por ejemplo que se dirigen a Santa Catalina, desde donde fueron llamados, cuando en cambio los desembarcan en Río y los llevan a San Pablo, donde, luego de haber estado ocho días en el Hotel de inmigrantes, deben adaptarse a cualquier trabajo para sobrevivir".[27]

Rozwadowski subraya la falta de estructuras de asistencia: "Una vergüenza de la colonia es no tener un hospital italiano ni un asilo. El gobierno italiano sigue con el sistema de no contribuir hasta que un trabajo esté terminado".

Las consecuencias las relata De Amicis. A la gente que está desembarcando en Río se le acerca un campesino, alto y pálido, con un hatillo de ropas bajo el brazo. Era un emigrante lombardo, gravemente enfermo. Había sido despedido incluso porque en Río había fiebre amarilla.

Pedía por la gracia de Dios que lo recibieran a bordo. Llegaba del interior de Brasil, estaba exhausto por un viaje larguísimo y penoso, quería regresar a la patria; y no lo decía, pero se entendía que deseaba partir a toda costa ese día porque sentía que sus días estaban contados. El comandante le contestó que no.

El hombre insistió, estaba dispuesto a pagar el pasaje, aun a pagar el doble, con tal de poder volver a ver a su familia. Fue inútil que algún pasajero intercediera. El comandante se mantuvo en su decisión. El hombre siguió a la nave con un bote. Se tomó de la escala real. Aferró y besó una bandera. Luego, cuando la nave se movió "se puso de pie con ímpetu y levantó el puño hacia el puente en gesto de lanzar una horrenda maldición."[28]

Maldiciones al principio, maldiciones al final. En los septentrionales la emigración es una venganza, tanto más cruel para sí mismos cuando no tienen revancha. Para los meridionales es un dato de sobrevivencia y por lo tanto carece de rencor. El véneto Macola observa que los napolitanos en medio de sus muchos defectos tienen una virtud, una gran virtud. "Son los que junto con otros meridionales demuestran en el exterior un amor patriótico tan cálido, tan sentido, como nadie podría imaginar. A la inversa, el véneto, que tiene tantas buenas cualidades, muestra muy poco afecto hacia su país... para la patria es un hombre perdido."[29]

NOTAS

1. Emilio Franzina, *La storia altrove. Crisi nazionali e crisi regionali nelle moderne migrazioni di massa*, Verona, Cierre, 1998, p. 66.
2. Carpi, ob. cit., pp. 24-25.
3. Actas parlamentarias de la Cámara de Diputados, Discusiones (en siglas: APCD). Leg. XVI, II ss; sesión del 6 de diciembre de 1881, p. 3778 (citado en Franzina, *La storia altrove*..., ob. cit., pp. 46 y 35, p. 12).
4. Giuseppe Papagno, "Introduzione" en Marco Gandini, *Questione sociale ed emigrazione nel Mantovano 1875-1896*, Associazione Mantovani nel Mondo, Mantua, Sonetti, 2000, II edic., p. 15.
5. Angelo Mosso, *Vita Moderna degli Italiani*, Milán, Treves, 1912, pp. 75-76.
6. *Provincia di Mantova*, 2 de septiembre de 1988 (citado en Gandini, ob. cit., p. 94).
7. Richard Bagot, *My Italian Year*, Leipzig, Tauchniz, 1912, p. 144.
8. Citado en Franzina, ob. cit., p. 39.
9. Edmondo De Amicis, *Sull'Oceano*, Como-Pavía, Ibis, 1991 (la primera edición es de 1889). [Hay traducción esp. de Luciana Daelli, *En el Océano*, Buenos Aires, Librería Histórica, 2001], p. 25.

10. Cristina di Belgioioso a Nicolò Tommaseo, Locate, 12 de marzo de 1841 (Biblioteca Nacional de Florencia, Cartas Tommaseo).
11. De Amicis, ob. cit., pp. 39-40.
12. Ibídem, p. 40.
13. Ibídem, p. 39.
14. Giustino Fortunato, *Antologia dei suoi scritti,* en Manlio Rossi Doria (dir.), Bari, Laterza, 1948, pp. 17-18.
15. Mosso, ob. cit., pp. 16-17.
16. Ibídem, p. 10.
17. Fortunato, ob. cit., pp. 34-35.
18. Ibídem, p. 57-58.
19. Ibídem, p. 60.
20. Mosso, ob. cit., pp. 11-12.
21. Fortunato, ob. cit., p. 117.
22. Ferruccio Macola, *L'Europa alla conquista dell'America latina,* Venecia, Ongania, 1894, pp. 52-60.
23. Citado en ibídem, pp. 64-65.
24. Ibídem, p. 27.
25. Ibídem, p. 93.
26. Antonio Stanislao Rozwadowski, diplomático de carrera, cónsul en San Pablo (1888-1893), muere en servicio en 1906, cónsul general en Chicago (Universidad de Lecce, *La formazione della Diplomazia Nazionale 1861-1915*, Roma, Poligrafo dello Stato, 1987, pp. 643-644).
27. *Corriere della Sera,* 23-25 de octubre de 1893.
28. De Amicis, *In America,* Roma, Voghera, 1897, pp. 141-156.
29. Macola, ob. cit., p. 57.

III

EMIGRACIÓN COMO LIBERACIÓN

El microcosmos revolucionario

Existen cientos de razones para hacer una revolución y otros cientos para hacerla de manera distinta a como se ha hecho. Es una regla fatal: también la revolución italiana, una revolución que divide a Italia por la mitad, la fuga de media Italia, se llevará a cabo de un modo que podía y debía ser distinto. A bordo de la nave que transporta a los emigrantes, De Amicis conoce las razones del éxodo de los campesinos: "Gente obligada a emigrar por el hambre, luego de haberse debatido inútilmente, durante años, bajo las garras de la miseria... trabajadores temporarios del Vercellese, con mujer e hijos, que se mataban trabajando, y no lograban ganar cincuenta liras al año... campesinos del Mantovano que, en los meses de frío, pasan a la otra orilla del Po a recoger tubérculos negros con los cuales, hervidos en agua, no se nutren pero logran no morir durante el invierno...y recolectores de arroz de la baja Lombardía, que para ganar una lira al día sudan horas y horas, castigados por el sol, con fiebre en los huesos, sobre el agua fangosa que los envenena, para ir tirando con polenta, pan mohoso y tocino rancio... campesinos del Pavese que, para vestirse y procurarse instrumentos de trabajo, hipotecan sus propios brazos y, al no poder trabajar tanto para pagar la deuda, renuevan el alquiler al final de cada año en condiciones más duras, quedando en un estado de esclavitud hambreada y sin esperanza, frente a la que no tienen más elección que la huida o la muerte... calabreses que viven de un pan de lentejas salvajes, parecido a una mezcla de aserrín y lodo, y que en los malos años comen las hierbas de los campos, cocidas y sin sal, o devoran crudas las inflorescencias de la alfalfa, como los animales... labriegos de la Basilicata, que caminan cinco o seis millas cada día para ir hasta el lugar de trabajo llevando las herramientas a la espalda, y duermen con los cerdos y con el asno sobre la tierra desnuda, en horribles chozas sin chimenea, alumbradas con pedazos de madera resinosa, sin comer un pedazo de carne durante un año, salvo cuando muere por accidente uno de sus animales... pobres que comen pan tosco y caldo magro de la Apulia, que con una mitad de su pan y ciento cincuenta liras al año deben mantener a la familia en la ciudad, lejos de ellos... pequeños propietarios de tierras que, debido a un gravamen impositivo *único en el mundo*,... en una condición más infeliz que la de los proletarios, habitaban en tugurios de los que muchos de ellos huirían, y tan miserables que no podían vivir higiénicamente como obligaba la ley".[1]

De Amicis presta oídos a los reclamos de la "clase agrícola": "Todo era competencia de los trabajadores, todo para ventaja de los propietarios y los arrendatarios: —salarios escasos, —víveres caros, —impuestos excesivos, —temporadas sin trabajo, —malas cosechas, —patrones codiciosos, —ninguna esperanza de mejorar el propio estado". "Los conversaciones, en general, tenían forma de cuentos. Cuentos de miserias, de bribonadas, de injusticias."

Pero en los desahogos emerge también un sentido de revancha, de amarga satisfacción porque los patrones se quedaron sin mano de obra y están obligados a aumentar los salarios a los que se quedaron, gracias a este acto de revuelta, a esta huelga definitiva. "Cuando todos nos hayamos ido", decía, "ellos también se morirán de hambre". Otro prevé: "Antes de diez años estalla la revolución."

Finalmente ocurrirá que los patrones pierden la mano de obra, pero la revolución pierde sus soldados. En un siglo emigrarán más de veinte millones de potenciales revolucionarios. El aparato piamontés del nuevo Estado italiano, reforzado por la burguesía empresarial de la Lombardía y el Véneto, por la sabia aristocracia toscana, por la burguesía intelectual del Mediodía, logrará traspasar lo que queda al Novecientos. En el barco de De Amicis hay quienes se encuentran a gusto. Son los ligures: "Y se los reconocería, sin oírlos, por su aspecto seguro y casi orgulloso, que deriva de la conciencia y del espíritu comercial y marinero y de los cincuenta años de emigración afortunada de su raza".[2] Pero para los compaisanos de Nostromo la revolución es un asunto personal, privado. Pocos serán los ligures entre los nuevos caballeros de la globalidad, los caballeros negros de la anarquía.

Los anarquistas o los caballeros equivocados

Los anarquistas italianos tratarán de ser los viajantes de comercio, los "caballeros errantes" de una revolución italiana travestida de revolución universal. Fracasadas las pequeñas maniobras de la revolución italiana en los movimientos de Lunigiana de 1894, duramente reprimidos y de todos modos aislados, sin eco en los grandes centros urbanos, tratarán de llevar la revolución del exterior a Italia, ofreciendo una utopía milenarista insensata, con efectos contraproducentes en el país y contraproducentes también para los italianos en el exterior.

La trágica absurdidad de este intento explica la imagen romántica que circunda aún a los anarquistas italianos de fines del siglo XIX. *Il Canto degli anarchici espulsi* de Pietro Gori, inaugurado en la estación de Lugano por los anarquistas arrestados y deportados por las autoridades suizas, sigue formando parte de nuestro repertorio populista *country* más que de la historia de la lucha política en Italia.

Adios, bella Lugano – oh dulce tierra pía,
Expulsados sin culpa – los anarquistas se van;
Pero parten cantando – esperanzado el corazón.

...

Adiós compañeros amados, – oh amigos luganeses,
adiós, blancas de nieve – montañas del Ticino,
los errantes caballeros – son hacia el norte arrastrados.[3]

¿Caballeros errantes en el sentido medieval del papel y del verbo "errar" o más bien en el sentido común de "equivocarse" y, entonces, caballeros equivocados y crueles? Pier Carlo Masini, el historiador mejor documentado del movimiento anarquista italiano, afirma que, parangonado con el anarquismo español, el italiano es un "jardín de lirios".[4] Ciertamente el anarquismo español, nacido de la predicación de un ex patriota mazziniano, Giuseppe Fanelli, añadirá a un fondo popular de masas una tendencia nihilista, la propensión a un terrorismo indiscriminado y no selectivo. De todos modos no tendrá la irradiación internacional del anarquismo italiano, que tiene sus santuarios fuera de la península y pondrá en la mira, sobre la base de elecciones individuales, incluso a personajes extranjeros como el presidente de la República francesa, Sadi Carnot, el primer ministro español Cánovas del Castillo, la emperatriz de Austria, consorte de Francisco José, la pobre Sissi, antes de abatirse sobre el rey de Italia.

Los atentados provienen de individuos que han vivido o viven en el exterior. El lombardo Sante Caserio, que apuñala a muerte a Carnot, pasó a Francia para evitar el servicio militar y la cárcel en Italia. El pugliese Michele Angiolillo, que mata a Cánovas a tiros, tomó la vía del exilio y llega a España después de una larga temporada entre Francia, Bélgica, Inglaterra. Luigi Luccheni, que traspasa con una lima puntiaguda a una emperatriz anoréxica, llega a Ginebra, el lugar del delito, de regreso de una estada en Austria y en Hungría, donde trabaja como picapedrero. Se presentan más bien como desplazados en crisis existencial que como agentes de una organización política; pertenecen más a la *gauche de la vie* que a la izquierda revolucionaria.

Por el contrario, el asesino de Humberto I, el toscano Gaetano Bresci, un obrero textil, de unos treinta años, emigrado a los Estados Unidos y afiliado en el lugar de trabajo de Paterson, en Nueva Jersey, a un grupo anarquista italiano, aparece como más motivado políticamente. Relativamente de buen pasar, en contraste con los otros protagonistas de atentados, con una vida familiar feliz, aún hoy deja dudas sobre las razones que lo empujaron, como dirá uno de sus conocidos, "a cometer un acto que puede parecer un suicidio".[5]

Esta falta de una motivación personal fuerte llevará a César Lombroso a deducir que la residencia en el exterior de italianos que llevaban a cabo esos atentados era un intento de suplir la ausencia de iniciativas estridentes por parte de los compatriotas de la península. Según el maestro de la antropología criminal ante todo "hace falta cierto grado de riqueza para ser rebeldes".[6]

El peor contragolpe de la nacionalidad de los rebeldes es el daño a nuestras colonias. Después del atentado a Carnot, en Lyon y en otras ciudades francesas se observan pogroms antiitalianos. La multitud ataca y saquea los negocios de propiedad italiana. Miles de prófugos afluyen a Turín desde Francia. Una nave italiana cargada de emigrantes debe evitar los puertos franceses. En París se clama directamente por la guerra contra Italia.[7]

En una España acostumbrada a las gestas anarquistas locales, la reacción por el asesinato de Cánovas no es tan exacerbada, pero en Roma se dan cuenta del riesgo. El atentado de Ginebra induce al Ministro de Relaciones Exteriores italiano, Conde Napoleón Canevaro, a proponer a los gobiernos europeos una conferencia a fin de coordinar la represión del peligro anarquista.[8] La conferencia tendrá lugar efectivamente en Roma en diciembre de 1898, con la participación de todos los países europeos, pero concluye en la nada por la oposición de los países del norte, y en particular de Inglaterra, a estipular una definición precisa del terrorismo anarquista y las limitaciones propuestas al derecho de asilo.

Italia, no obstante, emprenderá por su cuenta una cooperación con las autoridades de policía incluso de países no europeos como la Argentina. Por su parte, tanto Argentina como Brasil cambiarán una normativa que llevará a la rápida expulsión de los extranjeros políticamente indeseables, medida que será aplicada con cierta arbitrariedad.

En cuanto a los anarquistas, un abogado de Livorno, Pietro Gori, buscará, en giras de propaganda entre Europa y las Américas, dar una imagen humanitaria y pacífica del anarquismo. Su aspecto alto, de barba y cabellos negros, con un aire de conspirador gentil, con sus dotes —canta, toca la guitarra, habla bien varias lenguas—, encantan incluso a un político tan duro como Clemenceau, "el tigre". Gori buscará en los Estados Unidos y en la Argentina politizar a la masa de emigrantes, ser, como observará Masini, "el primer embajador de la Italia externa —esa Italia de los desterrados— que le habla a la otra Italia externa —aquella de los emigrantes".[9] Bailando, cantando, tocando la guitarra, despertará el éxito efímero y ocasional de un actor, no el de un político ante un público que no concibe la existencia de una tercera Italia, una Italia sin mucho rostro porque el universalismo borra las facciones.

El loable comportamiento de Gori, por lo demás, no evita a los italianos del exterior el daño que provocará la seguidilla de atentados: la injusta relación que se establece entre la subversión y nuestra emigración. La imagen del anarquista rebelde y cuchillero se añadirá, especialmente en los Estados Unidos, al repertorio antiitaliano.

El mito de las Américas

"Viva la América, muerte a los señores". El mito de las Américas tiene dos caras: por un lado la tierra de progreso y de la modernidad, por otro lado la tierra de conquista. La primera cara está representada por la América del Norte, la otra por la América del Sur, es más, por tres países de la América del Sur: la Argentina, Brasil y Uruguay,

Los viajeros italianos vuelven entusiasmados con el norte: "Lo primero que me impresionó de los Estados Unidos, haciendo abstracción de los prodigios de la mecánica, fue el aspecto de prosperidad universal y, como consecuencia de ello, la visible igualdad de las condiciones sociales. Igualdad en el vestir, en los modos, en las costumbres, en las relaciones, y sobre todo igualdad fisiológica, no me animo a decir de salud pero sí en la salud, por ese grado de bienestar que procede del copioso y nutritivo alimento."[10]

El juicio del dramaturgo piamontés de *Come le foglie,* Giuseppe Giacosa, que viajó a América como libretista de *Tosca,* se remonta a 1899. Algunos años después, otro piamontés, Angelo Mosso, exalta la energía americana: "El pueblo americano es mucho más interesante para un fisiólogo que el viejo mundo, porque lo *yankee* representa el *superhombre,* el único competidor del europeo. Inglaterra y Alemania, aunque tengan una población afín a la americana, serán superadas por la inventiva poderosa de este pueblo laborioso."[11]

El gran éxodo

Mosso no cuenta historias y será un buen profeta. El siglo XX será el siglo de los Estados Unidos, de una superpotencia, aun cuando el norteamericano sólo será, más modestamente, un *superhombre* en los filmes. Pero, en la vulgarización, América pasa a ser algo de tipo fantaciencia. La prensa provinciana y, en particular, la del Mediodía, como recientemente ha documentado una investigadora, Anna Maria Zaccaria, no se limita a ilusionar a los emigrantes presentando a América como "un contenedor de esperanzas, sueños y aspiraciones", sino que divulga las patrañas más increíbles sobre la tecnología americana: desde la máquina que transformaba el cuero en calzados terminados hasta el pegamento que adhería el alma al cuerpo, evitando el problema de la alimentación. "Aquí no se habla de otra cosa, no se piensa en otra cosa. ¡Emigrar, emigrar! —escribe un diario—. Éste es el sueño, la aspiración de todos los miserables, de todos los atribulados. América, espléndida ilusión, se les representa a ellos como una visión de alegría y de luz: una fuente inagotable de trabajo, de ganancias, de riquezas, el país del oro y la felicidad."

El entusiasmo contagia también a las mujeres: "Llegaban también noticias de mujeres que, sin dote, se *rifaban* a sí mismas y con éxito, para encontrar marido... Y de otras que, asociadas a clubes, tales como el del 'corpiño', la única finalidad que tenían era estudiar todos los medios posibles para desarrollar la belleza o, por lo menos, corregir los defectos de la naturaleza; y que periódicamente desfilaban cubiertas solamente con un 'corpiño reglamentario y medias de malla negra' para recoger el juicio de las socias más autorizadas".[12]

El mito de América no perturba solamente a la gente del sur. Es un mito europeo persistente: Kafka, sin moverse de Praga, le dedica una novela a América y su mito.[13]

La leyenda incluye también a América del Sur pero con un matiz distinto. Si los Estados Unidos son una tierra "ya hecha", el país de las realizaciones, el país de las maravillas, América del Sur es la tierra "a hacer", es el País de la Abundancia. El mito de la América del Sur exalta la imaginación no sólo de los campesinos de Mantua, del Véneto, del Friuli, sino también a los del Trentino, que entonces pertenecía al Tirol bajo el dominio austríaco.

Brasil es la tierra prometida, descrita como un paraíso natural, incluso por los poetas locales de ciertas pretensiones:

> Oh, Brasil, de vastedad grandísima,
> Tú eres de los pobres gran refugio,
> Como el hijo de los fieles esposos
> Que acarician y sostienen en todo puerto.
> Tu tierra es magnífica y fructífera,
> De frutos y de granos en abundancia,
> Muchas veces al año se ordeña y se esquila...
> Y se puede comer a reventar.

Esta visión optimista se extiende también a los habitantes:

> Los brasileños son buena gente.
> Tienen humildad y prudencia
> Y puedes caminar libremente
> Pues no hay pública violencia;
> Es más, os dan la mano y os saludan
> Con muchísima prudencia.
> Y por lo tanto os diré liberalmente
> Que en Brasil hay buena gente.

Los detractores, los que "han hablado y hablan mal de Brasil" son vilipendiados:

> No escuchéis a tales personas
> Pues quieren seguir en el vicio;
> Si esta noche fuesen al Paraíso
> Mañana seguirían dando guerra.

En fin, no falta el elogio al gobierno brasileño (que todavía era imperial):

> Viva el Brasil, viva su gobierno,
> Y que su soberano sea eterno.[14]

El sentido de despecho y de revancha no distingue entre patrones italianos y patrones tiroleses o austríacos:

> Viva nuestra América

La recién descubierta.
Nosotros le daremos escarmiento,
Nosotros le daremos escarmiento
A los señores del Tirol.[15]

Cabe notar, frente a tantas posturas apologéticas respecto del buen gobierno de Viena, que éste no parece demostrar hacia los emigrantes mayor preocupación que la del gobierno italiano de esa época.

Por lo demás, común a lombardos, vénetos y trentinos, es haber dejado detrás la miseria, el hambre, los abusos fiscales, como resulta de un cuidadoso análisis de la prensa local realizado por una estudiosa brasileña. Como observa Franzina, los diarios cooperan en Italia pero también en otros países europeos "con la construcción de un imaginario entero", mezclando la expectativa popular del reino de las delicias con la utópica de los sectores intelectuales de un paraíso en la tierra, donde todo parece accesible y posible.[16]

El gran engaño

Toda revolución tiene su mística. La mística de la revolución migratoria es la tierra. Al no poder conquistar la tierra en su patria, el campesino de la Alta Italia la busca en las Américas. La ilusión de la tierra es tan enceguecedora que induce al mundo campesino a ignorar toda advertencia, a afrontar condiciones peores que las abandonadas en la patria, a exponerse casi conscientemente a los engaños más innobles.

Un ejemplo de estas aventuras increíbles involucrará a colonos italianos y franceses y ofrecerá el punto de partida a dos novelas, una contemporánea, *Port Tarascon*, de Alphonse Daudet, y otra más cercana a nosotros, *Le isole del Paradiso*, de Stanislao Nievo.

Port Tarascon signa la conclusión del ciclo de Tartarín, el ridículo *local hero* de una saga que lo lleva indemne desde una caza grotesca en Argelia hasta el ascenso a los Alpes Suizos y hasta a involucrarse en una aventura estrambótica: la fundación de una colonia agrícola europea en Melanesia.

El punto de partida es real. Un aristócrata francés sueña

con instalar una Nueva Francia en una isla deshabitada, perdida en el Pacífico, grande como Córcega, y convertirse en su soberano. Entreverado con un grupo de embrollones divulga el proyecto, pone a la venta las acciones de una compañía de colonización y recluta, haciendo mucha publicidad, colonos en Francia y en Italia.

En la red caen centenares de familias vénetas, que las autoridades intentan en vano disuadir al sospechar el engaño. Pero los colonos aspirantes no dudan en invadir el consulado italiano de Barcelona, puerto de partida de una de las expediciones, para obtener el pasaporte.

El viaje, como era casi regla para las naves de los emigrantes, mezcla la tragedia con la hilarante desaprensión que nace de la certidumbre de un futuro mejor en un mundo distinto. "Muchas mujeres, niños y algunos viejos habían terminado en el fondo del océano. Los primeros dos meses, navegando por el Mar Rojo y a lo largo de las costas de Arabia, parecía que nadie iba a lograr salir adelante", narra Stanislao Nievo. "Luego había surgido una actividad febril, los que estaban vivos habían tenido una reacción anormal y la nave se había transformado en un gimnasio de determinación, rabia y fantasía. Había habido bailes de máscaras, coros musicales y competencias de destreza que terminaban luego en cenas exóticas para aquellos pocos que se encontraban en los puertos que tocaban. Las mujeres vénetas se habían convertido en cocineras de *trepang* y especias. En Singapur se había embarcado animales, cerdos y aves y alguna que otra vaca. Los emigrantes había sentido que aquí había un nuevo mundo. Desde entonces, ninguno había perdido el vigor."[17]

El mundo nuevo es demasiado nuevo, una tierra encantada, una lluvia que barre con todo, "un suelo negro sin potasio, ni sulfuro y circundado por una foresta sofocante".[18] La vegetación es lujuriosa, pero el efecto es puramente estético, no crece nada comestible. Y luego están las enfermedades: la quinina y el cloroformo no bastan para curarlas. Mientras en Europa el escándalo suscita la indignación de la prensa y el falso rey de la isla termina preso, los colonos sobrevivientes imponen su evacuación. Los vénetos, solidarios entre sí, se establecerán en Australia.

El caso de la Nueva Francia, no es un caso aislado, es uno

de los más notables porque ocurre en una época, 1881, en que una serie de experiencias ha demostrado ya la precariedad de las colonias transplantadas a un área determinada fuera de aquel contexto estratégico general que ya está en curso en Brasil y en la Argentina. En su informe, el conde Galli enumera diversas colonias fracasadas: una colonia francesa en México (1829) donde mueren todos los colonos; una colonia belga en Guatemala, en la que en dos años sobre mil colonos mueren 211 y el gobierno belga repatria a los restantes; en una colonia francesa creada en Paraguay en 1858 por el hijo del dictador Solano López, el gobierno francés se ve obligado a intervenir para rescatar a los colonos; de una colonia agrícola creada en Perú, en el período 1850-1851, Galli observa que "contribuyó a desacreditar el país en lo que atañe a la colonización". En Venezuela las responsabilidades son también italianas: Agostino Codazzi promueve la colonia Tovar, con emigrados alemanes y escaso éxito. Un grupo de emigrantes piamonteses atraviesa las vicisitudes de un filme de horror con el cólera a bordo de la nave que los transporta; desembarcados, fracasará el intento de instalarlos en una colonia y se los ubicará individualmente en la legación italiana.[19]

En la Argentina los italianos pondrán su buena voluntad personal: la colonia agrícola militar Nueva Roma termina en tragedia entre pelotones de ejecución para indisciplinados y un amotinamiento de las tropas ligures en las que muere el comandante abruzés y se termina la aventura.[20]

¿Liberarse de Italia?

La ventaja de la migración masiva italiana es que tiene lugar después de estas experiencias y se une, como factor determinante, a un *boom* agrícola, el del trigo en la Argentina y el del café en Brasil. Sin embargo, el milagro no produce efecto en el régimen de tenencia de la tierra, aunque permite a los que llegaron primero, especialmente en la Argentina, un rápido enriquecimiento. La gran propiedad sigue siendo lo dominante.

Los nuevos no encontrarán un espacio autónomo y terminarán, como observa Franzina, triturados por la ofensiva de la oligarquía latifundista argentina.[21] A comienzos del siglo XX, un agente gubernamental italiano declara terminada la época de la colonización agrícola debido a los contratos agrarios leoninos.[22] Los contratos agrarios argentinos son los más severos para los campesinos italianos: el alquiler tiene una duración limitada, el campesino debe restituir la tierra cultivada con forraje después de cuatro años. Y está obligado a elegir entre buscar otra tierra en alquiler o un trabajo en la ciudad. En Brasil el campesino dependiente debe hacer frente a la arbitrariedad de un propietario acostumbrado a una mano de obra de esclavos.

Sólo una minoría italiana con gran capacidad empresarial aprovecha las circunstancias. Un campesino piamontés, Giuseppe Guazzone, se convierte en el "rey del trigo", un campesino véneto, Geremia Lunardelli, se convierte en el "rey del café", otro italiano, Pietro Morganti, es el "rey del azúcar". Por el contrario, en la Argentina la masa sigue estando conformada por inquilinos, y por dependientes de las *fazendas* en la región brasileña del estado de San Pablo donde se concentra el mayor número de italianos.

La organización sindical tardará en manifestarse debido al control del poder político y administrativo por parte de las oligarquías dominantes. Las primeras grandes huelgas tienen lugar en la Argentina en 1914 con el "grito de Alcorta": el estado de agitación es proclamado en Alcorta, en la sede de una sociedad mutual italiana, y el adversario es un gran propietario italiano, el conde Devoto.[23] La confrontación es a menudo una guerra social entre italianos, patrones y dependientes. En Brasil, en San Pablo, donde la clase obrera es mayoritariamente de origen italiano (el 59 por ciento en la industria textil),[24] las reivindicaciones sindicales culminan en la gran huelga de 1917 comenzada en la algodonera Crespi. El rezago del movimiento campesino es atribuible a su dispersión y a la normativa más garantista introducida en 1907 por el gobierno federal, aunque no faltan episodios de rebelión.[25]

Tanto en Argentina como en Brasil en el período 1880-1910, el objetivo de la propiedad de la tierra no es alcanzado por los campesinos italianos. Basándose en un cuidadoso análisis llevado a cabo en San Carlos, un área en las cercanías de San Pablo, un investigador brasileño, Serra Truzzi, desmiente la idea de que los colonos se hayan transformado masivamente en pequeños propietarios dado que la ganancia por ellos obtenida era insuficiente para generar el ahorro necesario que les permitiera adquirir una granja. Por el contrario, es más común que la adquisición de una gran propiedad se lleve a cabo por un empresario italiano que hizo su fortuna en una ciudad cercana; es el caso mencionado por Serra Truzzi. La verdad es que el ascenso de los italianos tanto en Brasil como en la Argentina es más rápido en las ciudades, donde hay un vacío de burguesía empresarial, que en el campo.

No obstante ello, el flujo migratorio continúa ininterrumpidamente. No sirven para nada los obstáculos gubernamentales, la propaganda negativa de los empleadores italianos, los relatos de los repatriados, las cartas desesperadas de quienes no tienen dinero para repatriarse. Una de las justificaciones puede hallarse en el hecho de que, mientras el colono se encuentra en Italia en el último eslabón de la escala social, la del aldeano, el campesino, en las Américas, aun maltratado, tiene un estatus diferente, superior al del proletariado local. La segunda razón es que no hay alternativas serias a la expatriación.

El tercer factor, quizás el más importante, es el sentido de liberación que tienen los emigrantes al separarse de una patria cerrada y sofocante: "Fuese por oportunidad, por huida o por expulsión, la emigración desde sus orígenes tiene en todo el Véneto las ropas de un gesto liberador".[27]

Gesto liberador frente a una nueva clase dirigente italiana particularmente agresiva: se recuerda el caso de un diputado véneto que les había colocado bozales a los propios asalariados durante la vendimia para impedir que comiesen uvas. Gesto liberador, asimismo, respecto de sí y de la propia dignidad.

Los emigrantes de la patria del *"dolce far niente"* una vez en el exterior son culpados del exceso opuesto: en la Argentina a los campesinos italianos se les imputa hacer trabajar como animales a sus propias mujeres y niños. En los Estados Unidos se escandalizan porque los italianos, libres de todo condicionamiento social, de las preocupaciones domésticas por los comentarios de sus coterráneos, aceptan hasta los trabajos más abyectos y ni se permiten siquiera una pausa de descanso.[28] En realidad, el emigrante se siente libre de toda rémora social.

Esta cultura del trabajo con valor semi-sagrado, este espíritu de sacrificio explica, según Franzina, "el favor o por lo menos la no hostilidad hacia la emigración de las estructuras eclesiásticas, en particular las parroquias". El éxodo asume, por lo tanto, un carácter bíblico no sólo en sus dimensiones sino también en su mística. El objetivo es sacralizado: la tierra nueva es la tierra bendita del Señor. Un emigrante véneto exhorta de este modo a sus familiares al partir: "No abandonen la idea de venir con nosotros, hagan de cuenta de que es la voz de Dios que les dice que vuestra penitencia en el Purgatorio de Cismon* ha terminado". Y como forma de entusiasmarlos el emigrante no duda en prometer por el sólo hecho de viajar un increíble rejuvenecimiento. En efecto, según él, los que al partir demuestran ochenta años, al llegar parecen de cincuenta, cosa que les ocurre a menudo a todos los de avanzada edad.[29]

Los emigrantes de primera clase

El viajero italiano Giacosa está disgustado por la miseria y la avidez de ganancias del proletariado italiano pero se molesta aun más cuando en Chicago asiste a una reunión de los grupos más representativos de nuestra colectividad: obreros, capataces, vendedores, comerciantes, doctores, profesores. "¡Qué filípicas, qué grandilocuencia! ¡Y qué léxico! Las palabras: ladrón, bufón, falsario, perjuro, prisión, escupida, fango, cadalso, se repetían como los viceversa, los por lo tanto y los verbigracia, en los discursos académicos de otras épocas. Pero el contenido le ganaba a la forma. Revelaba una intrincada red de vanidades, enojos, intrigas, desprecios, pequeñeces, tan hilarante como para brindar material a un Goldoni autor de una obra maestra nunca escrita".[30]

Indignado por una clase media conflictiva, Giacosa se reanima frente a dos italianos ejemplares, de los que justamente se sienten orgullosos los italianos residentes en Nueva York. "Ambos venturosos; al primero, de modo inmerecido, la fortuna le había sido adversa mientras que al otro le había resultado merecidamente propicia". El primero de ellos era un ingenioso flo-

* Valle veneto. *N. del ed.*

rentino, Antonio Meucci, creador del teléfono, invento que se ajudicó el americano Bell. Por su parte, el segundo, el conde Luigi Palma di Cesnola, es un oficial piamontés llegado misteriosamente a los Estados Unidos, "hermoso, osado, noble soldado en las poéticas guerras de Italia", encuentra una mujer de posición muy elevada y una guerra, la de Secesión entre el sur y el norte, que le ofrece el grado de coronel en el ejército de la Unión y el comando efectivo de una brigada de caballería en combate. Cónsul de los Estados Unidos en Chipre, acumulará una valiosa colección de restos arqueológicos por lo cual logrará inmediatamente el nombramiento de director del Metropolitan Museum de Nueva York. A Palma di Cesnola, Giacosa le dedica un epígrafe: "Toda su vida, su ingenio y su templanza de ánimo tienen un noble y genial carácter de italianidad; expresan, aunada a una energía insuperable, esa gracia latina que parece tornar fáciles las más arduas empresas. La fortuna le sonrió porque siempre fue digno de conseguir sus favores".[31]

Meucci y Palma di Cesnola demuestran que en el período del siglo XIX anterior a la constitución del reino, la emigración de elite no se interrumpe, aun cuando se presenta de una manera más aventurera que sistemática por lo cual quedó enmascarada por la emigración de masas. Por lo demás, los sucesivos refuerzos son exiguos y no suficientes como para recibir o acompañar con una clase dirigente adecuada a los millones de recién llegados.

La nave de De Amicis contiene los tres estratos, rigurosamente repartidos: en la tercera clase el tercer estado, el pueblo; en la segunda la burguesía; en la primera la aristocracia y los extranjeros de lujo. El escritor mete sus narices en todas partes: descubre los viajantes de comercio o los funcionarios de banco que van y vienen entre Italia y el Plata; el molinero enriquecido que guarda rencor hacia Italia por diversas razones.[32] Si la gente de la tercera clase se distingue por oficio o por la región de origen cuando se trata de campesinos (la mayoría), los pasajeros de primera y de segunda clase aparecen reunidos por pura casualidad, sin conexiones, ni objetivos comunes, y esto contribuye a separarlos aun más de la gente de tercera, que no esconde su odio contra los "señores". El único elemento de unión con los pobres es "la señorita de la cruz negra", una joven enferma hermana de un garibaldino caído en

Bezzecca que se reúne con su padre ingeniero en Uruguay. La joven es patriota y piadosa y se gana el respeto de todo el mundo. Desembarcará más muerta que viva, seguramente condenada, y De Amicis hace de ella implícitamente el símbolo de una Italia que se apaga en la gran fuga.[33] Pero, más que Italia, es su clase dirigente la que desaparece.

Notas

1. De Amicis, *Sull'Oceano,* ob. cit., pp. 52-53.
2. Ibídem, pp. 76-77.
3. Pier Paolo Masini, *Storia degli anarchici italiani nell'epoca degli attentati,* Milán, Rizzoli, 1981, p. 73.
4. Ibídem, p.114.
5. G. Ciancabilla, "Quel che ne pensiamo", en *L'aurora*, 8 de septiembre de 1900 (citado en ibídem, p.145).
6. Citado en ibídem, p. 157.
7. Ibídem, p. 40.
8. Ibídem, p. 120.
9. Ibídem, pp. 75-76.
10. Giuseppe Giacosa, *Impressioni d'America*, Padua, Muzzio, 1994 (la primera edición es de 1899), p. 101.
11. Angelo Mosso, *La democrazia nella Religione e nella Scienza,* Milán, Treves, 1908, p. 39.
12. Anna Maria Zaccaria, "Le condizioni e i presupposti per l'emigrazione" en Riccardo Scartezzini, Roberto Guidi y Anna Maria Zaccaria, *Tra due mondi. L'avventura americana tra i migranti italiani di fine secolo. Un approccio analitico,* Milán, Franco Angeli, 1994, pp. 134 y ss.
13. Franz Kafka, *America*, trad. italiana, Milán, Mondadori, 1971.
14. Carlo Gruft, *La Valsugana,* Trento, 15 de marzo de 1877, citado en Roselys Izabel Correa dos Santos, *A terra prometida. Emigração Italiana: Mito e Realidade,* II. ed., Itajaí, Univali, 1999, pp. 137-138.
15. Vitório Ledra, *Cancionero do Imigrante italiano,* Brusque (SC), Mercurio, 1945, citado en Correa dos Santos, ob. cit., pp. 135-136
16. E. Franzina, Prefacio a Correa dos Santos, ob. cit., p. 27.

17. Stanislao Nievo, *Le isole del Paradiso*, Milán, Mondadori, 1987, pp. 57-58.
18. Ibídem, p. 160.
19. Galli, "Cenni statistici", cit. en *Bollettino consolare*, cit.
20. Incisa di Camerana, *L'Argentina, gli italiani, l'Italia*, ob. cit., pp. 144-149.
21. Franzina, *Gli italiani al Nuovo Mondo*, ob. cit., pp. 255-259.
22. Umberto Tomezzoli, "L'Argentina e l'immigrazione italiana" en *Bollettino dell 'immigrazione*, p. II, 1907, 17, p. 191.
23. Incisa di Camerana, ob. cit., pp. 380-381.
24. Edgar Carone, *A Republica Velha I (Instituições e Classes sociais)*, IV ed., Río de Janeiro-San Pablo, Difel, 1978, p. 192.
25. Ibídem, p. 247.
26. Osvaldo Mario Serra Truzzi, "Immigranti italiani nello Stato de São Paulo: il caso di São Carlos", en R. Costa y L.A. De Boni, *La presenza italiana nella storia e nella cultura del Brasile*, Turín, Fondazione Agnelli, 1987, p. 73.
27. Franzina, *La storia altrove...*, ob. cit., p. 310.
28. Giacosa, ob. cit., pp. 97-98.
29. Franzina, *La storia altrove...*, ob. cit., p. 310.
30. Giacosa, ob. cit., p. 132.
31. Ibídem, pp. 135-147.
32. De Amicis, *Sull'Oceano*, ob. cit., pp. 55-57.
33. Ibídem pp. 297-299.

IV

DESPUÉS DE LA MAREA

El cambio étnico

¿Cuáles son las consecuencias del aluvión migratorio italiano en los países que lo recibieron? ¿Cuál fue el papel social, político y cultural de los italianos en esos países?

Una estudiosa italiana, luego de haber analizado la emigración italiana en una localidad de Provenza, constata que, si se calcula también la prole de los emigrantes italianos, considerada francesa por nacimiento, resultaría que el sudeste francés está hoy poblado por descendientes de piamonteses, de los valles de Cúneo, así como por los más recientes inmigrados del Mediodía italiano. "En esta zona" concluye, "probablemente se ha verificado lo que Leroy-Beaulieu temía para toda la Francia en la vigilia de la Primera Guerra Mundial: es decir, la desaparición casi completa de la población autóctona en el término de cuatro o cinco generaciones". Este fenómeno, no obstante, tuvo lugar sin excesivos conflictos, desde el momento en que "los emigrados de Cúneo, pertenecientes al mismo grupo étnico y muy cercanos a los provenzales de Francia por cultura, lengua y tradiciones históricas, no sufrieron con el transplante un desarraigo total y, después de las primeras inevitables e incluso graves dificultades, se insertaron más bien rápidamente asimilando sin particular esfuerzo las costumbres y la mentalidad locales".[1]

Por cierto, las diferencias ya existentes entre el Mediodía francés y la Francia del norte se acentuarán. Paradójicamente, la inmigración italiana contribuirá a mantener la peculiaridad mediterránea de la Francia meridional: todo aquel que viaje hacia el sur desde el norte nota luego de la Borgoña un paisaje diferente, una arquitectura familiar, gente más animada y abierta que anda por las calles, una relación entre clima y habitante, entre naturaleza y población menos severa y fría que la que se nota en Normandía o en Flandes.

Es difícil encontrar rastros de este tipo en las regiones del norte. El elemento italiano sigue siendo característico en cierto oficios, del heladero al dueño de una pizzería y de un restaurante, y se acentúa precisamente en los barrios en los cuales esos negocios se ubicaron en un primer momento en función de las colonias italianas, asumiendo luego un papel recreativo para toda la ciudadanía.

En una escala más grande es lo que ocurre en los Estados Unidos y en los países del área anglosajona (Canadá, Australia) y, en cambio, no tiene lugar en los países de América latina, donde la presencia italiana en algunas regiones como América Central y el área andina se manifiesta en formas de elites similares a las asumidas en la época renacentista en Europa, con una inserción relativamente rápida en la clase dirigente, mientras que en otras, en la parte atlántica de la América del Sur, modifica radicalmente el sustrato étnico y la fisonomía social.

El caso más llamativo de estas últimas es la Argentina, definida de manera grosera a fines del siglo pasado por René Gonnard como *"une colonie italienne sans drapeaux"*, una colonia italiana sin bandera. El escritor francés añadía: "Italia puede avizorar legítimamente, si esta emigración prosigue, el día en que sobre tierras aún más o menos desiertas de la Argentina se constituirá una nacionalidad en la que el elemento italiano podrá dar una característica dominante al tipo étnico".[2]

En efecto, se verifica un auténtico transplante étnico. El sociólogo brasileño Darcy Ribeiro definió a la Argentina como un pueblo "trasplantado".[3] Por lo demás, en términos etnológicamente simplista pero eficaces, en América latina se dice que " los mexicanos descienden de los aztecas, los centroamericanos de los mayas, los peruanos y los otros pueblos andinos de los incas, los argentinos de los barcos". Los mismos argentinos suelen repetir otro dicho: "El argentino es un italiano que habla español, viste como un francés y querría ser inglés".

Por otra parte, se niega, como ha demostrado una estudiosa, Ruth Freundlich, que en Argentina se haya realizado rápidamente un mezcla étnica, un *crisol de razas*, un *melting pot* a la americana. Los recién venidos, en realidad, no se insertan como en los Estados Unidos en una sociedad de acogida capaz de absorberlos: son ellos los que absorben a la sociedad que los acoge. Y a ello contribuye de manera particular el elemento italiano que, además de constituir el elemento preponderante, tiene una capacidad de proliferación, de casarse y formar familia, mayor que la del elemento local que tiene una elevada propensión al celibato. Los italianos presentan además, respecto de cualquier otro grupo étnico, otras ventajas, una fuerte endogamia (*moglie e buoi dei paesi tuoi**) y un máximo de fertilidad (en 1904 se registra una media de 4,6 hijos por cada mujer italiana casada contra 3,9 en el grupo español y 3,7 en el grupo argentino; en 1936 la media es de 4 hijos en el grupo italiano, de 2,7 en el grupo español, de 2,3 en el grupo argentino). La conclusión de Freundlich es que, cuando el *melting pot* se realiza en los años 30 entre los argentinos de distinto origen, el elemento local, el "criollo", o sea el argentino de por lo menos tres generaciones es "prácticamente inexistente".[4]

En la Argentina, y en similar medida en Uruguay, el componente étnico italiano tiene la mayoría relativa, si no la absoluta, y de todos modos, junto a la inmigración española, israelita, siriolibanesa y la proveniente de otros países europeos, redujo a una increíble minoría a los descendientes de la población que existía en la época de la Independencia.

Más que otra Italia la Argentina es una nueva nación. Una hermosa definición de las relaciones entre Italia y la Argentina fue la que dio el ex presidente Menem: "Dos naciones, un pueblo".[5]

Por lo demás, un escritor tradicionalista reconoce ya desde la guerra de la Independencia el germen de lo que será una Argentina étnicamente integrada en la tríada de los conductores Belgrano (italiano), San Martín (español), Pueyrredón (vasco-

* *Moglie e buoi dei paesi tuoi*: Mujer y bueyes de tu tierra. *N. de la T.*

francés).[6] Ernesto Sabato habla de tres injertos fundamentales: el español, el italiano y el israelita. La Argentina es el resultado de estas tres fuerzas. "Claro, también están los vascos, los franceses, los polacos, los sirios, los alemanes. Pero lo fundamental viene de allí".[7]

En Brasil, la inmigración italiana contribuyó, en cambio, a establecer una forma de equilibrio étnico que atenuó las tensiones y las oposiciones entre razas. La ideología dominante en la época posterior a la abolición de la esclavitud veía en los aportes europeos la garantía de una mayor productividad y "a largo plazo, el modo de evitar el nacimiento en Brasil de un 'imperio Negro', debido al gran número de negros, mulatos y mestizos", factor este último que podía determinar "el fracaso nacional".[8]

La conveniencia económica, además, supera la premisa racista, el plan de "emblanquecer" al país. Pero no faltan resentimientos incluso a nivel intelectual: el sociólogo Gilberto Freyre informa sobre las acusaciones realizadas contra los promotores de la inmigración europea por haber privilegiado la llegada de los italianos frente a las migraciones internas desviadas hacia la Amazonia. Emigrante "deseado", el italiano habría sido, entre todos los emigrantes europeos llegados a Brasil, "el más mimado, el más protegido, el más tutelado".[9] Más recientemente, otra socióloga, refiriéndose a la colonización italiana y alemana de Río Grande del Sur, lamenta la desaparición de la sociedad rural tradicional basada en la cría de animales, la *Nación Gaucha:* "Sólo el *Estado Novo* [el régimen autoritario de Getulio Vargas] hará que los europeos, llevados por la Política Imperial de Inmigración y Colonización devengan brasileños. Durante muchos años, seguirán estando ligados más a la patria ingrata que los había expulsado al no ofrecerles las condiciones de supervivencia que a la nueva tierra que les había dado el apoyo que había negado a sus propios hijos".[10]

Más numeroso en cifras absolutas que en Argentina, pero porcentualmente inferior respecto del total de la población huésped, el elemento italiano se concentra precisamente en las regiones del Sur, es decir, en la parte más avanzada de Brasil.

Para el Brasil, la Argentina y el Uruguay se puede hablar

no sólo de una "colectividad" o colonia italiana sino de un componente étnico desde el momento en que es imposible trazar una línea precisa de demarcación entre los italianos, los oriundos y la población local.

El cambio social y económico

La inmigración italiana en los países transoceánicos anglosajones, incluso con numerosas excepciones en el caso de los Estados Unidos, produjo en las primeras generaciones clase baja; en Francia generó proletariado pero también pequeña burguesía mercantil; en América latina produjo burguesía en todos sus niveles, de las jerarquías políticas, eclesiásticas, militares a las clases empresariales y profesionales. En resumen, para ser más precisos, en Europa y en los países anglosajones el elemento italiano, en su mayoría proletario, se insertó en el desarrollo local; en América latina produjo desarrollo.

En el caso de Francia se encuentra un ejemplo en la industria de la construcción que permitió en su ámbito una notable movilidad vertical con el pasaje de muchos capataces italianos a titulares de pequeñas y medianas empresas. De todos modos, no se puede decir que la inmigración haya producido un cambio significativo en la fisonomía económica y social del país, a parte de reforzar las características típicas del Mediodía francés.

En lo que respecta a las Américas, un estudioso americano, Samuel L. Baily, examinó cuidadosamente y efectuando una comparación el asentamiento de los emigrantes italianos en Buenos Aires y en Nueva York en el período 1870-1914.

El análisis documenta estadísticamente el mayor éxito de los italianos en la capital argentina respecto de los compatriotas llegados a la metrópoli norteamericana. Diferentes factores explican el éxito "porteño". En primer lugar, en Buenos Aires la inserción del elemento italiano se verifica en un nivel social y económico más elevado a causa de la inexistencia de clases medias locales, de donde el rápido ascenso de los italianos en el comercio y en la industria. Este vacío en los actores intermedios no existe en Nueva York, por lo que los italianos permanecen relegados en los estratos sociales más bajos. En segundo lugar, la notoriedad de este factor negativo unido a las dicotomías culturales, alienta a la mano de obra calificada de la Alta Italia a dirigirse hacia la capital argentina en vez que hacia Nueva York, que pasará a ser el punto de llegada de la emigración menos calificada del Mediodía. En tercer lugar, en Buenos Aires los italianos se distribuyen por toda la ciudad, sin formar guetos. En cuarto lugar, la clase media alta italiana terminará mezclándose con la aristocracia argentina que, inicialmente, asumió frente a los nuevos ricos italianos una actitud de superioridad.[11]

Según Baily, el esquema de Buenos Aires se repite no sólo en San Pablo sino también en San Francisco, lo que demuestra que la barrera cultural puede superarse. En efecto, en California los italianos, debido a la existencia de un fuerte proletariado de origen asiático y mexicano, se insertan en las clases medias en puntos de altísimo nivel (el banquero ligur Amedeo Giannini, fundador del Bank of Italy luego Bank of America). La posibilidad de una movilidad vertical rápida explica la afluencia a California de una corriente migratoria de la Alta Italia. En Toronto, Canadá, en cambio, se repite en formato reducido la experiencia de Nueva York.[12]

Aunque proletarios, en los países latinoamericanos los italianos son mensajeros del desarrollo, de la técnica, de la modernidad y del arte, tal como en el Renacimiento. En la Argentina, como atestigua el historiador norteamericano James Scobie, el campesino italiano es el protagonista de la revolución del trigo. El pasaje de la Argentina de la monoproducción de carne a potencia cerealera es mérito incontrastable de las masas campesinas provenientes del Piamonte y de la Lombardía.[13] La inmigración italiana masiva todavía no ha comenzado y un presidente argentino, de remoto origen italiano, Bartolomé Mitre, defiende a capa y espada el aporte de los italianos al desarrollo del país: "¿Quiénes son esos que han fecundado estas diez leguas de terrenos cultivados que circundan Buenos Aires? ¿A quiénes les debemos estas verdes cinturas que ciñen todas nuestras ciudades a lo largo del litoral y aun estos oasis de trigo, de maíz, de papas, que rompen la monotonía de la pampa inculta? A los campesinos de la Lombardía y del Piamonte, y también de Nápoles, que son los más hábiles y laboriosos agricultores de Europa. Sin ellos no tendríamos legumbres, no conoceríamos ni siquiera la cebolla, como aquel campesino de Virgilio, porque estaríamos en el campo de la horticultura en las condiciones de los pueblos más atrasados de la tierra".

Compañero de Garibaldi en Montevideo, traductor de la *Divina Comedia*, el presidente Mitre se indigna frente a la propuesta de algunos parlamentarios de privilegiar la inmigración de los países de la Europa del norte y reivindica, entre otras cosas, la contribución de los ligures: "¿A quién se debe el desarrollo de nuestra marina de cabotaje y la facilidad y el bajo costo de nuestros transportes fluviales? ¿Quiénes son los marineros que arman los miles de barcos sobre cuyos palos mayores flamea la bandera argentina y hasta el equipamiento de nuestras naves de guerra? Son los italianos descendientes de los antiguos ligures, los compatriotas del descubridor del Nuevo Mundo".[14]

En cuarenta años, en el período 1870-1910, la primacía de la inmigración italiana se impondrá en la Argentina a pesar del intento de oponerle la del norte de Europa, intento piadosamente fracasado dada la preferencia de los emigrantes ingleses, alemanes y escandinavos por los Estados Unidos.

A los italianos les cabe el mérito de realizar el despegue industrial del país: ellos encaminarán y mantendrán el control de la industria manufacturera, el sector que el capital inglés y el norteamericano dejaron libre, ya que se dirigieron hacia el sector agroexportador (frigoríficos, transportes terrestres y marítimos con sus correspondientes conexiones financieras). El resultado es que, en 1887, en la industria de Buenos Aires el 56% de los que brindan trabajo y el 51% de la mano de obra son italianos. A partir de fines del siglo XIX los italianos y los hijos de italianos entran en los directorios de la Unión Industrial Argentina. De 1903 a 1907 un hijo de italianos, Alfredo De Marchi, se asegura la presidencia que desde 1920 a 1946 será monopolizada en sucesión por tres hijos de italianos, Hermenegildo Pini, Luis Palma y Luis Colombo.[15] Esta supremacía se prolongará hasta nuestros días, sólo interrumpida por intervalos relativamente breves, y será acompañada simétricamente por un predominio análogo en las organizaciones de las pequeñas y medianas empresas.

En Uruguay la situación es parecida. En la fundación de la

Liga Industrial, más tarde Unión Industrial Uruguaya, son mayoría los italianos o hijos de italianos. Los papeles directivos en el período 1899-1930 serán cubiertos por 171 empresarios de apellido italiano, por 91 de origen español, 17 de origen francés, 12 de origen alemán y 12 de origen inglés. En 1899 el mayor número de socios (89) pertenece a empresarios de origen italiano, seguidos por los de origen español (59) y francés (99). En 1927 los apellidos italianos son 168 y los españoles 48, los franceses 19.[16]

Aun más decisivo es el papel de los italianos en Brasil. Es más, por parte de los brasileños se ha sostenido que la emigración italiana a Brasil fue más exitosa que la que se dirigió hacia los Estados Unidos y hacia la Argentina.[17] "El inmigrante italiano estuvo efectivamente presente en todo lo que respecta al origen y comienzo de la fase de industrialización del país. En ciertos momentos, y en casos específicos, la industrialización se identificó directamente con el inmigrante". Todo lo que sostiene Pasquale Petrone lo confirma el historiador brasileño Décio Freitas: "Ninguna etnia europea superó a la italiana en el proceso de construcción de una sociedad capitalista en Brasil".[18] Los italianos hacen de San Pablo el polo económico del país. Son los campesinos italianos, en su mayoría vénetos, los protagonistas de la expansión del café brasileño. Llamados a sustituir a los esclavos muestran una productividad tres veces superior. Gracias a ellos en los años que van de 1880 a 1910 el café cubrirá más del 50% del valor de las exportaciones brasileñas.[19]

"La presencia italiana" según Freitas, "revoluciona la ciudad de San Pablo". "En los años 70 del siglo XIX San Pablo era aún una ciudad de cabañas de tierra en las que las clases bajas de la población seguías hablando el *tupí*. La producción de ladrillos, iniciada por los alemanes, es acelerada y generalizada por los italianos, convirtiendo de este modo un burgo de provincia en una ciudad cosmopolita".[20]

El punto de partida no parece prometedor. En 1889 un viajero italiano describe una ciudad todavía informe de tan sólo 50.000 habitantes, con una colonia de 8-10.000 italianos que ya se hacen sentir: "Por cualquier calle se siente sonar en el oído la lengua madre, con las diferentes inflexiones de sus variados dialectos: entre las distintas provincias de Italia, no obstante, la Toscana y las provincias meridionales en general son las más ampliamente representadas". Si bien segunda en número sólo después de la portuguesa, la colectividad italiana es, no obstante, "inferior a todas en riqueza y bienestar". "Casi todos los italianos aquí residentes ejercen humildes oficios y tienen pequeños negocios o tiendas. En cambio, el mayor número de las más importantes empresas y establecimientos industriales están en manos de los portugueses, los franceses y los ingleses."[21]

Pero la cantidad primero y la calidad después darán vuelta a la situación. A comienzos del siglo XX más del 50 por ciento de la población de San Pablo es italiana. "Los provenientes de la Liguria, de la Lombardía, del Véneto, de la Toscana, de la Calabria, traen los brazos y la constancia en el trabajo, transformando rápidamente el área de San Pablo."[22] En esencia, como escribe un estudioso norteamericano, Warren Dean, a San Pablo llega de Italia una clase industrial prefabricada.

El prototipo del emigrante empresario es Francesco Matarazzo, fundador del mayor complejo industrial de la América del Sur.

Sobre él nace una leyenda. "Su aspecto impresionaba tanto como su riqueza. Decidió raparse la cabeza con la navaja en cuanto empezó a quedarse calvo. Llevaba bigotes y poseía una contextura atlética que le hacía parecer más un soldado que un hombre de negocios. Conquistó sus primeros y mejores clientes en el interior dedicándose a su deporte preferido, la caza a caballo." "Jamás he deseado ser" sostenía "lo que se llama un patrón".[23] Como él, otros pioneros de cada región de Italia, como el piamontés Rofoldo Crespi, el salernitano Alessandro Siciliano, o el lombardo Enrico Dell'Acqua.

Era de esperarse que la oligarquía agraria paulista reaccionara ante los intrusos, como ocurría en los Estados Unidos y, en menor medida, en la Argentina, con hostilidad y esnobismo, cerrándoles sus puertas. Sin embargo, ocurrió la contrario. Las puertas se abrieron; es más, se abrieron de par en par. Dean registra un elevado número de matrimonios entre las familias de los inmigrantes y las familias de los *fazendeiros*.[24] Tal vez la antítesis se manifestará entre la burguesía "nacional", representada por los industriales emigrados y relativamente autónoma y por ende proteccionista, y la burguesía "compradora" tradicionalmente ligada a los centros financieros internacionales y al sector importador.

Un resultado igualmente positivo es el obtenido por los italianos en Río Grande del Sur: "Masa migratoria considerablemente superior en número a los alemanes, los italianos asumen de inmediato el liderazgo en la agricultura de la pequeña propiedad, luego en el comercio y finalmente en la industria."

"Cuando se fueron de Italia" comenta Freitas, "no tenían aún una patria y una lengua nacionales. El proceso de unificación apenas había comenzado. La industria estaba dando sus primeros pasos en un país todavía feudal. Así los italianos vinieron a hacer en Brasil aquella revolución que no habían podido hacer en Italia".[25]

Lo bueno es que en Italia se estaba realizando una revolución industrial. De donde surge espontáneamente una pregunta: ¿Por qué no se trató de sincronizar ambas revoluciones?

Las tribulaciones de la lengua italiana

En el ámbito cultural hay ciertamente una víctima: la lengua italiana. La falta de difusión del italiano se considera la prueba de una asimilación total, de una "digestión" del emigrante italiano que borra en las generaciones sucesivas toda huella del país de origen. Un hijo de italianos, que incluso sabe el italiano, llega a decir, a propósito de la Argentina de los años 30 del siglo XX: "Cuatro millones de italianos que vinieron a trabajar a la Argentina, luego de la maravillosa digestión de la que hemos vivido en los últimos años, no nos han dejado nada más que sus apellidos y una veintena de italianismos en el lenguaje popular, más o menos desvalorizados: fiaca, caldo, lungo, laburo".[26] Una afirmación, por otro lado, insensata porque en el "lunfardo" que es la llamada "lengua coloquial urbana", no se contaron veinte sino dos mil italianismos,[27] incluidas todas las voces gastronómicas.

Algunas palabras italianas asumieron también un significado distinto del originario: *polenta o pulenta* además de indicar el plato homónimo, significa "potencia, vigor": de un tipo como la gente se dice que tiene mucha *polenta*; *chipola*, "cipolla", a la italiana, (el término español es *cebolla*) extrañamente se dice de las personas bellas; *dar el pesto* no significa ofrecer amablemente la homónima salsa genovesa, sino una descarga de puñetazos, una golpiza. Entre los italianismos se incluyen igualmente algunas variedades dialectales italianas; por ejemplo, el genovés *tucco*, jugo de tomate, pasó a ser el *tuco* argentino, el véneto-lombardo *minga*, "nada", se adoptó con el significado original, el piamontés *lingera*, "vagabundo", pasó a ser el argentino *linyera* con el mismo significado.[28]

En San Pablo, se fijará definitivamente el *ciao* en lugar de *até logo*. *Hungarées* sustituirá a húngaro, y en el lenguaje corriente prevalecerá *eramos en dois* (en italiano: *eravamo in due*) en lugar de *eramos dois* (en italiano: *eravamo due*), y así sucesivamente.[29]

También en la lengua hablada en los Estados Unidos entran deformados vocablos italianos: *ravs*, ravioles, *patsy* (del italiano: *pazzo*, es decir, loco), *stony* (del italiano: *stonato*, es decir, desentonado), *bimb* (del italiano: *bimba*, es decir, niña).[30]

A perjudicar a nuestra lengua ha contribuido en la Argentina tanto la adopción teatral para los personajes italianos del *cocoliche* —una jerga ítalo-española intencionalmente distorsionada para obtener un efecto cómico— como el escaso conocimiento del italiano por parte de los mismos emigrantes. A diferencia del español y del francés, a fines del siglo XX, el italiano todavía no es una lengua nacional; tan así es que en la Argentina los italianos, para entenderse entre ellos, deben recurrir al español como lengua franca y aún hoy en Brasil, en Río Grande del Sur, se confunde el italiano con el véneto, el *talian*.

Más que el italiano, las nuevas generaciones repudiaron los dialectos y no encontraron un incentivo para estudiar el italiano. Por lo demás, a los lamentos de nuestros viajeros que se escandalizan por la falta de conocimiento de nuestra lengua por parte de los hijos de los emigrantes corresponden análogos lamentos de personajes de otros países como Clemenceau con respecto a la excesivamente rápida "argentinización" de los hijos de los franceses.[31] Más recientemente, Chatwin se lamenta debido a que, al entrar en la Argentina en un club inglés, constató que se hablaba español.

En lo que respecta a la Argentina, al Uruguay, a ciertas regiones del Brasil, es fácil encontrar cadencias, actitudes, modos de hablar que recuerdan cadencias, actitudes y modos de hablar italianos aunque la lengua es distinta.

Si la emigración masiva no exportó la lengua, no bloqueó la exportación de la cultura, de los hábitos y del arte: la cultura del trabajo —en países donde el trabajo no era considerado un valor en sí—, la cultura de la modernidad, el rechazo de una tradición folclórica local justificativa de la inercia y la inmovilidad social, y la introducción de las hábitos de la península. En algunos barrios de San Pablo prevalecerá el tipo físico del italiano, con sus costumbres, la pipa, los bigotes a la Humberto, el sombrero de fieltro. En los mismos barrios los niños negros aprenderán a llamar *nonna* a la *avó* (abuela) y a comer macarrones a la calabresa.[32]

La Dante Alighieri promoverá una red de colegios y escuelas en las que se enseña el italiano, una red que, en parte considerable, será deshecha durante la Segunda Guerra Mundial. Postergada en las escuelas, la lengua se salvará indirectamente como lengua sectorial, como lengua obligatoria de la música y del canto y, en general, a través de las artes.

Las ciudades de rostro italiano

Warren Dean asocia la aceptación social de la burguesía inmigratoria europea y también italiana por parte de la elite brasileña a una sincera apertura cultural, al deseo de rechazar todo lo que era potencialmente híbrido en su propia sociedad.[33] La transformación de San Pablo no será sólo étnica y económica; la metrópoli cambiará su semblante y el nuevo será italiano: "En poco tiempo la ciudad pierde el aspecto colonial y deviene capital de la aristocracia del café. Nuevos edificios se construyen y es notoria la contribución de la arquitectura italiana en vivo contraste con la arquitectura luso-brasileña que hasta entonces era predominante".[34] Algunos acusan a los arquitectos y a los constructores italianos de un exceso de frisos y ornamentos superfluos en las fachadas y lamentan el fin de la arquitectura colonial, pero también están los que no lo lamentan en absoluto. Por otra parte, los italianos aportan técnicas más modernas respecto de las de origen portugués utilizadas hasta entonces.[35]

También en Buenos Aires, como atestigua en 1911 Clemenceau, "reina la arquitectura italiana".[36] Son de un autor italiano, el marquesano Franceso Tamburini, nombrado director general de arquitectura de la República, la Casa Rosada —el Palacio Presidencial—, el proyecto del Palacio del Congreso y el del Teatro de ópera —el Teatro Colón—, terminados los dos últimos por otro arquitecto italiano, el piamontés Vittorio Meano, así como numerosos edificios públicos.[37] De Tamburini se dirá que ocupó todo el "espacio de poder", del Poder Ejecutivo al Poder Legislativo y al poder artístico.

La construcción en la capital argentina está en manos de los italianos. En 1895 hay 180 arquitectos italianos, o sea el 45 por ciento del total. En 1898 de 1654 permisos de trabajo más de la mitad (899) están concedidos a constructores italianos, otros 220 a oriundos del Ticino; la mano de obra especializada es entre 65 y 70 por ciento italiana. Lo mismo ocurre en Montevideo: en los años ochenta del siglo XIX un empresario de origen genovés, Francesco Piria, realiza barrios enteros patrióticamente bautizados como Nueva Savona, Garibaldi, Nueva Nápoles, Bella Italia, y funda una ciudad balnearia, Piriápolis. En la capital uruguaya la vivienda "típica" refleja un tipo de arquitectura ligado a la decoración y caracterizado por los gustos de la inmigración italiana. Según los expertos, los italianos aportan a la nueva patria "todo un bagaje cultural que, amalgamándose con los elementos preexistentes, y con los que se añadían en aquel período desde otras vertientes, trazó el perfil cultural peculiar del Uruguay, tan distinto del de otras realidades nacionales americanas". Aún en 1910 no sólo es italiana la mayoría de los constructores sino también la de los artesanos: ocho sobre diez los fabricantes de mosaicos y de baldosas, seis de un total siete de los escultores de madera y cinco sobre siete los escultores de mármol, quince sobre diecisiete los grabadores de portland y yeso, diecinueve sobre veintidós los marmoleros y veinticuatro sobre treinta y siete los diseñadores.[38]

Entre los palacios presidenciales de autoría italiana, a la Casa Rosada se suma el Palacio de la Moneda chileno, proyectado y construido a fines del siglo XVIII por el arquitecto Toesca. De autor italiano, Giovanni Colombo, es también el Palacio de Gobierno de Asunción, la capital del Paraguay. En Montevideo, Vittorio Meano gana el concurso para el Palacio Legislativo, obra que será finalizada por otro arquitecto italiano, el milanés Gaetano Moretti. En Bogotá, Pietro Cantini termina los trabajos del Congreso Nacional, la sede de las Cámaras, y realiza un teatro, el Colón, que será decorado por un conjunto de escultores italianos.[39] La escultura es una prerrogativa italiana: en la segunda mitad del siglo XIX, autores italianos como Paolo Tenerani, Adamo Tadolini, Emilio Garibaldi fabricarán casi en serie las estatuas de Bolívar que se ubicarán en las plazas principales de las ciudades andinas.

En Caracas, un ingeniero florentino, ex teniente del ejército italiano, el conde Giuseppe Orsi di Mombello, entre 1894 y 1898 inicia los trabajos de las obras públicas de la capital venezolana, puentes, calles, un barrio de casas de obreros. Orsi se da maña para todo. Es al mismo tiempo concesionario, ingeniero, director de los trabajos, inspector y administrador, para envidia de la competencia local, pero es "invulnerable a los ataques": "Nadie lo controla, y a su lado el ministro de Obras Públicas es un personaje sin importancia".[40]

En Buenos Aires y en Montevideo, especialmente, los arquitectos italianos se tornan extravagantes, haciendo cosas que no pueden hacer en los centros históricos de las ciudades italianas: inventan, como el milanés Mario Palanti, entre 1922 y 1924, rascacielos en cemento armado y estilo *liberty* con cúpulas y pináculos fantasiosos: el Palacio Barolo, en la capital argentina, y el Palacio Salvo, en Montevideo, éste último coronado por un faro.[41]

La obra de los arquitectos se acompaña con la realización de infraestructuras. Pietro Cantini construye el primer acueducto de Bogotá. El lombardo Carlo Zucchi reelabora el plano urbano de Montevideo. El piamontés Luigi Andreoni se interesa en la instalación de la red eléctrica, construye la Estación de Ferrocarril Central y otras obras de interés público (el Hospital Italiano, teatros). Otro lombardo, Pompeo Moneta, se ocupará de la red ferroviaria y vial argentina; un experto de fama internacional, el ingeniero ligur Luigi Luiggi, creará la base naval de Puerto Belgrano; el ingeniero oriundo de Las Marcas, Cesare Cipolletti, realizará en Mendoza el primer dique argentino y otro en el Alto Valle del Río Negro, que permitirá una intensiva colonización agrícola italiana.[42]

En general, el éxodo tiene un aspecto artístico curiosamente separado de la masa en el plano de la alta cultura y conectado a la masa en la subcultura. El paralelismo entre una influencia artística italiana siempre noble y elevada y una emigración popular inculta no ha llevado a elevar a esta última, como hubiera sido lógico esperar, sino que contribuyó injustamente a despreciarla según una tradición especialmente anglosajona que, al juzgar las cosas italianas sobre la base de una división entre lo excelso y lo perverso, acaba, en general, por privilegiar a este último como normal relegando al primero al dominio de lo excepcional.

Esto ocurrió particularmente en los Estados Unidos, donde la presencia artística italiana se manifiesta ya desde los primeros años de la Independencia con la importación masiva del estilo palladiano y luego con la adopción del estilo neoclásico, gracias también, como reconoce un historiador del arte norteamericano y como ha recordado recientemente Regina Soria, a una tríada de escultores, Ceracchi, Franzoni y Andrei, que diseminan por todo el país bustos de Washington y de los padres fundadores. El Capitolio está lleno de sus frisos a los que se añaden los frescos de un pintor ítalo-griego, Costantino Brumidi, de la escuela romana. Se puede discutir acerca de si son coherentes con la historia esas apoteosis que transforman a los buenos burgueses de la revolución norteamericana en estatuas y frescos, en personajes de escenarios grecorromanos, pero el arte oficial, antes de encontrar en tiempos más cercanos a nosotros la vía del realismo y de la funcionalidad, pasa por una fase italiana que todavía se puede ver en Washington.[43]

La hegemonía musical

La música seguirá siendo la lengua de Italia, con sus templos, del Metropolitan de Nueva York al Colón de Buenos Aires y al Municipal de Río. Perdura aún en la Argentina el duelo entre la prosa francesa y la lírica italiana, representadas respectivamente por Sarah Bernhardt y Adelina Patti, que ganó la italiana. "¿Por qué", se pregunta a un siglo de distancia un ensayista argentino, "Sarah Bernhardt sólo despertó curiosidad en el público y una chismosa cortesía en la elite, mientras que la Patti conquistó radicalmente a todos?" "El fenómeno es comprensible" es la respuesta. "La gente de Buenos Aires, ni los de la elite ni los otros, entendía absolutamente nada del arte dramático de la Bernhardt. En cambio, el país en general estaba más o menos educado en lo que a música se refiere. La elite entendía bastante. No había joven de la sociedad que no fuera capaz de sacar algún acorde al piano, al clavicémbalo, al arpa o al violín."[44] En los niveles altos la pasión incluye a las cantantes. Un presidente de la República de los años 1920, perteneciente a una gran familia argentina, Marcelo Torcuato de Alvear, se casó con una cantante de origen italiano, Regina Pacini.

"En cuanto a la pasión popular, ya en los últimos años del decenio 1880-1890 había aquí un buen número de inmigrantes que —como podemos notar aún hoy cuando pasamos delante de un kiosco o de un negocio donde hay un italiano que a la espera de un cliente escucha una radio a transistores— amaba mucho el *bel canto* y la música clásica y ligera." Gente bien y pueblo de inmigrantes se encuentran en los conciertos públicos, treinta por estación, de una orquesta dirigida, naturalmente, por un artista italiano, Furlotti.[45] Es notable que este homenaje a la música como gusto nacional provenga precisamente de un ensayista "nativista", que elogia en la sociedad argentina a la mentalidad arcaica del gaucho.

También el mayor escritor brasileño del siglo XIX, Machado de Assis, es un apasionado de la música italiana. Ya de joven estaba entre los admiradores que, después de una ejecución de *Norma*, soltaban los caballos de la carroza de la cantante italiana Augusta Candiani y la arrastraban con los brazos hasta su destino. De adulto seguirá como periodista escuchando con asiduidad a las compañías italianas que visitaban Brasil. Su admiración se extenderá de la ópera a la prosa y hasta al campo político llegando a señalar como modelo la política italiana. Después de haber señalado las diversas modas políticas que habían dominado en Brasil, en la Francia revolucionaria, en la Francia constitucionalista, en Inglaterra, propone: "Pues bien, jubilemos a Inglaterra y adoptemos a Italia".[46]

Hay también aventuras románticas. Un tenor italiano, Oreste Sindici, mientras canta en un teatro de Bogotá *Hernani*, al término del aria final, blande un puñal, se lo clava en el pecho y cae como si verdaderamente se hubiera suicidado. El puñal es un verdadero puñal y la sangre brota del pecho del cantante que murmura "Puñal envenenado". Una bella espectadora se abalanza sobre el escenario y sorbe la sangre del cantante que sobrevive, se queda en Colombia, se casa con la joven, funda una academia musical, enseña canto, organiza coros y compone el himno nacional colombiano, "uno de los más bellos del mundo", según el gran ensayista colombiano Germán Arciniegas.[47]

Por cierto, se puede pensar en la música italiana y en su gestión como en una zona franca, neutralizada, aceptada por todos en todas las latitudes y, por ende, desnacionalizada. A pesar de ello, en el caso de América del Sur la música italiana sigue siendo un hecho que puede calificarse como nacional-popular, con su derivado local, el tango. Carlos Gomes, el mayor compositor brasileño, actúa como un compositor de ópera italiano. Su ópera *El guaraní* está escrita en italiano y su debut se llevará a cabo en La Scala. Las mismas orquestas están formadas en gran medida por italianos. El Cuarteto de San Pablo es italiano.

Esta mescolanza no se limita a la música, incluye a la prosa aunque no siempre de manera positiva. En el teatro de los genoveses Podestá, el gaucho es transformado en bandido de honor a la italiana mientras que, poco después, un filón teatral dramático de comienzos del siglo XX, el grotesco criollo, refleja en la frustración y el fracaso de los emigrantes italianos una desilusión nacional.

Curas a caballo

Lo había intentado un jesuita italiano, Nicola Mascardi, con la intención de convertir a los indios y de encontrar la ciudad de los Césares, fundada por los náufragos de una nave española. En cuatro años, entre 1670 y 1674, no encuentra la ciudad, que permanecerá en el misterio para siempre, y por fin muere a manos de los indios.

Los salesianos italianos, enviados por Don Bosco a asistir a los inmigrantes italianos y a evangelizar la Patagonia, son más prudentes, saben que en una llanura recorrida por bandas de indios, los malones, es necesario tomar precauciones.

En 1879, el general Julio Argentino Roca inicia la "campaña del desierto", la conquista de la Patagonia; tiene a sus órdenes cuatro divisiones de las cuales una está comandada por un general italiano, Nicola Levalle (Levaggi) y cuenta también con numerosos oficiales y suboficiales italianos, como el futuro general Daniele Cerri, veterano de la guerra del Paraguay y de las anteriores guerras contra los indios en lo que fue el verdadero *far west* italiano. Roca invita a tres sacerdotes de los cuales dos son italianos, Giacomo Costamagna y Luigi Botta, a acompañarlo. El padre Costamagna justificará de este modo ante su superior su adhesión: "¿Qué tienen que ver el ministro de Guerra y sus soldados con una misión de paz? Verdaderamente no sabría cómo explicarlo. Lo cierto es que aquí, querido Don Bosco, es necesario adaptarse y, por amor o por la fuerza, es necesario que la cruz vaya detrás de la espada. Paciencia". Roca los nombrará capellanes de su ejército y a cada uno le regala un caballo, y a los tres les regala una carreta que, además de transportar el altar y las maletas, debía servir como dormitorio y refugio en caso de mal tiempo.[48]

Cinco años después, otro salesiano, Domenico Milanesio, deberá cerrar la campaña de guerra. El jefe de los indios, el cacique Manuel Namuncurá, duda en rendirse porque teme la suerte que podrían reservarle los vencedores y le ruega al sacerdote que le haga de intermediario. Milanesio siente piedad ante la vista de los vencidos, macilentos y desharrapados, y negocia su rendición, obteniendo del comando argentino una carta que promete para Namuncurá y los suyos un tratamiento generoso. Efectivamente, cuando el cacique se presenta con su tropa disminuida y exhausta, será recibido con todos los honores: se le conferirá el grado de coronel del Ejército argentino y se le otorgará el correspondiente uniforme. Su fotografía, vestido con el uniforme, rodeado por sus hijos de traje, corbata y sombrero, confirmará la pacificación de la Patagonia.[49] Uno de sus hijos, Ceferino, alumno de los salesianos, morirá en Roma en olor de santidad.

La participación en las operaciones militares les permitirá a los salesianos establecer una suerte de privilegio sobre la Patagonia. En efecto, Don Bosco obtiene la institución de un vicariado y de una prefectura apostólica en la región, las cuales serán confiadas a monseñor Giovanni Cagliero y a monseñor Giuseppe Fagnano, respectivamente. Se superará la oposición a la nominación del delegado apostólico, monseñor Matera, luego neutralizado por la ruptura de relaciones diplomáticas entre la Argentina y la Santa Sede. Pero nacerá otro obstáculo: el general Roca, devenido mientras tanto presidente de la República, eleva objeciones al nombramiento de monseñor Cagliero, por cuanto por ley los obispos en la Argentina deben ser oriundos del país. De todos modos, lo convencerán para que acepte porque, además, Cagliero no es titular de una diócesis residencial sino de una diócesis honoraria, *in partibus infidelium*.[50]

Curas a caballo, hombres de voluntad de hierro, de físico robusto y aspecto audaz, son estos salesianos, en su mayoría piamonteses: Milanesio parece un mosquetero salido de las páginas de Dumas; Fagnano, a quien se le objetaba una excesiva tendencia a la prodigalidad, tiene el aspecto de un sargento de *marines* y no duda en interponerse entre un grupo de indios y el jefe de una expedición en la que participa y que intenta masacrarlos.[51] Físico atlético, alto, delgado, "hombre de frontera", Fagnano, como escribe Eugenia Scarzanella, "aún en el nuevo siglo, prolonga la epopeya de la cruz y la carabina".[52]

¿Los italianos delincuentes? Más bien policías

Sería fácil hacer una paradoja. Los italianos exportan la criminología y el crimen. En realidad, sólo la primera parte es verdadera, la otra es infundada. Giulio Tesi, vicecónsul en Buenos Aires desde 1869 hasta 1873, al tratar la emigración italiana en la capital y en la provincia, brinda datos sobre la delincuencia argentina y extranjera. Según las estadísticas, en el período que va de marzo de 1872 a marzo de 1873, de 9.926 arrestados, 3.759 son argentinos, 2.119 italianos, 1.404 españoles, 745 franceses, 522 uruguayos, 493 ingleses, 190 alemanes, 114 suizos, 106 brasileños, etcétera. El número de mujeres italianas arrestadas es extremadamente bajo: 54 de un total de 1.009.

El número de italianos arrestados no es elevado si se tiene en cuenta que por entonces la colectividad italiana era la más numerosa. A lo sumo, el tipo de crimen en el que los italianos están implicados se presta a cierta alarma. Las acusaciones a ellos dirigidas tienen que ver especialmente con delitos de sangre y el uso de un arma, el estilete, arma blanca muy similar al facón, al cuchillo de uso habitual entre la gente de la mala vida argentina y entre los gauchos (basta leer un famoso cuento de Borges, "Hombre de la esquina rosada"); por lo tanto no se puede sostener que el empleo del estilete implique por parte de los italianos en la Argentina un salto cualitativo en la tecnología criminal. En el mismo período, se crea un cuerpo de vigilantes para luchar contra la criminalidad que, como observa Tesi, no puede parangonarse a los *carabinieri*, ni a la guardia civil española, ni a la gendarmería francesa. Pero, emplazados en cada esquina, armados con sable y revólver, "brindan útiles servicios y muchas veces pagan con su vida el ejercicio de sus funciones en Buenos Aires que son muy peligrosas". Pues bien, de 1.610 vigilantes 717 son italianos, la mitad.[53]

La delincuencia italiana no aumentará con la afluencia de nuevos emigrantes aunque se tratará de endilgarles la intensificación de la criminalidad. Según los datos presentados hacia 1909 por un sociólogo ítalo-argentino, Lancelotti, y retomados recientemente por Eugenia Scarzanella, entre los arrestados los argentinos ocupan el primer lugar (1.878), el segundo los italianos (1.514), pero, si se calcula el porcentaje de los arrestos en relación con el número de hombres de los 16 a los 70 años de la misma extracción étnica, el primero y el segundo puestos lo ocupan los españoles (8,4%) y los uruguayos (7,8%) contra una tasa menor de italianos (5,8%). Si pasamos luego a los hechos delictivos más graves, aquellos contra la propiedad y las personas, y refiriéndolos a una franja de hombres de ente 16 y 50 años, el máximo porcentaje corresponde a los uruguayos (33,5%) seguidos por los españoles (19,5%), por los ingleses (15,3%), por los argentinos (13,5%) y por los italianos en quinto lugar (13,1%).

Lo que explica el limitado papel de los italianos en la criminalidad es claro. Si se considera que donde se incuba la transgresión es en el subproletariado urbano, la propensión a delinquir relativamente baja de los italianos se debe no sólo a que ellos predominan entre las clases de buen pasar (industriales, comerciantes, propietarios de bienes inmuebles), sino al hecho de que constituyen, como sostiene Scarzanella, "una aristocracia obrera", capaz de integrar a los recién llegados. A la inversa, "todos los trabajos no calificados, en la industria, en los servicios, en los transportes terminaron en manos de las corrientes inmigratorias sin tradición precedente, desde los españoles a los *turcos* (sirio-libaneses) y a los ciudadanos de los países limítrofes".[54]

En lo que respecta a la prostitución, tampoco las italianas son las más numerosas. Entre 1899 y 1915 de 16.497 mujeres registradas en primer lugar figuran 3.687 rusas, provenientes de la Europa oriental, y en segundo lugar las argentinas (3.212), en tercer lugar las francesas (2.484) y sólo en cuarto lugar las italianas (1.765) seguidas de las uruguayas (1.507) y de las españolas (1.454). En lo que respecta a la trata de blancas, siempre fue controlada por una red de Europa del este.[55] A lo sumo, las mujeres italianas van a la cabeza en el compromiso social y político. Carolina (como homenaje a Carolina Invernizio) Muzzilli, obrera, delgada, nerviosa, apasionada, que descuidaba su propia belleza, organizará comités en italiano y en español y a los 26 años se convertirá, por sus dotes, en inspectora del Departamento Nacional de Higiene, muriendo al año siguiente (1917) de consunción.[56] Giulietta Lanteri, nacida en Italia, fundará en 1919 el Partido Feminista Nacional.[57]

A pesar de la buena voluntad de la clase dirigente italiana, que espera liberarse de los pesos muertos y de la canalla, cuando subsisten condiciones como las de nuestros compatriotas en la Argentina —y otro tanto podría decirse de los italianos en Brasil, en los Estados Unidos o en Europa—, la emigración italiana, aun la masiva, nace de una autoselección y constituye una auténtica elite del trabajo. Reconoce la dignidad de la misma un compañero de viaje autorizado, un hombre de estado francés, Clemenceau: "No es preciso ver en el emigrante italiano en Argentina al repugnante ejemplar de miserable humanidad que se nos presenta comúnmente. No se trata ni más ni menos que de un trabajador que cambia de hemisferio".[58]

El caso de la Argentina, por otra parte, es particular porque algunos estudiosos locales, admiradores de César Lombroso y de la criminología positivista, tratarán de identificar los rasgos degenerativos del emigrante italiano. El más xenófobo de todos, el profesor Moyano Gasitua, proclamará: "La ciencia nos enseña que, junto al carácter emprendedor, inteligente, generoso y artístico de los italianos, en su sangre hay un residuo de alta criminalidad".[59] Por cierto, el italiano sobresale por su excepcionalidad, incluso en la miseria y en el delito: en Buenos Aires, un mendigo italiano, Battista Beccoria, llamado Mosca Triste, devenido popular, será defendido de sus rivales por la misma policía.[60] A menudo son italianos los protagonistas de *causes célèbres*. Todavía hoy la mafia fascina a los americanos. En cuanto a los discípulos argentinos de Lombroso, encontrarán al fin un blanco más fácil en los elementos marginales locales, los indios y los gauchos, la "barbarie indígena".[61]

NOTAS

1. Renata Allio, "L'emigrazione dal Cuneese al Sud- Est della Francia dalla crisi agraria alla I Guerra Mondiale: analisi delle fonti e studio di un campione", en *Migrazioni attraverso le Alpi Occidentali...*, ob. cit, p. 197.
2. René Gonnard, *L'émigration européenne au XIX Siècle*, Parigi, Colin, 1906, pp. 238-239.
3. Darcy Ribeiro, *Las Américas y la civilización. III. La civilización occidental y nosotros. Los pueblos transplantados*, Buenos Aires, Centro Editor de América Latina, 1969.
4. Ruth Freundlich, "La integración social de extranjeros en Buenos Aires según sus pautas matrimoniales: ¿pluralismo cultural o crisol de razas?", en *Estudios migratorios latinoamericanos*, I, 2, abril de 1986.
5. Carlos Saúl Menem, *Argentina y Europa*, Buenos Aires 1988, Fundación Carlos Menem Presidente, p. 57.
6. A. J. Pérez Amuchástegui, *Mentalidades Argentinas 1860-1930*, Buenos Aires, Eudeba, 1984, p. 473.
7. Ernesto Sabato, *Abadón el Exterminador*, Buenos Aires, Sudamericana- Planeta, 1984 (la primera edición es de 1974), p. 193.
8. Loraine Stomp Giron, " A imigração italiana no RS: fatores determinantes" en *RS: imigração & colonização*, Porto Alegre, Mercado Aberto, 1980, pp. 55-56.
9. Gilberto Freyre, *Orden e progresso*, Río, Olympio, 1974, II, p. 386.
10. Stomp Giron, ensayo citado, en *RS: imigração & colonização*, ob. cit., p. 66.

11. Sanuel L. Baily, *Immigrants in the Lands of Promise. Italian in Buenos Aires and New York City*, Ithaca-Londres, Cornell University Press, 1999, pp. 66 y ss.
12. Ibídem, pp. 231-237.
13. James R. Scobie, *Revolución en las Pampas*, Buenos Aires, Solar, 1968.
14. Bartolomé Mitre, *Arengas*, Buenos Aires, La Nación, 1950, pp. 634-635.
15. María Inés Barbero y Susana Felder, "Industriales italianos y asociaciones empresariales en la Argentina. El caso de la Unión Industrial Argentina (1887-1930)", en *Estudios migratorios latinoamericanos*, 1, 6-7, agosto-diciembre de 1987.
16. Alcides Beretta Curi, "El concurso de la inmigración en el desarrollo de una clase empresaria en el Uruguay (1875-1930)", "Los gremios industriales", en ibídem.
17. Véase Alfredo Ellis Junior, *A Evolução da Economia Paulista e suas causas*, San Pablo, Companhia Editora Nacional, 1937, pp. 63-65.
18. Pasquale Petrone, "L'influenza dell'immigrazione italiana nelle origini dell'industrializzazione brasiliana", en AA.VV. *Euroamericani*, vol. III, *La popolazione di origine italiana in Brasile*, Turín, Fondazione Agnelli, 1987, p. 216; véase además Décio Freitas, *A Comédia Brasileira*, Porto Alegre, Sulina, 1994, p. 224.
19. Para estas estadísticas, véase José Roberto de Amaral Lapa, *A economia cafeeira*, San Pablo, Brasiliense, 1986, III ed., p. 14.
20. Freitas, ob. cit.
21. Alfonso Lomonaco, *Al Brasile*, Milán, Vallardi, 1889, pp. 122-123.
22. Celia Toledo Lucena, *Bairro da Bexiga. A sobrevivencia cultural*, San Pablo, Brasilierece, 1984, p. 16.
23. Warren Dean, *A Industrialização de São Paulo (1880-1945)*, San Pablo, Difusão Europeia do Livro, 1971, pp. 57-74.
24. Ibídem, p. 85.
25. Freitas, ob. cit., p. 225.
26. Raúl Scalabrini Ortiz, *El hombre que está solo y espera*, Buenos Aires, Plus Ultra, 1983 (la primera edición es de 1931), p. 39.
27. Mario E. Teruggi, *Panorama del lunfardo*, Buenos Aires, Sudamericana, 1978, p. 104.

28. Véanse las respectivas voces en José Gobello, *Diccionario Lunfardo*, Buenos Aires, Peña Lillo, 1982, IV ed.
29. C. Toledo Lucena, ob. cit., p. 43.
30. Robert J. Di Pietro, "Bilinguismo e italiano come lingua seconda negli Stati Uniti", en *Il Veltro*, XXX, 1-2, enero-abril de 1986.
31. Georges Clemenceau, *Notas de viaje - La América del Sur: Argentina. Uruguay.Brasil*, Buenos Aires, Cabaut, p. 67.
32. C. Toledo Lucena, ob. cit., p. 42.
33. W. Dean, ob. cit., pp. 87-88.
34. L. Incisa di Camerana, "La presenza dell'Europa nella città latinoamericana dall'indipendenza al modernismo", en L. Benevolo, L. Incisa di Camerana, G. Gresleri, P.G. Massaretti, G. Riotta y S. Romano, *La città europea fuori d'Europa*, Milán, Scheiwiller, 1998, pp. 457-458.
35. Richard Morse, *Formação Histórica de São Paulo*, San Pablo, Difusão Europeia do Livro, 1970, pp. 255-256
36. Clemenceau, ob. cit., p.27.
37. Luciano Patetta (a cargo de), *Architetti e ingegneri italiani in Argentina, Uruguay e Paraguay*, Roma, Istituto Italo-Latinoamericano - Pellicani, 2002
38. Jorge Moreno, Susana Antona, Mary Galbiati, Elena Mazzini y Cecilia Ponte, "L'apporto italiano all'immagine urbana di Montevideo nell'edilizia civile", en AA.VV., *L'emigrazione italiana e la formazione dell'Uruguay moderno*, Torino, Fondazione Agnelli, 1993, pp. 319 y 360.
39. Robino Cinquegranelli, *Italiani in Colombia, (1492-1992)*, Istituto Italiano di Cultura - Cristoforo Colombo, Latina 2000, pp. 3-6.
40. Ramón J. Velásquez, *La caída del liberalismo amarillo*, Caracas 1988, Presidencia de la República, p. 86. Véase también, Pedro Cunill Grau, *La presenza italiana in Venezuela*, Torino, Fondazione Agnelli, 1996, pp. 128-129.
41. Patetta, ob. cit., pp. 126-131.
42. Véanse las respectivas voces en Dionisio Petriella, Sara Sosa Matiello, *Diccionario Biográfico Ítalo-argentino*, Buenos Aires, Dante Alighieri, 1970.
43. Regina Soria, *Fratelli lontani. Il contributo degli artisti italiani all'identità degli Stati Uniti* (1776-1945), Napoli, Liguori, 1997, pp. 15-56.

44. Pérez Amuchástegui, ob. cit., p. 84.
45. Ibídem, p. 85.
46. Edoardo Bizzarri, "Machado de Assis e l'Italia", en *Il Veltro*, V, 1-2 de enero-febrero de 1981.
47. Germán Arciniegas, "L'apporto italiano alla storia di Colombia", en Ibídem.
48. Cayetano Bruno, S.D.B., *Los salesianos y las Hijas de María Auxiliadora en la Argentina*, Buenos Aires, Instituto Salesiano de Artes Gráficas, 1981, vol. I (1876-1894), pp. 259-260
49. Ibídem, pp. 292-296.
50. Ibídem, pp. 340-346.
51. Ibídem, p. 452.
52. Eugenia Scarzanella, *Italiani malagente. Immigrazione, criminalità, razzismo in Argentina, 1890-1940*, Milano, Franco Angeli, 1999, pp. 162-163.
53. Giulio Tesi, "La provincia federale di Buenos Aires e l'emigrazione italiana", en *Bollettino consolare*, X, p.II.
54. Scarzanella, ob. cit., pp. 36-40.
55. Ibídem, pp. 45-46.
56. Véase la biografía de José Armagno Cosentino, *Carolina Muzzilli*, Buenos Aires, Centro Editor de América Latina, 1984.
57. Francis Korn (con la colaboración de Susana Mugarza, Lidia de la Torre y Carlos Escudé), *Buenos Aires: los huéspedes del 20*, Buenos Aires, Centro Editorial Latinoamericano, 1989, p. 105.
58. Clemenceau, ob. cit., p. 9.
59. Citado por Scarzanella, ob. cit., p. 31.
60. Korn, ob. cit., pp. 75-76.
61. Scarzanella, ob. cit., p. 30.

V

LOS ITALIANOS Y LOS OTROS

*El caso de la Argentina:
la fórmula de Mazzini o la República en la República*

Cuando Garibaldi es herido en Aspromonte, el ministro de Relaciones Exteriores argentinos, Rufino de Elizalde, respondiendo a una nota del encargado de negocios italiano, se asocia "al sentimiento doloroso que le ha causado a Italia una victoria sobre sí misma", pero da a entender que está más cerca de Garibaldi que del gobierno italiano.[1]

A diferencia de otros gobiernos latinoamericanos, el argentino saludó con públicas manifestaciones de júbilo las distintas fases de la unificación italiana, alineándose, por otra parte, en la línea mazziniana republicana que es la más cercana a presidentes tales como Mitre y Sarmiento y a una colectividad que, en aquel período, era en su mayoría ligur. No es casual que la estatua de Mazzini se coloque en Buenos Aires antes que en una ciudad italiana.

Por su parte, el mazzinismo "en su acepción popular y garibaldina, les proporcionó a los italianos del Plata la posibilidad de dar una definición de sus acciones que no fuese rigurosa y peligrosamente política, permitiendo que declararan, y creyeran, combatir por amor a la humanidad y no por ésta o aquella facción en lucha".[2] La identificación con la causa liberal contra los tiranos locales, en virtud, por ende, de un voluntarismo cosmopolita, que incluye por igual el interés mercantil en la libertad de navegación y de radicación, no significa, sin embargo, la identificación con una nueva Argentina en tanto que ideológicamente afín.

La colonia italiana, en esta perspectiva, que, por otra parte, es la del mismo Mazzini, se presenta como una República Italiana provisoriamente instalada en la República Argentina. Es decir, más como una Italia de reserva respecto de la Italia geográfica que como un futuro componente de la nacionalidad argentina. Incluso la legión militar italiana, que ya se distinguía como la *legión valiente* en las guerra civiles argentinas, enviada en 1856 a colonizar el sur argentino, la línea de frontera contra los indios, es vista por Mazzini como el núcleo de un futuro ejército italiano.[3]

Los mazzinianos argentinos, en cambio, cuentan con el elemento italiano para obtener un aporte decisivo a sus propias líneas. No les interesa una "colonia italiana", que se administre en forma aparte, con sus escuelas, sus diarios, sus puntos de reunión bajo el control de las representaciones diplomáticas y consulares italianas. La aversión de un presidente italófilo como Sarmiento por las escuelas italianas nace del temor por un separatismo de la colectividad.

Paradójicamente, la diplomacia del Reino, temiendo aún la transformación de nuestras colonias en refugio de subversivos, se apropiará involuntariamente de la postura mazziniana en pro de un desarrollo separado, al recomendar a los italianos a través del ministro de Relaciones Exteriores, Visconti Venosta, "dejar a un lado toda injerencia política en las cosas del país y dirigir todos sus cuidados a los propios intereses o asuntos, evitando de tal modo, con sus comportamientos disgustantes, las dificultades que pudieran surgir para el gobierno del rey".[4] En suma, "ganen plata y no creen problemas".

Esta directiva abstencionista, que se convertirá en una línea estratégica de valor universal, tendrá un triple efecto negativo. En primer lugar, separará de los nuevos emigrantes una *elite* italiana urbana ya establecida, que se encuentra "imprevistamente como clase dirigente de una población agrícola: laboriosos y devotos campesinos septentrionales y luego braceros del mediodía", sin tener ninguna capacidad de maniobra en el plano político y sin compartir la matriz religiosa: "Su mercantilismo, las inveteradas tradiciones laicas, la antigua solidaridad con la oligarquía dominante, no le permitieron comprender las necesidades y el estado de ánimo".[5]

En segundo lugar, hará el juego de la oligarquía conservadora argentina que, para detentar mejor el poder, fomentará un separatismo apolítico entre los emigrantes, cuando éstos constituyan la mayoría de la población y de las clases productivas.

En tercer lugar, bloquea esa fusión a nivel de clase dirigente que en 1869 parece realizarse simbólicamente con el matrimonio de Delfina Mitre, hija del general-presidente, con un Caprile, vástago de una familia de comerciantes genoveses estrepitosamente enriquecida y que se ya se había manifestado con la participación en el poder de un hijo de ligures, Derqui (Derchi), como presidente de la Confederación Argentina y que más tarde se manifestará con la presidencia de Carlos Enrique Pellegrini, mezcla de saboyano y lombardo, de francés e italiano, y con la de Roca, cuyo origen ligur no es muy preciso pero cuyo parentesco con italianos sí lo es.

La ideología ruralista criolla contra la ideología industrialista italiana

Precisamente en 1869 una inmigración desde Italia que finalmente comprende un afluir creciente de las regiones del Sur también amenaza con alterar en Buenos Aires el equilibrio étnico. En efecto, entre 1856 y 1869 el componente italiano se ha cuadruplicado y en la población adulta de entre 16 y 60 años de edad, sobre un total de 66.046 varones, los 24.783 italianos tienen la mayoría relativa superando a los 13.597 argentinos.[6] Un ataque contra los italianos de un periódico clerical, *Los intereses argentinos*, provoca una clamorosa demostración de protesta alentada por la misma legación italiana. En algunos ambientes argentinos nace el temor respecto de una hegemonía italiana. En otro periódico, *El Río de la Plata*, más cercano a las posiciones mazzinianas (su administrador, Benedetto Priuli, no deja de alabar en toda ocasión a la república romana), el director, José Hernández, deplora la interferencia de la diplomacia italiana y advierte, a propósito de las relaciones entre italianos y argentinos: "Igualdad siempre, es lo que podemos hacer nosotros, los argentinos; reconocer la superioridad jamás".[7]

Fracasado en el plano político por una propensión a las causas perdidas del *caudillismo* provinciano, Hernández ganará la partida gracias a un instrumento literario: con el poema *Martín Fierro* contrapondrá la ideología ruralista a la ideología industrialista, la Argentina rural de los *gauchos* a la Argentina de los italianos, a la Argentina de los *gringos*, los colonos de la Alta Italia y de los *papolitanos*, los napolitanos.[8] La elección del ruralismo como vocación nacional será la causa de todas las crisis argentinas hasta nuestros días, aunque no dará lugar a un conflicto permanente sino más bien a constantes acuerdos.

En efecto, una vez extinguido el residuo común mazziniano, el separatismo italiano no dividirá a la Argentina en el plano cultural y menos aún en el plano político internacional, sino que dará lugar a un *modus vivendi*, a un acuerdo histórico que asignará a la oligarquía agraria, en su mayoría de origen vasco, el dominio político del país y al elemento italiano la libertad de enriquecerse con el comercio y la industria con alguna posibilidad para unas pocas familias de ser cooptadas por la oligarquía.

El acuerdo histórico se resolverá para mal del país. Abroquelado en la defensa de un sistema fundiario, basado en la gran propiedad, el poder político impedirá la población intensiva del interior. Tendencialmente proteccionista, el poder económico no comprenderá que su futuro depende de la ampliación del mercado de consumo nacional. La Argentina que, según las previsiones del presidente Pellegrini, debía convertirse en los Estados Unidos del sur, alcanzando en 1950 los 100.000.000 de habitantes[9] y, según los cálculos más prudentes de un cónsul italiano, por lo menos los 60.000.000,[10] se encontrará un siglo después con poco más de la mitad. Buenos Aires, una metrópoli nacida para ser capital de un imperio, se quedará sin el imperio, con cabeza de Goliat y cuerpo de enano.

La abstención política del elemento italiano, pero también del español, o sea, en general, del elemento migratorio, pero más visible en el campo italiano, tendrá dos efectos principales: en el plano político, se mantendrá en pie el orden cada vez más débil que no superará la prueba de los años 1930 y dará lugar al partido militar; en el plano económico, se concretará con la riqueza disponible una modernización sin una verdadera industrialización. En una situación dramática, que todavía no encontró fórmulas resolutivas, en las áreas de colonización italiana se reproduce un fenómeno por entonces típico de las provincias campesinas de la Alta Italia de donde provienen los mismos colonos: los hijos segundos son atraídos más que por una carrera política por el clero o por las fuerzas armadas. Estas últimas, a partir de los años 30 del siglo veinte, se convertirán en un atajo hacia una hegemonía de casta.[11] El partido militar reunirá a muchos hijos y nietos de emigrantes italianos y encontrará una coartada en la tentación tecnocrática de las clases comerciantes despolitizadas. No bastará para combatir esta tendencia un partido socialista nacido en 1910, expresión de un sector progresista italiano pero minoritario, descalificado por un visitante socialista italiano, Enrico Ferri, orador convincente pero escéptico acerca del desarrollo del movimiento obrero argentino.[12]

Uruguay, semiitaliano

La plena identificación de los italianos con la política local se verifica en Uruguay. La matriz ideológica originaria es, respecto de la Argentina, la misma: la democracia mazziniana en su versión garibaldina, "un complejo de ideas y actitudes basadas en un republicanismo, un laicismo anticlerical, la democracia, la guerra popular, un populismo socializante, un nacionalismo abierto al internacionalismo y una concepción 'voluntarista' de la existencia".[13] Mas el garibaldismo se inserta sólo étnicamente en una inmigración no exclusivamente italiana (también francesa) pero fuertemente politizada en sentido democrático, y constituitirá uno de los fundamentos de la nacionalidad uruguaya. La identidad nacional de la República Uruguaya se forja en el largo sitio de Montevideo, en la resistencia a los intentos de la Argentina y del Brasil de incorporar a aquella que era la provincia "oriental" del Virreinato del Plata, una provincia en la que se habían asentado ya en el siglo XVIII comerciantes ligures y soldados piamonteses del ejército español de las Américas.[14]

La existencia de un partido garibaldino, el *partido colorado*, ofrece un canal representativo a los intereses de una colonia italiana preferentemente urbana y mercantil, en contraposición al *partido blanco*, más cercano a las tradiciones españolas del interior rural. La alternancia entre ambos partidos tendrá lugar durante un largo período de manera violenta, involucrando a los italianos de tal modo que, ya en 1863, un presidente con el agua al cuello pedirá a través del ministro residente Raffaello Ulise Barbolani una suerte de protectorado por parte de Italia. El diplomático encuentra que la propuesta es casi obvia, tratándose de un país "semiitaliano", y la tramita, pero choca con la respuesta negativa del ministro de Relaciones Exteriores, Visconti Venosta. Nuestro hombre en Montevideo no desiste y acepta una nota del gobierno uruguayo que pide cerrar con Italia un alianza defensiva y ofensiva. Visconti Venosta lo reprobará, pero somete la propuesta al organismo competente, el Consejo de ministros, que la rechaza en razón de nuestros compromisos en Europa, pero en contradicción, como se verá, con la línea activista adoptada en ocasión de la intervención francesa en México.[15]

Fracasado un intento de mediación entre los *blancos* y los *colorados*, que estaban en abierta guerra entre ellos, Barborani logrará evitar que los italianos se vieran demasiado involucrados en los combates y que fueran tratados, como ya había ocurrido, peor que los nativos cuando eran capturados, o sea degollados en vez que fusilados. Mérito de él será igualmente una mediación interpuesta entre el gobierno uruguayo y el argentino que le valerá el caluroso reconocimiento de este último. Gracias a su activismo, el gobierno uruguayo concederá a la marina italiana un depósito permanente en una isla frente a Montevideo, la Isla de la Libertad, más modestamente conocida como *la isla de las ratas*; pero las ratas son grandes: las tres unidades de la división naval de la América del Sur, comandada por el contralmirante conde Vincenzo Riccardi di Netro, se encuentran ancladas en Montevideo.

Barbolani, por lo demás, seguirá insistiendo. Es muy fácil hacer que un país que ya es medio italiano se convierta en completamente italiano. No hace falta la "conquista material, a la que sé bien que [el real gobierno] se rehúsa". A su parecer sería suficiente instituir una línea de "grandes vapores transatlánticos" entre Génova y Montevideo, de manera de intensificar la migración y el comercio y mantener una estación naval imponente a fin de infundir "ánimo y seguridad a los conciudadanos".[16]

En efecto, el Uruguay parece cada vez más italiano y garibaldino: en 1867 llegarán 1.700 garibaldinos ex combatientes de la desafortunada batalla de Mentana. Llegan también pastores napolitanos que, como refiere el cónsul Petich, "a caballo, armados con larguísimos bastones, cubiertos con una amplia capa escarlata, precedidos por centenares de ovejas y de bueyes, difícilmente se distinguirían del *gaucho*, del cual bien pronto asumen su fiero andar, el masculino aspecto y ese espíritu de personal independencia, ese amor por el campo abierto que tanto lo caracteriza".[17]

Algunos temen una irresistible italianización del país. Como refiere el historiador uruguayo Oddone, el ministro francés de Mallefer cuenta maliciosamente en París: "Decididamente el Plata se ha transformado en un desembarco del Reino de Italia. Parece que, al no poder tener Roma, quieren resarcirse con Montevideo".[18] En todas partes no faltan síntomas de ítalofobia. En otro despacho Mallefer relata las confidencias del jefe político de Montevideo que detesta a los italianos pero que tiene consideración respecto de ellos porque el dictador de turno, el general *colorado* Flores "no quiere comprometer su popularidad con esta clase de extranjeros tumultuosos que tiene en sus manos casi el monopolio del mercado". Por tal razón sus delitos no reciben castigo.[19]

Italia se preocupa poco por la situación en Montevideo. El encargado de negocios, el genovés Gian Battista Raffo, en 1871 apoyado por el ministro en Buenos Aires, conde Della Croce di Dojola, no duda en pedir el resarcimiento de los daños causados a la colonia italiana durante la guerra civil de 1870 amenazando con una intervención armada. Durante un par de años seguirá la ruptura de las relaciones diplomáticas.

Los xenófobos, que no digieren la impunidad concedida a los italianos, encuentran la manera de desahogarse en 1882: dos napolitanos, Volpe y Patrone, acusados de homicidio, son arrestados y sometidos a todo tipo de vejaciones, latigazos y hasta "cepos colombianos", una forma cruel de estiramiento de los brazos y de las piernas. En toda la colectividad italiana se difunde la noticia de los suplicios. El cónsul pide ver a los dos detenidos, que no parecen haber sufrido tortura. En realidad, el cónsul ha sido engañado: le hicieron ver a dos sustitutos. Cuando los dos acusados son excarcelados debido a su inocencia muestran claras señales de las torturas. La indignación es general. Italianos y uruguayos protestan por las calles. El encargado de negocios pide un resarcimiento, el gobierno uruguayo responde con subterfugios; interviene uno de los más belicosos de nuestros oficiales de marina, de Amezaga, comandante de la real nave *Caracciolo*, fondeada en el puerto de Montevideo. Nueva ruptura. Retoma las negociaciones Cova, ministro en Buenos Aires. Volpe y Patrone recibirán una indemnización que dedicarán a obras de beneficencia.[20] A partir de 1888 el nuevo jefe de la misión diplomática en Buenos Aires, duque Anfora di Licignano, restablecerá cordiales relaciones con el dictador general Santos y se vanagloriará de ello ante Roma. "Ninguna nación goza hoy de mejor posición que la nuestra: para ganar la simpatía de los italianos la gente hace de todo".

Uruguay, más garibaldino que italiano

En 1869 un uruguayo, conversando con el cónsul Petich, le dijo: "Ustedes no necesitan ni soldados ni cañones para italianizar este Estado; esperen tan sólo una decena de años y el mismo —si no por dominio— será más de ustedes que de los orientales, por índole, por lenguas y por costumbres".[21]

En realidad ocurrirá lo contrario. Para Oddone se producirá un proceso de desitalianización, de "deserción de la italianidad",[22] término éste tal vez excesivo. Por cierto, la generación de la época del *Risorgimento* envejecerá y las nuevas generaciones no aceptarán la nueva patria, sino que rechazarán toda ligazón con la vieja. El flujo migratorio será cada vez más débil. La economía uruguaya se orientará hacia los servicios y se verificará un exceso de mano de obra capaz de favorecer la emigración hacia los países vecinos más dinámicos. La diplomacia italiana, resignada, subvalorará el país considerándolo como un simple "puente" una escala de tránsito hacia la Argentina.[23]

Al mismo tiempo, de violenta y con intervalos dictatoriales, la competencia entre blancos y colorados pasará a ser electoralmente dura y correcta. El substrato étnico, aunque políticamente no determinante, aflora en los apellidos de los presidentes, en general de origen italiano cuando están en el poder los colorados.

Al mantenimiento de este bipartidismo perfecto contribuyó, por otra parte, un líder colorado, de origen español-catalán, José Battle y Ordóñez, presidente desde 1902 hasta 1907, y luego de 1911 a 1915. Hijo de un legionario de Garibaldi, Battle transforma a los colorados en el partido de la modernización: el Uruguay se presentará en la primera mitad del siglo XX con notable verosimilitud como una suerte de Suiza de América latina.

La absorción de los italianos en la sociedad local será además facilitada por el número limitado de los nuevos inmigrantes, cerca de ochenta y cinco mil en el período 1881-1930, un tercio del total, con una neta prevalencia en el sector industrial y comercial, respecto de la media local.[24] Un factor positivo para la estabilidad del país lo constituye cierto equilibrio en la relación entre la migración masiva y la emigración de elite, gracias a un flujo considerable de artistas, intelectuales, docentes y profesionales.[25]

La fórmula uruguaya permitirá una mayor continuidad entre las nuevas generaciones, que no se encontrarán frente a alternativas lacerantes y a la elección entre dos fidelidades incompatibles entre sí. En este sentido, resultará conmovedora la historia de los hermanos Serrato: uno, futuro presidente de la nación, el otro caído en la Gran Guerra, oficial del ejército italiano.

El culto común de Garibaldi escapa a toda contradicción. No obstante el hecho de que partiera definitivamente de Montevideo en 1848, será recordado en Uruguay en los decenios sucesivos "con infinitas celebraciones, inauguración de monumentos, descubrimiento de placas, dedicatoria de calles, plazas, asociaciones, publicaciones, artículos, conferencias, discursos y por una rica, espesa, curiosa iconografía.". "Y el himno de Garibaldi seguirá siendo un tema obligado de las celebraciones del partido *colorado*."[26]

Indudablemente, incluso en el caso del Uruguay la escisión ideológica entre la sociedad política de los italianos en el exterior y la sociedad política italiana contemporánea impedirá un constante acuerdo entre ambas Italias. Un siglo después, un diplomático italiano, Giovanni Marocco, observará: "La política de la tacañería prolongó hasta comienzos del siglo XX, con pocas excepciones, el sistema de doble y triple acreditación, en Buenos Aires, en Montevideo, en Asunción, políticamente miope, diplomáticamente ineficiente y ulterior señal de la insensibilidad del gobierno de Roma hacia las muchas necesidades de comunidades italianas en rápido crecimiento que sólo la presencia de jefes de misiones diplomáticas residentes —y no sólo de cónsules— hubiera podido tutelar adecuadamente. Indiferencia tanto más desconsiderada dado que el ambiente de las colectividades italianas en el Uruguay y en la Argentina estaba embebido de humores garibaldinos y antimonárquicos".[27]

Brasil: anarquistas, patrones, patroncitos

En Brasil falta una clase dirigente ideológicamente coherente, pero las palancas del poder están en manos de una oligarquía poderosa, orgullosa, sólo superficialmente católica, más bien inclinada a un exasperado utilitarismo, y con una mentalidad imperial incluso en la forma republicana. Durante la era del café, esta oligarquía, precisamente por sus móviles utilitarios, se identificará con los intereses de los grandes productores, los *fazendeiros*. No hay nada en común, por lo tanto, con la emigración italiana, que a su llegada no es captada por una cultura nacionalista mazziniana, sino que, por el contrario, permanece extremadamente pegada, masivamente, a sus tradiciones religiosas, mientras que en sus márgenes incorpora fermentos subversivos de tipo anárquico y socialista, que se acentuarán por las condiciones de trabajo semiserviles impuestos en las *fazendas* y en las fábricas de San Pablo, sin desembocar sin embargo en un movimiento obrero de masas.

Por lo demás, respecto de la Argentina, en Brasil hay, en una primera fase migratoria, una apertura o una indiferencia tales que permiten la instalación de una colonia anarquista, la colonia Cecilia, por iniciativa de un emperador humanista, Pedro II, que, al recibir durante un viaje a Italia el golpe asestado por un breve ensayo de un profesor anarquista italiano, Giovanni Rossi, lo invita a fundar una colonia en Brasil. Más propenso a encontrar soluciones conciliadoras con los soberanos, en vez que matarlos como algunos de sus compañeros, Rossi aceptará la oferta del emperador y reclutará sus colonos, que llegarán a Brasil en 1890, tras la abdicación del emperador y la proclamación de la República. La colonia es bautizada Cecilia por el nombre de la protagonista de una novela histórica del mismo Rossi, e izarán sobre una palmera la bandera rojinegra de la anarquía. Concebida como el modelo de los ideales anarquistas, desde la abolición de la propiedad privada al amor libre, para facilitar a este último se creará una "casa del amor". Pero hete aquí los primeros problemas: como no hay suficientes mujeres se decretará, para completar los rangos, la mayoría de edad de una menor. El padre, indignado, se marchará con su hija.[28] No faltará el vivillo que se escape con los fondos comunes, mientras que el gobernador de Paraná exigirá el pago de las deudas adquiridas por la compra de la tierra.

El golpe de gracia tendrá lugar en 1893: durante una pequeña guerra civil local la colonia será saqueada por un grupo "legalista" y muchos colonos se enrolarán en las tropas rebeldes. Rossi abandonará las ruinas de la colonia, adquirirá cierta notoriedad profesional como agrónomo, y en 1907 regresará a Italia.[29]

El anarquismo, que no había logrado multiplicar sus colonias y ni siquiera mantener la colonia Cecilia, dará lugar con mayor éxito a un movimiento cultural, el "teatro obrero". Se forma en Río en 1906 un grupo dramático, social, que pone en escena especialmente textos populistas italianos como *Il primo maggio* de Pietro Gori, representado a menudo en su versión original, y el *Giustiziere!* del "compañero" Sorelli, con repercusiones en la historia del teatro brasileño, incluso por el pasaje de algunos intérpretes a compañías profesionales, como una célebre y bellísima actriz, Faustina Italia Polloni (cuyo seudónimo artístico era Italia Fausti), inmigrante y obrera textil.[30]

Como movimiento sindical, los anarquistas transferirán la lucha de clases al interior de la colectividad italiana: el 59 por ciento del personal de maestranza en el sector textil de San Pablo es italiano, como italianos son en gran parte los que dan trabajo, y las condiciones sociales no son brillantes, si consideramos que a comienzos del siglo XX la jornada de trabajo, siempre en el sector textil, es de 14 horas, que en 1911 se redujeron a 11; horarios más humanos se registran en el sector de la construcción y en otros sectores pero la determinación dependerá hasta 1930 de los empleadores.[31] Chiara Vangelista ha demostrado la explotación a la que se somete a la masa obrera, explotación que explica tanto el maltrato del cual son objeto los colonos como la movilidad de la mano de obra italiana.[32] El clima de opresión golpea sobre todo al trabajo femenino y al de los menores que constituyen la mayoría de las maestranzas, más precisamente el 20 por ciento de mujeres y el 35 por ciento de menores de edad.[33] Muchos dueños y patroncitos son italianos o de origen italiano.

El socialismo brasileño también tiene un primer impulso italiano: el manifiesto del Centro Socialista Paulista, escrito y difundido por el italiano Antonio Piccarolo. Allí trata de aplicar la filosofía marxista a la realidad brasileña, analizada en sus términos peculiares: por un lado, en el mundo agrícola, "un poder especial, una especie de disciplina local: la justicia de la *fazenda*"; por otro lado, en los servicios y en la industria, una elite obrera restringida (ferroviarios y portuarios); y en todos los sectores observa la prevalencia de una masa fluctuante de colonos y obreros extranjeros que se consideran fuera de la vida política local. Tomando en cuenta estas circunstancias, Piccarolo preconiza un trabajo político directo tendiente a crear una conciencia de clase en los trabajadores nacionales y extranjeros.[34]

Las reivindicaciones obreras, sostenidas por una prensa en italiano, *La battaglia*, diario anarquista, y el *Avanti!*, socialista, se verán satisfechas por lo menos en parte, pero las autoridades se desprenderán de los agitadores extranjeros embarcándolos en 1919 a punta de pistola, en una nave italiana y reenviándolos a su patria, no sin un entredicho entre un funcionario del consulado italiano, que le pregunta al más conocido de los anarquistas espulsados, Gigi Damiani, si tiene reclamos que hacer, y dicho anarquista que le responde mandándolo al diablo. El país que había permitido el surgimiento de la colonia Cecilia pasa a ser, en un ensayo escrito en Italia por Damiani, "uno de los países a los que no se debe emigrar".[35]

La viuda de Jorge Amado, Zelia Gattai, ha descrito la odisea de una familia de colonos italianos (un abuelo toscano de fe anarquista figura entre los fundadores de la colonia Cecilia; el otro abuelo es, en cambio, un tranquilo católico véneto) hasta su transferencia a San Pablo. La historia termina cuando el jefe de familia, siempre anarquista, abre una pequeña oficina, se convierte en un patroncito y en piloto de carrera para la Alfa Romeo.

El movimiento anarquista, junto con el movimiento socialista, se apaga con la disolución en la pequeña y mediana burguesía de sus cuadros italianos. La izquierda obrera será hegemonizada por el Partido Comunista y por un aparato preferentemente autóctono.

Por lo tanto, en Brasil está ausente el trasfondo ideológico común, que sí existía inicialmente en la Argentina y en el Uruguay, entre la elite italiana y las dirigencias políticas locales. La participación mazziniana con Garibaldi en el intento independentista de Río Grande del Sur no deja ninguna herencia a los colonos que se establecerán en esa región y que, de los sucesivos conflictos entre los *caudillos* locales y sus bandas, sólo recogerán daños, incluso reaccionando con formas armadas de autodefensa como el grupo antiguerrillero organizado por un joven de Mantua, Dante Maccari.[36]

Tampoco la referencia a una cultura europea presumiblemente común es un elemento de cohesión. Mientras que en la Argentina el mundo intelectual mira hacia Europa, y en particular hacia Francia e Inglaterra, en Brasil, posiblemente por la influencia de Portugal, se tiende, sin rechazar como en San Pablo un reconocimiento a la imagen estética de Italia, a crear una cultura nacional orgullosamente "tropical".

De donde, a la tendencia de los ítalo-brasileños a seguir un camino de desarrollo autónomo, corresponde una falta de interés por las cosas locales. En el mayor periódico italiano de San Pablo, el *Fanfulla*, y en otras publicaciones destinadas a las colectividades italianas, no emergía "ningún análisis de la historia, de la política, del ambiente cultural y social de aquella República, casi como si ella sólo ofreciese a los emigrantes un espacio físico".[37]

La misma falta de interés reduce al mínimo la relación entre los periodistas y los intelectuales italianos y la mayoría de la colectividad, segregada en un mundo separado del de la pequeña burguesía urbana italiana. Los colonos viven en un microcosmos rural, carente de comunicaciones externas y "quienes fueron a visitarlos para estudiar las condiciones en que vivían, los encontraron apenas vestidos, descalzos, no por falta de dinero sino de manufacturas, en localidades sin caminos, extrañamente retrotraídas en el tiempo, al punto de haber retrocedido hasta una agricultura más primitiva aún que la que habían desarrollado en Italia. El aislamiento los había hecho salvajes y desconfiados, y tan extranjeros se sentían en esos lugares que raramente, incluso donde constituían una mayoría, osaban elegir un alcalde italiano".[38]

Distinto es el destino de la emigración que se dirige hacia las zonas urbanas. El emigrante que llega a San Pablo sin un sentido de pertenencia nacional, sin un definido espíritu patriótico, como si Italia fuese una expresión geográfica, se hace italiano, "asume una conciencia nacional y emprende la defensa de su nación".[39]

Brasil: religiosidad y defensa nacional

La migración rural, así maltratada, adherirá, a su vez, a una religiosidad que, gracias a la obra de los misioneros italianos, devendrá un elemento fundamental de agregación social y de identidad étnica, en una sociedad más laicista que laica en las clases altas, aun cuando en algunos sectores como el militar se tiende a hacer del positivismo un credo nacional, con una tendencia más supersticiosa e influida por un atávico paganismo en el proletariado de origen africano o indígena. "Fue a través de la religión católica que el emigrante italiano se encontró consigo mismo y con los demás".[40] "En el caso específico de los emigrantes italianos fue la Iglesia católica que, como catalizador cultural, mediante capillas, parroquias, misiones, les dio no sólo una identidad, alejando el peligro de una involución, sino que también los acompañó, lado a lado, en su marcha evolutiva".[41] En cambio, la "zona colonial" de Río Grande del Sur se convertirá en un Estado católico,[42] cubierto, como las campiñas italianas, de capillas (se contarán 678), un vivero de vocaciones para el clero brasileño.

El sociólogo José Hildebrando Dacanal, enumerando los factores que permitieron un rápido ascenso social del elemento étnico italiano respecto de las clases inferiores locales, menciona una tasa más elevada de supervivencia biológica gracias a un tenor de vida y a una alimentación mejores, una inserción más fácil en el proceso de industrialización gracias a calificaciones técnicas y a dotes de versatilidad que no poseían las dirigencias locales; pero, sobre todo, insiste en la acción educativa de la Iglesia y de una red de colegios y seminarios que imparten a los hijos de los emigrantes una enseñanza sólo parangonable a la de los colegios privados frecuentados por los hijos de la clase alta tradicional.[43]

Más que en Argentina, patriotismo y catolicismo estarán en Brasil estrechamente ligados, tanto que el mismo gobierno italiano pedirá a los salesianos instituir misiones también en el Estado de Espíritu Santo. La democracia mazziniana está representada a nivel de la prensa pero carece de raíces en una colectividad que se ha insertado en las estructuras productivas pero que rechaza la invitación a politizarse por temor a someter sus cada vez mayores intereses económicos a los altibajos de la política local, hasta el punto de rechazar la inclusión de representantes italianos en el concejo comunal de San Pablo.

En Río Grande del Sur los electores de las zonas italianas son campo de maniobra para centrales políticas externas que también controlan la elección de los alcaldes; la ciudad de Caxias do Sul tiene neta mayoría italiana y elegirá alcaldes de extracción luso-brasileña de 1890 a 1924: el primer ítalo-brasileño elegido alcalde será un ingeniero agrónomo, Celeste Gobato.[44]

No obstante, la inclusión del elemento italiano no tiene lugar sin incidentes y sin víctimas. En 1888, en San João del Rey, en Minas Gerais, un contingente de emilianos y romañolos destinados a la colonia Bolonia-Ferrara se rebela ante las condiciones de vida a las que son sometidos. Intervendrá el ejército para enviarlos a Río.[45] En cambio, la llegada de 1.500 colonos de la misma región y de Calabria, habituados al uso de las armas, a la *fazenda* Dumont, a un día de tren de San Pablo, tendrá un final feliz: el patrón y sus capataces dejarán de maltratar a los 6.000 trabajadores vénetos.[46]

En 1893 el ministro en Río, Salvatore Tugini, denuncia un caso de tortura y asesinato de italianos en Río Grande del Sur. El ministro de Relaciones Exteriores Brin le responde que está a la espera del resultado de la investigación y le pide su opinión sobre el envío de naves de guerra. Tugini pedirá: una nave de guerra y la prohibición de la emigración a Brasil, "sin retroceder ante una ruptura". Brin se limita a autorizar a Tugini a dar a conocer la prohibición de emigrar a Brasil. Tugini redimensiona un episodio anterior, pero señala el asesinato de otro italiano en Minas Gerais; en un segundo mensaje refiere la indiferencia brasileña frente a la prohibición de la emigración italiana y se pronuncia por una manifestación de fuerza. Brin replica citando entre otras posibles actitudes retaliativas el secuestro de naves mercantes brasileñas. Tugini dará marcha atrás, declarándose contrario a una intervención militar, y Brin asumirá con resignación que no se puede adjudicar a las autoridades brasileñas la responsabilidad de los incidentes, dadas las condiciones generales del país y las fallas existentes en las funciones de la policía y de los organismos administrativos locales, y recomienda evitar que malos consejeros creen "tensiones artificiales" en la colectividad.[47]

Por lo demás, la opinión pesimista sobre la situación brasileña es confirmada poco tiempo después por la rebelión de la Marina, por el pedido de los amotinados de un reconocimiento internacional y por el peligro de que Río sea bombardeada.

Los sangrientos movimientos antiitalianos que se intensifican en San Pablo y en otros centros urbanos entre 1890 y 1896 nacen, a parte de por otros pretextos, por el resentimiento que genera el casi monopolio de las actividades mercantiles por parte de los comerciantes italianos. Mientras tanto el puesto de Cónsul general en San Pablo está que arde: dos cónsules generales, Rozwadowski y Compans de Brichanteau, son transferidos porque eran mal vistos por las autoridades brasileñas.

A causa de los maltratos infligidos a sus connacionales en las *fazendas*, el gobierno italiano en 1902 no concederá la visa de expatriación a los colonos que viajan con el pasaje pagado por el gobierno brasileño. Según la socióloga brasileña Zuleika Alvim "el así llamado decreto Prinetti no fue un decreto, ni fue de Prinetti, y no prohibió definitivamente la emigración hacia

Brasil".[48] En efecto, los agentes de la emigración siguen sin control, desviando las partidas hacia puertos del exterior como Le Havre y Hamburgo. Aumentará el número de emigrantes solos, a los cuales las autoridades brasileñas les extenderán las facilidades acordadas a las familias y, si bien disminuirá el éxodo del Véneto, aumentará el del Mediodía. Por otra parte las escasas garantías ofrecidas a los colonos italianos se insertan en un marco social aún peor debido a la inmigración interna brasileña, dirigida desde el Nordeste, en particular de Ceará, uno de los Estados más pobres de Brasil, hacia las plantaciones de caucho de la Amazonia. Los *seringueiros,* vale decir, los trabajadores destinados a través de procedimientos adecuados a la extracción de goma de las plantas, están a merced de los propios empleadores con los cuales se endeudan por los anticipos recibidos por los gastos del viaje y de mantenimiento aparte de la compra de los instrumentos de trabajo. Estas condiciones se les imponen con amenaza de muerte a quien no las observara. El resultado es que "los indios y luego los nordestinos serán diezmados por miles, no pudiendo huir a esta explotación dura y [legalmente] consentida y a una muerte por enfermedad, falta de recursos y extenuación."[49]

Todavía hoy, algunos historiadores brasileños, al referirse a la colonización en Río Grande del Sur, señalan: "El Brasil ha sido el único país que organizó una empresa de colonización teniendo en la mira el beneficio y no la explotación de los extranjeros". Escribe Loraine Slomp Giron: "Si se hubiese adoptado la misma forma de iniciativa con respecto a los brasileños o a los esclavos liberados, éstos no habrían debido enfrentar, como lo hicieron, el grave problema de la exclusión de la sociedad brasileña. Antes bien, no se hizo ningún intento, y se consideró mejor atribuir a los no-blancos un certificado de incapacidad a largo plazo sin proveerles condiciones mínimas".[50]

Un clima externo de resentimiento explica por qué se verificó en los primeros años del siglo XX una separación en el ámbito italiano entre la masa subordinada, directamente expuesta a las agresiones xenófobas, y una burguesía industrial que ya se encontraba en condiciones de ejercitar una notable influencia sobre la clase dirigente local. En efecto, la elite ítalobrasileña tiende a hacer valer su peso específico más en el campo económico, en defensa de la propia categoría, que en el campo político o social a favor también de los propios connacionales en conflicto con los agricultores brasileños. Ya en 1903, un destacado ítalo-brasileño, Alessandro Siciliano, director de la Compañía Mecánica e Importadora, publica un plan para resolver una crisis coyuntural del café brasileño, perjudicado por la entrada en escena de productores competidores. Las líneas fundamentales del plan de Siciliano serán adoptadas en 1907 en el acuerdo de Taubaré entre los estados productores de café —San Pablo, Río de Janeiro, Minas Gerais—, acuerdo que prevé un precio mínimo del producto y un fondo de reserva público.[51] Aun cuando tal acuerdo podrá tener una repercusión positiva para los colonos, el "lucro inmenso" que derivará del mismo será en beneficio de los *fazendeiros*. El gobierno brasileño introducirá rápidamente en la década de 1920 las medidas proteccionistas requeridas por el lobby industrial paulista encabezado por Francisco Matarazzo.[52]

Como un rasgo en común entre las diversas clases de origen italiano, subsiste una tendencia a la despolitización que explica el retraso respecto de la Argentina en la organización de las reivindicaciones sociales, retraso compensado por la fuerte movilidad vertical existente en los centros urbanos que arrastra también a las potenciales dirigencias del mundo rural ítalo-brasileño.

El periplo de una corbeta

El 26 de marzo de 1882 zarpa de Venecia para realizar una travesía alrededor del mundo la corbeta de la marina real *Vettor Pisani*, última de una serie de navíos a vela y con motor. Su comandante, capitán de fragata Palumbo, proviene de la marina borbónica. Uno de los oficiales, el guardamarina conde Francesco Tozzoni, nacido en Florencia de una familia romañola, redactará un diario con abundante de información tanto sobre las fortificaciones de las ciudades visitadas como sobre el encanto de las mujeres y la riqueza de los hombres de los países que visitan.

En un primer desembarco, en Gibraltar, nota que la población es: "Una mescolanza muy característica de españoles, ingleses, marroquíes y genoveses". "Estos últimos, viejos lobos, son comerciantes que, enriquecidos, han amasado fabulosas fortunas".[53] Una vez más, se encuentran italianos en las islas de Cabo Verde, descubiertas por Cadamosto en 1486; son pocos, pero dedicados a "actividades lucrativas"; uno de ellos, un constructor naval, es "único en este arte". No faltan, aun cuando el clima no es bueno, barcas de pescadores de coral.[54]

Al llegar a la costa atlántica brasileña, luego de una escala en Pernambuco, la nave rumbeará hacia Río, donde recibirá la visita a bordo del emperador de Brasil, Pedro II. La casa imperial y en particular el conde d'Eu y su mujer, hija y heredera de Pedro II —él "sordo como una tapia" y con manías de hacer preguntas de maestro de escuela, ella "un cuerpo bien formado, modos aristocráticos, pies ingleses" ("no es hermosa pero puede gustar y ser simpática")— organizarán *soirées dansantes* para los oficiales italianos. El éxito obtenido entre las damas locales por una oficialidad galante es notable. Entre otras cosas, la emperatriz, una Borbón de Nápoles, no demostrará rencor por el final del Reino de las Dos Sicilias; es más, "contenta de volver a ver uniformes italianos no ahorra dirigir palabras gentiles ya sea a uno ya sea al otro y sonreír cuando veía a alguno de nosotros con una hermosa señorita".[55]

A la relación con una corte tan acogedora no sigue una relación similar con la colonia italiana, ignorada también por Tozzoni en la escala siguiente, Montevideo, pero no por un compañero de viaje, un civil, el príncipe Giovanni del Drago, que confirma el monopolio italiano de las industrias marítimas y del pequeño comercio pero que se preocupa por la pobreza de la emigración más reciente y por la falta de solidaridad entre los italianos.[56]

De Montevideo la corbeta seguirá hacia la Patagonia, manteniendo ciertos contactos con los indígenas, ya acostumbrados a encuentros de tipo turístico, vestidos con ropas marineras obtenidas de los equipajes del pasaje a cambio de flechas, huevos de pájaros marinos y cestas de mimbre.

Los italianos reaparecen en Valparaíso, el gran puerto chileno: pertenecen a la pequeña y media burguesía comercial, pero no faltan profesionales, como médicos de fama. No es todavía el ambiente de la alta burguesía local, gracias a la cual la corbeta se transforma en una suerte de *love boat*: "En lo que atañe a las señoras, está demás decirlo, desde el comandante hasta el último guardamarina todos tenían su acompañante; por lo tanto, considero que resultaba atractiva la permanencia", anota escrupulosamente Tozzoni.

En la escala siguiente, Antofagasta, el ambiente es menos galante, pero la posición social de los compatriotas es la misma. Entrada en la zona de guerra entre Chile y Perú, la Corbeta *Vettor Pisani* se unirá a otra corbeta, la *Archimede,* sobre la que flamea la bandera del comandante de la estación del Pacífico. En la misma área está de servicio otra nave italiana, la *Caracciolo.*

La llegada a El Callao, en Perú, le ofrece a otro oficial de la corbeta *Vettor Pisani,* el teniente de navío Enrico Serra, la oportunidad de exaltar el patriotismo de la colectividad italiana, presente en cada localidad con una *pulpería* y un albergue donde nunca faltan los retratos de los soberanos así como el de Garibaldi y el de Victorio Emanuel II. Serra elogia, asimismo, la adhesión de los italianos a un grupo de bomberos voluntarios que ha brindado durante la guerra un valioso servicio como policía urbana. En el Perú el grueso de la inmigración está constituido por chinos, a los que se les exigen las tareas más humildes.[57]

Luego del conflicto entre Chile y Perú, la corbeta se encontrará envuelta, junto con otras naves italianas, en una guerra civil en Ecuador. Y, después de una breve permanencia en El Callao, pasará a Panamá. "Los italianos son escasos entre los comerciantes" anota Tozzoni. "Abundan entre los trabajadores del canal, donde se los estima por la inteligencia, la habilidad y la resistencia a los esfuerzos. En general, son jefes de cuadrilla en los trabajos de excavación o carpintería. Los obreros son en su mayoría negros, los únicos que pueden resistir el clima. Al principio trabajaban en el canal muchos chinos, pero el clima hizo estragos entre ellos. Vi un pueblo en esa zona que se llama Matachin, nombre que proviene de la expresión *matachinos*".[58]

La *Vettor Pisani* proseguirá la navegación por el Pacífico hacia el Asia oriental. Pero los italianos son cada vez menos. En Manila, es italiano el agente consular, el negociante más rico del lugar, e italianos son un restringido número de artistas, músicos, pintores, escultores. En China, en Hong Kong, sólo hay un grupo de misioneros lombardos encabezado por un obispo, Raimondi, hermano del gran geólogo residente en Lima, y aquí Serra registra una interesante observación: "El ejercicio absolutamente militante de su ministerio y la lejanía de la patria hacen que estos misioneros olviden la disidencia que existe en Italia entre la Iglesia y el Estado, y no será superfluo que les brindemos nuestro apoyo efectivo y directo y una ayuda indirecta y moral en interés de la civilización y por el prestigio de nuestra bandera, antes de que la protección de Francia los capte".[59]

Esta campaña naval de una Italia frívola pero armada ignora la emigración masiva que había comenzado hacía ya un decenio, pero registra la existencia de una clase artesanal y comercial trabajadora y dinámica, en vías de desarrollo en las áreas más diversas y con casos individuales de gran éxito, incluso en posesiones extranjeras, como Gibraltar y las Filipinas, pero con una densidad creciente en la costa del Pacífico y en la caribeña de la América meridional.

La burguesía del Pacífico y del Caribe

La emigración italiana a los países de la costa occidental y de la costa caribeña de la América del Sur seguirá dos líneas divergentes: la emigración más o menos protegida y asistida, dirigida a la creación de colonias agrícolas, y la emigración espontánea marinera y mercantil. La primera fracasa, la segunda sale adelante.

Un caso emblemático es el de Chile: los intentos de promover colonias agrícolas bajo la pretenciosa denominación "Nueva Italia" se prolongarán a lo largo de medio siglo XX, del primer decenio a la segunda posguerra, a los años 1950, con resultados insignificantes. La única colonia que sobrevivió, Capitán Pastene, es un ejemplo curioso: ya desde el principio los indios mapuches trabajan como aparceros y como braceros de los colonos italianos y las indias como domésticas de las señoras italianas. Las 58 familias que quedaron tienen actualmente 80 descendientes que forman parte de la burguesía profesional.[60]

Gracias, en cambio, a la emigración espontánea, los italianos, provenientes en su mayoría de la Liguria (51 por ciento, de Piamonte 12 por ciento y, en general, de otras regiones de la Alta Italia), aunque no superaron nunca el 1 por ciento de la población chilena, llegando al 0,40 por ciento en 1907,[61] lograron alcanzar posiciones eminentes tanto en el mundo económico como en el político.

Obedeciendo más al instinto que a los planes colectivos coordinados, los italianos ocupan nichos de importancia estratégica en el desarrollo del país. Durante una fase, continúan una tradición iniciada en la época colonial, dominarán en la marina mercante como armadores, lobos de mar, tripulación, sin dejar de lado el comercio de los comestibles, que controlan ya desde 1868;[62] luego, muchos de ellos se pasarán a la industria, con papeles de primer plano, no sólo en los campos tradicionales como el alimentario, el del mueble, el de materiales para la construcción, el de equipamiento doméstico, sino también en sectores especializados como la química y la metalurgia.[63] Cuando Chile comience a explotar el nitrato de sodio, el salitre, el "oro blanco", es un italiano, Pedro Giamboni, quien hace técnicamente posible su producción en gran escala, gracias a la utilización de la fuerza de vapor. Italianos son Pietro Perfetti, Felice Massardo, Giovanni Sanguinetti, los primeros empresarios que invertirán en ese sector hasta que deban ceder lugar a los grandes conglomerados multinacionales.[64]

Es con una manifiesta satisfacción que el encargado de negocios en Santiago, Oreste Savina, exalta en 1902 a la colonia italiana en Chile que "si bien no ha crecido mucho en número ha ganado en prestigio y en importancia": "Capitalistas italianos han invertido ingentes suma de dinero en propiedades y en establecimientos industriales". Grandes extensiones de terrenos de salitre de la provincia de Tarapacá pertenecen a italianos. Varias sociedades para el desarrollo de importantes actividades mineras están constituida por italianos. Un sindicato italiano posee un gran establecimiento para la fusión de metales. Latifundios, molinos, fábricas de almidón, de pastas, de aceite, de sombreros, de vidrio, son propiedad de italianos. En Valparaíso, Santiago, Iquique y Concepción, es decir, en las principales ciudades, el comercio está en gran parte en manos de los italianos".[65]

El tono de Savina es demasiado triunfalista. Al año siguien-

El gran éxodo

te los negocios italianos de Valparaíso resultan ser los más expuestos a los saqueos y las devastaciones en los casos de insurrecciones; otro tanto sucederá en Santiago en 1905 y en Antofagasta en 1906. Y en 1896 las simpatías de Italia por Argentina en el conflicto limítrofe en la Patagonia, habían provocado un enfriamiento en las relaciones entre los dos países. Pero el ascenso social de la colectividad italiana no se detiene. Así lo describe en un informe Silvio Coletti, un funcionario inspector de nuestro comisariato para la emigración, refiriéndose a las colonias italianas de Santiago y de Valparaíso: "Aquel que vino a Chile de albañil ha llegado a ser sucesivamente capataz, empresario de ferrovías y de construcciones edilicias; el simple zapatero remendón ha pasado a ser zapatero, y de la tiendita ha pasado al negocio elegante, amasando su fortuna; el carrero ha devenido propietario de fábrica de automóviles; el aprendiz de peluquería se ha transformado en *coiffeur* y manda en la caja de su *salon de toilette*; los que antes fueran obreros tipográficos, ebanistas, mecánicos, hojalateros se transforman en propietarios de oficinas y establecimientos de los cuales son siempre los brazos más activos y la mente más abierta; y los que fueran pequeños mercaderes ambulantes representan hoy, en todos los rubros comerciales, otros ejemplos no menos brillantes de laboriosidad infatigable y de aguda visión de los negocios".[66]

Se avanza igualmente en el plano político. Dos figuran emergen ya al inicio de la historia de Chile: Giuseppe Rondinozzi, ex militar napoleónico, general de la guerra de independencia, y en la paz gobernador y síndico en la administración civil, y Pietro Alessandri, de padres pisanos, cónsul general del Reino de Cerdeña desde 1851. Este último, rico armador y comerciante, no tiene una actividad política directa pero será el fundador de una dinastía que con su nieto, Arturo Alessandri Palma, conseguirá quitarle el poder a la oligarquía dominante de origen vasco-ibérico, dando el poder a una meritocracia formada por el sector medio de origen extranjero. Fue señalado por sus enemigos como "el italiano más falso, egoísta y amigo de la plebe inconsciente que existe en el país". En una vibrante campaña presidencial con el contrapunto de una canción mexicana, *Cielito lindo*, Arturo Alessandri se lanzará contra "los espíritus reaccionarios" y contra aquellos que permanecen "sordos, ciegos y mudos frente a la evolución del presente momento histórico".[67] Elegido presidente en 1920, desconcertará a la que llamará la "canalla dorada", reforzará el poder presidencial, introducirá una legislación social, viabilizará la modernización del país. Acusado de estar hecho de la misma pasta de los grandes aventureros italianos, desde Cagliostro hasta Mussolini, no podrá finalizar su mandato y deberá ceder el lugar a una dictadura militar, pero será reelegido en 1932. El hijo Jorge, ingeniero y empresario, portador de las tendencias apolíticas y tecnocráticas de los sectores altos y medios emergentes,[68] será presidente desde 1958 hasta 1964 y candidato nuevamente en 1970, año en que será superado por Allende.

En el vecino Perú, la colectividad italiana tiene una matriz análoga a la chilena, marinera y mercantil, y seguirá una evolución socioeconómica paralela, aunque quizá con una mayor vinculación inicial con el *Risorgimento* italiano. En 1851, Garibaldi llega a Perú, se declara ciudadano peruano para poder asumir el mando de un buque que pone a su disposición un armador italiano, Pietro Denegri,[69] y confirmará su halo de gloria en peligrosos viajes por la ruta del Pacífico hacia y desde la China. Perú será con Francia el primer país que reconocerá en 1861 al Reino de Italia. Los italianos se insertan rápidamente en la clase dirigente. El coronel Bolognesi, hijo de un maestro de música italiano, redime con una muerte heroica la derrota del Perú en la guerra contra Chile. Ya en 1887 un ítalo-peruano, el hijo de Denegri, Aurelio, es vicepresidente de la república y presidente del consejo de ministros. La familia Canevaro seguirá un doble curso: en Italia, donde acumulará títulos (conde y duque de Zoagli) y cargos (Felice Napoleone, almirante, ministro de Marina y de Relaciones Exteriores), y en Perú, donde continuará distinguiéndose en los negocios y en la diplomacia.

Colectividad de elite es también la de Colombia, donde un arquitecto militar italiano al servicio de España, el romañolo Giovan Battista Antonelli, ha dejado, entre otras cosas, una vistosa tarjeta de visita: la plaza fuerte de Cartagena. En 1885 un asunto espinoso, la cuestión Cerruti, envenenará durante años las relaciones entre los dos países, desalentando un incremento de la colonia italiana.

En Venezuela, los vínculos con Italia, como ya he mencionado, surgen en la guerra de la independencia. El libertador Bolívar visita Italia, frecuenta en Milán el salón Melzi d'Eril, jura en Roma sobre el Aventino o sobre el Monte Sacro (las opiniones de los historiadores no concuerdan) luchar por la independencia de la patria. En 1811 se les encarga a Isnardi y Roscío redactar la primera constitución de Venezuela. Definido por Bolívar como "un Catón prematuro en una República donde no hay ni leyes ni costumbres romanas", Roscío será vicepresidente de la República de la Gran Colombia, muriendo en 1821 mientras ocupaba dicho cargo. Desde entonces, el elemento italiano aunque numéricamente escaso se inserta, ya en la segunda mitad de los años 1800, en la clase dirigente local, establece relaciones de parentesco con los más altos niveles de la república (un Dalla Costa se casa con la hija del presidente Soublette, un Giuseppi se casa con la hija del presidente general Monagas) y asume cargos gubernativos como Marcos Antonio Saluzzo, ministro de Relaciones Exteriores y de Guerra, y Pablo Giuseppi, presidente del Senado.[70]

En su polifacético activismo Orsi di Mombello, en ropaje de geógrafo, sostendrá las reivindicaciones venezolanas sobre la Guyana oriental. Un explorador italiano, el conde piacentino Ermanno Stradelli, no descubrirá, como se afirma, las fuentes del Orinoco (descubrimiento que ocurrirá recién en 1951), pero tendrá el coraje de definir el valle homónimo como "no apto para el cultivo", desilusionando al gobierno venezolano, que deseaba promover en el área una inmigración europea, pero evitando otras tragedias.[71]

Notas

1. Giuseppe Parisi, *Storia degli italiani nell'Argentina*, Roma, Voghera, 1907, pp. 133-135.
2. Grazia Dore, *La democrazia italiana e l'emigrazione in America*, Brescia, Morcelliana, 1964, p. 113.
3. Incisa di Camerana, *L'Argentina, gli italiani, l'Italia*, ob. cit., pp. 144-147.
4. Del ministro de Relaciones Exteriores, Visconti Venosta, al encargado de negocios en Buenos Aires, conde Luigi Joan-

nini Ceva di San Michele (DDI, I, 8. doc. 296, pp. 412-414).
  5. G. Dore, ob. cit., p. 125.
  6. Tulio Halperín Donghi, *José Hernández y sus mundos*, Buenos Aires, Sudamericana-Inst. Di Tella, 1985, p. 200 y nota 66, p. 218.
  7. Ibídem, p. 206.
  8. Ibídem, p. 225 y sig.
  9. Carlos Enrique Pellegrini, Prefacio a Alberto M. Martínez, Maurice Lewandowski, *L'Argentine au XX Siècle*, París, Colin, 1906.
  10. Domenico Palumbo, "Rapporto sul distretto industriale del Rosario di Santa Fe e sugli interessi italiani (agosto 1886)", en *Bollettino consolare*, vol. XXII, P. II, noviembre-diciembre de 1886.
  11. Sobre el ascenso al poder de la burguesía de origen migratorio, véase José Luis de Imaz, *Los que mandan*, Buenos Aires, Eudeba, 1964.
  12. Scarzanella, *Italiani malagente*, ob. cit., pp. 108 y sig.
  13. Gianni Marocco, *Sull'altra sponda del Plata. Gli italiani in Uruguay*, Milano, Franco Angeli, 1966, p. 12.
  14. Domenico Ruocco, *L'Uruguay e gli italiani*, Roma, Società Geografica Italiana, 1991, pp. 16 y sig.
  15. Véase el intercambio de correspondencia: Barbolani a Visconti Venosta, 7 de julio de 1863, Visconti Venosta a Barbolani, 21 de agosto de 1863, 4 de diciembre de 1863, 5 de febrero de 1864 (Asmae, Div. Legazioni y Div. Consular, copia de cartas de la legación en Argentina f. 402).
  16. Barbolani al presidente del Consejo y ministro de Relaciones Exteriores, general Alfonso Ferrero della Marmora (DDI, I, 5, doc. 628, p. 645).
  17. Luigi Petich, "Sull'emigrazione e su quella specialmente degli italiani nella Repubblica Orientale dell'Uruguay", en *Bollettino consolare*, I, V, 1868-1869.
  18. Juan Antonio Oddone, "La politica e le immagini dell'immigrazione italiana in Uruguay", en AA.VV., *L'emigrazione italiana e la formazione dell'Uruguay moderno*, ob. cit., pp. 105-106.
  19. Ibídem, p. 108-109.
  20. Fausto Leva, *Storia delle campagne oceaniche della R. Marina*, II, Roma, Ufficio Storico della R. Marina, 1992, pp. 7-11.

21. Petich, "Sull'emigrazione...", ob. cit.
22. Oddone, "La politica e le immagini..." en AA.VV, ob. cit., p. 113.
23. Carlo Umiltà, "La Repubblica orientale dell'Uruguay" en *Bollettino dell'emigrazione*, 5, 1911.
24. Marocco, ob. cit., p. 44.
25. Ibídem, pp. 54 y sig.
26. Ibídem, p. 28.
27. Ibídem, p. 34.
28. Newton Stadler de Souza, *O anarquismo da Colonia Cecilia*, Río de Janeiro, Civilização Brasileira, 1970, p. 76.
29. Véase Pier Carlo Masini, *Storia degli anarchici italiani da Bakunin a Malatesta (1862-1892)*, Milán, Rizzoli, 1969, pp. 258-260, y Zelia Gattai, *Anarquistas, graças a Deus*, Río de Janeiro, Record, 1985, pp. 152-159.
30. Francisco Foot Hartman, *Nem Pátria nem Patrão (vida operária e cultura anarquista no Brasil)*, San Pablo, Brasiliense, 1984, pp. 89 y sig.
31. Carone, *A República velha*, ob. cit., pp. 192-196.
32. Chiara Vangelista, *Le braccia per la fazenda. Immigrati e "caipiras" nella formazione del mercato del lavoro paolista (1850-1930)*, Milán, Franco Angeli, 1982, pp. 218 y sig.
33. Ibídem, p. 235.
34. E. Carone, ob. cit., pp. 207-208.
35. John W. Foster Dulles, *Anarquistas e comunistas no Brasil (1900-1935)*, trad. brasileña, Río de Janeiro, Nova Fronteira, 1977, p. 99.
36. Sobre Moccari, véase el informe del cónsul en Porto Alegre, conde Angiolo Dall'Aste Brandolin, del 21 de diciembre de 1897 citado por E. Franzina, *Stranieri in Italia*, Vicenza, Odeon, 1994, pp. 272-273 y nota 6 p. 300.
37. Dore, ob. cit., p. 285.
38. Ibídem, p. 286.
39. Celia Toledo Lucena, *Bairro do Bexiga. A sobrevivencia cultural*, San Pablo, Braziliense, 1984, p. 41.
40. Olivio Manfroi, "Emigração e identificação cultural - A colonização italiana no Rio Grande do Sul", *Estudos ibero-americanos*, 2(1), 1975, citado por Luis Alberto De Boni, "O catolicismo da imigração; do triunfo á crise", en José Hildebrando Dacanal e Sergius Gonzaga (org.), *RS: Imigração &*

Colonização, Porto Alegre, Mercado Aberto, 1980, p. 235.
41. Dacanal, "A Imigração e a Historia do Rio Grande do Sul", en Dacanal Gonzaga, ob. cit., p.275.
42. De Boni, "O Catolicismo..." en Ibídem, p. 248.
43. Dacanal, "A Imigração..." en ibídem, pp. 274-277.
44. Sandra Jatahy Pesavento, "O imigrante na política riograndense", en ibídem, p. 180.
45. José da Paz Lopes, "Immigranti italiani a São João del Rey: scentro politico e protesta (1888-1889)", en Rovilio Costa, Luis Alberto De Boni, *La presenza italiana nella storia e nella cultura del Brasile*, Turín, Fundación Agnelli, 1991, pp. 123-135.
46. F. Mosconi, *Rivelazione brasiliana - Nota di un reporter*, Milán, Aliprandi, 1897, p. 34.
47. Del ministro en Río de Janeiro, Salvatore Tugini, al ministro de Relaciones Exteriores, Benedetto Brin, el 6 de enero de 1893; de Tugini a Brin, el 7 de enero de 1893; de Brin a Tugini, el 8 de enero de 1893; de Tugini a Brin, el 13 de enero de 1893; de Brin a Tugini, el 17 de enero de 1893; de Brin a Tugini, el 24 de enero de 1893, el 26 de enero de 1893, el 27 de enero de 1893; de Brin a Tugini, el 13 de febrero de 1893, el 4 de mayo de 1893, el 21 de octubre de 1893 (los primeros dos documentos no han sido publicados; para los otros, véase DDI, II, 25, doc. 206, 212, 221, 236, 250, 253, 261, 272, 579).
48. Zuleika M.F. Alvim, *Brava gente! Os italianos em São Paulo*, San Pablo, Brasiliense, 1986, p. 53.
49. Carone, *A República velha*, ob. cit., p. 67.
50. Slomp Giron, "A immigração italiana no RS: os fatores determinantes", en Dacanal, Gonzaga, ob. cit., pp. 64.
51. Carone, ob. cit., pp. 41-42.
52. Ibídem, p. 95.
53. Francesco Giuseppe Tozzoni, "Giornale particolare Corvetta Vettor Pisani" en *Tra Meridiani & Paralleli - Viaggio intorno al mondo della corvetta "Vettor Pisani" 1882-1885*, Duerre, Imola 1998, pp. 106-107.
54. Ibídem, p. 110-111.
55. Ibídem, p. 123.
56. Giovanni Del Drago, *Cenni sull'ultimo viaggio della R. Corvetta Vettor Pisani*, Roma, Società Geografica Italiana, 1885, pp. 9-10.
57. Enrico Serra, *Viaggio di circumnavigazione della "Vettor Pisani"*, Roma, Forzani, 1886, p. 155.

58. Tozzoni, "Giornale...", en *Meridiani & Paralleli*, ob. cit., p. 164.

59. Serra, ob. cit., p. 185.

60. Luigi Favero, "Emigrazione spontanea o assistita? Un vecchio dilemma riproposto dagli insediamenti agricoli italiani in Cile", en AA.VV., *Il contributo italiano allo sviluppo del Cile*, Turín, Fundación Agnelli, 1998, pp. 17-18.

61. Citado por el conde Pandolfini, cónsul encargado de negocios en Valparaíso, en agosto de 1868, en "Emigrazione italiana in Chile", en *Bollettino consolare*, vol. V, Parte I, 1868-1869, p. 139.

62. Maria Rosa Stabili, "Dalla riflessione alla pratica storiografica: itinerario e senso di una ricerca sugli italiani in Cile", en ibídem, p. 56.

63. Baldomero Estrada, "La partecipazione italiana all'industrializzazione del Cile", en ibídem, p. 106-107.

64. Julio Prado, "La presenza italiana nel Cile del salnitro: Tarapacá 1860-1900", en ibídem, p. 200-209.

65. Oreste Savina, "La Repubblica del Chili e l'emigrazione italiana", en *Bollettino dell'emigrazione*, 12 (1902). Véase también Patrizia Salvetti, "L'emigrazione italiana in Cile: le fonti in Italia", en ibídem, pp. 376-390.

66. Silvio Coletti, "Il Cile e la nostra emigrazione (agosto 1910)", en *Bollettino dell'emigrazione*, 5, 91.

67. Ricardo Donoso, *Alessandri, agitador y demoledor. Cincuenta años de historia política chilena*, México, FCE, 1952, citado por Claudio Rolle, "Alcuni protagonisti italiani nel Cile del parlamentarismo", en AA.VV., *Il contributo italiano...*, ob. cit., pp. 349-360.

68. Mariana Ailwin, Carlos Bascuñán, Sofía Correa, Cristián Gazmuri, Sol Serrano, Matías Tagle, *Chile en el siglo XX*, Santiago de Chile, Planeta, 1990, pp. 204-205.

69. Sobre Pietro Denegri véanse las voces correspondientes en Giovanni Bonfiglio, *Dizionario storico-biografico degli italiani in Perú*, (a cargo de Luigi Guarnieri Carló Carducci), Bolonia, Il Mulino, 1998, pp. 130-131.

70. Pedro Cunill Grau, *La presenza italiana in Venezuela*, Turín, Fundación Agnelli, 1996, pp. 131 y 136.

71. Ibídem, p. 214-221.

VI

ESTADOS UNIDOS: NO SIEMPRE GUETO

*Italianos - Ajenos**

En Brasil ninguno refuta la primacía de los colonos italianos: "Hombres civilizados oriundos de una raza perfeccionada, educados en sanos principios de moral personal y social", como los define un periódico brasileño.[1] En Argentina, el hastío de algunos sectores privilegiados y de la ínfima plebe nace de la envidia por el rápido enriquecimiento del elemento italiano y del temor, no infundado, de ser, tarde o temprano, desplazados del poder.

Sobre todo, los italianos son conscientes en la América meridional de que están plasmando un mundo nuevo, participando en primera persona en la construcción de nuevos sectores, de nuevas naciones, de nuevas sociedades, de nuevas culturas. En los Estados Unidos se enfrentarán a una sociedad ya abroquelada en sus instituciones, en sus reglas, en sus creencias, cerrada, desconfiada, es más, a menudo hostil a nuevos modos de ser, a nuevos aportes creativos, a una nueva imaginación. "La democracia estadounidense se presentó a los emigrantes en una forma ya perfectamente definida, prácticamente inmutable,

---

* Ajenos: en italiano, *alieni*, guarda mayor relación con el inglés *aliens*, lo que otorga más sentido a lo que se hace referencia en el texto. No sería desacertado traducir "extraños". *N del ed.*

culturalmente intraducible". Por lo tanto, se la aceptaba tal como era, hasta tal punto que, si emigrando a la Argentina o incluso a Brasil se pensaba fundar o encontrar otra Italia, los Estados Unidos eran sólo y únicamente América, "y allí se va sólo y únicamente para devenir americanos".[2]

No es difícil devenir ciudadano americano y gozar del derecho a votar, pero se requiere una remoción previa de los residuos ideológicos e históricos de los que se es portador. Es necesario hacerse americanos al ciento por ciento, de otro modo se sigue siendo más que extranjeros "ajenos" (*aliens*), un término que no por casualidad ha sido más recientemente adoptado por la *science fiction* para designar a los habitantes de planetas hostiles.

El aislamiento de nuestros connacionales se pone de manifiesto en un episodio trágico: el linchamiento en 1891 en Nueva Orleans de algunos detenidos italianos. El episodio todavía sigue siendo oscuro: la causa es el asesinato del jefe de policía de la ciudad, David Hennessy, culpable de haber posibilitado investigaciones sobre la complicidad de los sicilianos en actividades criminales. Poco antes de morir, Hennessy habría acusado a los *dagos*, los italianos, como responsables del delito. Siguen redadas de sicilianos. Cuando se verifica el linchamiento, el proceso todavía estaba en curso, pero de los nueve imputados seis son absueltos y se suspende el veredicto sobre los otros tres. Una multitud enfurecida invade las cárceles y lincha a once italianos. Roma reacciona enérgicamente ante las tergiversaciones del gobierno federal que alega no poder interferir constitucionalmente en una cuestión de exclusiva competencia de la magistratura de Luisiana. El presidente del Consejo y ministro de Relaciones Exteriores, marqués di Rudinì, deplora que "el gobierno americano no se encuentre en condiciones de administrar esa justicia que nosotros administramos a favor de los ciudadanos pertenecientes a cualquier nacionalidad" y amenaza con la ruptura de relaciones diplomáticas.[3] No se llegará a tanto, pero nuestro ministro en Washington, barón Fava, será convocado a su país. Por fin, el problema se resolverá con la concesión por parte de los americanos de convenientes indemnizaciones a favor de los familiares de las víctimas.[4] Pero los daños morales son irreparables: el episodio lleva a asociar, en el vocabulario criminal americano, la palabra mafia a los italianos.

Los linchamientos de Nueva Orleans no fueron un incidente único. Se registraron sucesivamente otros episodios: en Walsenburg (Colorado) en 1895; en Hahnville (Luisiana) en 1896; en Tallulah, siempre en Luisiana, en 1899; en Erwin (Mississippi) en 1901; en Tampa (Florida) en 1910. Con referencia a este último caso, el linchamiento de dos obreros italianos en ocasión de una huelga, el agregado consular encargado de la investigación, conde Guglielmo Moroni, observa que "el linchamiento es un delito que, en general, se comete con la aprobación de una parte elegida de ciudadanos y siempre al amparo del consenso tácito de la policía local".[5]

Por su parte, un candidato al gobierno de Mississippi, Jeff Truly, arenga a los electores contra los italianos: "Son una raza inferior. La inmigración italiana no resuelve el problema del trabajo: los italianos son una amenaza y un peligro para nuestra supremacía racial, industrial y comercial".[6] Son afirmaciones contradictorias: si los italianos fueran una raza inferior, su presencia en el comercio y en la industria no debería producir miedo, pero la animaversión es patente. Esto explica por qué el sur de los Estados Unidos no fuera durante cierto tiempo un destino preferencial para los italianos.

Un modelo americano: Providence

Un oficial italiano, después de un periplo por la costa caribeña y atlántica de los Estados Unidos, pintará un cuadro de la situación de los italianos en los Estados Unidos lleno de claroscuros pero con algún resplandor de luz. El capitán de fragata Michelangelo Leonardi asume el mando de la nave de guerra *Etruria* precisamente en Nueva Orleans, diecisiete años después de los linchamientos y no duda en señalar que la colonia italiana, compuesta mayoritariamente por sicilianos, está dominada por la "mano negra". O sea, por "una reproducción de la famosa mafia siciliana". "Los emigrantes sicilianos que aquí llegan, gente de buena índole, habituada al trabajo duro y, con frecuencia, a duras privaciones, son, no obstante, primitivos y de poquísima instrucción y, por ello, están sujetos a sufrir con gran facilidad la influencia buena o malvada de individuos que saben imponérseles demostrándoles una cierta confianza". Los americanos no la pasan mejor: "Los ciudadanos de Nueva Orleans tienen todos los defectos de los del Norte sin ninguna de sus virtudes". Las acciones de los italianos descienden ulteriormente a causa del recientísimo asesinato de un niño italiano atribuido a la mano negra.

De regreso en Nueva Orleans, después de una travesía por el Mar Caribe y por el Atlántico sur hasta el Río de la Plata, Leonardi refuerza su juicio negativo: a la denuncia sobre las actividades de la mafia que impone tributos a los trabajadores italianos añadirá la acusación a las autoridades locales de servirse de la misma con fines electorales.[7]

Revé su juicio cuando hace escala en Galveston, Texas. Italianos y ex italianos, naturalizados americanos, le ofrecen un montón de fiestas. En cuanto a los americanos, encabezados por las autoridades, "tenían mucho interés en demostrar su amistad y estima hacia la colonia italiana de Galveston con la cual tienen óptimas relaciones". Se da sin embargo cierta forma de esnobismo: las grandes familias locales invitan a los oficiales italianos pero no a los italianos del lugar. Pero en los campos aledaños la situación de los italianos es bien distinta a la del trato que sufren en Luisiana o en Missouri: aunque llegan con retraso, los horticultores sicilianos crean en el interior prósperas haciendas agrícolas. Y helo aquí a Leonardi aconsejar al gobierno italiano el desvío del flujo migratorio que se dirige a las ciudades del norte y a Luisiana hacia Texas, donde ningún italiano ejerce "un oficio bajo" y ninguna mujer italiana es "de mala vida".[8]

En el norte, las cosas no van mal. En Washington Leonardi es recibido por el mismo presidente Taft que "ni bien me vio me invitó a sentarme y, unos pocos minutos después, vino hacia mí y conversó conmigo un rato con mucha amabilidad, estrechando mi mano entre las suyas, queriendo dar así, por lo que sé, un carácter íntimo y no oficial al recibimiento". De Washington Leonardi volverá lleno de admiración por un pueblo que "no invadido aún por el escepticismo y la indiferencia, como lamentablemente lo están las poblaciones europeas, siente en todo momento en forma muy viva la fascinación de los ideales y del patriotismo".[9]

En Filadelfia el cónsul no sabe a qué santo encomendarse: "La colonia italiana está en este momento muy dividida por obra de algunos pocos agitadores —la mayoría de los cuales ha tenido algo que ver con la justicia— que no desperdician ninguna ocasión para atacar al Consulado y a las autoridades con acusaciones fantásticas e infundadas, por completo inventadas". A su vez, el comandante se ve envuelto en un incidente con una parte de la colectividad que le ofrece un banquete en la sede de una logia masónica, con lo que corre el riesgo de ofender los sentimiento religiosos de la mayoría absoluta de la colectividad. La elección de un lugar más neutro provocará una polémica furiosa que le parece emblemática del problema italiano en los Estados Unidos. "Quise describir minuciosamente este incidente para dar una idea de las colonias en los Estados Unidos. La mayor parte de los italianos son honestos, trabajadores sobrios y tranquilos, que buscan vivir lo mejor posible con sus familias y ahorrar algún dinero. Unos pocos vagos, que viven haciendo ruido y aprovechando de los otros, son los que gritan arruinando el prestigio de todos".[10]

En cambio, es extraordinario el recibimiento en Providence, capital de Rhode Island. La llegada del *Etruria* es saludada por los silbidos y por las sirenas de las naves ancladas y de las fábricas. La ciudad está embanderada. Cincuenta mil personas asisten con sus mejores galas a una parada inaugurada por un regimiento de la guardia nacional americana y por tres pelotones de marineros de la nave y seguida por miembros uniformados de cincuenta sociedades italianas. Los italianos, casi todos meridionales, salvo algún toscano o genovés, hombres y mujeres, tienen empleos estables y el progreso en el bienestar es "continuo y creciente". "Ellos han sabido granjearse la estima de los americanos, también porque aquí, entre las personas cultas y pudientes, contrariamente a lo que sucede en otros Estados, es general entre los americanos la costumbre de trasladarse a Canadá y a Europa y especialmente a Italia y, por ello, aman y estiman nuestro país. He encontrado aquí a muchos americanos que hablan bien el francés y también el italiano".[11]

Los únicos inconvenientes en las escalas en otras localidades de Nueva Inglaterra (New Haven y Bridgeport) dependerán de algún italiano intrigante. Allí hay plena armonía entre el ambiente americano y las comunidades de artesanos y de obreros con algunos profesionales, especialmente médicos.

También se encuentran quienes han hecho fortuna rápidamente: en New Haven un vendedor ambulante de muñecos de Lucca, Poli, se ha vuelto millonario y propietario de catorce teatros.[12] Que la inserción de los italianos en Nueva Inglaterra se ha logrado en mayor medida que en el sur quedó ulteriomente demostrado en la recientes elecciones en Rhode Island y Maine y en la nominación de dos gobernadores de origen italiano (Donald Carcieri y John Baldacci).

La elección del gueto

El elevado grado de aceptación que encuentran los italianos tanto en el bastión de la tradición americana, en la Nueva Inglaterra industriosa y culta, como en California, sociedad proyectada hacia el futuro, demuestra que la inserción es más difícil en las zonas más retrasadas del *deep South*. La marginación de los italianos se verifica en áreas de por sí marginadas o en las grandes metrópolis.

La reacción frente a formas graves de discriminación no puede ser sino defensiva e implica una acentuación de la propia identidad. La elección del gueto será involuntaria, un pasaje obligado. Mulberry Street, en el barrio pobre de Nueva York, es un auténtico campo de concentración para los recién llegados. Casuchas oscuras, sin aire, hacinadas. En 1888 la tasa de mortalidad para los adultos y los niños mayores de cinco años es del 15,79 por ciento, para los neonatos y los niños menores de cinco años es un tercio del total. "La vida en esas hileras de casuchas", cuenta Jacob Riis, un cronista del *New York Tribune*, "en julio y agosto, significa la muerte para un ejército de niños que toda la ciencia de los médicos es impotente para salvar. Cuando la blanca cinta de la muerte flamea sobre una puerta por medio, madres insomnes vagan por las calles en la grisura del alba, buscando una brisa fresca que restañe la frente de un niño enfermo. No hay allí un cuadro más triste que esa dedicación paciente que lucha contra avatares temibles y desesperados". Pero los italianos conservan la dignidad. "A despecho de todas sus dificultades", admite Riis, "estos meridionales tenían virtudes inmensas y fundamentales. Eran los emigrantes más pobres de la ciudad. Pero sólo una mínima parte se dirigía a la asistencia comunal". Trabajaban y ahorraban como hormigas y enviaban a Italia giros postales por cifras increíbles, aun cuando los más ganaban sólo un dólar al día.[13]

La elección del gueto puede ser voluntaria. En Greenwich Village, en Nueva York, o en un suburbio de Chicago, Chicago Heights, se reconstituye la comunidad étnica volviendo a poner a la familia en el centro. Las *little Italies* construyen una estructura propia que tiene su referente en la parroquia y luego, con la segunda generación, también en las organizaciones políticas.[14] Un proceso de acomodamiento llevará a las *little Italies* a especializarse en función del tipo de trabajo: la industria de la vestimenta en Filadelfia, la edilicia en Boston, la manufactura de joyas en Providence, la industria siderúrgica en Pittsburgh. Las comunidades étnicas se desarrollarán siempre ligadas en forma creciente a sus lugares de origen: los villorrios meridionales se reproducirán en los barrios italianos.[15] En suma, una parte de la Italia norteamericana se cierra en sí misma, se refugia en barrios no frecuentados por los locales, se autocelebra en la música o en el canto o en la cocina tradicional o bien en particularidades, como las procesiones en honor de los santos patrones de los pueblos que no ponen en peligro el orden político dominante. Encuentra en las metrópolis un punto de aglutinación en el factor religioso, incluso más allá de las jerarquías eclesiásticas, en su mayoría de origen irlandés, que desconfían de nuestros connacionales, "católicos sólo de corazón".[16]

En efecto, no siempre las estructuras eclesiásticas responden a las exigencias de los italianos. El juicio de un prelado de apellido italiano que se refiere a los trabajadores ocupados en la construcción de una vía férrea, aunque no es infamante, resulta poco halagador: "Su condición espiritual es deplorable: como en otras diócesis no van a misa; parece que han sido totalmente descuidados por sus sacerdotes en Italia; ignoran la religión y piensan sólo en hacer dinero; son ciudadanos pacíficos pero no religiosos. Sus hijos pierden la fe pero esto no parece importarles a sus progenitores".[17] No resultan siempre de ayuda los sacerdotes italianos quienes, a juicio de los enviados papales, los delegados apostólicos, van a los Estados Unidos más por un espíritu de aventura que por un espíritu misional.

Cuando el juego se torna duro

Allí donde se ve privada de un soporte nacional o espiritual, una minoría de la colectividad responde a la violencia de un mundo moralmente violento no con la subversión que es reprimida despiadadamente sino con la misma violencia apolítica que *cow boys*, pistoleros o buscadores de oro han impuesto en el Far West, transfiriéndola con la mafia y la Cosa Nostra al Far West metropolitano.

Por lo demás, los más aventureros comprendieron pronto cómo deben regularse. En un viaje por los Estados Unidos en 1899, Giuseppe Giacosa encuentra un *cow boy* italiano que ha desarrollado sus acciones en Texas: "Allá revólver en el cinto y a menudo en mano, a caballo de un amanecer al siguiente, al viento, al sol, bajo la lluvia, bajo la nieve, se había reducido a la vida más salvaje que puede vivirse aún en el mundo de gente blanca y en la, cual no obstante, los más hábiles son los italianos y los franceses". "Ateniéndonos a lo que se dice" añade el dramaturgo piamontés, "en Texas los italianos son muy apreciados, a diferencia de lo que ocurre en los otros Estados de la Unión, con excepción de California". Y Giacosa encuentra un testimonio inesperado sobre esto: "Lo mismo me dijo más tarde un alemán que habitaba en Austin, capital de Texas, con el cual hice el viaje desde Búfalo a Nueva York".[18]

Curiosamente, para Giacosa "la mayor imputación que los americanos les hacen a los emigrantes italianos es una sórdida, degradante e insanable abstinencia y un conchabarse en los oficios más humildes, en los trabajos más viles y menos remunerados". Se inculpan la sobriedad, la indiferencia a los placeres de la vida, la ética del trabajo, el espíritu de sacrificio, una aparente resignación, una excesiva probidad, porque, como agrega Giacosa, reflejando la opinión del jefe de policía de Nueva York, "de todas, la emigración italiana es aquella que aporta el menor contingente a los asesinos, a los ladrones, a los facinerosos de toda especie".[19]

Algunos se darán hasta demasiada cuenta de esa actitud activa que complace a los americanos de la época y se apurarán a aplicarlo con violencia en la primera ocasión, como ocurrirá. Pero, para muchos es una batalla perdida de antemano. Partiendo del presupuesto, registrado por nuestro visitante, de que "el italiano no se americaniza", la emigración italiana es aceptada cuando resulta cómodo, o sea, en el período del *big step* de la industrialización intensiva y, de todos modos, salvo en California, se la excluye mayoritariamente del sector agrícola o bien de aquel sector en el cual sobresalen del modo más luminoso los valores de la democracia americana, los valores del autogobierno, de la igualdad, del respeto recíproco, los valores de Walt Whitman y de Spoon River, los valores de la democracia rural.

Quien no acepta las reglas del juego se repatria y la tasa de reingreso es superior a la que se registra en América del Sur: quedarse significa en muchos casos una falla, no haber hecho un cierto ahorro en un tiempo breve. Ni siquiera el arribo de cinco millones de italianos favorece una preferencia por el emigrante italiano. Al contrario, sobrevenida una fase de asentamiento, el italiano es objeto de exclusión y de limitación.

Y sin embargo los "hijos de Colón", como los llama Erik Anfitheatrof en su bello libro sobre la historia de los italianos de América, demostraron en toda ocasión su lealtad hacia los Estados Unidos. En 1861, al comienzo de la Guerra de Secesión, hasta los conocidos organilleros, "gente robusta y resistente habituada a los rigores de la vida", como los define el *New York Herald*, se enrolan en la Guardia Garibaldina, los *Garibaldi Guards*,[20] y serán incorporados en las filas del Trigésimonoveno Regimiento de Infantería de Nueva York. Como recordará Oriana Fallaci, combatirán y caerán durante cuatro años, enfrentando en Gettysburg, con el uniforme azul de los soldados de la Unión, a los voluntarios italianos con uniforme gris del Sexto Regimiento de la milicia de Luisiana, la futura inhospitalaria Luisiana de los linchamiento de Nueva Orleans.[21] Tres oficiales ítalo-americanos, Enrico Fardella, Edoardo Ferrero, Francesco Spinola, serán promovidos a generales de brigada; pero, no obstante una promesa del presidente Lincoln, no será ascendido Palma di Cesnola, aunque recibirá la más alta condecoración americana al valor, la medalla del Congreso, conferida igualmente a otros dos ítalo-americanos: Giuseppe E. Sova, del Octavo de Caballería, y Orlando E. Caruana, del Quincuagesimoquinto de Infantería.[22]

Vale la pena esto? Muchos piensan sólo en regresar. Paradójicamente, el hecho de que muchos italianos intenten hacer la América pero no transformarse en americanos será una ventaja para Italia. Las remesas provenientes de los Estados Unidos superarán a aquellas que llegan desde Sudamérica. Muchos italianos podrá arreglárselas en Italia gracias a los dólares de la América.

Canadá: los huérfanos de Gaboto

A primera vista, los problemas de la inmigración son los mismos para los Estados Unidos y para Canadá, sostiene un sociólogo canadiense, Woodsworth.[23] Y, en efecto, la inmigración italiana en Canadá se presenta en el período anterior a la Primera Guerra Mundial en términos tanto o más negativos que la inmigración italiana en los Estados Unidos.

Análoga es la imagen idealizada de la Italia estética: "Para los canadienses con una sensibilidad nórdica, Italia es uno de los países más bellos del mundo. El *Christian Guardian,* periódico metodista poco destacable por su lirismo, define a Italia como un paraíso terrenal. La belleza de este país no reside sólo en la naturaleza sino también en el genio italiano que se expresa en las tradiciones sucesivas del clasicismo, el cristianismo y el humanismo renacentista que constituyen la fuente de la civilización occidental". Esta imagen de Italia se refleja en los edificios de estilo renacentista de Montreal y de Toronto y en los alrededores en las villas a la lombarda con dos pisos y torre.

Análoga es la imagen despreciativa de sus habitantes y, por ende, de sus emigrantes: un pueblo "envilecido, vindicativo e inmoral", una nobleza "arrogante, impulsiva, inconstante y engañadora".[24] La doble confesionalidad de Canadá, anglo-protestante y franco-católica, no ayuda: los anglo-protestantes desconfían de quien proviene de una Italia "papista"; los franco-católicos, que en 1868 reclutaron 500 voluntarios para defender el Estado Pontificio, desconfían de quien proviene de un país anticlerical que ha desafiado y humillado al Papa. Por reacción al barroco católico, los edificios públicos y las catedrales protestantes se construyen según un modelo neogótico, mientras que los católicos, fieles a una concepción belicosa, vandeana, de la propia religiosidad, responderán precisamente con el barroco, construyendo en Montreal un San Pedro en formato reducido.

No obstante la fidelidad a Roma, o sobre la base de una interpretación distorsionada de tal fidelidad, un episcopado controlado por el elemento irlandés en la zona anglófona y por el elemento local en la zona francófona verá en la inmigración italiana una fuente de debilidad y de preocupación más que un refuerzo, actitud negativa confirmada por el mismo delegado apostólico Monseñor Sbarretti, que se desinteresa de los inmigrantes italianos y se ilusiona, en cambio, con poder convertir al catolicismo a los protestantes de lengua inglesa. De modo que, mientras que en América del Sur los sacerdotes italianos acompañan frecuentemente a sus feligreses, Canadá deviene la meta de clérigos discutidos, de pasado no siempre edificante cuando no escandaloso, que incrementan la ítalo-fobia de los obispos locales. El sucesor de Sbarretti, monseñor Stagni, cambiará el sistema, en parte porque los italianos no son precisamente pasivos y exigen de la Iglesia ayuda para la educación de sus hijos.[25]

No se negará el sentido estético de los italianos, pero se manifiesta sobre todo empleado en la armoniosa exhibición de frutas y verduras en los comercios de alimentos italianos más que en obras maestras de la pintura y de la arquitectura. Sólo quien perciba a los trabajadores italianos en la vida ruda de los hombres de frontera, en la construcción de las vías férreas, reconoce en ellos, junto a la capacidad de trabajo, un sentido genuino de refinamiento, al punto de llegar a la conclusión: "Es el italiano de hoy y no el griego de hoy quien tiende a unir la gracia de Atenas con la dura mentalidad de Esparta".[26] Pero el reconocimiento del amor italiano por la música y las artes, asociado a una naturaleza liviana y despreocupada, deviene un estereotipo negativo de carácter general.

En fin, una última analogía: así como los italianos de los Estados Unidos recurren a Colón y rebuscan en la historia a coterráneos —como el jurista Mazzei, amigo de los Padres fundadores, el importador de la ópera, el libretista de Mozart Lorenzo da Ponte, los voluntarios italianos de la guerra de independencia y de la Guerra de Secesión o el corneta del general Custer— para legitimar la propia presencia en los Estados Unidos, del mismo modo los ítalo-canadienses se remiten a

Juan Gaboto, que planta sobre la tierra recién descubierta junto a la bandera real inglesa la de su nacionalidad, el estandarte de la República Véneta, a Verrazzano, al gran misionero como el padre Bresciani, a los soldados piamonteses del regimiento Carignano, que militan en el ejército ocupante francés, a un general Burlamacchi, ayudante del general francés Montcalm, a los *demi-soldes,* a los veteranos de los regimientos disueltos de los ejércitos napoleónicos. Un personaje puede ser compartido por los ítalo-canadienses y los ítalo-americanos: Enrico Tonti o Henry de Tonti, hijo de un desterrado napolitano y lugarteniente del explorador francés René de la Salle, mutilado de un brazo, una especie de capitán Uncino, "increíblemente corajudo, un puro héroe", como lo describe Anfitheatrof, con una trayectoria de aventuras como para despertar la envidia del Corto Maltés.[27]

Estas reivindicaciones, este "culto de los descubridores", como lo llama el historiador canadiense Harney,[28] no servirán de escudo a la primera ola italiana que será frenada por las autoridades canadienses, autolimitada por nuestros propios emigrantes, conscientes de que en Canadá no se respira un aire favorable, pero que repuntará durante el ventenio fascista, sufrirá una brusca y dolorosa catalepsia durante la Segunda Guerra Mundial para volver a despertarse en el Canadá de la segunda mitad del siglo XX.

NOTAS

1. *Gazeta mineira*, 19 de enero de 1889, citada por José da Paz Lopes, "Immigranti italiani a São João del Rey", en Rovilio Costa, Luis Alberto De Boni, *La presenza italiana nella storia e nella cultura del Brasile,* Turín, Fundación Agnelli, 1991, p. 135.

2. Dore, ob. cit., pp. 311-312.

3. Del presidente del Consejo y ministro de Relaciones Exteriores, di Rudinì, al ministro en Washington, Fava, 26 de marzo de 1891 (DDI, Serie II, vol. XXIV, doc. 154, p. 113).

4. Acerca del cierre satisfactorio de la causa, véase del presidente del Consejo y ministro de Relaciones Exteriores, di Rudinì, al encargado de asuntos comerciales en Washington, Im-

periali di Francavilla, 13 de abril de 1892 (Ibídem, doc. 722, p. 572).

5. Para las fuentes de archivos sobre estos episodios, véase Laura Pilotti, "La Serie Z-Contenzioso dell'Archivio Storico Diplomatico del Ministero degli Affari Esteri", en *Il Veltro*, a. XXXIV, 1-2 de enero-abril de 1990, pp. 101-110.

6. Citado por R. S. Baker, *Following the Colour Line. American Negro Citizenship in the Progressive Era*, Nueva York, 1964, pp. 268.

7. M. Leonardi, "R. N. *Etruria*, Campagna America 1908-1910", copia de algunos informes elevados al Ministerio de la Marina, Biblioteca IILA, pp. 3-5.

8. Ibídem, pp. 140-152.

9. Ibídem, pp. 159-165.

10. Ibídem, pp.170-174.

11. Ibídem, pp.174-177.

12. Ibídem, pp.179.

13. Erik Anfitheatrof, *I figli di Colombo. Storia degli italiani d'America*, cit. pp. 142-144.

14. Véase Donald Tricarico, "El quartiere italiano di Greenwich Village: comparsa ed eclisse di un forum etnico comunitario", y Domenic Candeloro, "Gli italiani nei sobborghi: Chicago Heights, 1890-1975", en *Euroamericani*, vol. I, *La popolazione d'origine italiana negli Stati Uniti*, Turín, Fundación Agnelli, 1987, pp. 258-260 y pp. 308-310.

15. Stefano Luconi, "Buy Italian'. Commercio, consumi e identità italoamericana, tra le due guerre", en *Contemporanea*, V, 3, julio de 2002.

16. Archivo Propaganda Fide, Nuova serie, vol. 372 (1907) Grub. 7, ff. 421-422 (publicado por Giovanni Pizzorusso, "La 'Nuova Serie' dell'Archivio di Propaganda Fide e la storia degli italiani in Nord América", en *Il Veltro*, XXXIV, 1-2, enero-abril de 1990).

17. Respuesta del obispo de Harrisburg, John W. Shahanan, a la carta circular de la Propaganda Fide del 25 de agosto de 1904 en la cual se solicitan datos sobre los fieles de las distintas nacionalidades (Pizzorusso, ob. cit.).

18. Giacosa, ob. cit., p. 95.

19. Ibídem, pp. 97-98.

20. Anfitheatrof, ob. cit., p. 90.

21. Oriana Fallaci, *La rabbia e l'orgoglio*, Milán, Rizzoli, 2001, pp. 38-39.
22. Anfitheatrof, ob. cit., p. 118.
23. J. S. Woodsworth, *Strangers Within Our Gates*, Toronto, 1909, p. 181.
24. Roberto Perin, "I rapporti tra Italia e Canada nell'Ottocento", en *Il Veltro*, XIX, 1-2 enero-abril de 1965.
25. Matteo Sanfilippo, "La Delegazione Apostolica a Ottawa e gli immigrati italiani, 1899-1920", en *Il Veltro*, XIX, 1-2, enero-abril de 1990.
26. Edmund Bradwin, *The Bunkhouse Man*, Nueva York 1928, citado por Robert F. Harney, *From the Shores of Hardship - Italians in Canada*, Welland, Ontario, Centro canadese scuola e cultura italiana-Soleil, 1993, p. 43.
27. Anfitheatrof, ob. cit., pp. 35-48.
28. Harney, ob. cit., pp.1-24.

VII

EL REINO SORPRENDIDO Y DIVIDIDO

El preámbulo saboyano-piamontés

Mayo de 1825. La flota del Reino de Cerdeña bombardea Trípoli. Una de las naves sardas es la fragata *Commercio di Genova*, armada de 50 cañones y botada gracias a una suscripción de los comerciantes y armadores genoveses. Pero la flota en su conjunto es una novedad querida por el Rey de Cerdeña, Vittorio Emanuele I, que encargó los preparativos a un oficial de la Marina saboyano, Giorgio Andrea Des Geneys, conde de Pasca, que será el primer comandante y lugarteniente general de la misma, y al ingeniero Giacomo Biga, que será el constructor de la flota en su condición de Director del Astillero Naval de Génova. La preparación de una flota de guerra ya había sido solicitada en 1815, inmediatamente después de la incorporación de Génova al reino subalpino, por la Cámara de Comercio de Génova, "afectada por los daños de las piraterías de los berberiscos que perjudicaban a los negociantes de esta Plaza y del Ducado [de Génova]".[1]

En efecto, la guerra de corsarios, que tienen sus escondidos refugios en Argelia, Túnez y Trípoli, golpea a los países ribereños y en particular a los estados italianos, expuestos a las incursiones de pillaje de la chusma musulmana en búsqueda de botines materiales y humanos (los habitantes capturados son reducidos a la esclavitud y recuperados a un precio alto).

La última incursión berberisca exitosa es de 1798 y lleva a la captura de novecientos habitantes (en su mayoría mujeres y niños de la isla sarda de San Pietro), que serán rescatados sólo después de cinco años: en 1812 otra incursión, siempre sobre las costas sardas, termina siendo rechazada.[2] Pero daña la navegación internacional hasta el punto de motivar una demostración de fuerza en Trípoli de la Marina americana y un desembarco de *marines*, recordado en su himno de guerra, y el estacionamiento en el Mediterráneo de una escuadra naval británica.

Para Italia la guerra en el Mediterráneo se tradujo en un "estado de guerra virtualmente perpetuo"[3] que, entre otras cosas, restringe la navegación mercantil italiana y la obliga a limitarse al cabotaje costero.

El gran ducado de Toscana, que enfrentó a los corsarios sarracenos con la flota de la Orden militar de Santo Stefano, conseguirá, mediante una hábil negociación, llegar a un acuerdo con el *bey* de Túnez.[4] El Reino de las Dos Sicilias intervendrá en Trípoli en 1828 con una demostración armada. Pero el bombardeo fracasa, los proyectiles caen en el mar en lugar de en la ciudad.[5]

En cambio, la "acción de fuego" de la Marina sarda se vio coronada por un éxito completo, incluso en el desembarco en el puerto de Trípoli de un sección de fusileros de la marina comandado por el teniente de navío Giorgio Mameli, padre de Godofredo. Estamos en el pre *Risorgimento*. Mameli *senior* anticipa las palabras del himno del hijo: "Italia se despierta". Entonces se ha despertado al menos la Cerdeña y con ella la Italia de afuera, porque los caminos del mundo se reabren y los veleros retoman, enarbolando su bandera sarda, las rutas históricas y se reúnen fuera del Mediterráneo en el Atlántico y hacia el Mar Negro.

Pocos años después, sobre la costa del Atlántico meridional las colonias italianas son tan densas que para su protección se crea en Montevideo una estación naval permanente. En 1839 un joven oficial embarcado en la fragata *Regina* recordará: "Muchísimos barcos mercantiles estaban anclados delante de la ciudad, la mayor parte era genovesa y muchos que llevaban la bandera oriental [uruguaya] eran comandados por genoveses". Desembarcado testimoniará: " Apenas hube descendido a tierra lo que me dejó estupefacto fue escuchar que casi todos hablaban genovés. Allá los comerciantes, los marineros y la mayor parte de los trabajadores son ligures que tomaron la decisión de marcharse y dirigirse a esas tierras para hacer fortuna. De hecho, muchos han logrado abrirse camino gracias a su industriosidad; otros, creyendo poder hacerse ricos aun sin esfuerzos, se encuentran en la pobreza".[6]

Más allá de los inconvenientes, como las deserciones que afectan a las naves de guerra sardas, el reino saboyano es el único estado italiano que aprovecha la ocasión que le ofrece la reconquistada libertad de los mares. La Toscana establecerá pequeñas colonias en Túnez, pero se servirá para su protección más de los cónsules sardos que de una familia holandesa que busca apropiarse de la carga.[7]

El sueño del barón Ricasoli:
un pueblo de marineros y de comerciantes

El Reino nace con las ideas claras. No quiere ser una potencia política, un imperio. La monarquía unitaria será mercantil y marítima porque se siente la heredera legítima de las repúblicas marineras y mercantiles italianas, la heredera de Génova y de Venecia, por derecho geopolítico, por la posición central de la península en el Mediterráneo y sus puertos y por vocación de sus habitantes, "llevados a la navegación y a las empresas comerciales", como proclama el ministro de Relaciones Exteriores, barón Bettino Ricasoli.

"Italia reunida en una sola nación está llamada a renovar aquellos tiempos gloriosos en los cuales la bandera italiana ondulaba en todas partes como símbolo de civilidad, de laboriosidad, de riqueza, y cuando los productos de la industria, del arte y del genio italiano eran buscados por todas partes en el mundo". Ninguna referencia en los documentos oficiales a la romanidad. El himno de Mameli con el yelmo de Escipión y la gloria de Roma se deja de lado. La marcha real no necesita de palabras, más bien de cifras. El verdadero ejército de Italia son sus naves y sus cientos de miles de marineros.

Si Italia no es todavía una potencia industrial y si se verifica con "dolorosa frecuencia" que "a veces en nuestros puertos los buques nacionales y extranjeros se ven obligados a partir con lastre" es porque en Italia la industria manufacturera no ha encontrado aquel mercado de consumo que sólo puede alimentar una "vasta fabricación" y, por ende, las exportaciones. Pero con la unidad de la península se da el mercado de consumo y se puede comenzar la industrialización: "En la medida en que los productos italianos ya pueden contar con un mercado interno de 23 millones de habitantes y en que las manufacturas estén alentadas por las facilidades de la que goza la introducción de materias primas, por las instituciones de crédito, por la extensión de las vías férreas y de las carreteras ordinarias, bien puede esperarse con razón que los italianos lograrán dentro de no mucho producir bienes y a precios convenientes no sólo para abastecer el consumo interno sino también para alimentar una ventajosa exportación hacia los mercados extranjeros".

Las instrucciones detalladas impartidas por el ministro Ricasoli a los cónsules de Su Majestad en septiembre de 1861,[8] pocos meses después de la proclamación del Reino, son casi idénticas a las que el Instituto de Comercio Exterior podría hoy enviar a sus agentes para promover el *Made in Italy*.

La circular del barón toscano menciona las áreas con las cuales ya se han estrechado las operaciones comerciales: Francia, Inglaterra, Turquía, Rusia meridional y América del Sur. "Los italianos tienen poquísimas relaciones directas con los países del Norte de Europa, o sea, con los países escandinavos y con las costas germánicas sobre el Báltico y sobre el Mar del Norte, no muchos con la América septentrional y Central, con las Indias Occidentales, con la China, con el Japón y con Oceanía, y, si bien una cierta cantidad de productos de estas regiones afluyen a Italia e, incluso, en ciertos rubros, por ejemplo en los coloniales, la importación es grande, los italianos, en lugar de proveerse de ellos directamente en los mercados de origen, dejan en gran parte a banderas extranjeras el trabajo de aprovisionar a Italia".

En este proyecto de recuperación el papel de la emigración es breve y se ubica en un contexto extremadamente general. En los ocho puntos de un cuestionario dirigido a los cónsules, el octavo se refiere a las deserciones de los marineros, un fenómeno que preocupa desde hace tiempo a la Marina sarda sobre todo por las naves estacionadas en las riberas del Plata. En el mismo punto se pregunta a los cónsules si allí, en los respectivos distritos, hay inmigración de extranjeros y, sobre todo, de italianos; "si el gobierno local se ocupa y de qué forma, en cuáles condiciones se encuentran los emigrados, si en forma legal o por contrato o de hecho; qué normas convendría adoptar para proveer a su seguridad y a su bienestar".

El 15 de junio de 1862, en una nueva circular,[9] Ricasoli aborda el tema de los italianos en el exterior, pero para subrayar las dificultades de un censado completo y preciso (dificultades que no han sido totalmente superadas todavía hoy a ciento cuarenta años). De todos modos, pide indicaciones a propósito, pero refuta el objetivo preeminente de la expansión económica, partiendo de un análisis optimista del potencial productivo del país y de su capacidad de insertarse en los intercambios comerciales internacionales.

En esta visión idílica, también hay lugar para los misioneros italianos, dispersos en todos los países del globo, "incluso en regiones inexploradas y todavía mal conocidas". Se apela a su "cultura social" para relaciones de "utilidad práctica".

De los expatriados se habla fundamentalmente en función de su actividad y de la propaganda que hacen del país. Se citan la gesta de los capitanes de mar, las "bellas exploraciones" de De Scalzi en Río Negro y en la Patagonia, aquellas del capitán Opizzo a través del Estrecho de Magallanes, aquel viaje en derredor del mundo del capitán Tortello, que en el Pacífico rectifica algunos datos señalados de forma inexacta sobre las cartas marítimas de las Carolinas. Se exalta la vocación global de la Marina nacional: las naves italianas están frecuentemente presentes en las Indias y en Malasia, visitan los puertos de Australia, participan en el comercio del aceite en Guinea.

Los capitanes de la industria no juegan un papel menor. Son italianos los que introducen la industria del algodón en Guinea, los que comercian marfil en Nubia; a un italiano (Codazzi) Venezuela debe su mapa, y un italiano dirigía en México a la gran compañía británica de la minería de la plata.

Se retoma, en definitiva, al Renacimiento a partir del momento en que terminó. Se saluda el regreso automático a una "vida noble". La emigración que se producirá en breve no será ni excluida ni admitida. Para los hombres del *Risorgimento* que están en el poder, y también para una derecha seria y realista, el milagro de la unidad se ha obtenido a un costo tan bajo que induce a creer que también el milagro de la modernización y del desarrollo puede sobrevenir a un costo cero y no como de hecho sucederá: al costo de un éxodo bíblico.

Italia no reconoce la doctrina Monroe

Ricasoli exalta a los 250.000 italianos que están en el exterior y que "siempre y en cualquier país responden a toda invitación de patriótica caridad fundando escuelas, colegios, hospitales, enviando sumas de dinero para los heridos de las gloriosas guerras nuestras de recuperación nacional y donativos para bibliotecas y museos".

No olvida los asentamientos italianos más allá el Atlántico y recuerda "que suman de a centenares las naves de bandera italiana o tripulación italiana sobre el Paraná y sus afluentes, que muchas se destacan en el Paraguay, que varias ciudades de la Argentina son casi totalmente italianas, por ejemplo, Rosario, y que por todas partes se encuentran colonias italianas sobre el Uruguay bajo y medio".

No obstante esto, el primer impulso es, respecto del esquema mercantil marítimo de los antiguos estados italianos, una patente desviación que se inspira en un presencialismo a cualquier costo, en la creencia de que, entrometiéndose en las empresas de las grandes potencias, como Francia y Gran Bretaña, Italia será considerada a la par de aquellas. De manera que se despliega en circunstancias totalmente diferentes la estrategia adoptada por Cavour con la intervención en Crimea, y se opta —con la esperanza de obtener un rango internacional elevado— antes que por la vía directa, la de la tutela y la de la promoción de intereses nacionales precisos, por una vía indirecta, la de la participación en cualquier empresa con tal de figurar.

El mismo Ricasoli cae en la trampa y busca incluir a Italia en la expedición que Francia, Inglaterra y España están organizando contra México, deudor insolvente y recidivo, y, tomando como pretexto cierta deuda no saldada con súbditos italianos, ofrece enviar una fragata. España, que por razones dinásticas todavía no ha reconocido al Reino de Italia, se opone. Francia e Inglaterra señalan que Italia, no teniendo relaciones diplomáticas con México, no podrá participar en los negociados que seguirán a las operaciones militares. Ricasoli insiste y al final, perdiendo la paciencia, el ministro de Relaciones Exteriores francés, el conde Thouvenel, aconseja a nuestro ministro en París, conde Nigra, que reserve nuestra Marina "para el Adriático o a lo sumo para el Plata" donde, subraya el ministro francés, bien al corriente de la negligencia italiana —dado que la legación francesa en Buenos Aires se ocupa de los intereses italianos estando nuestra sede vacante— Italia tiene "muy serios intereses".[10]

Ricasoli se retira en orden, pero México continúa en la mira. Se ve con buenos ojos el establecimiento en el trono imperial del archiduque Maximiliano de Asburgo, impuesto por las armas francesas, y se lo reconoce. Este reconocimiento se completa con un no reconocimiento, el de la pretensión americana de que los Estados europeos no interfieran en los asuntos de los países latinoamericanos, la doctrina Monroe. En efecto, con una juego maestro de duplicidad, el ministro de relaciones Exteriores, Visconti Venosta, le da instrucciones a nuestro ministro en Washington para que, en un coloquio secreto con el Secretario de Estado americano, Seward, mencione como mérito nuestro la falta de participación en la expedición a México, pero también para que le haga entender, al mismo tiempo, que "doctrinas como la Monroe no tienen carácter internacional y obligatorio desde que no se encuentran formuladas en tratados públicos".[11]

En resumen, Italia quiere tener las manos libres en las Américas, pero terminará con una desilusión, dejándose sorprender por la gran emigración.

La gente se va y el gobierno no se mueve

Le toca a un diputado lombardo, Ercole Lualdi, plantear en 1868, por primera vez ante el parlamento italiano, el problema de la emigración. El suyo es un grito de alarma. Patético, porque "esta gente se va llorando y maldiciendo a los señores y al gobierno". Práctico, porque "si continuamos en este camino, se marcharán los hombres necesarios para trabajar la tierra y desarrollar las industrias".

Partiendo de este primer episodio, Fernando Manzotti ha seguido el tortuoso itinerario recorrido a nivel gubernamental y parlamentario para afrontar el problema.[12]

A Lualdi le responde el mismo presidente del Consejo, el general saboyano Menabrea, descargando toda responsabilidad sobre las clases acomodadas, que el interpelante, en su réplica, defenderá porque se encuentran "endeudados por el fisco".

Este intercambio de opiniones deja hacer al tiempo, o sea, deja que un fenómeno al comienzo relativamente sin importancia se torne cada vez más caliente, hasta el punto de tocarse lo menos posible. Sólo cuatro años después, otro diputado, Guglielmo Tocci, retoma el argumento con tono admonitorio hacia el Ministro del Interior: "Los italianos se van, señor ministro". En nombre del gobierno, el presidente del Consejo, Lanza, responde con tono optimista: la emigración es un desahogo, un signo de sobreabundancia de energía.

Al optimismo oficial corresponde extrañamente el pesimismo burocrático. El tratamiento de la emigración termina por ser más administrativo que político y, transferido a los escritorios de los burócratas, encuentra en los travet* de turno la actitud hostil que enfrenta todas las novedades espinosas y complejas. En las primeras circulares del Ministerio del Interior se invita a las administraciones dependientes a obstaculizar la expatriación por medio de todos los inconvenientes posibles, en vano condenados por políticos y economistas en nombre de un liberalismo absoluto, del *laissez faire, laissez passer*. Entre tanto, crecen los detractores del fenómeno, para los cuales "la elección de libertad" de unos se transforma en la "enfermedad moral" de los otros.

En 1887 el presidente del Consejo, Agostino Depretis, respondiendo a la acusación de "no tener el coraje de pensar y de dirigir nuestra emigración" que ha alcanzado el nivel de cien mil almas al año, concuerda con la conveniencia de dirigirla hacia los países latinos de América.[13]

Será el sucesor de Depretis, Francesco Crispi, quien se ocupará en 1888 de un modo más orgánico de la emigración,

* *Travet*: sinónimo negativo de empleado público. *N. de la T.*

relacionándola, en una encuesta en la red consular, con la expansión económica del país.[14] Pero el objetivo es el aumento de los intercambios comerciales, no la emigración en sí misma, tanto más cuanto que Crispi se muestra en lo sucesivo siempre más proclive a encontrar una salida colonial a nuestra emigración. Se buscará una fuerte presión externa para que se arribe a una ley sobre la emigración que, por lo demás, como se verá, no resuelve el problema y no inaugura una estrategia.

El frente entre los que favorecen la emigración y los opositores no divide la derecha de la izquierda sino que produce una escisión en el seno de ambas, de la derecha y de la izquierda. La actitud del incipiente movimiento obrero es ambigua.

La política oficial oscilará durante un siglo entre una impostación liberal optimista (hay todo por ganar) y una impostación populista pesimista (hay todo por perder) para desembocar en un neutralismo práctico que se transformará, paradójicamente, en un activo favorecimiento sólo durante la última fase migratoria, la de los años sesenta del siglo XX, dejando una saga de pésima y edulcorada literatura de la que no se salva la poesía de De Amicis, autor de versos que malversan con un retórica lacrimógena el severo realismo descriptivo de su prosa:

> Cogli occhi spenti, con le guance cave,
> Pallidi, in atto addolorato e grave,
> Sorreggendo le donne affrante e smorte,
> Ascendono la nave
> Come s'ascende il palco della morte.
> ...
>
> Addio povera gente,
> Datevi pace e fatevi coraggio.
> Stringete il nodo dei fraterni affetti,
> Riparate dal freddo i fanciulletti,
> Dividetevi i cenci, i soldi, il pane.
> Sfidate uniti e stretti
> L'imperversar delle sciagure umane.[15]

Las palabras de despedida que cierran una poesía dedicada a los emigrantes suenan falsas. Mejor que cualquier otro

De Amicis conoce que en el puerto de arribo la unidad entre ellos es sólo un deseo: a menudo las mismas familias se dispersan de modo irremediable a causa de direcciones mal transcriptas. Y pocas son las instituciones y las personas que intervienen para promover la solidaridad así presagiada.

Preaviso al gobierno

Las admoniciones de los viajeros y de los cónsules sobre las condiciones en que se encuentran los emigrantes no son escuchadas. Sin embargo, en el caso de Brasil, a donde se dirigirá en un primer momento el 60 por ciento de nuestra emigración transoceánica, las "míseras" condiciones de nuestros colonos son señaladas ya por el capitán de fragata, Gian Galeazzo Frigerio, comandante de la nave de guerra *Staffetta* en el curso de la campaña oceánica 1878-1879, y se refieren tanto a los 15.000 campesinos italianos instalados en el Estado de Santa Catalina como a los 7.000 residentes en el Estado de Espíritu Santo. "Algunos habitaban en localidades salubres, provistas de buen agua, y prosperaban; otros, y especialmente en el núcleo de Santa Cruz, vivían en un clima no sano y la mortalidad era elevada. Mientras el gobierno buscaba cualquier medio para disminuir el peso financiero de las subvenciones a las colonias agrícolas que resultaba gravoso en sus balances, dichas colonias no estaban en condiciones de bastarse a sí mismas y tenían las mayores necesidades de ayuda". Frigerio resume así sus impresiones: "Hablando en términos generales, sin calcular a los elegidos de la fortuna o a aquellos que sucumben al clima o que se encuentran en la más desoladora miseria por las condiciones especiales del lugar donde se establecieron, el colono no encuentra en Brasil una existencia material más fácil y acomodada que la que deja en su patria y debe sumarse a esto el aislamiento de los parientes y compatriotas, la lejanía, la ausencia de la influencia moral y benéfica del campanario natal".[16] El informe de Frigerio no quedará archivado en un archivo ministerial sino que será publicado en la *Rivista marittima* (en febrero de 1879). Su denuncia, por lo tanto, no puede pasar desapercibida.

Diez años después, todos los inconvenientes de nuestra

emigración en tales países se especifican en una investigación profundizada por un médico, al poco tiempo funcionario del Comisariado de la Emigración, Alfonso Lomonaco, publicada en 1889.

Lomonaco recuerda que la primera emigración italiana a Brasil ocurre en 1817, cuando el rey de las Dos Sicilias, Francisco I, se libera de unos centenares de facinerosos evacuando las galeras napolitanas y despachando a su ocupantes en Brasil. El ejemplo será seguido por el Estado Pontificio, veinte años después, con un contingente de condenados políticos.

La suerte de esos individuos quedará en el misterio y en la soledad porque sólo a partir de 1855 se intensifica el flujo de los inmigrantes italianos que alcanzará en 1886, año de referencia de Lomonaco, un número aproximado de 150.000 (80.000 según los datos italianos), una cantidad suficiente como para distinguir tres clases de inmigrantes.

La primera está constituida por colonos, en su mayoría vénetos, lombardos, tiroleses (trentinos), destinados a trabajar la tierra que les ha asignado el gobierno o los privados. Se trata de una emigración estable, que tiene intenciones de quedarse en el país.

La segunda está constituida por profesionales, artesanos, obreros y "trabajadores de distintos oficios", emigración ésta "advenediza e inestable", que tiene como meta la repatriación una vez acumulado "un pequeño peculio".

La tercera categoría está constituida por gente "sin arte ni parte", de "desarraigados de todo tipo", de "aventureros de cualquier orden y gradación". Esta última es la categoría que, montando el espectáculo de su condición "misérrima", contribuye a enturbiar el prestigio del emigrante italiano. A esta categoría pertenecen los vendedores ambulantes y sus organilleros, gente de la que la misma Italia tiene interés en deshacerse.

"Si la emigración italiana en esa tierra", subraya Lomonaco, "únicamente se compusiera de obreros o de trabajadores de distintos oficios en general desocupados o que sobran en su patria de origen, podríamos a lo sumo apoyar y no encontrar obstáculos para su emigración porque esta clase prospera bastante en el nuevo país".

La que preocupa a Lomonaco, a despecho de cierto cinismo realista, es "la clase de colonos que vienen en masa con sus familias". Y en este punto describe la estructura fundiaria brasileña: el gobierno no tiene tierra suficiente para distribuir entre los colonos, la mayor parte del territorio está acaparado por los "grandes señores". Por lo tanto, es fácil sospechar que el celo del gobierno brasileño en favorecer la emigración sea "solo apariencia" y que "tal interés muestre el ocuparse más por atraer elementos de trabajo hacia las *fazendas* y por asegurarse el apoyo de los respectivos propietarios que por llevar a cabo una amplia colonización a cargo del Estado". Las facilidades de viaje acordadas a los emigrantes son espejuelos de colores. El mismo asentamiento en tierras públicas no es seguro. Una vez cultivadas las tierras son reclamadas por notables locales sobre la base de títulos de propiedad falsos.

A todo esto se agrega un sistema contractual, confirmado por una ley de 1879 sobre *locação de serviços,* que pone a los colonos en manos de los *fazendeiros* estableciendo como conductas susceptibles de pena de encarcelamiento la ausencia en el trabajo y la falta de pago de las deudas (reembolso de gastos de viaje y erogaciones efectuadas para la manutención y otras necesidades en los comercios de los patrones), en este último caso derogando la normativa general que no prevé la prisión para las deudas. Queda además, para sumarse a las desventajas del colono, una buena dosis de xenofobia. Y, en conclusión, Lomonaco define "deshonesto y antipatriótico" alentar la emigración a Brasil.[17]

Sin embargo, Lomonaco toma conciencia de la existencia en Italia de un potente lobby interesado en una emigración en masa. Es una red de auténtica "trata de blancos", agentes de emigración que especulan con la ignorancia de los campesinos y hacen de intermediarios entre ellos y las autoridades brasileñas. Un decreto de Crispi del 10 de septiembre de 1887, que impide las concesiones de pasaportes a los emigrantes con pasaje gratuito a Brasil, no logrará controlar semejante ralea y será suspendido dos días después. Sólo en 1902, cuando el ministro de Relaciones Exteriores, Prinetti, prohíba la expatriación con el viaje pagado se elevará un dique más sólido: pero los bueyes, los emigrantes, ya se han escapado.

La Iglesia se mueve

El primer grito de alarma proviene de la Iglesia. En 1887 el obispo de Piacenza publica un opúsculo: *L'emigrazione italiana in America. Osservazioni di un vescovo.* Para Monseñor Scalabrini, "nuestros compatriotas en el exterior son los menos protegidos... frecuentemente son víctimas de infames especuladores, ya sea por ignorancia, ya sea por buena fe". "Son aquellos que menos se preocupan por recurrir a las autoridades consulares para sus necesidades y para hacer valer sus propias razones", también por desconfianza "derivada de las habituales despreocupación e impotencia de las autoridades".

"Ahora bien, dadas estas condiciones, ¿qué previsiones se han tomado o tan sólo intentado para mejorarlas? Lo digo francamente, aunque con dolor: por parte del gobierno se ha hecho bastante poco, y por parte de los privados no se ha hecho nada." Alguna polémica sobre la prensa y alguna interpelación en el parlamento cuando se verifica un episodio triste. "Pero ante las interpelaciones el gobierno responde que proveerá; ante la bulla periodística, un palpitar de alma generosa; y después el olvido cubre cada cosa y todo retorna a la calma, la calma engañosa de la ola que esconde en los profundos remolinos a la víctima".

El alto prelado tiene el mérito de poner el dedo en la llaga, de reclamar la responsabilidad de la clase dirigente y de exigir al gobierno una estrategia precisa. Como observa un historiador católico, Scalabrini incluye el problema de la emigración en una visión general como un "hecho de política exterior" y como un "hecho de política económica internacional", que debe distinguirse de la colonización militar, o sea, del colonialismo imperialista, y que ha de relacionarse, en cambio, "con planes de colonización económica organizada".[18]

En este sentido, Scalabrini identifica en la emigración el anillo faltante en la política de expansión económica delineada en su momento por Ricasoli y débilmente seguida por sus sucesores. Y para realizar su proyecto, consciente de que para resolver el problema no basta con la intervención privada, incluyendo la católica, y de que es, entonces, necesaria la intervención del Estado, el obispo de Piacenza no hesita en proponer un acuerdo entre Iglesia y Estado: una política *bipartisan*. La premisa es que el fenómeno es inevitable: todos los obstáculos burocráticos impuestos a la expatriación sólo han servido para hacer crecer la emigración clandestina. Los opositores, los ofertantes italianos de trabajo, olvidan que "la emigración, fuerza centrífuga, puede transformarse, cuando está bien dirigida, en una poderosísima fuerza centrípeta". "En realidad, más allá de llevar alivio a aquellos que se quedan con la disminuida capacidad de sus brazos, y con las nuevas salidas abiertas al comercio, la torna en algo de inmenso provecho adquiriendo influencias y devolviendo bajo miles de formas las valiosas actividades sustraídas por un momento a la nación".[19]

En esta perspectiva, Scalabrini también completa el proyecto de Ricasoli y anticipa la estrategia que será propuesta algunos años después por Luigi Einaudi y luego por Francesco Saverio Nitti, que contraponen la "colonización económica" en América a la deriva africanista.

Incluso en la elección geopolítica Scalabrini anticipa a Einaudi y a Nitti. La dirección tomada por los emigrantes es justa. "América meridional, menos poblada que la septentrional, se presta maravillosamente para las empresas agrícolas. Territorios sin límites, a lo largo de lagos y ríos profundos, yacen allí sin cultivar a la espera de brazos robustos que hagan valer su extraordinaria feracidad. La República Argentina, el Brasil, Uruguay y las otras repúblicas de América del Sur están, algunas más, otras menos, en similares condiciones. Desde hace muchos años, más aún, desde hace varias décadas, esas tierras reciben miles y miles de emigrantes italianos que se esparcen por aquellas comarcas, mucho más vastas que toda Europa, y fundan allí pueblos, villas, colonias agrícolas, algunas de las cuales gozan de una próspera vida y podrían ser para Italia fuente inagotable de actividad industrial".[20] Y aquí se transparenta otra justa convicción: la tesis de la potencial complementariedad entre el desarrollo agrícola de esos países y el desarrollo industrial italiano.

Pocos meses después de la publicación del opúsculo de Scalabrini (en diciembre de 1887), el gobierno Crispi presenta un proyecto de ley sobre la emigración. Es un proyecto que confirma el erróneo postulado adoptado hasta entonces por los gobiernos italianos: la neutralidad frente al fenómeno, la renuncia explicitada por Crispi a proclamarlo como un bien o a denunciarlo como un mal, el rechazo a "examinarlo", o sea, a comprenderlo. La norma, entonces, sólo se limitará a poner remedio a una incrustación parasitaria, a una desviación que se verificaba en Italia: el escándalo de los enroladores, de los agentes de emigración que, bajo mandato de gobiernos extranjeros o de particulares, se comportan como negreros. Surgirá un debate sobre la libertad de emigrar, la de los emigrantes, y la libertad de hacer emigrar, la de los que reclutaban y la de los mediadores que usurpan una función que debería ser pública. Es contra la legalización de estos últimos que se lanza Scalabrini en un segundo opúsculo. Entre tanto, después de haber fundado una sociedad de misioneros para los emigrados italianos en América, el obispo presenta una propuesta: la eximición del servicio militar para aquellos jóvenes italianos aspirantes al sacerdocio, dispuestos a dirigirse a América al servicio de los compatriotas. El pedido es justificado por el bajo nivel cultural de los emigrantes (el 70 por ciento es analfabeto contra una media nacional del 60 por ciento), que los deja inermes a las insidias de los contratos de trabajo y a las prevaricaciones de las autoridades locales. La propuesta será rechazada en nombre de un laicismo faccioso.

Los misioneros de Scalabrini seguirán actuando de acuerdo con los representantes italianos. La relación de uno de ellos, el padre Colbacchini, sobre la recepción, más desordenada que mala, de los emigrantes italianos en Brasil dará que hablar. El mismo ministro de Relaciones Exteriores, el barón Blanc, recibe al sacerdote. Otro scalabriniano, el padre Maldotti, con el apoyo del inspector del puerto, desenmascara en Génova la red de agentes, posaderos, malvivientes que explotan y roban a los emigrantes que se encuentran a la espera de embarcar y pone al descubierto la cobertura legal que la ley Crispi concede a los intermediarios: "Los más exquisitos canallas, los desclasados de todo tipo, los analfabetos más contumaces, confundidos entre personas de honestidad indiscutible, corrieron a formar, a engrosar el ejército de los nuevos profesionales. Fortalecidos por su inesperado derecho, hicieron una audaz escalada a las prefecturas, a las subprefecturas y se apropiaron allí de cerca de *veinte mil patentes*, llevándolas en sus bolsillos mientras saqueaban los campos para hacer la propaganda *legalísima*, y la propaganda fue implacable, irrefrenable, escandalosa; incluso llegó a verse a algunos en los valles bergamascos predicando desde carrozas, vestidos excéntricamente como saltimbanquis, en los mercados y en los mismos atrios de las iglesias, acerca de ¡las extraordinaras riquezas, las fortunas colosales a la espera de quienes se marchasen derecho hacia América! Los alquileres pagados por el gobierno de Brasil fueron tal maná para los nuevos prefesionales que los cincuenta mil que primero partían crecieron anualmente a casi doscientos mil. ¿Qué sabía del Brasil y de los alquileres pagados la pobre gente del campo? ¿Quién la ha hipnotizado y la ha inducido a partir a cualquier precio, en un contingente que asusta hasta a los sociólogos más favorables a la emigración?"[21]

Una nueva ley en 1901 remediará las desviaciones de la ley precedente y definirá la figura del emigrante, antes restringida a aquel que viaja al extranjero con viaje gratuito, en un sentido más amplio, como lo solicitado por Maldotti, extendiéndola a quien viaja en tercera clase. Otro progreso se llevará a cabo en 1913 basando la figura sobre un dato sustancial: aquel que se dirige al extranjero para procurarse trabajo manual. Fueron necesarios más de cuarenta años y millones de emigrados para tomar conciencia.

Mientras tanto, hasta los santos se movían. En una fría y neblinosa jornada de marzo de 1889, Francesca Cabrini, una mujer pequeña y enjuta de cerca de cuarenta años, desembarca en Nueva York después de ocho días de viaje desde su embarque en Le Havre junto con 1.400 emigrantes de mayoría italiana. Va acompañada de siete hermanas; ella misma lo es y ha fundado una orden religiosa. Ha sido impulsada a ocuparse de los emigrantes italianos por monseñor Scalabrini y por el mismo papa, León XIII.

Hija de un campesino de buen pasar, prima de un primer ministro, Agostino Depretis, la Cabrini transfiere al apostolado el espíritu emprendedor de la gente lombarda. Arribada a Nueva York, vencerá la desconfianza del clero local, casi todo de origen irlandés, comprendido un desconfiado arzobispo, y creará un orfanato donde encontrarán refugio doscientos niños italianos abandonados y destinados a la vida en la calle. Es sólo el principio de una actividad incansable. Francesca Cabrini fundará misiones, colegios y hospitales hasta en Nueva Orleans, para darle valor a una colectividad atrozmente golpeada por el linchamiento de italianos inocentes, y se distinguirá en la asistencia a las víctimas de una epidemia de fiebre amarilla: los pacientes italianos desconfían de los médicos del lugar y las hermanas son obligadas a probar las medicinas antes de suministrarlas. También actuará en América latina, sin reparar en los obstáculos que le plantea algún déspota local.

Ya conocida popularmente como *Mother Cabrini*, sin abandonar sus vínculos con Italia, tomará la ciudadanía americana. Será el primer santo estadounidense.[22] Encontrará admiradoras póstumas como Anselma Dell'Olio, que la define como "una mujer extraordinaria, una misionera, una empresaria, una experta en inmobiliaria y una mujer de charme". "Sentía pasión por los viajes; logró imponerse en tres continentes, a través del Océano; llegó hasta China. Era suya la cultura del hacer, de la empresa. Educadora moderna pero severa, tenía una fuerte idea del carácter femenino". En resumen, era "una mezcla de Cristóbal Colón y Silvio Berlusconi".[23]

La diplomacia no sabe cómo comportarse

Dos *handicaps* pesan sobre la diplomacia italiana en las relaciones con la migración: el primero lo constituye la ausencia de una estrategia a nivel del gobierno por lo que la inmigración no se traduce en un tema político a tratar con los gobiernos que la hospedan. El segundo es un efecto del primero: no siendo un tema político, mucho menos lo es de la gran política y sólo entra a ésta de manera accidental cuando, a causa del maltrato sufrido en el exterior por nuestros emigrantes que pone en juego el prestigio nacional, es considerada materia más del servicio consular que de los servicios diplomáticos.

La esfera diplomática se ocupará de las grandes líneas de política exterior, de los equilibrios europeos, de las luchas a las que da lugar la lenta liquidación del imperio otomano y de sus ramificaciones, más que de las colonias italianas en las Américas o de los centenares de miles de italianos hacinados en las periferias industriales o en las minas de las grandes potencias europeas. Los ministros de Relaciones Exteriores y embajadores como Robilant, Nigra, de Launay, Blanc, Tornielli —que a menudo escriben en francés y que pertenecen por mentalidad a una especie de internacional diplomática disuelta por la Primera Guerra Mundial—, se sienten cómodos cuando tratan con sus colegas las grandes cuestiones y no un fenómeno que tiene que ver con millones de compatriotas pero que se les presenta como fragmentario, disperso, carente de soluciones satisfactorias a negociar con criterios precisos, como es el caso de las relaciones comerciales.

No se trata, salvo algún caso aislado, de un desprecio *snob* por la importancia puramente cuantitativa de la emigración y sus miserias. El joven diplomático que desde el nivel inicial se toma a pecho el problema, el marqués Raniero Paulucci di Calboli, está indignado por los aspectos más humillantes del fenómeno, pero en general la presencia popular italiana en el exterior se configura no como una oportunidad de influencia futura sino como un dato negativo y fastidioso.

Si en las grandes sedes europeas, las embajadas en París, en Berlín, en Londres, el problema se relega a los niveles de la diplomacia básica, las sedes donde el problema es inevitablemente dominante, como Buenos Aires, Río de Janeiro, Washington, son todas legaciones, o sea forman parte de un circuito de serie B, ignorado por las figuras más representativas. Por otra parte están perpetuamente desguarnecidas. En los años noventa del siglo XIX, el período del gran éxodo, el cuerpo de la legación en Buenos Aires está formado por tres diplomáticos, el ministro y dos secretarios; en Río por el ministro y un secretario; en Washington por un ministro, un secretario y un agregado. A la inversa, la embajada de Berna está formada por un jefe de misión, un consejero, tres secretarios y agregados. El embajador ante el imperio otomano dispone de cinco secretarios y agregados, así como de tres agentes diplomáticos y cónsules generales, tres cónsules generales, doce cónsules, dieciocho vicecónsules, cincuenta y cuatro agentes consulares y trece administradores.[24]

Ferruccio Macola se indigna al visitar a nuestro ministro en Brasil: "Me asombra no encontrar en Río o en Petrópolis una residencia oficial de la legación. El ministerio bajo el amparo del régimen económico a adoptar le concedía largas licencias al titular de la primera secretaría que exigía el organigrama; no sólo sino que además había suspendido el puesto de escribiente, de modo que la correspondencia de oficio muchas veces era copiada por la señora de nuestro plenipotenciario. ¡Y aún más!: si ocurría algún incidente de poca importancia que hiciera necesaria una comunicación verbal aun con las autoridades menos importantes (por ejemplo, un juez), el representante de Italia estaba obligado a caminar para ir en persona a solicitar o firmar acuerdos porque no le era posible delegarlo en el camarero, en el cochero o en la institutriz de sus niños".

El comentario de Macola es obviamente negativo: "Son miserias que humillan en el exterior y que, especialmente en las sociedades menos civilizadas, donde se impone la *mise en scène*, sirven lamentablemente para aumentar la opinión de que esta Italia no es más que un barril sin fondo de bocas hambrientas".[25]

Los grandes nombres buscan las grandes embajadas cercanas y no las legaciones lejanas. La tutela de la emigración se confía al servicio consular que no está tan separado en la carrera diplomática como para proveer frecuentes pasajes de un sector al otro, pero que se caracteriza por un sustrato social diferente. En efecto, si los jefes de misiones diplomáticas provienen en gran parte de la diplomacias piamontesa y saboyana, lo que explica en el caso de esta última una cierta distancia del pueblo migrante, el cuerpo consular se presenta como regionalmente más representativo con un porcentaje menor de aristócratas y la mayoría pertenece a una burguesía de tipo *risorgimentale*, patriótica y con notable experiencia en el campo económico y político, como lo demuestran Galli, Astengo, Petich y Tesi.

La red consular, por otra parte, en los países de emigración allende el Atlántico y, en particular, en Argentina y en Brasil, es mucho menos numerosa que en Francia o en Suiza. En la Argentina, durante largo tiempo, se limitará al consulado general en la capital y a un viceconsulado en Rosario. En Brasil, observa Macola, "las oficinas dirigidas por un cónsul y por un vicecónsul sólo son tres: Río de Janeiro, San Pablo y Puerto Alegre; hay un cónsul en Pernambuco, un vicecónsul bajo la jurisdicción de Río en Juiz de Fora, y es el único que se ubica en el interior, donde por miles viven nuestros connacionales".

Poco sirven para suplir esta carencia los agentes consulares honorarios, nombrados entre las personalidades italianas del lugar, a menudo más preocupadas por complacer a las autoridades y a los locales que por proteger a sus compatriotas: un notable ejemplo de esta connivencia entre un cónsul honorario y los explotadores de nuestros emigrantes lo da la tragedia de un numeroso grupo de trabajadores lombardos enganchados para la construcción de una red ferroviaria en Costa Rica, un país centroamericano carente de representación diplomática y consular italiana.[26] El juicio de un testigo como Macola es justamente severo: en Brasil "diseminados aquí y allá, residen catorce agentes consulares, cargo honorario y sin ninguna utilidad en los países que no son de mar y que, por lo tanto, no da derechos de oficio y que es cubierto generalmente por individuos del país o por negociantes casi siempre faltos de conocimientos, temerosos por sus propios intereses y ajenos a todo conflicto con las autoridades locales".

La conclusión es que "en los estados de América del Sur, donde nuestra emigración es relevante, las escaleras de las oficinas de los consulados están siempre llenas de gente. Reclamos por abusos sufridos, preguntas por posibles repatriaciones, pedidos de explicaciones, decisiones a tomar, son cosas de todos los días."[27]

Debido a un deterioro físico anormal, y a transferencias a localidades cuyas condiciones sanitarias son precarias, algunos diplomáticos y cónsules mueren en servicio o pierden familiares: el príncipe Gherardo Pio di Savoia, cónsul en Río, pierde a su mujer en una epidemia de fiebre amarilla.

La débil presencia del personal diplomático y consular, además de hacer menos eficaz la protección de los intereses de Italia y de los italianos, hace también que sea menos intensa la penetración en las elites locales bien predispuestas a recibir, aun en vista de enlaces familiares que en efecto se verificarán, a exponentes de esas clases en las cuales se identifica a Italia por su refinamiento y elegancia.

El embarazo y el sentido de impotencia de la diplomacia italiana llegan a su punto culminante a fines de 1893, cuando Crispi vuelve al gobierno y confía la cartera de Relaciones Exteriores a un funcionario de carrera jubilado, el saboyano Alberto Blanc, ex secretario general del ministerio y ex ministro en Washington. El balance de la emigración es desastroso: todavía se siente el trauma de los linchamientos de Nueva Orleans; todavía están en curso los negociados con Francia por el resarcimiento de las víctimas de Aigues-Mortes; de Brasil siguen llegando noticias alarmantes: a los incidentes xenófobos se añade una guerra civil con el riesgo de que la capital sea bombardeada. Blanc, en un despacho confidencial al embajador en Berlín, el general conde Lanza di Busca, expondrá la situación de la manera más sombría: "Las condiciones de nuestra emigración en ambas Américas son horrendas por efecto de la demasiado prolongada y favorecida (por motivos electorales) complicidad entre los agentes de emigración que hacen trata de blancos en Italia y los patrones que en los puertos americanos enrolan por la fuerza a nuestros emigrantes para beneficios de las camorras y mafias locales, lo que al final provoca la caza al italiano en Nueva Orleans y en otras partes". "He tratado en vano", prosigue Blanc, "cuando era ministro en Washington, de dar a los nuestros el trato concertado entre las sociedades locales y las administraciones alemanas para beneficio de los inmigrantes de Alemania, los cuales en sus aldeas de origen consiguen pasajes directos para los centros americanos donde hay compatriotas y medios de trabajo sin ser detenidos por las redes tendidas en los puertos de llegada en América en las que resultan atrapados los nuestros."

Después de haber solicitado a su interlocutor informaciones acerca de los procedimientos migratorios alemanes, el ministro añade: "Y hay más. Al haberse difundido desde hace años desde América del Norte hacia América del Sur la decadencia del prestigio y el odio a los italianos, nuestros compatriotas ya no obtienen ninguna satisfacción a sus justos reclamos y enviar naves es una comedia tan costosa como inútil". Y he aquí una sorprendente propuesta. Así como en Brasil ya se ha delineado "una casi intervención naval de los Estados Unidos", "según mi parecer conviene llegar a acuerdos con los Estados Unidos para darle garantías al gobierno americano del norte y obtenerlas para nuestros emigrados". No obstante, este pedido de buenos oficios no alcanza: "La única manera de satisfacer nuestros reclamos en América del Sur sería proponer a esos gobiernos someter a arbitrajes los reclamos pendientes desde hace mucho tiempo; en el caso de que rechacen el arbitraje, interrumpir las relaciones y confiar a los agentes de los Estados Unidos, sin dudarlo, la protección interina de nuestros compatriotas". "Mis conocimientos personales acerca de los hombres y de las cosas en los Estados Unidos permiten creer en la eficacia de esa indirecta aplicación de la doctrina Monroe ante la falta de un medio mejor a nuestra disposición." En suma, a treinta años de distancia de nuestro absoluto rechazo a reconocer la doctrina Monroe, se pasa no sólo a su legitimación sino a la cesión a los Estados Unidos de nuestra tutela de millones de compatriotas residentes allí.

En fin, sin advertir la contradicción con la actitud del gobierno americano que ya ha tratado a cañonazos a los rebeldes brasileño, Blanc se declara dispuesto a reconocerlos si hacen lo mismo Alemania e Inglaterra.[28]

Las ideas de Blanc no encontrarán excusas, ni siquiera para la parte migratoria (las facilidades se suspenden porque el gobierno imperial alemán es contrario a la emigración). Por lo demás, los Estados Unidos aceptan la parte de mediadores pero rechazan la posibilidad de asumir la tutela de los intereses italianos en Brasil en caso de ruptura de las relaciones diplomáticas entre Roma y Río. Alemania, ante el temor de ser excluida del mercado sudamericano por una mayor injerencia de los Estados Unidos, habría sido, según Lanza, totalmente contraria al retiro diplomático de Italia de la región.[29] El gobierno brasileño del mariscal Peixoto, vanidosamente satisfecho por su triunfo sobre los rebeldes y en lid con Portugal que ha dado refugio en sus naves a una parte de ellos, se negará a someter su disputa con Italia a un arbitraje americano.[30] A Italia no le queda sino "la comedia costosa e inútil" de mandar navíos.

Las cañoneras ya se han movido

El rostro naval de Italia es aparentemente más enérgico que su rostro diplomático. La Marina de guerra, heredera de los proyectos globales de nuestros *trading empires*, de Génova a Venecia, precederá y acompañará en ciertos lugares del mundo a la diplomacia. Su deber se define muy bien oficialmente: "Trozo del territorio nacional que se aleja de la madre patria y se transporta a lugares remotos, llevando consigo junto con las fuerzas algunos de los atributos del Estado, la nave de guerra puede perseguir objetivos netamente políticos al estrechar relaciones de amistad y de intereses con otros pueblos, al apoyar, cuando sea necesario, con la fuerza potencial o real, la acción de los representantes del gobierno nacional, al proteger a los conciudadanos residentes en el extranjero, al cimentar la unión en el nombre y por el bien de la patria común y para ventaja de los individuos".[31]

En efecto, la Marina acompañará y protegerá a la emigración, además de alentar y controlar a la Marina mercante, incluso mejor que una red consular muy insuficiente y espaciada, interviniendo también a favor de los súbditos de países amigos, como en el Paraguay ante el pedido del gobierno prusiano.

Siguiendo la ruta de la flota sarda, la Marina real reforzará la estación naval de Montevideo con la institución en 1886 de la División naval de América meridional, que intervendrá reiteradamente, en la segunda mitad del siglo XIX, en defensa de nuestros conciudadanos durante las guerras civiles locales, la guerra de la Triple Alianza (Argentina-Brasil-Uruguay) contra Paraguay y la Guerra del Pacífico entre Chile, por una parte, y Perú y Bolivia, por la otra.

Ya he señalado algunos episodios: el más serio y prolongado es el caso Cerruti. En 1885, un rico empresario turinés, Ernesto Cerruti, residente en Colombia, acusado de complicidad con una facción de insurgentes, ve cómo le confiscan los bienes y le saquean su casa; incluso es retenido bajo arresto. Las tratativas entre la legación italiana y el gobierno de Bogotá no conducen a nada. Interviene el comandante del crucero *Flavio Gioia*, capitán de fragata Filippo Cobianchi. Lanchas "asignadas al servicio de las naves de guerra" desembarcan piquetes en el lugar donde Cerruti está detenido. Los buques colombianos son investigados y detenidos los trenes. El bloqueo se levanta sólo después de la liberación de Cerruti, que es de inmediato embarcado en la nave amiga.[32] Colombia romperá relaciones diplomáticas con Italia, relaciones que se normalizarán en ocasión del laudo arbitral solicitado por ambas partes ante el presidente de los Estados Unidos, Grover Cleveland.

Entre tanto, el nuevo comandante del mismo crucero, comprometido en el periplo del Caribe, capitán de fragata Eugenio Grandville, evitará una desagradable experiencia a nuestros emigrantes. Durante una escala en Cuba, todavía colonia española, toma conocimiento de un contrato estipulado entre una banca local y el Banco de Crédito y de Descuento de Nápoles dirigido a favorecer la emigración italiana en la isla. Grandville, además de enfrentarse en La Habana a una precaria situación de orden público ("Nos hemos quedado maravillados de las agresiones y asesinatos sobre las que se leen diariamente en los periódicos de esta ciudad"), agrega: "Es opinión de algunos que no se debería permitir aún por muchos años emigraciones en países donde la abolición de la esclavitud fue aceptada a regañadientes y donde no se ha olvidado el sistema de opresión hacia el trabajador obligado. Notaré, además, que para el negro esclavo, que representa finalmente un valor para la compra o para la venta, existían allí ciertos resguardos en cuanto a su salud que, probablemente, no se tendrían en cuenta para los emigrantes". En el informe al Ministerio de Marina ilustrará igualmente los diversos aspectos del contrato que resultaban peligrosos para los campesinos italianos. La retransmisión de las observaciones de Grandville al Ministerio de Relaciones Exteriores significará el fin de una iniciativa especulativa a costa de nuestros emigrantes.[33]

En agosto de 1896, pocos meses después del desastre de Adua, la persistencia de tensiones con el Brasil induce al gobierno de Rudinì a proyectar una expedición naval a Brasil. El pretexto se remonta a la época de la correspondencia Tugini-Brin y a las cuestiones todavía irresueltas en la época de Blanc: la falta de respuesta dada a una solicitud de resarcimiento de los daños sufridos por los súbditos del Reino en la guerra civil de Río Grande el Sur y de las prevaricaciones sufridas además por los italianos. El litigio se agrava por las manifestaciones antiitalianas ocurridas en San Pablo y en Pernambuco al grito de "Viva Menelik" con daños y temores en la colonia italiana. La Escuadra del Atlántico constituida para la ocasión incluiría ocho naves de combate y varias unidades auxiliares. Se discute incluso el objetivo: el puerto de Río de Janeiro o la lucrativa aduana de Santos, el puerto del café.

Se manda a Río, como avanzada, a un plenipotenciario a bordo del crucero *Piemonte*.[34] Luego de hacer bien los cálculos, se comprende que el juego no vale la pena. Por lo demás, los riesgos no son solamente los militares: el crucero *Lombardia*, que ha precedido en Río al *Piemonte*, ha perdido la mitad de la tripulación por una epidemia de fiebre amarilla. El hecho de que las autoridades brasileñas hayan prodigado esfuerzos en pro de los marineros italianos contribuye a aliviar la tensión, permitiendo a nuestro plenipotenciario encontrar una salida diplomática a la crisis.

La falta de implementación completa por parte de Colombia del dictamen del presidente Cleveland, pronunciado en 1897 y favorable a las pretensiones italianas, provocará una nueva intervención militar italiana. En el verano de 1898 se concentra en el puerto de Cartagena la división oceánica compuesta por las naves *Carlo Alberto, Bausan, Umbria* y *Calabria*, a las que se unirá el crucero ligero *Piemonte*. Mientras la legación italiana en Bogotá se cierra provisoriamente, el gobierno italiano comunica a la legación colombiana en Roma que ha encargado al comandante de la división naval, almirante Candiani, resolver les cuestiones pendientes. Seguirá una intimación de Candiani al gobierno colombiano de aceptar la aplicación del Laudo Cleveland en la parte rechazada (el pago de las deudas contraídas por Cerruti). En Bogotá se tergiversa sobre el riesgo del bombardeo de Cartagena. El arzobispo, que es italiano, monseñor Pietro Adamo Brioschi, lombardo de Tradate, interviene junto a Candiani que reitera la intimación, aceptando una dilación, y esta vez, quizá lamentando deber ceder ante la fuerza, el gobierno colombiano acepta la solicitud italiana.[35] Se pagará una indemnización de 20.000 libras esterlinas que, según algunas habladurías, habrían sido desembolsadas generosamente por un italiano rico, naturalmente ligur, Giovanni Battista Mainero Trucco.[36] Tres italianos, en suma, Candiani, Brioschi, Mainero impedirán una tragedia.

Años después, el comandante del *Etruria*, Leonardi, haciendo escala en Cartagena, conocerá a Mainero, devenido cónsul honorario de Italia y "persona sumamente influyente en toda Colombia": "Se le atribuye una fortuna que según algunos llega a setenta millones obtenidos gracias a su laboriosidad". "Es un viejo de 75 años, todavía despierto e inteligente, y se puede decir que es el patrón de Cartagena como lo es de muchas minas, empresas ferroviarias, vastísimas tierras, etcétera". Ha donado a la ciudad un gran monumento a Colón que mandó realizar en Génova. No es asombrosa, pues, su contribución personal a la solución del caso Cerruti y ciertamente hubiera merecido, después de haber obtenido la orden de caballero de la corona de Italia, lograr el de Caballero del Trabajo a cuya obtención no oculta aspirar. A él se debe que la nave italiana haya sido saludada sólo después de una hora con las salvas reglamentarias de cañones de antecarga en dotación de la artillería colombiana. "La batería", cuenta Leonardi, "estaba desprovista de pólvora la cual debió comprarse en la ciudad siendo entregada por el proveedor sólo después de un compromiso escrito por nuestro cónsul, declarando que él mismo cubriría el importe en caso de que el gobierno colombiano no lo abonara en el término de un número determinado de días". Lo que demuestra que un bombardeo habría golpeado a una ciudad prácticamente inerme con un horrendo papel para Italia. Leonardi encontrará también otro protagonista de la vicisitud pasada, monseñor Brioschi. En cuanto a las autoridades colombianas, después de ciertos temores suscitados por el recuerdo de la visita precedente, acogerán a la nave italiana con todos los honores.[37]

Una verdadera acción de guerra se verifica con la participación de tropas de desembarco en la represión de la revuelta xenófoba de los *boxers* en China y la adquisición de una concesión en Tien Tsin, sin ningún valor, ni comercial ni político, ciertamente no comparable con las obtenidas por Pisa, Génova y Venecia durante el imperio bizantino.

En fin, en 1902 se llega a participar de una acción naval contra el gobierno venezolano. En Venezuela los desórdenes provocados por una revuelta contra el dictador local, general Castro, ponen en peligro a una empresa italiana que ha obtenido una concesión minera y a nuestra colectividad. Alemania e Inglaterra muestran también intenciones de defender sus intereses, pero la primera hesita en asociarse con Italia en el bloqueo naval de los puertos venezolanos, mientras que la segunda es favorable a dicha asociación. Finalmente, la flota italiana es admitida en las operaciones bajo el mando alemán.[38]

Italia se mueve con cautela, al punto de avisar a los Estados Unidos que no intenta proceder a ocupaciones territoriales en pleno respeto de la doctrina Monroe, revocando nuevamente su refutación.[39] Y mientras los alemanes recurren a los cañonazos, las naves italianas se limitan al bloqueo de un puerto periférico. Estas acciones no darán a Italia una satisfacción completa, y la colectividad italiana, aunque gozando de bienestar, no crecerá en número. Pero el recurso a la "diplomacia de la cañonera" no logra un total acuerdo en Italia. El comentario del historiador Guglielmo Ferrero será severo: "No tenemos ningún interés en hacerle creer a la América del Sur que somos una nación *chicaneuse*, peleadora, que intenta imitar como mono las actitudes quijotescas de Alemania e Inglaterra". Ferrero exhorta al gobierno a reforzar las embajadas y los servicios consulares, en lugar de "hacer pasear a través de los mares a sus naves".[40] Pero Roma permanece sorda a esta exhortación, cosa que explica que se mantenga el rol protector de la flota. Quedan dudas sobre la conveniencia de haber confundido en Venezuela los intereses ingleses y alemanes con los intereses italianos que, como se terminará por comprender, son tanto o más ingentes que los de los otros al punto de merecer un esfuerzo diplomático más articulado.

Con la emigración, la Marina se encuentra mezclada además en relaciones indirectas y no queridas: nuestros tripulante son una fuente de mano de obra especializada para los países visitados. Especialmente en los navíos anclados en el Río de la Plata es preocupante el número de deserciones como consecuencia del atractivo de empleos más lucrativos en una marinería local controlada por armadores y capitanes ligures.

Y hay relaciones admitidas cuando nuestras naves reciben el encargo de buscar, durante sus travesías por el Pacífico y por los mares adyacentes, islitas donde deportar a los criminales nacionales. Búsqueda afortunadamente frustrada tratándose casi siempre de localidades ya bajo soberanía de otros países o tan inhóspitas como para asegurar la rápida eliminación de los deportados.

Nuestra flota se deberá ocupar en las aguas asiáticas de defender otra emigración, la de los chinos. Las naves mercantiles italianas, como otras europeas, se dedican también al transporte de trabajadores chinos, los *coolies*, desde la China hasta las costas americanas del Pacífico y de Cuba, en condiciones de semiesclavitud. No obstante drásticas prohibiciones, una nave italiana se ve envuelta en una tragedia: los migrantes, muchos de los cuales son involuntarios, se amotinan. Interviene una corbeta italiana: comandante y oficiales de la nave incriminada serán derivados a una comisión de guerra.[41]

Incluso la protección naval revela los lados mezquinos de una potencia que quiere *to show the flag*, mostrar la bandera, pero obedeciendo también en esto a la política del "escamoteo", a la regla nacional de hacer grandes cosas con pocos medios. En los primeros tiempos, se mandan en travesía transoceánica naves tan viejas y desvencijadas que una de las causas de mortalidad entre los tripulantes es el deterioro de los cañones, a un punto tal que, cuando se realiza la carga ritual y las salvas de salutación al ingresar a puertos extranjeros, sucede que el cañón salta por el aire junto con el artillero.[42]

El espejismo africanista

Mientras el pueblo huye hacia América, la clase dirigente huye hacia África. al menos imagina poder huir a África. La explicación menos ilógica del "mal de África" es una fatalidad histórica o, en los términos de Giolitti, "una absoluta necesidad" que obliga a Italia a seguir las huellas de las grandes potencias coloniales, Francia e Inglaterra. En suma, Italia "no podía no emprender el programa colonial",[43] aun cuando para ser gran potencia no hubiera necesidad de tener colonias: no las tenía Austria-Hungría, y Alemania sólo las tenía en número escaso y sin problemas.

En busca de colonias, Italia sólo podía encontrarlas en África que, en las palabras exaltadas de un patriota, Cesare Correnti, deviene "una predestinación", un atractivo invencible: "La tenemos exactamente frente a los ojos y hasta aquí nos hemos exiliado de ella."[44]

¿Predestinación? No es tal para Génova y Venecia que, en términos de rigurosa conveniencia mercantil, optaban por el mundo atlántico y el mundo asiático. ¿Exilio? El exilio presupone "haber estado allí" y Roma no había ido más allá de las orillas de África mediterránea. La Italia de Ricasoli y de la derecha recurría con parsimonia a los precedentes imperiales romanos y pensaba en términos de transporte y de mercados.

Por lo demás, la histórica adquisición en 1869 por parte de la compañía Rubattino del desembarcadero de Assab sobre la costa africana del Mar Rojo no apuntaba a la creación de una cabeza de puente en África oriental: se trató simplemente de colocar un depósito de carbón para el abastecimiento de los vapores que se dirigían a Asia.

Y en 1885, cuando llega a ocuparse también el puerto de Massaua, se crea verdaderamente la cabeza de puente. Camillo Caracciolo di Bella, diplomático borbónico que llega a ser embajador italiano y senador del Reino, preanuncia el riesgo que se corre con el pasaje de una política de expansión basada en la valorización de nuestras colectividades en el exterior y en la tutela de nuestros intereses comerciales, a una política colonial verdadera y propia, es decir, a la conquista de territorios externos.

Aludiendo específicamente al embarque de un cuerpo de expedición para Massaua entre fanfarrias y discursos, Caracciolo subraya los peligros y las dificultades con los que se van a encontrar y que no dependen sólo de la actitud de las otras potencias, Inglaterra, Francia, la misma Turquía, teóricamente soberana de los lugares, que permanecen indiferentes frente a este imprevisto rol colonialista de Italia. Peligros y dificultades se encuentran ínsitos en la misma conquista: "Cuando nos viéramos obligados por circunstancias imperiosas a permanecer en el lugar ocupado y a extenderlo, no es necesario disimular que podríamos entrar en una guerra áspera y prolongada porque las guerras con los pueblos fuera de la ley se sabe cuándo empiezan pero no se sabe jamás cuándo terminan, porque, no teniendo ellos más táctica de guerrear que una propia que se repite continuamente, y no teniendo detrás de ellos un gobierno constituido o digno de fe, del mismo modo que las guerras son largas la paz es brevísima y no ofrecen ninguna garantía, ni siquiera una tregua que se mantenga fielmente".[45]

El ex diplomático seguirá insistiendo sobre la preferencia que se debe atribuir a las colonias comerciales respecto "de las grandes empresas marítimas y territoriales" sosteniendo con una red institucional nuestras colectividades, de Egipto a Brasil y a la Argentina, más que proponerse como portadores de civilidad, "caballeros errantes de la cultura moderna y buscar todo tipo de aventura" con el riesgo de encontrarse empeñados en guerras crueles.

Las previsiones de Caracciolo no tardan en confirmarse: dos años después de la ocupación de Massaua, en 1887, una colonia de quinientos soldados italianos que se había adentrado en el interior (Dogali) fue exterminada. Será la primera desgracia de una serie negra que, después de una burla a la diplomacia italiana que se ilusionará de haber conseguido el protectorado de Abisinia gracias al tratado de Ucciali con su soberano, el negus Melenik, culminará en 1896 con la derrota de Adua.

El desastre italiano no representa un caso aislado en la historia del colonialismo europeo. En Cuba, en otra causa perdida, el ejército español pierde allí más de 80.000 hombres[47] y en 1921 en Annual, Marruecos, caen en una emboscada 8.000 soldados españoles.[48] La primera expedición inglesa a Afganistán en 1841 había terminado con el exterminio de 6.000 soldados y de 12.000 civiles que los acompañaban.[49] Pero ni Dogali primero ni Adua después cancelan las veleidades colonialistas; es más, las reavivan y las exacerban.

Incluso un hombre inteligente como el marqués de San Giuliano alimenta fantasías absurdas: "La colonización italiana debería comenzar a establecerse, al comienzo, en proporciones modestas, en las partes más fértiles y frescas (Seraè, Hamazen, Okulé-Kuzai) y preferiblemente al mismo tiempo en las más internas (Carnescim, Dembesan, Mensa, etcétera) de la actual Colonia Eritrea y luego, poco a poco, con el sucederse de los años, de las generaciones y de los acontecimientos, ella se extendería a todo el vasto altiplano etíope, formando así en el futuro una nueva Italia, verdaderamente italiana de raza, de cultura, de lengua, de sentimientos, más grande y populosa que la Metrópoli, lo mismo que es la *Greater Britain* con respecto a la *Old England*, o lo que la *Magna Grecia* era para la *Hélade* antigua".[50]

San Giuliano confunde Etiopía con el Far West, un país poblado y armado con la tierra de los Apaches y de los Sioux, mantenidos a raya con algún que otro fortín y con un par de regimientos de caballería. Pero sus ilusiones perdurarán años después, cuando sea Ministro de Relaciones Exteriores y otro nacionalista italiano, Enrique Corradini, con idéntica buena fe, confundida con un mar de hierba, con un prado a la espera de colonos, el mar de arena del desierto de Libia. La realidad es que en el África subsahariana no hay lugar para una *colonie de peuplement*. Los franceses y los ingleses lo saben y buscan recursos, materias prima, pero no tierra.

Seis años después de Adua, quedan aún la Colonia Eritrea y alguna avanzada en Somalia. Un visitante desprejuiciado, el poeta romano Cesare Pascarella, escribe: "Por lo que siento y por lo que veo, pienso que deberemos erigir en la plaza mayor de nuestra capital eritrea una estatua a Menelik. Dado que, si estamos aquí es por él. Si él lo deseara podría reenviarnos a todos en un instante. ¿Qué haremos, Dios nos libre, si hubiera guerra con nuestros cuatrocientos blancos y con los negros que, por lo demás, por lo que dicen, un poco por nuestra culpa un poco por culpa de ellos, están en vías de disolución?".[51]

Por lo demás, el paisaje interior es desolador: espinas, arenas, piedras, árboles sin hojas. El pequeño mundo colonial italiano está dividido entre militares y civiles. El gobernador da vueltas con sombrero de tres picos en una modesta calesa distribuyendo a los indígenas impasibles espejitos, tijeras, pañuelos, pero sobre todo monedas pues, como dice una cancioncita local:

Estos italianos, estos blancos que quieren reinar
que a casa volverán,
dejen que se queden para que nos den regalos y monedas.[52]

Las monedas de plata de María Teresa de Austria son más apreciadas que nuestras liras. ¿Un desahogo para la emigración italiana? La sentencia de Pascarella es decisiva: "Esperar que aquí vengan campesinos italianos es una locura".[53] Adua y Eritrea demuestran que el colonialismo italiano no tiene hombres del temperamento de Savorgnan di Brazzá y de Gallieni, o de Romolo Gessi, victorioso conductor contra la guerrilla en Sudán, de sir Napoleon Cavagnari, que entró en 1878 a Kabul montado en un elefante en nombre de Su Majestad Británica. La Italia de afuera fue, una vez más, más brillante que la de adentro. Pero en Adua Italia será derrotada cuatro veces: porque demostrará en el comando militar una increíble ineptitud; porque no podrá liberarse del sueño colonialista, envenenado por la humillación nacional y por el deseo de revancha; porque no pondrá fin a una política colonial contraria a los intereses nacionales; porque un simulacro de colonia miserable e inhospitalaria, volverá a encender la ilusión de un imperio cualquiera como alternativa a una estrategia de emigración.

Paradoja: mientras que en las capitales europeas se ironiza sobre la fracasada empresa colonial italiana, el parlamento argentino le rinde un solidario homenaje a Italia. Segunda paradoja: el ministro italiano en Buenos Aires, conde Antonelli, había sido el negociador de aquel equívoco tratado de Ucciali, primera causa de Adua.

NOTAS

1. Citado en Desiderio Sertorio, *Vele sarde nel mondo 1838-1854. Un ligure per mare con la Marina sarda*, (a cargo de Pompeo Sertorio), Santa Margherita, Tigullio, 1997, pp. 14-15.

2. Salvatore Bono, *Corsari nel Mediterraneo. Cristiani e musulmani fra guerra, schiavitù e commercio*, Milán, Mondadori, 1993, pp. 152 y 170.

3. Maurizio Vernassa, "Presenze toscane nella reggenza di Tunisi (1843-1851)", en Vincenzo Antonio Salvadorini, *Tunisia e Toscana*, Pisa, Edilstudio, 2002, p. 433.

4. Ibídem, pp. 434 y sig.

5. Gennaro Maria Monti, *La espansione mediterranea del Mezzogiorno d'Italia e della Sicilia*, Bolonia, Zanichelli, 1942, pp. 338-339.

6. Sertorio, ob. cit., p. 74.

7. Vernassa, "Presenze toscane...", ob. cit. pp. 474-480.

8. Circular a los cónsules generales y cónsules de S. M. en el exterior, Turín, 16 de septiembre de 1861, *Bolletino consolare*, pp. 45-56.

9. Circular del Ministerio de Relaciones Exteriores a los señores cónsules de S. M. en el extranjero, Nº 12, Turín, 15 de enero de 1962, *Bolletino consolare*, pp. 120-126.

10. Del ministro en París, Nigra, al presidente del Consejo y ministro de Relaciones Exteriores, Ricasoli, París, el 24 de noviembre de 1861 (DDI, I, 1, doc. 424, pp 501-502).

11. Del ministro de Relaciones Exteriores, Visconti Venosta, al ministro en Washington, Giovanni Bertinatti, 31 de agosto de 1864 (DDI, I, 5, doc. 187, pp. 169-170).
12. Fernando Manzotti, *La polemica sull'emigrazione nell'Italia unita*, Cittá di Castello, Dante Alighieri, 1969, II ed., pp. 11 y sig.
13. Maurizio Vernassa, *Alle origini dell'interessamento italiano per l'America latina. Modernizzazione e colonialismo nella politica crispina: l'inchiesta del 1988 sull'emigrazione*, Pisa, ETS, 1996, p. 45.
14. Ibídem, pp. 75 y sig.
15. De Amicis, "Gli emigranti", en *Poesie*, Milano, 1980, p. 41 (reproducido en Manzotti, ob. cit., pp. 20-21). Con los ojos apagados/, con las mejillas hundidas/,pálidos, con gesto dolorido y grave/, sosteniendo a las mujeres cansadas y lívidas/. Suben a la nave/como se sube al palco de la muerte/[...] Adiós pobre gente/dense paz y coraje/. Aprieten el nudo de los fraternales afectos/. Reparen del frío a los niñitos/. Divídanse los andrajos, el dinero, el pan/. Desafíen unidos y juntos/el desenfreno de las desgracias humanas. [N. de la T,]
16. Fausto Leva, *Storia delle campagne oceaniche della R. Marina*, Roma, Ufficio storico della R. Marina, 1936, vol. I., p. 302-303.
17. Alfonso Lomonaco, *Al Brasile*, Milán, Vallardi, 1889, pp. 422-447.
18. Antonio Perotti, "La Società italiana di fronte alle prime emigrazioni di massa", en *Studi emigrazione*, a. V. Nº 11-12, febrero-junio de 1968, pp. 23-26.
19. Ibídem, p. 28.
20. Ibídem, pp. 29-30.
21. Ibídem, pp. 147.
22. Para los datos sobre la Madre Cabrini, véase Theodore Maynard, *Il mondo è troppo piccolo. Vita della Beata Francesca Cabrini*, trad. italiana, Milán, Longanesi, 1948.
23. Barbara Palombelli, "Un libro e un film: racconto la storia di una santa", en *Corriere della Sera*, 22 de julio de 2002.
24. DDI, II, 23, pp. 636-542. Para el imperio otomano, véase también Marta Petricioli, "Appunti per la storia di un'Ambasciata - Costantinopoli tra le fine dell'Ottocento e la Prima guerra mondiale", en Laura Pilotti (a cargo de), *La formazione*

della diplomazia italiana (1861-1915), Milán, Franco Angeli, 1989, p. 626.

25. Ferruccio Macola, *L'Europa alla conquista dell 'America latina*, Venecia, Ongania, 1894, p. 236.

26. M. Gandini, *Questione sociale ed emigrazione nel Mantovano*, ob. cit., pp. 75-92.

27. Macola, ob. cit., p. 237.

28. Del ministro de Relaciones Exteriores, Blanc, al embajador en Berlín, Lanza, en carta confidencialísima del 7 de febrero de 1894 (DDI, II, 26, doc. 123, pp. 78-79).

29. Del embajador en Berlín, Lanza, al ministro de Relaciones Exteriores, Blanc, en carta personal del 14 del febrero de 1894 (DDI, II, 26, doc. 135, p. 88).

30. Del ministro en Río, Tugini, al ministro de Relaciones Exteriores, Blanc, el 22 de abril de 1894(DDI, II, 26, doc. 255, p. 184).

31. Leva, ob. cit., I, p. 6.

32. Ibídem, II, pp. 80-82.

33. Ibídem, II, pp.175-176.

34. Mariano Gabriele, "Su un progetto di spedizione navale italiana contro il Brasile nel 1896", en *Storia e politica*, a. VI, II, abril-junio de 1967.

35. Leva, ob. cit., II, pp. 387-390.

36. Para la versión colombiana de los acontecimientos, véase R. Cinquegranelli, *Italiani in Colombia*, ob. cit., pp. 80-84.

37. Leonardi, *R. N. Etruria*, Campagna America 1908-1910", cit., pp. 32-36.

38. Sobre el episodio, véase Maurizio Vernassa, *Emigrazione, diplomazia e cannoniere. L'intervento italiano in Venezuela (1902-1903)*, Livorno, Stella, 1980.

39. Del embajador en Washington, Edmondo Mayor des Planches, al ministro de Relaciones Exteriores Prinetti, el 7 de marzo de 1902 (ASMAE, TIA, vol. 253, Nº 368), citado por Vernassa, ob. cit., p. 56, Nº 59, p. 68.

40. G. Ferrero, "Nell'America del Sud", en *Il secolo*, 22-23 de diciembre de 1902.

41. Leva, ob. cit., I, pp. 102 y sig.

42. Es el caso señalado en ibídem, p. 78.

43. Aldo A. Mola, "El programma coloniale italiano: tra necessità e fatalità", en Aldo A. Mola (a cargo de), *L'Italia nella*

crisi dei sistemi coloniali tra Otto e Novecento, Foggia, Bastogi, 1998, pp. 239-260.

44. Citado por Andelo del Boca en *Gli italiani in Africa dall'Unità alla Marcia su Roma*, Roma-Bari, Laterza, p. 3.

45. C. Caracciolo Di Bella, *Dieci anni di politica estera: discorsi e note*, Città di Castello, Lapi, 1888, p. 456.

46. Ibídem, p. 498.

47. Stanley G. Payne, *Los militares y la política en la España contemporánea*, traducc. española, París, Ruedo Ibérico, 1968, p. 70.

48. Ibídem, p. 145.

49. James Morris, *Heaven's Command. An Imperial Progress*, Londres, Faber & Faber, 1973, pp. 105 y ss.

50. A. di San Giuliano, "I fini della nostra politica coloniale", en *La Riforma sociale*, II, 1895. vol. III, pp. 311-323 (citado en Zeffiro Ciuffoletti, Maurizio degli'Innocenti, *L'emigrazione nella storia d'Italia 1868-1975*, Florencia, Vallecchi, 1975, I, p. 195).

51. Cesare Pascarella, *Taccuini*, Milán, Mondadori, 1961, p. 419.

52. Ibídem, p. 476.

53. Ibídem, p. 495.

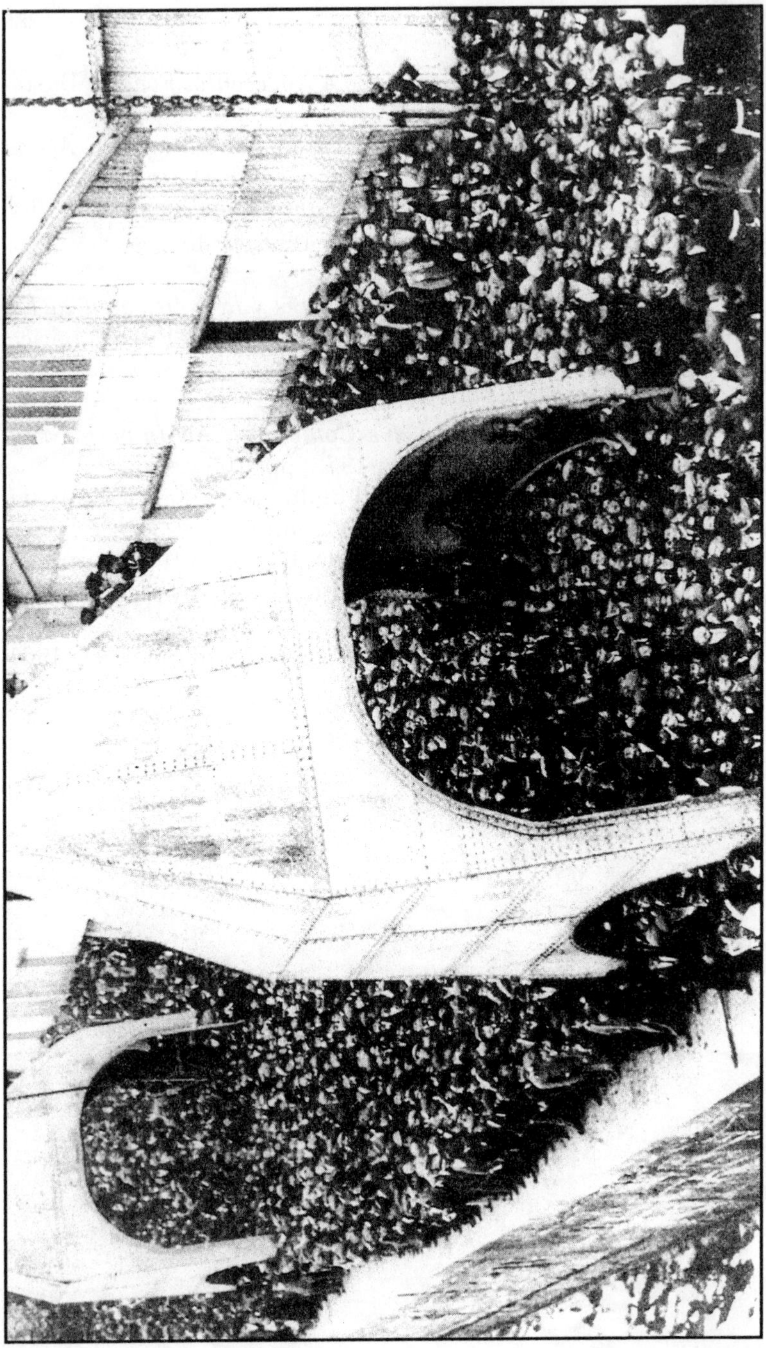

TERCERA PARTE

LAS DOS ITALIAS ENTRE DOS GUERRAS

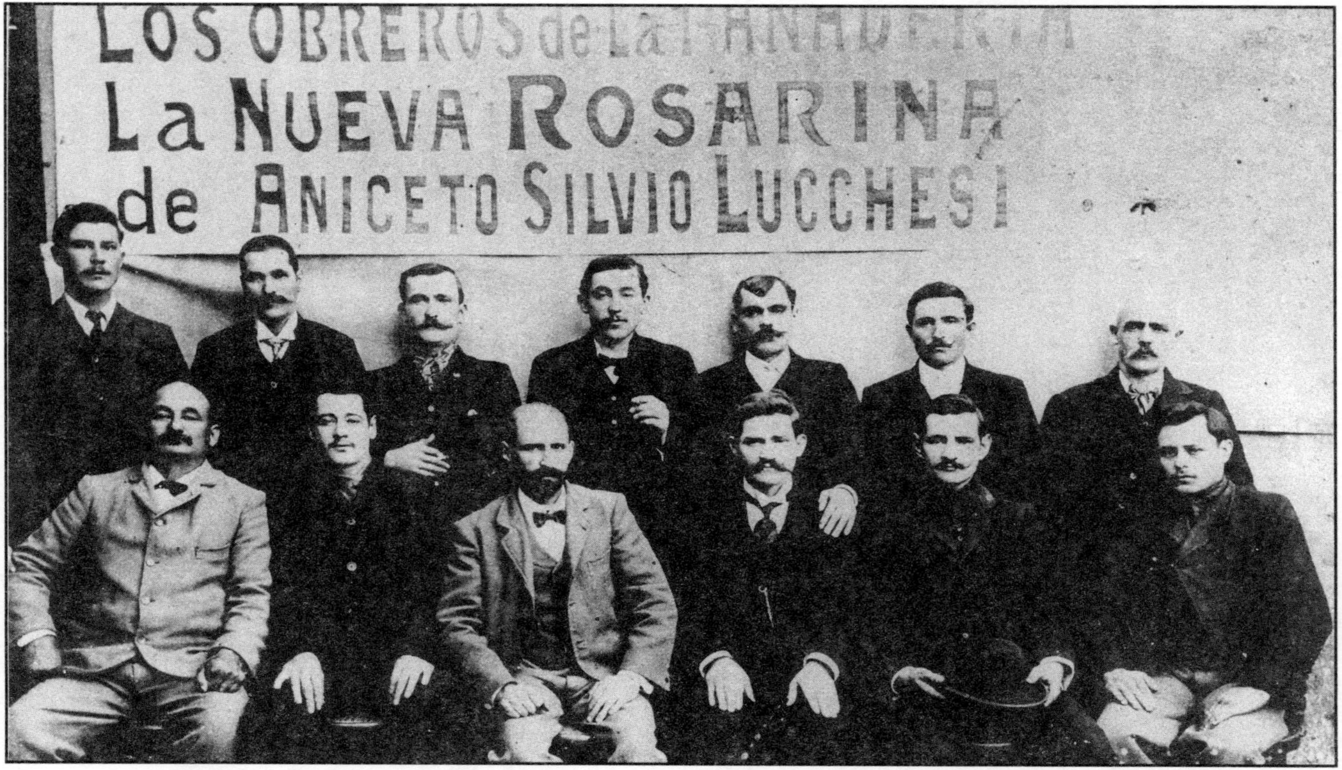
LOS OBREROS
La NUEVA ROSARINA
de ANICETO SILVIO LUCCHESI

I

LA ITALIA DE LA VICTORIA

Un acorazado va a América

Italia ha vencido en la guerra pero en América el presidente Wilson aparenta no reconocerlo y es posible que hasta nuestras colectividades no se hayan dado cuenta de ello. El gobierno decide desde los primeros meses enviar de visita, a un aliado demasiado desatento, buques de guerra. Pero, por cierto, no es cuestión de enviar, después de la victoria, para ahorrar en gastos, a los habituales pequeños cruceros y otras naves próximas al desguace. Por primera vez la elección caerá sobre una verdadera nave de guerra, un acorazado, el *Conte di Cavour*. Se instituye, incluso, un grado para el comandante, el grado de subalmirante, que, se especifica, equivale al de coronel-brigadier del ejército terrestre.

El problema es que, aunque imponente, el acorazado corre el riesgo de ser un "subacorazado", incluso una especie de acorazado Potemkin, un foco revolucionario, a causa de una tripulación reclutada al azar y poco confiable, compuesta de descartes de todo tipo. En el lugar de las viejas clases ya retiradas, se había reunido a gente "nueva en el mar". "Muchos habían sufrido castigos recientes... algunos habían obtenido reducción en sus condenas penales y un porcentual relevante estaba constituido por individuos de débil constitución física". Además de todo esto, "en aquella época en La Spezia, existía una activísima y deletérea propaganda subversiva, que no se privó de desarrollar su acción especialmente para sublevar a los marineros de la nave que debía anclar en puertos extranjeros". Para completar, entre los oficiales había algunos que eran nuevos y que no estaban habituados al servicio de a bordo. Se habla de un posible amotinamiento.

El comandante Angelo Ugo Conz afronta su deber con energía. Si "el preanunciado y pregonado amotinamiento debía producirse era mejor provocarlo en el Mediterráneo que sufrirlo en el Atlántico". Se toman severas medidas represivas: simultáneamente se incrementan los víveres y se provee vestimenta decente en lugar de aquella que los destinatarios, después de su distribución en La Spezia, habían rápidamente vendido.

La primera parte de la navegación no será placentera, con tres cuartos de la tripulación afectada por el mal de mar. Pero el temor en la ruta atlántica calma las pasiones. Los reclutas están aterrorizados por la certeza de que se irán a pique. "La incapacidad de los fogoneros de mantener las calderas encendidas fue una dura experiencia de la navegación desde Gibraltar hasta las Azores: la mañana del 31 de julio los compartimentos de las calderas fueron invadidos por el agua hasta el nivel de las cinerarias, mientras las cenizas obstruían todo al punto de tornar casi imposible el control de los fuegos. El personal estaba extenuado y moralmente abatido, la presión baja en las calderas y, por ende, la velocidad reducida, los motores auxiliares estaban detenidos, restringida el agua no potable para lavar, sucios los puentes y sucia la gente, la iluminación era escasa. A esto se unía el viento tenso y el mar movido desde el NE y, por lo tanto, un rolido sensible con todas sus consecuencias en una tripulación poco marinera, ignorante, temerosa, no preparada". Por añadidura, el reaprovisionamiento de carbón en las Azores redujo al acorazado al punto de tornarlo "menos presentable que un buque que transporta carbón". La situación envilece a los más arrogantes y, como escribirá el comandante en el diario de a bordo, "cuando el hombre está humillado y cansado, no busca rebelión sino consuelo y se subordina al superior aun cuando pocos días antes gritaba Viva Lenin". Precisamente, desde ese momento, escribirá Conz, "se desvaneció en mí toda aprensión respecto de la tripulación".

La acogida en la primera escala americana, Halifax, resarcirá tanto los riesgos de un amotinamiento revolucionario como aquellos, no menos tranquilizantes, de los inconvenientes técnicos. Se encuentra de visita en el puerto canadiense con una escuadra de la Armada Real el príncipe de Gales. Saludado con todos los honores del acorazado italiano, el futuro rey de Inglaterra, y después de su abdicación Duque de Windsor, se trasladará a visitarlo y con gran caballerosidad incluirá en su comitiva a su comandante. Luego de la partida del príncipe, prosiguen las cortesías por parte de las autoridades, "y la población que durante la primera tarde se detenía en las aceras y se hacía a un lado, dejando libre paso a nuestros marineros por miedo a una cuchillada o a algún acto depredatorio, rápidamente entró en confianza cuando vio que la vieja leyenda del italiano ladrón era una locura". "Y cuando pudo constatar el admirable porte de los nuestros, sin ningún estrépito, sin ningún ebrio, sin ningún acto descortés, tomó conciencia de su propio miedo y descortesía y, para reparar el error, cantó loas en los periódicos a los queridos huéspedes victoriosos e ignorados". El pasado del comandante como agente secreto durante la guerra y las gestas a lo James Bond que se le atribuyeron excitaron luego la curiosidad de la prensa.

Hasta el clero católico recibirá con calor a la nave italiana, visitada por los máximos prelados locales, cardenales y arzobispos. El acorazado, transformado en un "rompehielos político", barre las nubes, las maledicencias y los equívocos tan velozmente como un relámpago. Realza la moral de los connacionales, "y los ubica alto, sobre un pedestal en torno al cual las otras nacionalidades miran atónitas". Pero, al mismo tiempo, registra el descontento producido, sobre todo, por la acusación de inducir a desertar a 600.000 hijos de italianos, muchos de los cuales, enrolados en el ejército americano, han hecho honor a Italia, tan así es que, según los testimonios de los militares americano recogidos por Conz, un solo soldado ha igualado a los mismos americanos: el italiano. Quejas también para los servicios consulares: en Nueva York, para atender a 500.000 connacionales existe tan sólo un cónsul general y dos subalternos, mientras que el cónsul de Bélgica, con una cantidad de ciudadanos diez veces menor, tiene seis subalternos. Aparte de estos justos lamentos, Conz subraya un dato social importante: gracias a la guerra, los italianos, "sea por prestaciones de mano de obra, sea por negocios, sea por el cultivo de la tierra, etc., han ganado dólares en cantidad". Existe un ascenso social que Italia sostiene con oportunas iniciativas, reactivando los intercambios y las comunicaciones. El revés de la moneda lo representa la discordia y la concentración de la escoria en los viejos barrios abandonados por los sectores más pudientes.

A pesar de cierto malestar, el saludo de las colonias italianas, en un periplo que durará tres meses, de Boston a Nueva York, Filadelfia, Annapolis, Norfolk, será conmovedor y entusiasta. Es más dudoso el resultado político: el gobierno Wilson considerará con desconfianza la visita y Conz no hesitará en incitar a los italoamericanos a abandonar el partido democrático y a votar por el partido republicano. Se puede comprender, pues, cómo en un encuentro en Norfolk, durante una ceremonia en honor de los reyes de Bélgica, el secretario de Estado y el secretario de la Marina americana se mostrarán reservadísimos evidenciando "la poca amistad" que el gobierno de Washington alimenta hacia Italia.[1]

La desilusión de Orlando

En la primera posguerra, Italia es un país victorioso, puede exhibir un certificado de gran potencia y busca hacer valer este rango —que la coloca en el mismo nivel, al menos en teoría, de las potencias imperiales, Gran Bretaña, Francia, Estados Unidos—, incluso en aquellos países en los que existen grandes colectividades italianas, reforzando el propio prestigio junto a ellas. En resumen, se desea inaugurar una nueva fase en las Américas.

Se suceden, en América, visitas de misiones y de importantes niveles políticos. En primer lugar, se dirige allí en octubre de 1920 el presidente de la victoria, el ex primer ministro Vittorio Emanuele Orlando, acompañado del general Enrico Caviglia.

El viaje, como especificrá un periodista italiano, Francesco Bianco, durante su estadía en Brasil, intenta reivindicar una mayor presencia italiana respecto de la de las otras potencias y poner fin a un "larguísimo y triste período durante el cual nuestro país —en todas estas tierras de ultramar— había permanecido en las sombras, oscurecido por la maldad de una propaganda sistemática pérfidamente organizada en Nueva York, Londres y París, en nuestro perjuicio".[2]

Efectivamente, los recibimientos oficiales serán extremadamente cordiales. Aun cuando Orlando insiste más, no sin cierto desconcierto de nuestro cronista, sobre relaciones "espirituales" que sobre relaciones prácticas. "Exportar café, ¿siempre café? Muy bien. Exportar arroz, exportar azúcar, exportar todo, también está muy bien; pero esto no basta. Es posible que me consideren un idealista de la política, pero yo sostengo que lo esencial para la grandeza y la solidez en las relaciones de los pueblos está representado por los vínculos culturales que tienen por fin todos los progresos materiales y que aseguran la estabilidad en todo tipo de relaciones internacionales". Y he aquí el reclamo que formula en Brasil: "Tenemos en vuestro país millones de italianos que trabajan, pero veo que los brasileños en general me hablan en francés".[3]

Orlando prometerá el envío de docentes italianos, pero pronto tomará conciencia de que la base auténtica de un trabajo de promoción cultural está dada por una colectividad que en Río de Janeiro, "salvo pocas personalidades de primer orden", está constituida por una "masa anónima de pueblo confundida en la gran masa de trabajadores de la metrópoli".[4] En San Pablo, en una reunión de hijos de italianos, constata que "la mayoría de esos jóvenes, pertenecientes casi todos a las clases altas de la sociedad brasileña, aun guardando en el corazón una resonancia sentimental, de naturaleza estética, de su origen italiano, había devenido profundamente extraña al espíritu de nuestro país". A nivel de masa, se topa con la imponente y veloz desnacionalización de los italianos y, para explicarla, recurre a teorías abstrusas, a leyes cósmicas, a las leyes "misteriosas e ineluctables que presiden la evolución de la sociedad humana".[5]

Es todavía más sombrío el memorial presentado por los importadores y representantes italianos de Río: "Nuestros esfuerzos de penetración comercial en Brasil resultan prácticamente estériles si no logramos que la opinión pública de los países que nos acogen se torne favorable a la Italia productiva, si no logramos hacer conocer al mundo el trabajo italiano.

¿Cómo es posible que nosotros, indefensos importadores, creemos simpatías en el exterior hacia todo lo que es producto italiano si otros, por el momento más fuertes, temiendo el brillante porvenir económico de Italia, nos tiran abajo, nos denigran, nos difaman como nación, como pueblo, como raza? ...Aquí, en opinión de la mayoría, la perfección de los productos del trabajo le corresponde a los ingleses, la genialidad a los franceses, la modernidad y la grandiosidad a los norteamericanos, es decir: a los únicos pueblos que se ocupan en conquistar la opinión pública con una propaganda sabia y racional de sus valores intelectuales y sus acciones".

Pero las quejas se hacen más precisas y concretas cuando se mencionan determinadas disfunciones: "Las comunicaciones marítimas, postales y telegráficas son deficientes y desorganizadas... nuestras comunicaciones telegráficas dependen de empresas extranjeras. Un telegrama enviado desde Brasil hacia Italia emplea tres días en llegar a destino, si acaso llega, mientras que si se dirige a Londres, a París o a Nueva York, arriba en el término de pocas horas. Y si por añadidura, del texto de nuestros telegramas se desprenden elementos de rivalidad, directamente no llegan. Los institutos bancarios italianos de Brasil... carecen hasta hoy de un programa racional —que sólo puede ser obra del gobierno— allí donde representan el trámite financiero indispensable entre el productor italiano y el comprador brasileño".[6]

La cordialidad oficial se mezcla con el pesimismo cuando se habla en familia entre italianos. En los encuentros con las autoridades en Río, tanto como en Washington, se evoca un evento solemne: la visita a las Américas de los reyes de Italia. La visita a los Estados Unidos fijada para octubre de 1923 será suspendida y luego postergada. La de Brasil y la de los países latinoamericanos no tendrá mejor suerte.[7]

El fin de la tierra prometida

D'Annunzio no llega como Orlando: manda una lámpara votiva y un mensaje. La lámpara votiva, la Santa Lámpara, ilumina una efigie dantesca de un artista de fama, De Carolis. El mensaje, que llega con fecha del 20 de julio de 1921, es el del "comandante" de la ex "regencia del Carnaro", que ha perdido la partida en Fiume y desespera, en un verano en el que arrecia la guerra callejera entre el fascismo y la izquierda revolucionaria, en una patria agitada por "una discordia sin chispas" y por "una ira sin relámpagos". Y he aquí la patética apelación a los italianos de afuera: "No desesperéis por nosotros. Sed el ejemplo para nosotros, sed nuestra salud. Sed mejores que nosotros".[8]

El mensajero, el periodista Corrado Zoli, ex combatiente y legionario de Fiume, quedará desilusionado. En lugar de encontrar "una italianidad más joven, más sana, mejor", constatará amargamente que "los italianos de allá abajo y yo hablábamos un lenguaje bien distinto: ellos hablaban el lenguaje de una Italia de hace cincuenta años, barbarizado incluso a lo largo de diez lustros de servilismo en tierra extranjera; yo hablaba el lenguaje incorporado en cuarenta meses de estar en el frente y perfeccionado sobre el alto del Carnaro; no se podía entender. Y no nos entendíamos".[9]

Por el contrario, Zoli comprueba en Buenos Aires, además de una ligazón afectiva con Italia, un sincero apego a España, la "Madre Patria" cuyas contemporáneas desventuras militares en Marruecos son seguidas con un espíritu de participación más conmovedor del que ha notado en Barcelona. Por otra parte, Italia se distingue por su ausentismo diplomático: nuestro ministro plenipotenciario está por partir y, a pesar de los homenajes formales y de ciento dos meses y medio de permanencia, lo que ha hecho en este largo período "es algo que todavía permanece para mí, a veces, envuelto en el más profundo misterio". Después de su partida, Argentina queda presidida por un solo cónsul general residente en Rosario.[10] Pero la opinión negativa de Zoli se extiende de la diplomacia a la colectividad, tanto urbana como rural.

¿Los campesinos italianos de Argentina? No aman la tierra: "Han *tomado mate* y han incorporado las costumbres del país". "Existe aquí la creencia de que quien gusta del *mate*, que es una infusión entre el té y el café, si bien, a mi gusto, es peor que ambos, se acostumbra a los usos del país, se aficiona a ello, y no se va más". El *chacarero* italiano, propietario de una *chacra* o *chácara*, una factoría con tierra cultivada, no es mejor que el estanciero, que el criador de ganado argentino, y

Zoli cita un personaje en particular: "Un rico *chacarero* italiano, que ha encontrado el medio, no sé por medio de qué artificio... jurídico, de casarse legal y regularmente con dos mujeres, dos hermanas, ambas vivas y vigorosas; de las cuales ha tenido, acumulativamente, diecinueve hijos varones, que él muestra con gran complacencia a todos los visitantes de su rica *chacra*. A parte de esto, es un ignorante, rústico, creo que incluso es analfabeto, un borrachín impertinente: uno de los brutos más típicos que jamás haya conocido".

Zoli no se da cuenta de que algún mérito debería tener este señor para haber acumulado una riqueza consistente (decenas de miles de millones de hoy, según sus cálculos), además de una condición prolífica que podría citarse como ejemplo para la Italia estéril del año 2000. Pero más allá de los ricos, ni siquiera los *peones* italianos, los braceros, encuentran el beneplácito de Zoli: "La mayoría se han vuelto perezosos e indolentes —menos indolentes que la gente del país, se entiende, pero incomparablemente más que los más indolentes de nuestros trabajadores en nuestra patria—, se han transformado en jugadores, dispendiosos, alcohólicos, algunos incluso son *casados* —cosa que no significa que estén legalmente unidos en matrimonio— con alguna connacional y con alguna *china* [el femenino que corresponde a *gaucho*]".[11]

Se salva el trabajo estacional, la emigración *golondrina*, los braceros, que se desplazan, como las golondrinas, desde el invierno italiano hasta el verano austral para la cosecha argentina: "¡Había unos lindos jóvenes, membrudos y robustos, que daba gusto verlos! Llevaban puesta una camisa de fustán, un pañuelo rojo al cuello, un sombrero raído sobre la cabeza y un pantalón todo remendado; el saco no era el habitual. Trabajaban como bueyes, siempre alegres, siempre cantando, pasando de un campo al otro, de una *chacra* a la otra. ¡No existía el peligro de que derrocharan un *centavo*! Y, una vez terminada la cosecha, pasaban por Buenos Aires, se compraban un lindo vestidito, un lindo sombrero, y ¡ala!, sobre el vapor, con sus cincuenta pesos en el bolsillo". Pero la época de las golondrinas ha terminado. Después de la Gran Guerra, el costo del boleto de viaje se tornó muy caro y la ganancia no es suficiente.[12]

Si en la Argentina los campesinos italianos eran víctimas de una degeneración colectiva o, más seriamente, de un régimen fundiario que privilegia al latifundio, más dramática es, según Zoli, que realiza en el lugar una precisa verificación, la situación de sus primos en Brasil en las plantaciones de café del Estado de San Pablo, donde "están mal económicamente, mal físicamente, mal moralmente".

Mal económicamente, "porque las *fazendas* y las plantaciones son casi todas viejas y no ofrecen empleo si no a la mano de obra asalariada" y el salario es demasiado bajo en comparación con el costo de vida. Además, sólo 25.000 familias sobre 149.000 habrían logrado realizar su propio sueño: una pequeña propiedad. Pero aquellos que han logrado asegurarse una porción de tierra están siempre bajo la amenaza de un régimen fundiario "anárquico" que no ofrece seguridad a los títulos de propiedad susceptibles, por ende, de impugnación.[13]

Mal físicamente, a causa del clima caluroso y húmedo del trópico al cual no están adaptados y por la enfermedades a las que están expuestos, entre las cuales la más grave es la anquilostomiasis, una forma de infección tan generalizada que, según los autoridades locales, afecta al 90 por ciento de la población rural. Los otros jinetes de este apocalipsis campesino son el tracoma —que en algunas *fazendas* alcanza entre el personal un 75 por ciento— y la malaria. La conclusión terrorífica de Zoli es que sobre 700.000 emigrantes residentes en las zonas rurales de la región de San Pablo, del 30 al 40 por ciento, o sea, cerca de 255.000 connacionales, "deben estar simultáneamente afectados por el anquilostoma, el tracoma y la malaria", un dato que si refleja probablemente una valoración aproximativa por exceso, no deja de ser impresionante.[14]

Mal moralmente porque, a causa de las grandes distancias, los "colonos carecen de todo consuelo moral", de ferias, del mercado, de hosterías, de bailes campestres y, sobre todo, "de la escuela y de la iglesia".

Las islas italianas

El éxodo campesino tiene algunos aspectos positivos. Al ir en la Argentina desde Buenos hasta la provincia de Santa Fe, Zoli reconoce en el centro urbano mayor, Rosario, y en la campaña, la preponderancia de la influencia italiana. En Rosario "la industria y el comercio están en gran parte en manos de italianos." En cuanto la agricultura, el italiano puede constatar que "también en este sector el primado le corresponde a su gente". Por lo demás, la mayoría de los italianos vive en los campos. "Allí hay pueblitos de la región enteramente italianos... en los que puede ocurrir —como le ha sucedido a quien escribe— que se escuche que un agente de policía negro responda en dialecto piamontés, único medio que le sirve para hacerse comprender por sus administrados".

Y si, para Zoli, las condiciones de los campesinos italianos en la provincia de Santa Fe son mejores que las de sus connacionales en la provincia de Buenos Aires, ello se debe a una mayor combatividad en la lucha en curso contra los grandes propietarios territoriales para la revisión de los pactos agrarios a favor de los colonos, conducida por sus organizaciones sindicales, la Federación Agraria Argentina, encabezada por un oriundo italiano, Piacenza.[15]

Bianco, a su vez, se entusiasma en Brasil por las ciudades y las campiñas de Río Grande del Sur: las ciudades "garibaldinas" que han conocido la primera militancia del joven Garibaldi, "pequeñas ciudades ricas y florecientes que están circundadas por un inmenso territorio fecundo, donde no se encuentra un solo hombre que no diga a la italiana "buon giorno". Se encuentran italianos en todas las casas. Aquí los italianos han creado industrias —pequeñas industrias incluso rurales— que son una maravilla de audacia y de perfección". Hasta el paisaje es italiano: "Aquí el italiano, que se ha agrupado desde los primeros tiempos de la emigración en masas disciplinadas, no sólo ha trasplantado sus costumbres sino también, en los aspectos reales y espirituales, su país de origen en su totalidad. Ha creado la viña, el olivar, el manzanar"."Ha promovido las cosechas del trigo, de la cebada, de la avena, del maíz. Ha desarrollado el colosal cultivo de los arrozales" En fin, en Porto Alegre, capital del Estado, esta atmósfera garibaldina ha transformado a esa metrópoli en una ciudad italobrasileña. "Allí se advierte no sólo el respeto por el italiano, sino el amor por el italiano". "Puesto que entre las nobles poblaciones brasileñas ninguna es más similar a nuestra población que esta población *gauscia* [sic], que esta población garibaldina".[16]

Aun Zoli, en su pesimismo, no niega el nivel de prosperidad que han logrado los italianos en San Pablo y en el área adyacente. Por lo demás, la tendencia al empeoramiento de las condiciones de los campesinos en el interior y en particular de los asalariados, es sólo aparente: en el conjunto del Estado las pequeñas propiedades agrícolas pasan del 37 por ciento en el período 1904-1905 al 52 por ciento en el período 1930-1931, y las propiedades medias pasan del 20 al 23 por ciento.[17]

Zoli se maravilla del "carácter sobresaliente de la italianidad" que la colonia italiana paulista, "la parte más activa, más enérgica, más inteligente del Estado, ha mantenido tenazmente imponiéndose a las otras colectividades de inmigrantes y a los mismo brasileños".[18]

También en Uruguay, en Montevideo y en el interior, "la gran mayoría de los italianos se ha elevado en general muy por encima de las propias condiciones de origen". Pero el flujo migratorio de Italia se interrumpe definitivamente por causas similares a las existentes en Argentina: las estructuras fundiarias.[19]

La conquista de las ciudades

La emigración italiana en América meridional ha transformado la tierra pero no la ha conquistado, no ha creado, por lo tanto, junto a los otros aportes europeos, un segmento medio agrario, capaz de sostener, como en América del Norte, una democracia rural, capaz de constituir la espina dorsal del sistema social y político y de la estabilidad institucional. No ha conquistado la tierra, pero ha conquistado las ciudades desde Buenos Aires a Rosario, San Pablo, Montevideo.

Un politólogo francés de los años treinta, André Siegfried, en su informe de viaje, señala a la "excelente población rural" formada por los colonos italianos, alemanes, suizos, españoles y portugueses y hasta franceses, en Argentina, en Uruguay, en el sur de Brasil: "Una población", agrega, "socialmente homogénea a pesar de su origen diverso, que la aproxima más a los norteamericanos del Medio Oeste que a los viejos preceptos españoles y portugueses", una clase "más democrática" destinada a suplantar a la oligarquía dominante, a la aristocracia agraria.[20] Pero, aislada en bolsones regionales circunscritos y frustrada, la nueva clase se formará económica y políticamente en un modo más lento que el previsto sin sedimentar una tradición democrática.

La conquista de las ciudades es evidente. "Tradicionalmente el comercio medio y pequeño está, sobre todo, en manos de italianos, franceses y alemanes. En el barrio central de una gran ciudad, se trate de Buenos Aires, Santiago de Chile o Lima, lo negocios más elegantes son franceses, los más técnicos alemanes y lo más populares italianos". Las grandes empresas pertenecen casi siempre a los americanos del norte, pero también a ingleses, franceses, belgas, alemanes, italianos, suizos.[21]

Pero, los italianos no sólo están a la par de los alemanes y franceses y de otros europeos, sino que los superan cuando se pasa de las metrópolis al interior. "El comercio estable, el comercio interno de toda América latina", escribe Blanco, "está en manos de los italianos. El comercio de minorista, ése que está en contacto directo con la gran masa de consumidores, tanto en las grandes ciudades como en los pequeños pueblos o en los campos aislados, está absolutamente en manos de italianos. Y es también italiano buena parte del gran comercio, puesto que son italianas las firmas más sólidas y más respetadas, justamente famosas de un extremo al otro de esta parte del continente americano."

La consecuencia de este casi monopolio comercial italiano es que "la producción norteamericana, inglesa o japonesa, cuando llega aquí debe pasar, necesariamente, a través de la malla de este cedazo italiano, si desea alcanzar una clientela propia. Y así, allí donde podríamos ser los monopolizadores naturales, nos adaptamos —por nuestra ignorancia— a hacer de porteros para facilitar la entrada de la producción extranjera".[22]

En fin, hay otro sector en el que la emigración ha ofrecido un primado a Italia: "Los italianos, que aquí no lograron imponer su lengua, ni alguna de las grandes directivas políticas de estos países, luego de pocos años de su laboriosa invasión impusieron, sin duda, su cocina". Pero la consecuencia es una competencia entre italianos, porque las exportaciones de vinos, quesos, aceite provenientes de Italia son sustituidas por los propios productos que los italianos elaboran en el lugar y que son vendidos por negociantes italianos que tienen el monopolio del comercio de los rubros alimentarios.[23]

En este punto aparece, a primera vista, el primer gran equívoco de la emigración. Se parte de un punto de vista equivocado: el de confundir al campesino con el emigrante. Se pensó que la vocación del emigrante era la tierra y no el comercio o la industria que atraerán incluso a los campesinos más emprendedores. Por el contrario, la experiencia demostrará que el italiano que ha hecho dinero con el comercio llegará ser propietario de tierras más fácilmente que el italiano que intentó ahorrar trabajando como arrendatario o bracero. Y de todos modos, la verdadera y secular vocación del italiano es mercantil. La concepción de la emigración como mera expulsión de la pobreza campesina significó una pura pérdida porque no tuvo en cuenta la potencialidad evolutiva de nuestro emigrante y no relacionó dicha emigración con nuestra política exterior y con nuestra política económica, con lo que se desperdiciaron enormes oportunidades.

Este estado de cosas se torna ya claro cuando la interrupción que implica la Primera Guerra Mundial se prolonga durante casi un trentenio, determinando el fin de la fase histórica de la emigración de masas.

La segunda generación

Los campesinos italianos, cultivadores directos o braceros, "hablan una horrible jerga, una fuerte mezcla de castellano y de dialecto nativo". "Sin embargo, los padres todavía entienden bastante bien el italiano. Los hijos no siempre... Y no está mal, para el decoro de la lengua", se lamenta Zoli, que se indigna por este "hijo de italianos", "el cual, en un castellano con un lejano olor a piamontés o a napolitano, explica las estupideces más gruesas con gran desprecio por Italia y por los italianos".

La actitud de los visitantes italianos es curiosa. Ellos no se dan cuenta de que la promoción de la segunda generación, la de los hijos de italianos, a un nivel social superior, su ingreso en el sector medio, gracias a los sacrificios de los padres, constituye un dato positivo: habría sido mucho peor si se hubiesen quedado en los sectores sociales marginados o subordinados. De donde invectivas contra "estos gordos burgueses o burguezuelos" hijos de italianos, que "comienzan su vida... en uso de razón sobre la base del esfuerzo tenaz por hacer olvidar los humildes orígenes paternos",[24] sin darse cuenta de la importancia que tiene este pasaje de clase típico de la América del Sur.

También en los Estados Unidos y en los países europeos los hijos de italianos tratan de hacer olvidar sus orígenes italianos, pero en la mayoría de los casos permanecen relegados al mismo segmento social al que pertenecen sus propios progenitores. En la América meridional se asiste a una promoción en masa: porque los hijos de italianos se insertan en un sector que no existía o que era particularmente restringido, la burguesía, y formarán con los inmigrantes de otra procedencia, pero en mayor grado que estos últimos, una nueva clase dirigente. Precisamente en este período entrarán en los gobiernos locales los primeros hijos de italianos.

El reproche tácito a los hijos de italianos de olvidar el ser étnicamente italianos (puesto que jurídicamente, si bien no han perdido la ciudadanía italiana, tienen la nacionalidad del país donde han nacido) es otro aspecto del problema político: el de la ausencia de una estrategia de la emigración. Al no estar incluida en un diseño de política exterior, se llega a una remoción del fenómeno de la historia nacional.

Los hijos de italianos se separan de Italia porque sienten que ya no tienen un papel en su historia, y menos aún en la historia de las relaciones entre Italia y el país que los acoge, relaciones que existen sólo formalmente. Publicando sus observaciones después del viaje de Orlando, quien lo a ha acompañado y seguido, se pregunta: "¿Debemos tener, pues, una política brasileña?" La respuesta es de un realismo desconsolado: "Lo verdaderamente impresionante, lo extraordinario e increíble es que Italia, en los más de sesenta años de su vida nacional, todavía no haya hecho nunca esta política".[25]

Y he aquí la propuesta, que retoma esa propuesta implícita ya en el ensayo de Einaudi *Il principe mercante:* colaborar con el desarrollo de los países latinoamericanos, hacer público y nacional aquello que están realizando los privados, transformarlo en la base de una alianza pacífica y equilibrada. En el caso de Brasil, Bianco propone que Italia ayude a Brasil a crear una industria siderúrgica nacional. No es una propuesta que quede en el aire: veinte años después la elección de un grupo norteamericano, en el lugar de la Krupp alemana, para la construcción de la primera acería brasileña, decidirá la intervención del país al lado de los Estados Unidos en la Segunda Guerra Mundial. Cincuenta años después, Sarcinelli, el responsable de origen italiano del programa siderúrgico, que realizará la inauguración definitiva del sector, pedirá al encargado de negocios italiano, en nombre del ministro competente también de origen italiano, Pratini de Moras, como asimismo lo era el presidente de esa época, general Medici, la colaboración en el programa de las empresas italianas para evitar un monopolio americano, alemán o japonés.[26] Se había perdido medio siglo.

Notas

1. Leva, ob. cit., III, pp. 500-525.
2. Francesco Bianco, *Il paese dell'avvenire*, Milán-Roma, Mondadori, 1922, pp. 210-211.
3. Ibídem, p. 215.
4. Ibídem, p. 219.
5. Ibídem, pp. 181-182.
6. Ibídem, pp. 222-223.
7. Damiani, ob. cit., pp. 23-24.
8. El mensaje está reproducido en Corrado Zoli, *Sud America. Note ed impressioni di viaggio*, Roma, Sindicato Italiano de Artes Gráficas, 1927, pp. XI-XX. El periplo sudamericano de Zoli se prolonga durante un año desde agosto de 1921 hasta agosto de 1922.
9. Ibídem, pp. 5-6
10. Ibídem, pp. 36-37.
11. Ibídem, pp. 40-41.
12. Ibídem, pp. 138 y 150-151.
13. Ibídem, p. 147.
14. Ibídem, p. 148. La grave situación sanitaria es confirmada también por Luciano Magrini, *In Brasile*, Turín, Gobetti, 1926, pp. 18-20.

15. Ibídem, p. 66
16. Bianco, ob. cit., pp. 88-89.
17. Maria Thereza Schorer Petrone, *O Imigrante e a Pequena Propriedade (1824-1930)*, San Pablo, Brasiliense, 1982, p. 46.
18. Zoli, ob. cit., pp. 130-131.
19. Ibídem, p. 75.
20. André Siegfried, *Amérique Latine*, París, Colin, 1934, pp. 58-59.
21. Ibídem, pp. 59-60
22. Bianco, ob. cit., p. 195.
23. Ibídem, pp. 188-189.
24. Zoli, ob. cit., p. 10.
25. Bianco, ob. cit., p. 15.
26. Testimonio personal, cuando yo era, por esa época, encargado de negocios en Río.

II

EL CRUCERO

El rostro mercantil de la Italia victoriosa

La nave es un botín de guerra: pertenecía a la flota mercantil alemana con el nombre de *Koenig Albert*. Rebautizada *Italia*, para la ocasión se transformó en un crucero auxiliar, "una nave sin artillería", como la definirá el jefe de la expedición (las piezas son parte del muestrario: están en exposición), pero oficialmente es una nave de guerra, con comando y tripulación de la Marina real.

Exposición industrial itinerante, ha abierto la estiba y las cabinas a todos los productos del arte y de la industria italianos: "Del perfume al cañón, sin sombra de contrastes bruscos", como se complace en contar el jefe de la oficina de prensa, el periodista y *squadrista* Piero Belli: ametralladoras y hasta un carro armado junto a los anteojos de Salmoiraghi, a los vidrios de Murano, a los tejidos de Fortuny. *Art déco* y "una abundancia de mármoles", escaleras, pisos, esculturas y motores de aviación, automóviles, máquinas de lavar eléctricas y encajes, y, en fin, "por esos oscuros meandros", "una celda del Dante, una sala del Trescientos y una iglesita —la capillita— que parecen —como el salón véneto y el florentino— arrancados a algún edificio y puestos allí como por efecto de una verdadera y precisa traslación".[1] Pero también hay urnas con la tierra ensangrentada del Carso, Montello, Grappa, de las batallas italianas de la Gran Guerra.

Es una feria en la que triunfa la estética dannunziana: una especie de *Vittoriale** flotante, excesos de heroísmo y de sacrificio, mercancías en desorden, pretensiones de corte renacentista. El responsable artístico Aristide Sartorio todavía no ha regresado de la *belle époque*, ignora el futurismo que, desembarcado hace un par de años en América latina, ha sido el protagonista, negado pero seguido, por la "Semana de arte moderno" en San Pablo. A pesar de Sartorio, el efecto de conjunto de la nave-feria con sus estridentes contrastes es el de un fenómeno artístico contemporáneo: el surrealismo.

La nave tiene un doble patrocinio: D'Annunzio y Mussolini. En América latina se conoce tanto la marcha de Ronchi, la marcha sobre Fiume de los legionarios del poeta-soldado, como la marcha fascista sobre Roma, pero la primera ha sacudido la imaginación más que la segunda. En las alocuciones de bienvenida se hará gala de los versos de D'Annunzio en lugar de atenerse al repertorio, aún pobre, de la fraseología del duce.

Por lo demás, el jefe de la expedición, el diputado Giuriati, es él mismo más dannunziano que mussoliniano: ex combatiente, nacionalista, *irredentista*, ha sido uno de los organizadores de la empresa fiumiana y, en el primer gobierno de Mussolini, ha sido subsecretario para las tierras liberadas.

La expedición terminará por coincidir con un escenario italiano dramático. El 18 de febrero de 1924, cuando la nave zarpa de La Spezia, el gobierno fascista todavía no ha llegado a ser un régimen. El sistema parlamentario mantiene ciertas apariencias, el conjunto del gobierno incluye a liberales y moderados, si bien la violencia de las *squadre* fascistas no ha terminado, es más, se encamina a la fase más áspera.

La nave está adentrándose en el Pacífico cuando el 10 de junio en Roma es raptado el diputado socialista Giacomo Matteoti: arriba a Valparaíso cuando la oposición antifascista se ha retirado al Aventino; pasa el Pacífico al Mar Caribe cuando en agosto se encuentra el cadáver del parlamentario desaparecido. Cuando el 20 de octubre la expedición concluye, se suce-

---

* *Vittoriale*: célebre conjunto de villas y jardines ubicado en Gardone Riviera, junto al lago de Garda, que perteneció a D'Annunzio y es hoy museo en el que se exhiben objetos y documentos de la victoria italiana en la Primera Guerra Mundial. *N. del ed.*

den los procedimientos represivos que amordazaban la prensa y que se encarnizan contra los partidos antifascistas: faltan pocas semanas para el vuelco definitivo del 3 de enero de 1925, el inicio del régimen.

El eco de los acontecimientos italianos llegará igualmente a América latina y Giuriati lamentará en una entrevista a un diario mexicano: "No se reciben aquí noticias exactas referidas al fascismo, porque, durante los seis meses que he estado en América del Sur, no he visto una sola noticia que se acerque a la verdad, mientras que, por el contrario, muchas noticias son enteramente opuestas a la índole del partido político-social que gobierna la gran nación latina".[2] Pero tampoco en el México post-revolucionario del general Obregón las noticias de Italia influirán sobre los programas, a lo sumo servirán para aumentar, en el caso de la comitiva italiana, la escolta militar que acompaña a los trenes en el trayecto entre Veracruz y Ciudad de México.

El embajador

Si la nave no es una verdadera nave de guerra, el pasajero más importante, aunque acreditado como embajador, no es un verdadero embajador ni llegará a serlo.

Con la designación de Giuriati como embajador extraordinario ante las repúblicas latinoamericanas se quiso evitar el atribuir a la expedición un tono exclusivamente mercantil. El cariz militar dado a la nave y el cariz diplomático conferido al jefe de la expedición agregan, a la propaganda del *made in Italy*, de la administración de Italia, una misión política, como enseguida veremos.

Gracias a este expediente, Giuriati presentará las cartas credenciales de las que está munido a sus altos destinatarios, a los jefes de Estado de los países que visita. De este modo, los jefes de las misiones locales son superados, obligados a desempeñarse temporalmente como lugartenientes del enviado de Roma,[3] pero indudablemente se consigue el efecto de imagen.

El personaje se presta incluso físicamente a esta finalidad propagandística, se adapta a los gustos locales, es un perfecto ejemplar de *machismo*, de "presencia masculina". Un periodista chileno no oculta su admiración: "Es de elevada estatura. Presencia masculina. Y, a quien lo ve lucir un uniforme militar y pisar la alfombra de la casa presidencial con botas militares, le parece más un militar que un embajador".

Su manera de hacer el saludo romano es captada y analizada geométricamente. Así la describe el cronista chileno, en ocasión de su ingreso a la Cámara de diputados y después de los aplausos con los que lo recibieron: "Respondió a ellos con un nuevo saludo, con el saludo que representa el modo fascista, advierte alguien detrás de nosotros. Es decir, saluda extendiendo y alzando el brazo derecho con una cierta graciosa lentitud, un ángulo obtuso respecto del cuerpo e inclinando suavemente el cuerpo".[4]

Poco compatible con un carácter aguerrido y con un actitud de tipo militar resultan, por otra parte, las razones que, en mitad del itinerario, el 23 de mayo, invoca Giuriati para solicitar telegráficamente su retorno a la patria: "Fatigas extraordinarias soportadas últimamente y la lucha sorda continua de la masonería han dañado gravemente mi salud tanto que no estoy en condiciones de continuar la travesía sin gravísimo daño de mi salud".

En el mensaje Giuriati no propone la interrupción de la travesía; es más, considera "absolutamente necesaria que continúe la Embajada" y solicita la designación de otro embajador que debería encontrarse con la nave en Santiago de Chile.[5]

Juzgando su comportamiento en el resto del viaje que acompañará hasta su última etapa, no surge ninguna disminución de su energía física. La evocación de la "lucha sorda continua" de la masonería parece reflejar, más que dificultades capaces de incidir en su salud, una personal fobia antimasónica (él fue el promotor de la incompatibilidad entre la pertenencia al partido fascista y la afiliación a las logias).

Se trataría, pues, de un pretexto. Es probable que Giuriati haya sufrido el encargo como una forma de marginación, de alejamiento del centro del poder. En el fondo, él es un solitario en el fascismo, y esto explica ciertas actitudes contradictorias: en el verano de 1921 negocia el pacto de pacificación con los socialistas,[6] pero después se alinea con los intransigentes. Más tarde, alentado por el patriarca de Venecia, se desplaza hacia una línea moderada y organiza un encuentro entre Mussolini y el líder popular don Sturzo.[7]

El dinamismo político no suple la falta de una sólida base provincial: Giuriati no es un *ras** como Grandi y Farinacci. Su liderazgo en las "tierras liberadas" tiene un carácter moral más que representativo de intereses de sectores o de grupos. Sobre todo es un personaje incómodo, un puritano. Encargado de una investigación sobre la venta de rezagos de guerra, individualiza a los culpables pero, no obstante su insistencia, Mussolini manda silenciar todo lo actuado.[8] En este cuadro, la misión se presenta como una forma temporal de exilio, exilio privilegiado pero siempre exilio, un modo de desembarazarse de él por un tiempo.

Para su fortuna, Roma no le hace caso: si hubiese partido, como se proponía, el 27 de mayo de Buenos Aires con el transatlántico *Giulio Cesare*, su regreso hubiera coincidido con la tempestad que se desencadena sobre el gobierno y sobre el partido fascista a raíz del crimen Mateotti. En contraposición, la continuación de la misión no le resultará más difícil por una intensificación de la campaña antifascista que es minimizada por nuestras embajadas y que deja indiferentes a los gobiernos locales. Además, tocará países donde las simpatías por Italia, más allá de su orden político, son particularmente pronunciadas.

En resumen, la misión, que se extenderá por treinta días más de lo previsto, lo mantendrá en una posición forzosamente fuera de alcance respecto de la trama italiana y le permitirá regresar en el momento oportuno, cuando se está perfilando la transformación del fascismo de partido de gobierno en régimen. El resultado será positivo: en el gobierno, todo es fascista desde 3 de enero de 1925: Giuriati será ministro de Obras Públicas.

Las embajadas

Algunos años antes, recordará el decano de la diplomacia italiana en la posguerra de la Segunda Guerra Mundial, Pietro Quaroni, el ministro de Relaciones Exteriores Carlo Sforza, recibiendo a los nuevos diplomáticos prometía un relanza-

---

* *Ras*: uno de los jefes feudales abisinios. *N. del ed.*

miento de las relaciones con América latina, el lugar donde se concentra el mayor número de italianos en el extranjero. Quaroni añadirá que, en el curso de su larga carrera, había escuchado similares propósitos por parte de otros ministros sin ninguna consecuencia práctica. Y, sin embargo, el mismo jovencísimo Quaroni, secretario de la embajada en Buenos Aires, estará entre los primeros en recibir a la *Italia* a su llegada a Argentina.

Por cierto que la iniciativa no nace de un proyecto gubernamental preciso; por el contrario, es sugerida por un gobierno latinoamericano, el de Venezuela, como cuenta uno de los participantes en la misión, Enrico Carrara. "El general Gómez, Presidente y dictador de Venezuela, es un buen amigo de Italia: se debe a él y al senador Tagliaferro, Presidente del Senado venezolano, que en Roma se le haya dado un sagaz impulso a la obra activa del propio Tagliaferro, junto al presidente del consejo y a otras personalidades del mundo industrial italiano para una proyecto de expansión comercial con una nave-exposición que visitase los puertos venezolanos".[9] La propuesta será aceptada y se extenderá a los otros países latinoamericanos.

El material expuesto no es "de tal tipo que dé una idea exacta de lo que es, de lo que produce la Italia moderna", al menos, según Giuriati que añade: "La hostilidad de la Confederación industrial era, en ciertos aspectos, manifiesta. Era dolorosa la completa ausencia de nuestra aviación. La muestra artística fue seleccionada con un criterio muy discutible entre los autores menos conocidos y entre las obras menos recomendables de los autores de fama, de modo que las pocas obras destacables se perdían en la vulgaridad predominante".

El material humano se presta, siempre según Giuriati, a drásticas valoraciones negativas. Se salvan el comandante de la nave, el capitán de fragata, conde Carlo Napoleone Grenet, y su estado mayor. Por lo demás, "las personas que han trabajado en serio, que ha producido, que han hecho honor al País, no llegan a sumar veinte, es decir, no llegan a la sexta parte de todos los embarcados". "Puedo decirte con orgullo", refiere Giuriati en su informe a Mussolini, "que estas veinte excepciones eran todas personalidades fascistas o filofascistas, mientras que los antifascistas y los calumniadores del crucero eran todos opositores". En esta última categoría entrarían algunos funcionarios del Estado, "generosamente pagados" subraya Giuriati que incluso admite: "Debo señalar que, por el contrario y para ser objetivo, entre los haraganes, los charlatanes y los incompetentes también se contaban algunos fascistas".

En su conjunto, los "huéspedes de a bordo" son "turistas no deseables, niños hijos de papá, periodistas falsos y falsos comerciantes que no se ocupaban de nada, salvo jugar a las cartas durante la navegación y de entregarse a todo tipo de locuras en las escalas". Los "haraganes" se convierten en "el continuo tormento del comandante Grenet y míos". "Los reclamos, las advertencias caballerescas (y las no caballerescas) terminaron por ocupar buena parte, quizá la mayor parte, de nuestro tiempo".[10] Se llega a correr el riesgo de duelos a bordo.

La descripción de Giuriati es demasiado pesimista. Pero también la impresión de un periodista, Manlio Miserocchi, cuando, al comienzo del viaje, se dirige a cubierta, no es lisonjera: "Viendo las corbatas al viento, los trajes a cuadros, las martingalas y los binóculos recientemente adquiridos, percibo que me encuentro en la *promenade des imbeciles*". "Una atmósfera de reducto elegante donde, quien no tiene nada que hacer, trata de hacerlo con estilo". Entre los periodistas se encuentra quien busca casas de té en Tierra del Fuego, quien espera ir a cazar focas, quien —el decano— carga con su pasado de veterano de la *belle époque*, conservando del "guardarropas abandonado junto a su juventud en las claraboyas de Montmartre" una barbita *bohémienne*.[11]

En las crónicas de Piero Belli se entrevé una alternancia de comparsas que devoran las comidas, salvo cuando se retiran precipitadamente de las mesas ante la mínima oscilación de la nave. Para muchos, como se lamenta Giuriati, el viaje se transforma en una larga partida de cartas. Hasta el mítico cabo Horn no interrumpe el juego: es más, antes de enfrentar el Estrecho de Magallanes y la larga navegación hacia Valparaíso, se organiza un torneo de *scopone*.* Si bien el paso del Atlántico al Pacífico marcará también el paso del *scopone* al bridge.[12]

---

* *Scopone*, variante del juego de la escoba en la que se dan todas las cartas de una vez. *N. del ed.*

El verdadero "talón de Aquiles" de la misión es la ausencia de mujeres pero, en ocasión del carnaval, puesto que "todo se sabe hacer a bordo", como cuenta Miserocchi, "veremos también desfilar a las mujeres sobre el escenario del increíble varieté, estrellas de primer nivel, italianas y extranjeras, imitaciones de Fougez, iluminadas por el brillo de piedras preciosas, perfumadas a la Bertelli, vestidas a la Snia Viscosa". Las casas expositoras ofrecen para el travestirse lo mejor que tienen en sus vitrinas.[13]

Más puntilloso, más ecuánime, Carrara, ingeniero y sobrino (o nieto) de Cesare Lombroso, anota: "Al lado de la organización comercial —bien lograda— ha faltado una cosa, y su ausencia se ha sentido a bordo. Ha faltado el gran capitán de la industria y de los grandes negocios a largo plazo, en combinación con bancos y con privados y con el apoyo de las autoridades políticas presentes en el crucero y de nuestros representantes en el extranjero".[14]

El redescubrimiento de América

Un curioso destino quiere que América latina sea constantemente redescubierta por los italianos, por los italianos *regnicoli*,* como se decía en el viejo reino, por los italianos de Italia, como se podría decir hoy. Millones de italianos han partido más allá del Océano; muchos han regresado a Italia pero un número mayor se ha quedado conservando vínculos afectivos y prácticos con la sociedad italiana; millares han respondido a la convocatoria a las armas durante la guerra. Y, sin embargo, cada viajero italiano tiene la impresión de partir de cero, manifiesta, frente a la realidad latinoamericana, geográficamente tan lejana pero tan afín en la civilización y en las costumbres, sentimientos de estupor y de asombro.

Para la expedición de la *Italia*, ya el arribo al primer puerto sudamericano, Belén de Pará, en las bocas del Río Amazonas, produce gran estupor. Belli, que confiesa cándidamente que ignoraba hasta ese momento la existencia de esta escala marítima y de sus 200.000 habitantes, exclama: "Aquí nos es-

---

* *Regnicoli*: ciudadanos del reino de Italia. *N. de la T.*

peraba la más grande sorpresa... Figuráos, pues, el efecto suscitado en mí por las notas del himno *Giovinezza* con las cuales fue acogida nuestra aparición. Sobre dos vapores y dos pequeñas embarcaciones fluviales sobrecargados de gente, la bandera italiana cantaba al viento. Había una lancha sobre la que ondeaba una tricolor tan grande que prácticamente la cubría... Las embarcaciones tenían el escudo de Gran Gala. Y las sirenas hacían un barullo endemoniado... la ribera cubierta de multitud de personas sobre los embarcaderos y sobre las rotondas, ubicadas de tal forma que parecía un balneario, se animaba con el amplio ondear de pañuelos y con el retumbar de miles de voces frenéticas".

"Parecía que todos hubieran estado esperándonos desde hacía años", comenta Belli. "Parecía que nos hubiesen deseado con ansias, como si fuéramos personas de su propia gente, veterano de quién sabe qué peligro". El periodista italiano alcanza cimas hiperbólicas de retórica al punto de encontrar analogías de color entre el Tíber y el Río Amazonas: "Italia y el Brasil, en ese tumulto, parecían una sola nación, una sola alma, un solo ímpetu de pasión dado al gran sol de ese mediodía por las resonantes amplitudes de ese río que se veía siempre dorado, con el dorado del lejano Tíber".[15] Y sin embargo esta sensación de una identidad común se repetirá en casi todas las etapas del viaje y llegará a ser expresada por los brasileños que llamarán a la *Italia* el *Navío da raza*, la nave de la raza, donde raza significará no el dato étnico, sino más bien un estilo de vida, el reconocimiento de pertenecer no a la misma raza sino a la misma familia.

La familiaridad se confirma en la capital. "Río de Janeiro me produce otra impresión; parece como si hubiera existido allí desde hace mucho tiempo. Me adapté rápidamente. Al punto de tener que esforzarme mucho para recordar si había llovido la semana anterior. También porque aquí se encuentra la misma atmósfera de simpatía de los centros del norte de Brasil. Si el elemento italiano se encuentra allí más disperso, el brasileño me parece igualmente impelido: empujado con respecto a nosotros no sé por qué impulso natural".[16]

En San Pablo el entusiasmo de Belli no conoce límites: "Imagínate recorrer ocho mil millas marinas, atravesando el Mediterráneo y el Atlántico y encontrarte de improviso... en

Italia. Y tendrás a San Pablo. Parece paradójico, pero es una realidad, porque San Pablo de Brasil es una ciudad italiana".[17]

En las escalas a Río y San Pablo la realidad es menos triunfalista que las crónicas periodísticas. El *fascio* de Río está mal organizado; pero sobre todo, como referirá el comandante, en la capital brasileña, aunque las autoridades son sumamente corteses, "se evidenció, en cambio, en los primeros días, una sensación indefinible, pero existente, de hostilidad, debido, creo, a la propaganda de extranjeros interesados e incluso quizá también de italianos disidentes; en realidad, la colonia de Río está deshecha por las discordias intestinas". "En los días siguientes", continúa Grenet, "la sensación de hostilidad fue paulatinamente desapareciendo y en los últimos días la nave fue visitada por una verdadera multitud entusiasta". Sin embargo, Grenet, a propósito de la visita de cortesía que realizan a la nave la misión militar francesa y la misión naval americana, no oculta sus dudas de "que se pueda tener algún éxito en cuanto a los equipamientos militares y navales, dada la existencia de esas dos misiones y su actividad con el fin de lograr ventajas para los respectivos países".[18]

No falta un incidente diplomático. En San Pablo, el presidente saliente del Estado, Washington Luis, un conservador tradicionalista que tiene fama de antiitaliano, confirmará tal fama sometiendo a Giuriati a una serie de descortesías; Giuriati las detallará concienzudamente en un informe a Mussolini: no le serán rendidos los honores militares que esperaba, se lo atenderá en la antecámara y el coloquio se limitará a dos minutos de diálogo descortés. Ofendido, Giuriati suspenderá la devolución de la visita a bordo por parte de Washington Luis y telegrafiará a Badoglio, un jefe militar de fama, por entonces embajador en Río, rogándole que proteste ante el gobierno brasileño por el trato desconsiderado, recibido, exigiendo reparaciones y amenazando con no visitar otros Estados de Brasil "si no me fuese dada una satisfacción".[19] Badoglio interviene con energía y Giuriati referirá orgullosamente a Mussolini: "1) yo he infligido al presidente de San Pablo la mortificación de negarme a recibirlo; 2) se ha establecido un ceremonial muy solemne para mi permanencia en San Pablo; 3) se ha adoptado igual ceremonial para la visita a los otros Estados; 4) el goberno federal y el de San Pablo han deplorado lo acaecido".[20]

Giuriati obtendrá una ulterior satisfacción cuando, seis años después, Washington Luis, devenido presidente de la república, sea derrocado por la revolución *"tenentista"* encabezada por Getulio Vargas, el futuro hombre fuerte de Brasil.

La acogida no depende del número de italianos residentes. En Pelotas, una ciudad del interior del Brasil meridional, con 200 italianos sobre 40.000 habitantes, el arribo de la comitiva en gira es saludado por un "estrépito de fuegos artificiales, una tempestad de disparos, una especie de bombardeo crepitante". "El tren se ha detenido con un repentino estremecimiento delante de una estación cubierta por una multitud que parecía engullirla... Tuvimos mucha dificultad en descender y en atravesar el gentío para abrirnos paso. Cuando aparecimos, la vastísima plaza colmada de cabezas agitadas se transmutó en una especie de campo de batalla... y luego pasamos entre las filas de gente del pueblo: como en un desfile triunfal. Y nuestra banda recorrió las vías arrastrando cortejos ".[21]

También en Montevideo la gente acude en masa para saludar a la misión a su llegada y a su partida. En Buenos Aires el carro de asalto y un auto blindado salen de las vitrinas para desfilar junto con un conjunto de marineros de la *Italia* que marcha delante de las tropas argentinas durante la gran revista de la fiesta nacional. Otras inmersiones en las multitudes en el ingreso a Rosario, Santa Fe, La Plata, Bahía Blanca.

Después de haber cruzado el Estrecho de Magallanes, y de arribar a Valparaíso y a la Capital de Chile, Santiago, "cosas de locos", preanuncia el ministro italiano Castoldi. "Pensad solamente en el hecho de una ciudad que ornamenta durante doce noches con lamparillas tricolores las ramas de los árboles, los brotes de las frondas y que reúne en su principal teatro más de seiscientos cubiertos para dar la bienvenida a la nave... una ciudad que abre todos sus círculos y todas sus salas, todas sus casas... y pone a vuestra disposición los trenes, los telégrafos, los teléfonos y el correo... y las autoridades, y después decid si os parece posible imaginar una sorpresa más grande que la que experimentamos en nuestra estadía".[22] En una ciudad de la costa, Talcahuano, la llegada de la nave provoca una afluencia excesiva desde comarcas vecinas: "Se calculan en quince mil los forasteros que se encuentran en Talcahuano. Los albergues y las pensiones están repletos, al par que se registran centenares de curiosos que han debido pernoctar anoche en las calles de la ciudad espléndidamente iluminadas".[23]

No faltan disonancias; un periodista de provincia, resentido porque la nave no podrá tocar su ciudad, describe así a Giuriati: "Es flaco, de estatura regular, mentón puntiagudo, cara magra, mirada despreciativa. No es un hombre simpático y observa a los visitantes con desprecio". También el resto de la comitiva es objeto de habladurías malévolas. Los oficiales, por ejemplo, "son demasiado militares y muy poco considerados con las señoras chilenas del puerto de Valparaíso". En cuanto a la nave *Italia* no es "nada más que una simple embarcación mercantil adornada de un modo especial al estilo de los grandes negocios que se encuentran en los centros populosos de Chile".[24]

El viaje continúa hacia Perú: "Después de la revelación que Chile ha producido por su amor a Italia, y cuando ya creíamos que la acogida chilena no podía ser superada, he ahí la clamorosa desmentida de los peruanos. La ciudad de Lima nos ha estrechado con un abrazo tan fuerte que nos dio una sensación de amargura la hora del adiós".[25] "Demostraciones tumultuosas" también en Ecuador, en el trayecto entre el puerto, Guayaquil, y la capital, Quito.

Después, una pausa en la zona del Canal de Panamá, bajo el control de los Estados Unidos, y la incertidumbre acerca de incluir o no a México en el itinerario: la prensa es unánime en cuanto a la denuncia del infame crimen Matteotti y la delegación italiana teme incidentes. De todos modos, se irá a México y alguno se jactará del astuto expediente con el cual se llama a silencio a los periódicos locales: la acusación que, en el parlamento, el líder socialista dirige al gobierno de Mussolini de importar a Italia sistemas de lucha 'mexicanos'".[26]

La estadía en México no es, políticamente, de las más felices. En el balance, se salva la imagen de la capital, una ciudad de arte, "una Siena del Nuevo Mundo", pero con un aire imperial.[27] Queda en penumbras la visita a Colombia; el encargado de negocios "inglés", en ausencia del representante italiano, desaconseja el viaje largo e inviable de la comitiva hacia la capital. Después de una escala en Cartagena y de un viaje por las Antillas, entre La Habana y Puerto Príncipe, la *Italia* proseguirá hacia su última etapa, Venezuela, donde no existen problemas políticos y donde el éxito de la empresa será coronado, como se había prometido al gobierno de Gómez, con la venta de todo el material expuesto.

Los recibimientos oficiales

El entusiasmo masivo tiene un aspecto alegre y festivo que no es exagerado y que se atribuye a la novedad de la empresa, a su carácter no sólo de feria sino también de espectáculo, con artistas que se exhiben en los teatros de los lugares visitados. Los gobiernos contribuyen al espectáculo recibiendo a la delegación con honores fastuosos, soldados con uniformes napoleónicos, salones marmóreos, pero sin abandonar demasiado los límites protocolares. Giuriati, por su parte, adapta las vestimentas —va de los trajes burgueses a los uniformes— y los discursos a los interlocutores.

Los artículos de los periódicos y los discursos de bienvenida presentan tonos y matices diversos. Los juicios sobre el gobierno fascista se omiten o son prudentes, aun cuando no falta quien menciona el sistema italiano como un modelo político válido internacionalmente. En la respuesta a la alocución de Giuriati, el presidente brasileño, Arturo Bernardes, no pronunciará el nombre de Mussolini. En cambio, su ministro de Relaciones Exteriores, Felix Pacheco, se lanza, pasa de un panegírico de D'Annunzio y de la empresa de Fiume a la exaltación de la "bella revolución pacífica", la marcha sobre Roma; elogia a Mussolini como "franco campeón de la buena democracia, vital y redenta" y agrega: "El héroe victorioso de esta reacción de Italia merece el respeto y la admiración, la gratitud de los elementos conservadores de todo el mundo".[28] En efecto, el periodismo de Río muestra que, sobre todo, lo que aprecia del nuevo gobierno italiano es el retorno a un orden antibolchevique y conservador.

En San Pablo, el presidente del Estado, Carlos de Campos, ya elegido pero todavía no ungido en el cargo, se limita a un acto de cortesía: se traslada hasta el hotel donde se alojan los huéspedes para saludarlos.

En Montevideo la situación es curiosa. La tradición radical es muy fuerte en ese país. Al mismo tiempo, está en el poder el elemento de origen italiano que se inspira en la tradición garibaldina de un patriotismo libertario y que ha participado con pasión en nuestra guerra. El hermano del presidente Serrato oficial italiano, ha caído en el Sabotino. La madre del jefe de Estado lleva sobre el pecho la medalla al valor del hijo muerto. La sombra del caído pesa en los encuentros. Manini Ríos, el ministro de Relaciones Exteriores, también él de origen italiano, se referirá a los caídos comunes en términos de "un sacrificio por la libertad". Tanto Serrato como Manini evitarán referencias a las características del gobierno fascista.[29] En los brindis, que serán frecuentes, se evoca regularmente el nombre del rey. Mussolini es ignorado también por Giuriati que reduce al mínimo las alusiones propagandísticas; pero la visita a Montevideo se verá turbada por las resonancias escandalosas de una reyerta entre un marinero y un periodista.

En Buenos Aires, el terreno ha sido preparado por el ministro de Argentina en Roma quien, como lo ha documentado Mauricio Vernassa,[30] disipa los temores de los que temen un empuje a la *italianización* de la Argentina y vuelve a entrever, gracias al crucero, la posibilidad de crear un clima de simpatía por la Argentina "tan necesario hoy para anular la intensa propaganda de nuestros vecinos del norte (Brasil) y para aumentar la corriente migratoria que deberá cultivar nuestros desiertos latifundios."

También en la capital argentina Giuriati apuntará a la exaltación de los valores comunes a los dos países más que a la bondades del gobierno mussoliniano, adaptándose al lenguaje afectuoso pero políticamente cauto de los interlocutores, aun cuando, en el caso del presidente Alvear y del ministro de Relaciones Exteriores, Gallardo, se tratara de dos personajes filoitalianos a pesar de pertenecer al Partido Radical. Alvear compensará un discurso anodino con una actitud cordial hacia los miembros de la comitiva con los que conversará en italiano. Gallardo irá más lejos aún, complaciéndose "cuando vemos a Italia vencer vigorosamente la hidra de la discordia y afirmar sobre las ruinas de la guerra la victoria definitiva que ofrece a la admiración del mundo una nueva y más gloriosa

Italia, disciplinada y formidable, segura de sí, radiante de fe juvenil y de confianza en el porvenir".[31]

En Santiago el tono se eleva. Un presidente de origen italiano, Arturo Alessandri, cita a Mussolini y afirma: "Nosotros admiramos el movimiento de renovación y reconstrucción de la Italia moderna; somos de vuestro parecer cuando afirmáis que los pueblos se salvan con hechos y no con palabras".[32] Por cierto tiempo, Alessandri seguirá las realizaciones del gobierno fascista al punto de hacerse acusar de querer ser el Mussolini chileno.

En Perú se volverá a una fraseología cortés pero vacía, más por falta de ideas que por aversión a las cosas italianas. En Ecuador se incluyen en los discursos respetuosas alusiones al presidente del Consejo italiano.

En México, país donde el antifascismo está vivo, el presidente Obregón pronunciará la respuesta al saludo de Giuriati "en voz sumamente baja", al punto de que no se le comprende una palabra, y los periódicos no publicarán el texto de su alocución. De este modo, Obregón pondrá a resguardo su espíritu revolucionario o "bolchevizante". Pero su familia visitará la nave y Giuriati no hesitará en afirmar en una entrevista: "No creo que exista gran diferencia entre vuestra democracia y el fascismo puesto que vuestra democracia también acude a la fuerza cuando es necesario".[33]

Las manifestaciones antifascistas preanunciadas en Cuba se concretarán en algún artículo hostil de la prensa y en una huelga de la asociación de cocineros; el presidente local se atendrá al intercambio de saludos en una actitud evasiva, pero se efectuará una parada a cargo de una brigada mixta en honor de la delegación y se dedicará a D'Annunzio una función en un teatro de la ciudad. En Haití la excepcionalidad del evento prevalecerá sobre cualquier otra consideración.

El dictador venezolano subraya el principio del orden como fundamento de los dos gobiernos; pero, después de la carrera organizada con automóviles italianos en el trayecto que va del puerto de La Guaira a Caracas, y de la derrota de un Buick último modelo por parte de un Fiat 519 —"que desde Pernambuco en más, todos los gobernadores y presidentes habían deseado y ordenado y que hubieran querido desembarcar de inmediato"— se obstinó en seguida en acapararlo.[34]

NOTAS

1. Piero Belli, *Al di là dei mari* ... Florencia, Vallecchi, 1925, pp. 28-30.
2. *El Demócrata*, México, 26 de agosto de 1924 (*Crónaca della crociera attraverso la stampa*, parte III, *Panama e i Paesi del Mar delle Antille*, pp. 664-665)
3. Por otra parte, sólo en Río de Janeiro hay una embajada de la cual es titular el general Badoglio; los otros diplomáticos de los países a visitar tienen el rango de Legación y sus titulares tienen el grado inferior de ministros plenipotenciarios. Sin embargo, las legaciones en Buenos Aires y en Santiago serán elevadas al rango de embajadas el 3 de julio de 1924, en el curso del crucero.
4. *La Nación*, Santiago (*Cronaca*... cit., parte II, *La Magellania e i Paesi del Pacifico*, pp. 408-409).
5. De Giuriati a Mussolini, Buenos Aires, 23 de mayo de 1924 (DDI, Serie VII, vol. III, doc. 208, pp. 129-130).
6. Renzo De Felice, *Mussolini il Fascista. La conquista del potere 1921-1925*, Turín, Einaudi, 1966, pp. 133-148.
7. Ibídem, p. 259.
8. Ibídem, pp. 451-452.
9. Enrico Carrara, *Ventotto porti dell'America Latina fra Atlantico e Pacifico con la R. Nave Italia*, Turín, Giani, 1925, p. 101.
10. De Giuriati a Mussolini, 12 de octubre de 1924 (Archivio Giuriati-Camara de Diputados, Roma).
11. Manlio Miserocchi, *L'America Latina attraverso il mio oblò*, Pistoia, Grazzini, 1925, pp. 16-17.
12. Belli, ob. cit., pp. 159 y ss.
13. Miserocchi, ob. cit., pp. 32-33.
15. Belli, ob. cit., pp. 83-84.
16. Ibídem, p. 112.
17. Ibídem, p. 118.
18. *Storia delle campagne oceaniche della Marina Militare*, a cargo del Servicio histórico de la Marina militar, vol. IV, Roma, 1960, p. 27.
19. De Giuriati a Badoglio, San Pablo, 19 de abril de 1924 (Archivio Giuriati-Camara de Diputados).
20. De Giuriati a Mussolini, a bordo del *Italia*, 2 de mayo de 1924.

El gran éxodo

21. Belli, ob. cit., pp. 128-129.
22. Ibídem, p. 202.
23. *El Diario Austral*, 22 de junio de 1924 (*Cronaca*... cit., II, p. 350).
24. *El Abecé*, Antofagasta (Ibídem, pp. 476-477).
25. Belli, ob. cit., p. 230.
26. Ibídem, pp. 282-284.
27. Miserocchi, ob. cit., p. 183.
28. *Jornal do Comerçio* (*Cronaca*... cit., parte I, *I Paesi dell'Atlantico*, pp. 60.61)
29. Ibídem, p.193.
30. Maurizio Vernassa, "Una crociera di propaganda" en *Politica internazionale*, enero-abril de 1999.
31. *La Prensa*, 18 de mayo de 1924 (*Cronaca*... cit., I, p. 258).
32. *Cronaca*..., cit., II, p. 395.
33. *El Demócrata*, 26 de agosto de 1924 (*Cronaca*..., cit., III, p. 666).
34. Carrara, ob. cit., p. 102.

III

DE LA ITALIA NAVEGANTE A LA ITALIA VOLADORA

Italianos reencontrados y perdidos

El contacto con los italianos y los oriundos es el aspecto más patético y más embarazoso del viaje de Giuriati: exultante, triunfal en las colonias *de elite,* que han contribuido a la guerra con dinero y con hombres; tímido y de bajo perfil con las masas.
Es así que se acepta y se privilegia el caso Chipilo: "Un borde de Patria", "La mejor colonia italiana de toda América", "una colonia véneta romanamente instalada", o sea, un pueblo véneto, trasplantado en México, con su paisaje, sus casas, su iglesia, su capellán, sus monjas, su alcalde, su dialecto, el pasaporte italiano. Se exalta a una comunidad armada, que con cincuenta fusiles ha resistido el asalto de millares de guerrilleros y se ha transformado, sirviéndose de la mano de obra mexicana de los países vecinos, en un centro lechero y quesero relativamente próspero.[1]
Por otra parte, Chipilo es un modelo no reproducible en otros lugares, ni siquiera en México. Un periódico local, aludiendo a las desventuras de otro grupo de campesinos italianos, descarta todo proyecto de colonización. "En la etapa en la que nos encontramos es menos que imposible hacer experimentos de colonización. La lucha agraria lo impide. Sería un desastre importar agricultores de cualquier raza y desleal no advertirlo. Vemos ya lo que ocurre con los italianos de Jalisco:

han debido renunciar a sus tierras para no provocar conflictos con la plebe excitada por los demagogos".[2]

Por lo demás, allí donde se ha realizado la colonización intensiva y donde el espacio de los italianos se agranda, el juicio es agridulce: "En Rosario música y aplausos, discursos y visitas, pero todo en una querida atmósfera afectuosa no sólo italiana sino casi exclusivamente piamontesa: algún niño, que se dice hijo de italianos pero nacido aquí, parece, por su acento, apenas salido de la turinesa puerta Palazzo; y, sobre todo en las campiñas y en las factorías, los pequeños propietarios y campesinos sonríen satisfechos y más expansivos a quien se dirige a ellos en el lejano dialecto, y recuerdan, cuentan y preguntan cosas que suenan extrañas dichas en la inmensidad de la campiña argentina".[3]

En realidad, la presencia del dialecto fastidia más que la asimilación lingüística local, puesto que consiste, para los connacionales, en la defensa extrema de las propias raíces familiares y, por ende, de la propia identidad. La áulica Italia de los cultos no ha logrado administrar culturalmente a la Italia pueblerina de los dialectos: esta incapacidad nacional se transforma en frustración en el extranjero.

Al problema de la cultura se superpone el problema social. Donde este problema no existe las colonias italianas se configuran como un modelo. Así Valparaíso deviene "la más bella colonia italiana de América del Sur": "Perfectamente fusionada con la población, la colectividad italiana suple con su valor intrínseco la modestia de su proporción numérica. Un italiano vale por veinte. Más que una colonia parece un estado mayor dispuesto a recibir a las grandes multitudes de nuevos inmigrantes".[4] "Estos pocos italianos (14.000) tienen en su gran mayoría una posición óptima en la jerarquía social, porque son comerciantes y empresarios y, en general, ejercen funciones directivas independientes".[5]

A lo largo de la costa del Pacífico, desde el extremo Sur, Punta Arenas —donde nuestros héroes encontrarán, en lugar de focas y pingüinos, "hielos y tinieblas", un comité de señores *de tuba y tight*—, hasta las comunidades italianas se presentan como la forma moderna de las colonias comerciales de nuestras repúblicas marineras, de Venecia, de Pisa, de Génova, lugares de donde muchos provienen.

Lima representa, en este sentido, el modelo mejor logrado: "Finalmente, en Perú encontramos también a italianos grandes capitalistas y organizadores y administradores de haciendas nacionales. Las banderas tricolores ondeaban sobre muchísimas casas y la propiedad fundiaria está, en más de un tercio, en manos de italianos. Los tranvías novísimos que corren por las vías de Lima son de una gran casa lombarda y, al verlos desfilar, elegantes y modernos, todos los marineros y los pasajeros de la *Italia* se enorgullecieron como si fuera un verdadero triunfo personal".[6]

Italia opulenta, Italia proletaria

En efecto, en Buenos Aires, en San Pablo, tampoco falta una Italia opulenta, no faltan capitalistas, industriales, latifundistas italianos; pero también hay un proletariado, existen también sectores medios más o menos pudientes. En otro términos, la comunidad italiana está dividida en clases y la división aparecerá claramente cuando la comitiva, al visitar la enorme *fazenda* de un gran propietario italiano, entrevé a los colonos, también ellos italianos: "Gente que, no habiendo podido bajar cuando la nave ingresaba a la dársena, se contenta con vernos pasar, nos piden ansiosamente una medalla, un distintivo, un señal cualquiera de la Patria que camina. A la luz oblicua del sol que muere, bajo el ala baja de los cobertizos, entre la multitud de hombres, también los niños guardan su silencio y su afecto nostálgico dentro de sus corazones; cada fisonomía está quieta y aposentada, pero los ojos viajan, nos escrutan, nos preguntan; hay en ellos algo que no se puede olvidar, una apariencia sacra que uno teme quebrar con una palabra vana, una serenidad que tiene su fuerza, más allá de todo coraje humano".[7]

El proletariado italiano asusta sobre todo porque es explotado por connacionales. Giuriati percibe y describe de manera realista la situación: "En San Pablo y en Buenos Aires se encuentran los súper ricos que no ayudan suficientemente a los pobres, hay *fazendeiros* y estancieros que pagan de un modo indecente a los colonos, hay un número proporcionalmente insuficiente de escuelas, están los comunistas y los socialistas que cotidianamente difaman a la Patria, hay disensos y ambiciones miserables, están también las calamidades de la gran colectividad".[8]

Por lo tanto, hay cierta preferencia por las colectividades del Pacífico medias y pequeñas que se dedican al comercio y por las pequeñísimas colectividades como la de Punta Arenas y, sobre todo, como la de Chipilo, que se arma y defiende. Pero, a esta altura, el realismo se desvanece. Chipilo es un modelo único. Diez, veinte Chipilos hubiesen sido barridos en una guerra civil.

La misma misión privilegia a los estratos superiores, a los sectores de consumidores bien representados en los niveles más altos en todo lugar en que se encuentra una colectividad italiana. La masa trabajadora italiana queda inevitablemente marginada de un viaje de propaganda comercial. Aunque los contactos que se establecen permiten advertir líneas coherentes con una estrategia relacionada con la gestión política de las grandes colectividades; y, efectivamente, Giuriati adelanta propuestas tanto para el Brasil como para Argentina.

En lo que se refiere a Brasil, no hay ninguna posición hostil, sino más bien un razonamiento práctico. Los italianos deben tomar parte de la vida del país que los hospeda: "Poco importa que los hijos de los italianos, nacidos aquí, vistan el uniforme del soldado brasileño o conserven la ciudadanía del país donde han nacido. Para nosotros basta que, además del portugués, hablen nuestra lengua y que mantengan vivo el afecto por la tierra de aquellos de quienes descienden. Los brasileños no nos deben considerar —para decirlo con una frase vulgar— como aprovechadores de las riquezas inmensas de su país, sino como leales y fraternos colaboradores de su progreso. Y para esto es necesario tomar parte de su vida pública, sin pretender, sin embargo, invadirlos. Los italianos que tienen aquí su residencia deben tomar la ciudadanía brasileña sin hesitar".[9]

La posición respecto de la Argentina es más negativa, ya que los italianos parecían integrarse con demasiada facilidad, al punto de llegar a transformarse en "furibundos nacionalistas argentinos". En franca contradicción con la fórmula de la brasilianización, Giuriati aconseja desviar la corriente migratoria italiana hacia otros lugares, incluso para evitar que la rivalidad existente por entonces entre las dos mayores potencias de América del Sur pudiera llevar "a este bello resultado: arrojar en un futuro próximo a ejércitos de italianos contra otros ejércitos italianos".

En suma, los países en los cuales Giuriati sugiere iniciar estudios y tratativas en el marco de una política de expansión más activa son el norte de Brasil, Perú, Bolivia, Ecuador, Colombia y quizá Venezuela.[10]

Durante el régimen fascista esta política encontrará aplicación no en el plano migratorio sino en otros planos, por ejemplo, en el campo de las misiones y de los pertrechos militares, no sin éxito en Bolivia y Perú, y en el campo de la aviación también en Brasil y Argentina, después del cruce aéreo transatlántico de Balbo y del raid de otros ases italianos.

Por lo demás, nuestras colonias comerciales en los países preseleccionados continuarán manteniendo tal carácter, alterado luego por la guerra y por las listas negras aliadas. Ninguno de esos países se prestará a experimentar colonizaciones y poblamientos, destinados en todos los casos al frascaso dada la abundancia de mano de obra local. Venezuela se sumará sólo en la segunda posguerra a Argentina y a Brasil como destino de la emigración de masa italiana.

Triunfo sin estrategia

La misión Giuriati no marca, pues, un giro en la estrategia del éxodo italiano que sigue siendo una cuestión privada, tanto en el período fascista —en que es teóricamente hostigado—, como en el período siguiente en que tal éxodo es alentado aunque con direcciones geopolíticas espontáneas y oscilantes entre el mundo anglosajón y el mundo latinoamericano y con resultados cultural y económicamente erráticos.

No obstante el gran éxito externo, medido por la alarma que suscita en la mayoría de los países competidores, la vía de las embajadas no se presenta ni siquiera como el prólogo de una elección preferencial del gobierno fascista por las repúblicas amigas, aun cuando al viaje de la *Italia* seguirá la visita del príncipe heredero. Es cierto que hay un despertar de la atención del mundo político e intelectual italiano hacia América latina y, particularmente, hacia Argentina. Vernassa refiere la constitución, en la legación argentina, de un comité que reúne lo mejor de la cultura italiana, de Croce a Gentile, de D'Annunzio a Pirandello, de Giovanni Agnelli a Marconi, de Luigi Einaudi a Luigi Luzzati, de Mascagni Puccini, junto con distintos parlamentarios.[11]

Y durante la travesía, que llevaba un capellán a bordo, se evidencia el sincero empeño, especialmente en la escolarización de nuestras colectividades, de las ordenes religiosas, en particular de los salesianos y de los franciscanos quienes están presentes junto a sus colegas en todas las manifestaciones. También el mundo católico participa en este redescubrimiento que se desarrolla prácticamente en un clima que anticipa la Conciliación. En su relato, Giuriati augura una colaboración con el Vaticano en este ámbito.

Los puntos de partida son favorables pero la expedición registrará la situación desastrosa de nuestra red diplomática, la dificultad de imponer la identificación entre fascismo y patriotismo, la imposibilidad de realizar a través de los fascios en el exterior una solidaridad interclasista entre patrones y obreros italianos. Ideológicamente el crucero es decepcionante: el fascismo no agrupa a la colectividad, sólo se circunscribe a los notables.

En el plano cultural, la óptica académica de Sartorio, que pinta durante el viaje agraciados paisajes, su lejanía del modernismo, bien reflejada en su relato del viaje,[12] lo lleva a entrever una evolución en el arte y en la cultura de los países latinoamericanos que llegará por vías nacionales y no estableciendo lazos en una inspiración única. Sin embargo, su Italia, la Italia de mármol, se armoniza con la Italia aerodinámica de los productos más avanzados, en la continuidad de una tradición creativa.

Desde el punto de vista comercial, el éxito ha sido máximo: se ha ido "de triunfo en triunfo", como se vanagloria Giuriati. Se calculan negocios por más de cien millones, pero la cifra es superior porque muchos operadores "o por antifascismo o por temor a los gravámenes fiscales" se rehúsan a comunicar los datos.[13] Sin embargo, los logros económicos se ve amenazados por un vicio estructural. Carrara individualiza lo que será el gran obstáculo a nuestra penetración económica en América latina: la gran finanza no ha acompañado el viaje: "Cuántas veces el éxito económico de S.E. Giuriati con los gobernadores locales, con los presidentes de las repúblicas, con los privados, no ha logrado tener su necesario y feliz epílogo en la firma de verdaderos y adecuados convenios que diesen a las compañías italianas la explotación en condiciones privilegiadas de los terrenos de Bahía, de las haciendas de café en San Pablo, de las plantaciones trigueras argentinas, de las minas chilenas de nitratos, de cobre, de carbón, de las minerías de metales preciosos peruana, boliviana, mexicana; en fin, del gran y fructífero altiplano venezolano que, admirado en último lugar, nos ha dejado un recuerdo inolvidable".[14]

Giuriati, a su vez, observa refiriéndose a los competidores (americanos, ingleses sobre todo, franceses, españoles): "En las empresas industriales, en general, no tenemos mucho que envidiar a nuestros émulos; pero ellos nos sacan gran ventaja y en todo lo que tiene que ver con las obras públicas (en especial, las vías de comunicación) y la industria minera disponen del cetro de la finanza ".[15]

Los propósitos son elevados. "Verdaderamente hemos sentido", escribe Piero Belli, "la gran meta de nuestro viaje en esta América que engulle a los grupos vanguardistas de nuestra estirpe esperando —aún inútilmente— a las masas profundas de un ejército de trabajadores destinados finalmente a hacerla más grande y a sustraerla al nudo corredizo de asalto financiero que viene e insiste y se precipita desde el norte contra todas las tendencias y contra todas las aspiraciones y contra todo el pasado de la latinidad. Una latinidad cuya defensa a cualquier costo Italia deberá finalmente proponerse".[16]

No serán sólo estos furores antinorteamericanos abstractos e insensatos los que impedirán una profundización de las relaciones con América latina. No se comprenderá, por ejemplo, que para la política exterior argentina la autonomía con respecto a los Estados Unidos depende de su elección por el eje Roma-Londres y que, por ende, —y lo demostrará la neutralidad hacia Italia durante la Segunda Guerra Mundial— la amistad con Italia, como observa un experto americano, es uno de los aspectos cardinales de la diplomacia de Buenos Aires.[17]

No se procederá a elaborar una estrategia directa para reforzar el carácter comercial y empresarial de las colectividades menores y para facilitar la evolución, ya en curso en tal sentido, en las colectividades mayores, incluso cualificando técnicamente a la emigración que se dirige a tales países, como ocurrirá, con buenos resultados pero siempre en forma privada y espontánea, en la segunda posguerra.

El agudo protagonista del caso, Giuriati, definido por Mussolini como "un hombre de pocas palabras y de muchos hechos, valiente organizador y trabajador incansable", como ministro de Obras Públicas reorganizará las redes ferroviarias y camineras italianas: será él el que hará que los trenes lleguen en horario. Presidente de la Cámara en 1929, llegará a ser en septiembre de 1930 secretario del partido. No durará mucho en ese cargo, purgará los elementos indeseables, alentará a los fascios juveniles, pero ingresará al jardín prohibido proponiendo, con Balbo en el puesto de Badoglio como jefe del Estado Mayor General, la modernización de las fuerzas armadas. Después de apenas un año, cederá el cargo al tan discutido Starace. Como senador, quedará fuera del gran círculo del poder.[18] Quizás, dotado de pleno poderes en las relaciones con América latina, hubiera puesto su energía al servicio de esa estrategia orgánica que el crucero no concretó pero que proponía con una serie de elementos concretos.[19]

El resultado positivo del crucero se aprovechará sólo parcialmente. La desviación colonialista alejará la prioridad latinoamericana. Después de 1945 América latina volverá a ser descubierta con otras misiones como la de Sforza en 1946 y con una nueva nave-feria, la *Lugano*.

Cuando el buen Dios también es italiano

"Cuando a lo lejos aparecieron los aeroplanos, un grito salió de millones de bocas: '¡Viva Italia!' Sentí un nudo en la garganta y la señora Macedo Soares, cerca de mí (era la mujer del jefe de protocolo del ministerio de Relaciones Exteriores brasileño) murmuró: *'Madame, le bon Dieu est italien aujourd'hui'*. En el mismo instante en el que los aparatos sobrevolaban la entrada a la bahía, entraban las ocho naves italianas y sus cañones lanzaban sus salvas".

"Era un espectáculo maravilloso". Y de espectáculos entiende quien escribe: Elisabetta Cerruti, mujer del embajador de Italia en Río de Janeiro y ex primera actriz del teatro nacional húngaro. Y hombre de espectáculo es el protagonista de la empresa, el ex *quadrumviro** de la marcha sobre Roma, devenido subsecretario y general de la aeoronáutica italiana, Italo Balbo: " Tenía entonces treinta y tres años y una espléndida figura. Ese día tenía algo de mítico para todos, habiendo descendido de las nubes. Caminaba tan enhiesto que se habría dicho que tenía la espina dorsal de acero, y de toda su persona emanaba una entusiasta bravura".

La empresa es excepcional. Sólo pocos meses antes, un aviador francés, Mermoz, había logrado realizar el sobrevuelo del Atlántico meridional, pero había sido un vuelo solitario. Balbo comanda una tropa entera, sin preocuparse de las pérdidas, dos aparatos y cinco caídos, en una trágica noche en una escala africana. La manifestación de potencia por parte de Italia se completa con la presencia simultánea en aguas brasileñas de una división naval con cuatro acorazados, no sin cierta irritación de las autoridades locales, en particular del *Interventor* en San Pablo designado por el gobierno federal.[20]

El sobrevuelo entusiasma a la comunidad italobrasileña en San Pablo: más de seiscientas mil personas se concentran a lo largo de las calles por donde avanza el cortejo que acompaña a Balbo y a la tripulación de la estación al albergue. "Si bien gran parte de los cientos de miles de italianos de allí ", escribe Cerruti, "habían abandonado su país en señal de protesta por el fascismo, todos estaban orgulloso del éxito de esa empresa italiana y de Balbo".[21]

Ése era, precisamente, uno de los objetivos de Balbo que, después de un viaje a Londres, había constatado un inmediato incremento en las inscripciones al *fascio* local; pero, como en el caso de la circunnavegación latinoamericana de Giuriati, existía la idea de presentar a una Italia de vanguardia en la tecnología y en la modernidad.

El objetivo en Brasil se había alcanzado y esto da valor a Balbo para repetir la empresa en los Estados Unidos, un país que había visitado brevemente en 1929 y donde la imagen del italiano no era particularmente brillante. Había estado Rodol-

---

* *Quadrumviro*: cada uno de los integrantes de un gobierno o poder conformado por cuatro miembros. *N. de la T.*

fo Valentino, primera línea del divismo cinematográfico, pero su precoz desaparición no había dejado herederos. Había ocurrido lo de Sacco y Vanzetti, dos italianos de simpatías anarquistas, acusados —probablemente en forma injusta— de rapto y homicidio, condenados a muerte y ajusticiados.

El cruce aéreo del Atlántico del Norte tendrá lugar en el verano de 1933 con pleno éxito. Balbo y sus pilotos, que llevaban la camisa negra bajo el overol, fueron agasajados en el punto de llegada, Chicago, por una multitud desbordante. El alcalde de la metrópoli proclama ese día como *"Italo Balbo's Day"* y la calle Siete recibirá el nombre de *Balbo's Avenue*, una denominación que conservará no obstante la guerra y los intentos de depuración fomentados más que por los americanos por poco generosos antifascistas italianos, como el embajador político Alberto Tarchiani, que tuvo una respuesta desdeñosa del alcalde.[22]

"Los festejos de Chicago no fueron nada respecto de los de Nueva York", escribe el biógrafo de Balbo, Giordano Bruno Guerri. "Se detuvo el tránsito de la ciudad, todos corrieron a las ventanas, en el puerto las naves unieron sus sirenas en un único y ensordecedor saludo, las orillas del Hudson donde amarró la escuadra estaban repletas como un estadio durante una finalísima". "Lo que vino después es parangonable sólo con el recibimiento que se tributó a los ex combatientes de la Primera y la Segunda Guerra Mundial y, quizás, a los primeros astronautas".[23]

Balbo fue también recibido por el presidente Roosevelt: era la época en la que los tecnócratas del *New Deal* observaban con interés las fórmulas adoptadas por Italia para relanzar el crecimiento económico. Pero precisamente su increíble éxito habrá de costarle a Balbo, poco tiempo después, el exilio dorado como gobernador de Libia.

Los aviadores italianos continuaron su empresa, pero sólo a título personal o bien por razones de propaganda de la calidad de nuestros aeroplanos, como el sobrevuelo de los *Sorci Verdi* en 1938. Con Balbo, promovido y removido, promovido a Mariscal del Aire pero removido del comando de la aviación, culminó el momento mágico.

El gran éxodo

NOTAS

1. Miserocchi, ob. cit., p.189; Belli, ob. cit., pp. 298-299.
2. *La Gaceta de México*, s.d. (*Cronaca*..., cit., III, pp. 680-681).
3. Carrara, ob. cit., p. 32.
4. Belli, ob. cit., p. 205.
5. Carrara, ob. cit., p. 54.
6. Ibídem, p. 73
7. Miserocchi, ob. cit., p. 68.
8. *Relazione Giuriati*, cit.
9. Guiriati promete una ley que permita readquirir automáticamente la nacionalidad italiana apenas pongan un pie en Italia (*Il Piccolo*, 18 de abril de 1924, en *Cronaca*..., cit. I, p. 117)
10. *Relazione Giuriati*, cit.
11. Vernassa, art. cit.
12. Aristide Sartorio, "Per l'avvenire dell'arte italiana nell'America Latina", en *Nuova antologia*, 1265, 1 de diciembre de 1924.
13. *Relazione Giuriati*, cit.
14. Carrara, ob. cit., pp. 109-110.
15. *Relazione Giuriati*, cit
16. Belli, ob. cit., p. 206.
17. Carleton Beals, *The Coming Struggle for Latin America*, Filadelfia-Nueva York, Lippincot, 1938, p. 323.
18. De Felice, *Mussolini il Duce. Gli anni del consenso 1929-1936*, Turín, Einaudi, 1974, pp. 208-216.
19. La crónica periodística de la misión se completa con noticias sintéticas sobre los diversos países visitados.
20. Del real cónsul general en San Pablo al ministro de Relaciones Exteriores Dino Grandi, 12 de febrero de 1931 (AS-MAE, Affari Politici, 1931, Brasil, Nº 1, fasc. I - Rapporti Politici).
21. Elisabetta Cerruti, *Visti da vicino. Memorie di un'ambasciatrice*, Milán, Garzanti, 1951, p. 130.
22. Giordano Bruno Guerri, *Italo Balbo*, Milán, Garzanti, 1984, p. 256.
23. Ibídem, p. 257.

IV

UNA VEZ MÁS EL MITO DE AMERICA

Cuando América inunda

"El americanismo nos inunda. Creo que se ha encendido allá abajo un nuevo foco de civilidad. El dinero que corre en el mundo es americano y detrás del dinero corren el modo de vida y la cultura". Así se expresa Luigi Pirandello en una entrevista a Corrado Alvaro en 1929.[1]

El mito no pertenece más a los campesinos meridionales, se han apropiado de él también los intelectuales. La historia de un industrial americano medio, Babbit, de una novela de Sinclair Lewis, ofrece el pie a una polémica más sociológica que literaria, comentada desde la cárcel por el mismo Gramsci, que asume su defensa: "El pequeño burgués europeo se ríe de Babbit y, por ende, se ríe de la América que estaría poblada por 120 millones de Babbit. El pequeño burgués europeo ríe del particular filisteísmo americano, pero no toma conciencia del propio, no sabe que es el Babbit europeo, inferior al Babbit de la novela de Lewis en tanto que éste trata de evadirse, de no ser más Babbit; el Babbit europeo no lucha con su filisteísmo sino que se regodea y cree que su voz, su cua cua de ranucha sumergida en el pantano es un canto de ruiseñor. A pesar de todo, Babbit es filisteo de un país en movimiento; el pequeño burgués europeo es el filisteo de países conservadores que se pudren en el pantano estancado del lugar común, de la gran tradición y de la gran cultura. El filisteo europeo cree haber descubierto América con Cristóbal Colón, que Babbit es un monigote para su diversión de hombre cargado con milenios de historia".[2]

Para una vieja burguesía, para la cual aún valen como únicas metas posibles París, Londres y Berlín, América presenta un fondo vulgar, la modernidad y la riqueza se exhiben sin discreción. Para los jóvenes, en cambio, y sobre todo para el joven intelectual Mario Soldati, que desembarca en Nueva York en 1929 antes del crack de Wall Street, no existen dudas: "Todos ricos, todos señores, todos evolucionados", así eran los americanos. "Todo, por aquellos años, favorecía la fábula de la nueva y beata civilidad... Bastaba desembarcar en Nueva York y en pocos meses se llegaba a ser un señor. No era necesario tener papeles en regla. El clandestino, el turista, el emigrante de cupo permitido, todos encontraban trabajo y una posición que tenía total apariencia de estabilidad. Los tripulantes de los transatlánticos, de las naves de pasajeros, de la naves de carga, desertaban en masa en cada viaje. Sólo quedaban a bordo los oficiales y los maquinistas: y para volver debían reclutar tripulaciones improvisadas entre la canalla cosmopolita del puerto".[3]

Pero, más que la perspectiva de ganancias, existe la de una carga vital nueva que sorprende y atrapa al recién llegado, como imaginaba, o mejor adivinaba, Kafka en su *América,* y como escribe Soldati: "Cualquiera sea su raza, culto, sector social o país, el emigrante que desembarca en Nueva York asume, aún hoy, del aire, de las piedras, del paso rápido y de los rostros ávidos de la primera gente que ve, esa misma decisión desesperada, esa fuerza mística, ese fanatismo con que desembarcaron los Padres Peregrinos. Ninguna colonia acoge, compromete, revoluciona, transforma con tanta rapidez, entusiasmo e inexorabilidad. Ninguna llegada es tan poderosa".[4]

Un burgués florentino desencantado, como Emmilio Cecchi, que llega a Estados Unidos después del crack de Wall Street, es mucho menos generoso y autocrítico que Gramsci y más bien despreciativo en su juicio. Retoma las acusaciones dirigidas hacia a los americanos por parte del ex premier francés Clemenceau: "No tienen ideas generales. Y hacen un pésimo café". Concuerda sobre la pésima calidad del café y corrige la otra afirmación: los americanos tienen casi demasiadas ideas generales, doctrinas, teologías, mitologías, seudo-conceptos. Y ésta es la conclusión: "América es un país de pequeños anárquicos que pueden convivir y cooperar en la medida en que su anarquismo se contenta con mínimas fracciones de vida y que tenazmente rechaza la prueba de los hechos. Es un país de simpáticos avestruces: todos con la cola erguida y la cabeza metida en la maleza".[5]

Los italianos invisibles

Los italoamericanos se notan casi demasiado a bordo del transatlántico que los lleva hacia los *States* después de una excursión a Italia, y con los viajeros italianos se produce pronto un desencuentro. Soldati habla de su "pobreza espiritual y la triste decadencia de la nativa civilidad": "modos de campesinos enriquecidos", "discursos insulsos", "jovialidad ruidosa y convencional", "osentación de pertenecer a tan rica y noble nación, y desdén por todo el que no fuera 'un citizen'". "Estos defectos sobresalían sobre todo en los italoamericanos de segunda generación, en los jóvenes nacidos en América e hijos de padres nacidos en Italia. Era espantoso el evidente desprecio de estos jóvenes hacia los propios padres que, sin embargo, emigrando les habían proporcionado el bienestar con el que se deslumbraban y la nacionalidad de la que se sentían orgullosos".

Para el viajero italiano surgen rápidamente la separación entre la mayoría anglosajona y un componente italo-americano que parece su caricatura: "No existe contacto entre las dos razas. Los italoamericanos se hacen un modelo, un mito de los anglosajones; y no los conocen. Cuando los encuentran, los confunden con europeos, se burlan de ellos. Sienten que hablan inglés, no slang. Ven que los hijos tienen respeto por los padres. Por lo tanto, es imposible que se trate de americanos".[6]

Al visitante italiano le irrita que en las casas de los italoamericanos se haya reducido la italianidad a montañas de spaghetti al tuco con vino y licores hechos en casa, sin hablar de los discos con el habitual repertorio desde *O sole mio* hasta la romanza de Tosti *Ideal*. El conjunto es un clima de alegría forzada que hace lamentar la inocencia perdida: "El más pobre campesino del pueblo más pobre de Italia central o meridional conservará siempre, en los dificultades y en las desgracias, gravedad, humanidad de modos. Pero aquellos, en la comodidad, con el Ford, con el *Sunday Paper* y con la heladera eléctrica, han perdido todo: igualando, oscuros, obtusos, a los emigrados de cualquier nación".[7]

En las anotaciones del otro viajero, Cecchi, hay más curiosidad por los afroamericanos que por los italoamericanos. Harlem le atraerá más que Brooklyn o que la Little Italy. Incluso las personalidades extraordinarias, como Rodolfo Valentino, aparecen separadas del contexto original, como algo que no tiene nada que ver con el pueblo emigrado. De un gángster como Al Capone se habla como de un individuo que ha equivocado el oficio.

Pero he aquí la sorpresa. Durante una estadía en la selva californiana, en un albergue que cuenta con *juke box* y con todos los juegos mecánicos para adultos fabricados en América, en un cierto momento escucha "golpes rítmicos, sordos, nocturnos", "un toc toc, toc como en las novelas de hadas y leñadores". En realidad se trata verdaderamente de leñadores trepados sobre las ramas. "Algunos en alturas vertiginosas, como hormigas erguidas sobre las patas posteriores. Otros tiznados y suspendidos por cuerdas, como arañas meciéndose en su propio hilo. O enganchados en los troncos con ciertas hoces que tenían unidas a los pies. Y golpeaban con hachetas, escalando ramas muertas... excavando con el filo dentro de las quebraduras de la corteza, como doctores que extirpan un tumor maligno". "Grandes troncos se sacudían, haciendo estallar en la caída astillas y ramajes. Y bandadas de pájaros que se habían refugiado en las últimas alturas huían gritando como si se tratase del fin del mundo".

"Capitán de esa tropa era uno de cerca de treinta años... también él armado con hoces dentadas en las canillas que, junto con la cotilla y con las polainas de cuero, le daban una apariencia extraña semejante a un coleóptero imposibilitado de caminar y que, por lo tanto, sólo podía treparse".[8] Era italiano: "cirujano de árboles", "escultor de madera viva", lo define Cecchi. Pero con sus hoces y su armadura de cuero, su ejército armado de hachetas, su silenciosa audacia, el italiano de los bosques parece, aun cuando Cecchi no lo diga, la versión terrestre del Nostromo de Conrad. Parece uno de aquellos capitanes de aventura, artistas de la vida, que Italia no cesa de exportar, compensando el fatigoso ascenso de la mayoría de los connacionales en la pequeña burguesía americana —en la *lower middle class*—, su modesta imaginación, la alegría forzada, la real soledad —bien descrita por John Fante— de un intelectual de segunda generación que pide disculpas a una joven mexicana por haberse comportado con ella como se habían comportado con él los Smith, los Parker, los Jones. "Los detestaba, ¡no era uno de ellos! Me llamaban *wop*, me llamaban *dago*, y sus hijos me insultaban como yo... te he insultado esta noche."[9] Y se disipa también el mito: se rezonga ¡*pobre América!*,[10] como los italianos dicen ¡*pobre Italia!*, expresión ritual del pesimismo nacional.

Los italoamericanos casi nacionalistas

El mantenimiento, casi siempre no querido, de la etiqueta de origen, una definición, el *Italian American*, que no tiene, en cambio, parangón en otros países de gran emigración italiana (el hijo de italianos era definido y se autodefine *tout court* francés en Francia, brasileño en Brasil, argentino en Argentina), a muchos los induce a anglicizar el propio apellido, borrando cualquier traza del propio origen, a la mayoría los lleva a asumir una actitud defensiva frente al ambiente externo, y a una parte consistente a volcarse hacia un nacionalismo que crece cada vez más.

Un antifascista expatriado, Massimo Salvatori, señalará, irónicamente, a propósito de los italoamericanos: "En Italia no han sido nunca italianos, pero en América se han transformado en nacionalistas italianos".[11] Las discriminaciones antiitalianas reavivan, incluso entre los diversos elementos de la segunda generación, pero sobre todo entre los emigrantes de los años veinte, resentimientos y complejos, despertando, como admitirá otro expatriado ilustre, Gaetano Salvemini, un sentido de identidad nacional.[12] Esto explica la difusión rápida de los fascios en los Estados Unidos con la fundación del primer *Fascio* en Nueva York en 1921, antes de la marcha sobre Roma.

En poco tiempo, la extensión a la colectividad de la organización del Partido Nacional Fascista, provocará conflictos interminables entre la embajada en Washington y las jerarquías fascistas. El embajador, Gelasio Caetani, duque de Sermoneta, sufre la presión de los políticos americanos que temían que las luchas políticas internas italianas se transfirieran a los Estados Unidos, mientras que el encargado del partido, Bastianini, no resiste la tentación de llenar de camisas negras las *little Italies*.[13] Dada la hostilidad de las autoridades americanas, que consideran que la pertenencia a los *Fasci* es incompatible con la naturalización, en 1929 se disuelve la Liga Fascista y se confía la propaganda nacional al celo de la red consular.

En tanto, la actividad antifascista no será nunca particularmente incisiva, "sea por situaciones sociológico-culturales, sea por la existencia de fuertes diferencias en el seno de los propios movimientos de oposición".[14] El intento de boicotear en 1931 la visita a Washington del ministro de Relaciones Exteriores Grandi se mostrará contraproducente y el ala antifascista moderada se separará de la agitación organizada por "comunistas, anarquistas, socialistas, radicales de café que no creían en otra forma de gobierno que no fuera aquella surgida de sus posiciones extremistas".[15]

En efecto, en los niveles gubernamentales reina una notable sintonía que alcanzará su punto culminante en la época del primer mandato presidencial de Roosevelt, cuyo programa de reconstrucción económica, el *New Deal*, parece calcado de los esquemas corporativos y estatistas adoptados en Italia después de la crisis de 1929. Sin embargo, las disposiciones americanas, que instituyen un cupo por nacionalidad en el número de los emigrantes admitidos en los *States,* favoreciendo descaradamente a los provenientes de los países del norte de Europa y reduciendo al mínimo aquellos provenientes del sur de Europa, y en particular de Italia (42.000 en una primera fase, 4.000 al año en las siguientes), golpean a Italia de lleno, sea porque no le permiten aliviar la desocupación interna, sea porque recortan nuestra fuente más apreciada de remesas que llegan del exterior (los importes provenientes de los Estados Unidos equivalen al 84 por ciento del total); el daño es de tal magnitud financiero que las autoridades americanas conceden a Italia condiciones más favorables en el reembolso de su deuda al punto de que, cuando Italia entra en guerra, debe todavía dos mil millones de dólares a los Estados Unidos. Pero las consecuencias del cierre de aquella que ya se había transformado en la meta preferida de nuestros migrantes serán extremadamente graves también en el campo de la política exterior italiana. Como observa Claudia Damiani, la *Johnson Act* proveerá "una justificación formal al consecuente expansionismo fascista".[16] África, elección equivocada en la época de la emigración grande y libre, deviene una vía de salida plausible.

De Sacco y Vanzetti a Frank Capra

A bordo del transatlántico que se dirige a Buenos Aires, se juega y se conversa. "Paseando lento, de un extremo al otro del puente, viejos italianos de apariencia adusta hablan de sus negocios, de la política argentina, del *trigo* y del *maíz*. Un viejo cándido y de cabello enrulado, pontificando en medio de un corrillo, grita: *"Yo siempre he sido católico y me honro de ser fascista, pero, cuando pienso en lo que ha pasado en Boston, quisiera ser anarquista, para lanzar bombas y dinamita"*.*

"Ese viejo que siempre ha sido católico y que se honra de ser fascista pero al que la tragedia de Boston le ha dado ímpetus de Ravachol", explica un amigo al periodista fascista que contará el episodio, "es uno de los más ricos revendedores de fruta del *mercado de Abastos* de Buenos Aires".[17]

La injusta condena a muerte de Nicola Sacco y de Bartolomeo Vanzetti si sella por un lado, como señala Emilio Franzina, el ciclo completo de la emigración transoceánica y confirma la indeseabilidad de los italianos,[18] por otro golpea a los italianos incluso en lugares en los que, como en la Argentina, no son discriminados. No por casualidad Mussolini, frente al dilema de evitar declararse a favor de dos anarquistas, convertidos en símbolo de la izquierda antifascista internacional, o de defender a dos italianos en el extranjero injustamente perseguidos, opta por la segunda alternativa interviniendo ante el gobierno americano e indicando el riesgo de convertir-

* En español en el original. *N. del ed.*

los en mártires. El mismo Duce, respondiendo después de la ejecución al padre de Sacco que le había suplicado salvara la vida de su hijo, sostendrá en una carta en el *Popolo d'Italia* haber hecho todo lo posible "compatible con las reglas internacionales" para salvarlo.[19] Cuatro años después, en 1931, la condena a muerte y fusilamiento de un anarquista italiano, Severino Di Giovanni, no suscitará ni reclamos ni indignación, pues se trata de un individuo culpable de un sangriento atentado al consulado de Italia de Buenos Aires y en un contexto, el de Argentina, que no lo consagra como símbolo de un drama colectivo.[20]

El caso Sacco y Vanzetti humilla la identidad de todo italiano en el extranjero legitimando un uso distorsionado de la justicia contra la condición italiana y echando una sombra oscura y pesimista sobre el mito de América. Tocará precisamente a un cineasta, a un director italoamericano, nacido en Palermo en 1897 y emigrado a los Estados Unidos de pequeño, Frank Capra, trastrocar en el curso de los años treinta el mito negativo alimentado por la recesión y por el racismo, convencer de nuevo a los americanos acerca de su invencibilidad existencial y exportar al mundo, con todo el apoyo de una cinematografía universalmente hegemónica, un modelo basado sobre la felicidad y la autosatisfacción.

Exaltador de las virtudes del hombre común, de Mr. Smith, él mismo es, como dirá de él Georges Sadoul, "una especie de Mr. Smith, lleno de la fe más grande en los mitos del New Deal".[21] Capra pasará, a lo largo de toda la era Roosevelt, desde la comedia sentimental con final feliz hasta dramas políticosociales que muestran siempre el triunfo de la ingenuidad sobre la astucia, del *American Hero*, del hombre de interior simple y recto sobre las bestias feroces de la jungla metropolitana, hombres de negocios y políticos corruptos, de Washington a Nueva York, y hasta a la propaganda de guerra de la serie *Why We Fight*, "Por qué combatimos".

La premisa es siempre "una fe casi mística en la capacidad del hombre de vencer a las fuerzas sociales que de continuo amenazan destruirlo".[22] En uno de sus últimos filmes, *Qué bello es vivir*, el héroe es un hombre cualquiera que no tiene nada de extraordinario y que piensa que, en el fondo, su vida ha sido inútil. La reseña de algunos episodios pasados le demuestra qué peligros les había evitado a los otros casi sin siquiera percatarse. También el héroe anónimo es un héroe americano. Pero no es un héroe italiano. Gian Piero Brunetta ha observado que "en sus filmes no aparece ningún tipo italiano ni siquiera por algunos instantes". Sus actores preferidos delgados y desgarbados, de rostro alargado como caballos de raza y de mirada un poco apagada, Gary Cooper y James Stewart, están lo más alejado posible del tipo italiano. No sin cierta arrogancia, Capra ha confesado, a quien le ha preguntado la razón de esta negación del propio sustrato étnico, que "ni en los años treinta ni, mucho menos, en ocasión de un viaje a Italia y de la visita al país de origen, había tenido la impresión de redescubrir una identidad perdida y de retornar a la matriz".[23] Su recuerdo más italiano es el llanto de toda la familia a su llegada." También yo lloré, pero no de alegría. Lloré porque éramos pobres e ignorantes y estábamos cansados y sucios".[24]

Este destructivo sentido de vergüenza y, por ende, de inferioridad explica la supresión de las propias raíces, la adhesión a un americanismo de tipo fundamentalista y la descripción hábil, aunque en el fondo tendenciosa, de una América idealizada, casi de fábula, social y políticamente útil en un momento histórico decisivo. Pero la inteligencia creativa que sobresale en las obras de Capra es, en última instancia, irremediablemente italiana.

NOTAS

1. Entrevista a Corrado Alvaro, *L'Italia letteraria*, 14 de abril de 1929.
2. Antonio Gramsci, *Note sul Machiavelli sulla politica e sullo Stato moderno*, Turín, Einaudi, 1966, pp. 353-354.
3. Mario Soldati, *America primo amore*, Milán, Garzanti, 1956, pp. 4-5.
4. Ibídem, p. 27
5. Emilio Cecchi, *Nuovo Continente. Messico. America amara. Messico rivisitato*, Florencia, Sansoni, 1958 (los escritos se remontan al período 1930-1938), pp. 207-208.
6. Soldati, ob. cit., pp. 46-47.

7. Ibídem, p. 59.
8. Cecchi, ob. cit., pp. 459-462.
9. John Fante, *Il cammino nella polvere,* trad. italiana de Elio Vittorini, Verona, Mondadori, 1941, p. 56.
10. Fante, *Aspettiamo primavera, Bandini,* trad. italiana de Giorgio Monicelli, Verona, Mondadori, 1948, p. 15.
11. V. Philip V. Cannistraro, *Blackshirts in Little Italy. Italian Americans and fascism 1921-1929,* Lafayette IN, Bordighera, 1999, pp. 4-5.
12. Claudia Damiani, *Mussolini e gli Stati Uniti 1922-1935,* Bolonia, Cappelli, 1980, p. 67.
13. Canistraro, ob. cit., pp. 24-44.
14. Damiani, ob. cit., p. 9.
15. J. P. Diggins, *L'America, Mussolini e il Fascismo,* trad. italiana, Bari, Laterza, 1972, pp. 284-285.
16. Damiani, ob. cit., pp. 62-63.
17. Franco Ciarlantini, *Viaggio in Argentina,* Milán, Alpes, 1929, pp. 29-30.
18. E. Franzina, *Gli italiani al Nuovo Mondo. L'emigrazione italiana in America 1492-1942,* Milán, Mondadori, 1995, p. 195.
19. Damiani, ob. cit., pp. 277-278
20. Incisa di Camerana, *L'Argentina, gli italiani, l'Italia,* cit., pp. 394-395.
21. Georges Sadoul, *Il cinema. I cineasti,* trad. italiana de Paolo Gobetti y Goffredo Fofi, Florencia, Sansoni, 1967, p. 33.
22. John Baxter, *Hollywood in the Thirties,* Londres-Nueva York, Tantivy Press-Barnes & Co., 1975, p. 100.
23. Gian Piero Brunetta, "Emigranti nel cinema italiano e americano", en Piero Bevilacqua, Andreina De Clementi, Emilio Franzina (a cargo de), *Storia dell'emigrazione italiana. Partenze,* Roma, Donzelli, 2001, p. 510.
24. Frank Capra, *Il nome sopra il titolo,* Roma, Lucarini, 1989, p. 12 (reproducido en Ibídem, p. 511).

V

LA EMIGRACIÓN NEGADA

La falsa reanudación

30 de marzo de 1921. "Ustedes expulsan al máximo a las masas desocupadas fuera de las fronteras. La emigración vuelve a transformarse en la válvula de seguridad de la burguesía italiana". El diputado socialista Claudio Treves acusa al gobierno, pero no se pronuncia contra la emigración. "Hoy quien huye presta el último servicio que puede brindar a la patria. Hemos agrandado el territorio de la Nación, pero dentro de poco decrecerá enormemente el número de italianos que tenga el derecho de ser italiano y de vivir en Italia y nuestro patriotismo, tan sólo territorial, será satisfecho".

"Nosotros no hemos alentado de ninguna forma la emigración pero no queremos obstaculizarla", rebate el presidente del Consejo, Nitti. "Hablamos el lenguaje de la sinceridad. Ahora, más que antes y por muchos años, Italia no puede absorber todo el incremento de población. En Italia la diferencia entre nacimientos y muertes es de 500 mil personas al año". "¿Es posible creer que ahora, en condiciones mucho más difíciles que antes de la guerra, cuando no podemos disponer de hierro, de carbón, de materias primas, se logre emplear toda la mano de obra que existe? Entonces, no debemos presionar en ningún sentido; sólo tenemos que dejar que las corrientes migratorias se produzcan espontáneamente".[1]

Este fatalismo liberal es compartido también por el mayor sindicato obrero, la CGIL, Confederación General Italiana del Trabajo, por el Partido Socialista y por exponentes de la izquierda democrática como Gaetano Salvemini; es decir, lo que cuenta es la salvaguarda del potencial de lucha de quien se queda y, por ende, del movimiento obrero.[2] Gramsci adopta un distanciamiento científico: a causa de la guerra, "las corrientes de emigración, que reestablecían periódicamente los equilibrios entre el excedente de población y la potencialidad de los medios de producción en cada nación, se han perturbado profundamente y ya no funcionan normalmente".[3] Las tesis del II Congreso del Partido Comunista de Italia, elaboradas por Angelo Tasca, remiten la tutela de la emigración, en lo inmediato a acuerdos con los sindicatos de los países huéspedes, y en términos generales a la futura regeneración: "El advenimiento de la revolución mundial y de un gobierno internacional proletario".[4]

A nivel gubernamental, se trata a lo sumo de adoptar correctivos y de disciplinar el fenómeno, como ya ha propuesto un diplomático, el comisario general de la emigración, el barón Mayor des Planches, ex ministro en Washington, para quien no es admisible "dejar que la emigración parta al azar, dejar que se pierdan una riqueza y una fuerza por respeto a principios liberales que, en este caso específico, se confunden con el *laissez faire, laissez passer* de la doctrina fisiocrática".[5] Efectivamente, desde el fin de la guerra se sigue esta línea que inspira incluso dos acuerdos: uno con el Brasil (8 de octubre de 1921), que fija condiciones contractuales más favorables para los colonos, y otro con Francia (30 de septiembre de 1919).

La premisa es la reanudación de la emigración de masa como si no hubiese ocurrido nada; se persiste en la idea de que hay en el exterior una demanda constante de la fuerza de trabajo italiana. Se atribuye a la guerra la disminución que se produce en el período prebélico desde la expatriación de 1913, que es de 422.481 personas, a la de 1914, que es de 158.959, y a la de 1915, que es de 43.248.

En realidad, han sobrevenido dos cambios fundamentales. El primero en el interior del país: a causa de la aceleración que la guerra mundial imprime al desarrollo industrial, y especialmente al sector siderúrgico y al sector mecánico,[6] centenares de miles de campesinos y campesinas abandonan la campiña para dirigirse a las fábricas. Italia, y en particular la del noroeste, ha dejado de ser una sociedad prevalentemente agraria para transformarse en una sociedad industrial. Sólo en Turín el número de los obreros pasa de 93.000 en 1911 a 220.000 en 1918.[7] Si bien el pasaje de las industrias de guerra a la industrias de paz puede implicar el redimensionamiento de las maestranzas, se ve claramente que los operarios no volverán a su condición de campesinos (es más, la tendencia a la urbanización continúa en la posguerra) y que la emigración tiende a ser más especializada, de donde la importancia que asumen como metas, para la mano de obra excedente, países como Francia y los Estados Unidos en general, que desde hace tiempo no se presentan como tierras de colonización. Por lo demás, el acuerdo italobrasileño, que toma fundamentalmente en consideración transferencia de mano de obra agrícola —y sólo un 5 por ciento de transferencia de artesanos— será desmentido por un caso clamoroso: la llegada a Brasil de un grupo de mecánicos de la Ansaldo despachados como colonos.[8] La previsión de Nitti de que el Brasil sería el lugar que atraería a "las grandes masas de emigración europea" se revela infundada: son los Estados Unidos la meta más buscada.

Y he aquí el segundo cambio: el externo. Los países huéspedes comienzan a adoptar medidas restrictivas y discriminatorias: en 1917 los Estados Unidos, y dos años después el Canadá, vetan el ingreso de los analfabetos, golpeando así en particular a los aspirantes a emigrar del Mediodía, "las almas desnudas de nuestros campesinos meridionales", como se expresa Giustino Fortunato.[9] Éstos son los pródromos de una estrategia selectiva, y luego claramente negativa, para la emigración italiana.

Ave, Mussolini, migrantes te salutant

El gobierno de San Pablo se rehúsa a aplicar las nuevas cláusulas contractuales establecidas por el acuerdo del 8 de octubre de 1921. Su presidente, Washington Luis, le hace el juego a los *fazendeiros*. Son lamentos tardíos e inútiles. La gran emigración campesina ya ha pasado. En 1921 emigran desde el Piamonte hacia Francia menos de un millar de trabajadores no calificados y más de diez mil trabajadores especializados: con respecto a los competidores españoles, portugueses, polacos e incluso belgas, el trabajo italiano está constituido por un elemento seleccionado, ha asumido una "fisonomía aristocrática".[10]

A esta altura, entre la emigración indiscriminada y la disciplinada debía emerger la solución más adecuada a la historia nacional, una emigración "piloteada" funcional a la política exterior del país y a su expansión económica. Es una solución entrevista antes del fin de la guerra. El economista Attilio Cabiati, en un ensayo sobre la colocación de los trabajadores en la inmediata posguerra, no percibe particulares ventajas para nuestros trabajadores en su empleo en territorios franceses y belgas devastados por la guerra, pero añade: "Las conclusiones serían otras si el capital italiano siguiese al trabajo italiano en tierra nuevas como Argentina y Brasil, etc. Entonces, los efectos complejos de esta emigración de capitales podrían ser duraderos y fecundos".[11]

A Cabiati le interesa, más que la emigración de mano de obra, el movimiento del capital como instrumento de penetración en el exterior; y ésta es una estrategia que complace por igual a esos núcleos sindicalistas y nacionalistas que con el ex emigrante Edmondo Rossoni confluirán en el fascismo. Ubicada "en una política exterior de radio más vasto", la emigración debe servir a la creación de la "*Azienda Italiana all'Estero*", por lo cual es necesario mantener una continuidad de relaciones con el emigrante y hacerlo participar en la actividad de Italia en el extranjero.[12]

Esta línea de pensamiento es la que precisamente seguirá el régimen fascista en su primera fase. Un periodista de fama, Mario Appelius, asume un tono profético: "Hace treinta años nuestra emigración era una debilidad, hoy es casi una fuerza, mañana será infaliblemente un factor de potencia". "Antes era una gleba que desbordaba desde los surcos demasiado llenos de la Patria para abonar con sudor italiano las tierras de los otros; hoy es una multitud siempre más consciente de su valor y siempre más aguerrida que arrienda a otros su capacidad de producción y amplía, al mismo tiempo, el comercio de la Patria; mañana, por virtud de la raza y por la sabiduría de los gobernantes, podrá ser el pacífico ejército de formidables `conquistas`". "Es un ejército sin comandos", admite Appelius, que invita a los jóvenes de la burguesía a proveer los cuadros, los oficiales y los suboficiales: "El día en que, sobre los barcos que cruzan todos los mares, se encuentren menos italianos de tercera y más de segunda el problema de nuestra emigración podrá considerarse resuelto".[13]

De un modo más realista, Mussolini ya ha constatado: "Mientras que la Argentina ha absorbido el año pasado cien mil campesinos, no podría dar ocupación, por ejemplo, a cien abogados".[14] No negará la migración, es más, ratificará las iniciativas destinadas a regularla a nivel internacional e inaugurará en Roma, en mayo de 1924, una conferencia internacional sobre la emigración y la inmigración, presentando el fenómeno, de un modo sustancialmente no diferente al de Gramsci aunque más ampuloso, como "una admirable fuente de riqueza, destinada por una ley natural de equilibrio a derramarse desde los países demográficamente ricos".[15]

En el plano político, Mussolini tratará de encuadrar estratégicamente las corrientes migratorias continuando hacia el Brasil y la Argentina la emigración "colonizadora" y acompañándola con capital público (creación del ICLE, Instituto de Crédito para el Trabajo Italiano en el Exterior). Con los Estados Unidos seguirá una línea más sofisticada, buscando superar los obstáculos siempre más severos que se ponen a la emigración italiana, reducida al fin a un cupo de 5.000 individuos al año. En un primer tiempo, se propondrá, sin éxito, al gobierno americano una *partnership* para explotar los recursos de Medio Oriente en competencia con Francia e Inglaterra. En un segundo tiempo, se hará alarde de la apertura de Italia al capital americano y, en particular, al petrolero, nuevamente sin resultados positivos.[16]

En conjunto, sin embargo, el Duce podía vanagloriarse del retorno de la emigración en 1924 a niveles elevados: a más de 300.000 en los primeros ocho meses del año y a 400.000 en el año precedente, 1923.[17] Incluso, en la casa de los emigrantes en Nápoles, pasará bajo un arco de triunfo adornado con una inscripción en latín: *Ave, Mussolini, migrantes te salutant,* "cargada tal vez de romanidad", observa Emilio Franzina, "pero no exenta, en tanto se le pueden adjudicar las preterintencionales resonancias del grito de los antiguos *morituri*, de significados ambiguos y, amargamente, autoirónicos".[18]

El nacionalismo de los otros o el efecto boomerang

El fascismo y su sustrato nacionalista encontrarán imitadores en América latina. Pero la imitación se vuelve contra el propio elemento originario en aquellos países como el Brasil y la Argentina en los cuales el componente étnico italiano es muy marcado y localizado. El jefe de los camisas verdes, los fascistas brasileños, Plinio Salgado, debuta con un novela, *El extranjero*, que preconiza la asimilación. El movimiento integralista adopta el saludo romano, pero el grito de guerra *Evohè, evohè, evohè* y los diversos rituales son aborígenes.

Por otra parte, según una línea de continuidad histórica que ha visto a los italianos batirse con Garibaldi por la independencia de Río Grande del Sur, en las áreas de poblamiento italiano se tiende a apoyar los fermentos autonomistas contra el poder central, de donde la simpatía de nuestra colonia por el intento del Estado de San Pablo, por un lado, de defender la propia autonomía y, por el otro, de traducir en hegemonía política la propia supremacía económica.

Del primer movimiento insurreccional paulista, protagonizado por el ala progresista del ejército, del *tenentismo*, el componente étnico italiano salió sólo con daños, ya sea por los excesos de las multitudes hambrientas que saquean las tiendas y establecimientos de propiedad italiana, ya sea por los bombardeos de las tropas leales que acusan a los italianos de haber apoyado a los revoltosos.[20]

Es una acusación sin fundamento. El juicio del embajador, el general Badoglio, sobre la colectividad es severo, pero por otras razones: "Los italianos vivían en San Pablo apartados absolutamente de toda lucha política, todos intentaban 'hacer o aumentar la propia fortuna'. La mayoría no había tomado parte en nuestra guerra ni directamente ni por reflejo, ni había sentido los dolores y los sufrimientos. Es más, la mayor parte, como los grandes industriales, habían obtenido de la guerra ganancias inesperadas y colosales. Tal estado pacífico había creado en ellos una atmósfera de seguridad y de tranquilidad tan grande que se consideraban a resguardo de toda molestia. La revuelta los sorprendió y, cuando llovieron las primeras granadas sobre la ciudad, perdieron totalmente la calma". Badoglio refiere las quejas de los connacionales que pretendían la intervención de los *marines* italianos para proteger San Pablo o, al menos, una intimación del gobierno italiano para imponer al brasileño la cesación de los bombardeos; se preocupará sobre todo de rebatir las acusaciones de la prensa contra los italianos y de guiar a los colegas de los otros países en el sentido de obtener el resarcimiento de los daños sufridos por los respectivos ciudadanos.[21]

Ocho años después, es más comprometida la actitud de los italianos y de los oriundos ante la revolución "constitucionalista" del Estado de San Pablo que reivindica su autonomía frente a la dictadura centralista de Getulio Vargas. El cónsul general, Serafino Mazzolini, frena a una colonia italiana "que tiene aquí sus raíces y no ha podido sustraerse a la onda de entusiasmo que ha invadido al Estado". "Yo corté de cuajo, con la máxima energía, dos tentativas de formar grupos orgánicos de combatientes italianos. Estimo que asciende a algunas decenas el número de nacidos en el Reino que, asumiendo su propio riesgo y peligro, se enrolaron como voluntarios. En cambio, fue considerable el número de hijos de italianos nacidos en Brasil que participaron en la lucha".

Después de tres meses de combates, San Pablo, queda aislado y militarmente derrotado. Sin embargo, Mazzolini no oculta sus simpatías por los objetivos de los rebeldes: "Por primera vez San Pablo ha ofrecido un espectáculo de civismo que, sometido a la prueba del fuego del sacrificio con el correr de los acontecimientos, ha puesto de manifiesto una conciencia patriótica madura, consciente de la propia fuerza, dirigida hacia una meta que estaba, y está hoy más que nunca, en el pensamiento de todos: San Pablo independiente y separada del resto del Brasil. En esto reside, precisamente, la importancia del movimiento y su diferencia con respecto a cualquier otro que se haya verificado en América del Sur. Hoy resulta imposible hacer previsiones, pero no hay duda alguna de que San Pablo ha salido de la lucha decidido a retomar esa vía para alcanzar aquella meta".[22]

Pero la primera será la última vez. Los diplomáticos italianos no logran clasificar al régimen de Vargas. El nuevo embajador, un periodista de extracción nacionalista, Cantalupo, no toma demasiado en serio al dictador brasileño, "un todo mediocre, cansado e incierto", "un rostro ciertamente noble y aristocrático pero de alto empleado". Vargas se limita a demostrar alguna curiosidad por el régimen fascista y por el sistema corporativo, pero su ideología es "inidentificable".[23] Si bien "el único político brasileño verdaderamente fascista" es su ministro de Finanzas, Oswaldo Aranha, tanto que en él Cantalupo avizora al sucesor de Vargas,[24] en realidad, ni Vargas, ni Aranha son fascistas: son nacionalistas brasileños, inspirados en la forma más pragmática del interés nacional.

La falta de adhesión a las sanciones por parte del Brasil, que no forma parte de la Liga de las Naciones, induce al gobierno italiano, como actitud de desprecio hacia la Argentina formalmente sancionista, a programar un traslado de los colonos de la Argentina al Brasil.[25] La iniciativa, sin pies ni cabeza, no tendrá ninguna consecuencia práctica. Por lo demás, las tendencias nacionalistas del régimen de Vargas provocarán en 1938 lo que será definido por un diplomático italiano como "el golpe más grave que se haya inferido hasta ahora a la italianidad en este país". Un paquete de medidas proscribe a todos los partidos políticos extranjeros, prohíbe a todos los hijos de extranjeros participar en la actividad de las organizaciones extranjeras, establece en materia inmigratoria una nueva normativa para evitar la concentración de inmigrados de la misma nacionalidad en la misma colonia.[26]

En la Argentina, el peso de los descendientes de los italianos en la vida política local no es todavía proporcional a su número. También por esto el nacionalismo local asume un carácter tradicionalista y antiitaliano. El embajador Guariglia denuncia el intento de las autoridades argentinas de "nacionalizar" las asociaciones italianas imponiéndoles abrir sus puertas también a socios argentinos; detesta a los connacionales que "no nos comprenden y no nos aman", pero reconoce que, en lo que a nosotros concierne, "no hemos hecho en Argentina ni siquiera la milésima parte del trabajo que debería hacerse".[27]

Entre Parini y Gramsci

En la primera mitad de los años treinta, la invocación de Cesare Balbo a "una historia de la Italia de afuera" será retomada tanto por los hombres del régimen como por un prisionero del régimen, Antonio Gramsci. Es partiendo de Balbo que el histórico Gioacchino Volpe sugiere *L'opera del genio italiano all'estero*, un programa en varias series y más volúmenes dedicado a las diferentes artes, funciones y especialidades de los grandes expatriados, programa parcialmente realizado. Es partiendo de Balbo que el jerarca fascista asignado como jefe en la dirección general de los italianos en el extranjero, Piero Parini, movido por la "certeza de que el porvenir de los italianos en el exterior es grandísimo, que la contribución que ellos pueden dar a la expansión de los italianos en el mundo es inmensa",[28] imagina una estrategia orgánica que reúna a las dos Italias.

Parini reconoce que la expatriación no es contra natura, exalta a las colonias genovesas y venecianas: "El italiano siempre ha sentido la necesidad de medirse con las dificultades y con lo desconocido, ha sido guerrero, marinero, explorador, colono".[29] El individuo refleja, en suma, lo que podríamos llamar hoy la vocación global, mercantil y marítima de la península. Y vemos que, en la Italia postunitaria, el pueblo responde a la política oficial del *"piede di casa"* con la emigración en masa, emigración que —observa correctamente Parini— presenta un valor agregado con respecto a los otros flujos migratorios dada la especialización de la mano de obra italiana desde la construcción hasta la agricultura. Por lo demás, la masa, no seguida por una clase dirigente, se dispersará "como hojas al viento", aun cuando la Italia oficial admitirá que el saldo positivo de la balanza comercial italiana se cubría gracias a las remesas de los emigrantes.

Parini traspasa los límites de la retórica de la época, recuerda el eslogan mussoliniano "es necesario abolir la palabra *emigrante* y sustituirla por *italianos en el extranjero*" y enumera lo realizado por el régimen, sobre todo en el campo educacional (aumento del 70 por ciento del cuerpo de educadores, fundación de seis escuelas medias y de 35 escuelas elementales, invitación a las colonias de verano italianas a 10.000-

15.000 hijos de italianos al año, institución de 92 lectorados en universidades extranjeras, etc.), apertura de 42 Casas de Italia y de 58 campos deportivos.

Pero el punto central de la estrategia de Parini es la de regimentar a los ocho millones de italianos en el extranjero, que constituyen "una nación fuera de la nación", reforzando el primado de los jefes de oficinas consulares y absorbiendo en los *fasci* italianos en el extranjero, colocados bajo dependencia de los cónsules, a los diversos organismos asociativos autónomos mutualistas y regionalistas constituidos espontáneamente por los italianos en los diversos países de residencia. La premisa es que todas las asociaciones italianas del exterior, aun con sus finalidades más de beneficencia que de asistencia, "padecían el mismo mal": "O eran círculos políticos que reproducían, en pequeño, las divisiones internas de la Italia parlamentaria —mazzinianos contra liberales, garibaldinos contra clericales, liberales contras radicales—, o estaban formadas por puglieses y napolitanos, por lígures y lombardos, romañolos o vénetos: todos buenos italianos, sin duda, pero propensos quizás a poner en primer plano, en las carreras o en las competencias de todos los días, esa adoración del terruño que el fascismo quería ver destruida".[30]

Esta estrategia falla porque se hace oídos sordos a los principales interesados, es decir, se hace sin consultar a los gobiernos extranjeros que ven con fuerte antipatía a las asociaciones tradicionales en cuanto demasiado italianas, y todavía con menor complacencia a las afiliaciones dirigidas por el fascismo italiano, aun cuando el "decálogo" de los *Fasci* en el exterior firmado por Mussolini el 29 de enero de 1928 invita a sus miembros a dar ejemplo cotidiano de "respeto" a las leyes del país huésped y —obedeciendo a la doctrina tradicional y oficial del apoliticismo de las colonias italianas en el extranjero— obliga a los fascistas a no participar en la política interna local.[31] Y, sin embargo, Giuriati ya ha comprendido y ha dicho que, como es obvio, sólo naturalizándose y transformándose en ciudadanos del país de residencia los italianos pueden influir en las relaciones entre ese país e Italia. Una premisa correcta desemboca en la incorrecta estrategia del desarrollo separado.

Gramsci, al unirse a Cesare Balbo, cuando juzga las iniciativas del régimen hacia los italianos en el exterior, se limita a las culturales y rechaza los vínculos con la Italia de la emigración de elite colocándola en el ámbito de la historia individual, faltando el entronque con un Estado nacional: "La fuerza expansiva, el influjo histórico de una nación no puede medirse por la intervención individual de los sujetos aislados, sino por el hecho de que estos individuos expresan conscientemente y orgánicamente un bloque social nacional". En este sentido, sería accidental el lugar de nacimiento de Cristóbal Colón, que Gramsci no incluye en la política española y atlántica genovesa. El caso de los intelectuales italianos en el exterior debería ser encuadrado, por lo tanto, en una vocación genérica de los intelectuales italianos al cosmopolitismo. De hecho, tales vocaciones, si se consideran las categorías (banqueros, navegantes, militares, artistas, etcétera) han quedado ligadas a los intereses de los Estados italianos individuales, a Génova, a Venecia, a Florencia, a la Roma Pontificia, a sus relaciones con los otros Estados europeos, y no tan sólo a movimientos intelectuales y a escuelas artísticas nacionales italianas. El mismo Gramsci advierte cómo los reyes de Polonia se sirven, para las propias embajadas, de diplomáticos italianos, considerados evidentemente no como carentes de nacionalidad sino como operadores más eficientes que los otros porque son de la escuela italiana.[32] Y la italianidad es expresamente solicitada en ciertas elecciones extranjeras: en 1720 una ordenanza real española que veta el acceso de no españoles al ejército exceptúa expresamente a los pertenecientes a la nación valona y a la nación italiana.

La elección definitiva: el colono soldado

"Cuando un pueblo nace no tiene más que tres caminos delante: o adopta la esterilidad voluntaria —y los italianos son demasiado inteligentes como para hacer esto—, o bien hace la guerra, o bien busca mercados como destino de su excedente de brazos humanos".[33]
La elección de Mussolini parece caer en la tercera fórmula. Pero, como observa Gramsci desde la cárcel, "la función de Italia de productora de reserva obrera para todo el mundo se ha acabado, no porque Italia haya normalizado su equilibrio de-

mográfico sino porque todo el mundo ha alterado el propio".[34]

A partir de la segunda mitad de los años veinte, a la menor demanda externa corrresponde un primer resquebrajamiento en el primado demográfico del país: en las regiones italianas más avanzadas, Piamonte y Liguria, la natalidad desciende a un nivel similar al de Francia, vituperada por su presunta decadencia; en el Mediodía todavía está en ascenso, pero incluso en Sicilia se nota una disminución.[35]

Se va trastocando el concepto de la emigración como factor de fuerza y de potencia. Los cuadros no parten, tampoco serían aceptados. Se redimensiona el peso político de una emigración constituida en el 99 por ciento por campesinos y obreros: "No vemos, por tanto, qué acciones podrían desarrollarse como factores de la expansión política y cultural de la propia patria. Emigración es sinónimo de prestigio y éste, por cierto, no aumenta en el campo internacional por el solo y simple envío al extranjero de un cierto número de trabajadores en busca de pan, los cuales, en los países de destino, se abstienen, por lo demás, de participar en la vida política, por ignorancia, por tradición atávica de agnosticismo y por incapacidad política".[36]

El masivo incremento de la colectividad italiana en Francia de 400.000 personas a 720.000 amenaza tener efectos contraproducentes para el régimen porque, coincidiendo con la emigración antifascista, podría ofrecer a esta última una plataforma de masas.

Es un temor injustificado. En realidad, como referirá el hijo de un emigrante de la época, "los *rituals* y la política no duermen juntos". "En primer lugar, cuando se ha inmigrado, se tiene interés en pasar desapercibido, especialmente con la desocupación que hay por todas partes. Si te encuentran en una manifestación o en un comicio, te quitan la carta de trabajo, la carta azul. Te encuentras con la carta verde, sin derecho a meter los pies en una cantera, sólo con el de hacer turismo. O bien eres rápidamente expulsado, reconducido a la frontera con un rótulo de agitador peligroso que la policía francesa tendrá la cortesía de comunicar a los esbirros de Mussolini". De allí se derivan una serie de recomendaciones prácticas: "Entonces, los días de huelga, cuando tipos exaltados van por las calles con palos de azadas, tú te quedas en casa e imprecando *Di-ou te st-*

rramaledissa! contra estos haraganes de franceses que si quieren ganar más no tienen sino que trabajar más: *ecco, merda*, en fin. En época de elecciones, cambia de calle si ves tipos que encolan y pegan manifiestos". Conclusión: "No estás en tu casa, no existes; si no estás contento, si quieres abrir la boca, no tienes más que volver a tu puerco país".[37]

El número de expatriados se mantiene en el período 1927-1930 en una cifra anual de 200.000 pero con 120.000 repatriados. El saldo activo disminuye de 80.000 a 26.000 en el período siguiente, 1931-1935, con una media anual de 100.000 expatriados y 74.000 repatriados.[38] En Italia la gente sigue estando apretujada, pero la ya arcaica identificación entre emigración y colonización, descartada la esterilidad y venido a menos el mercado de los brazos, deja sólo la alternativa acantonada: la guerra.

La guerra de Etiopía: venganza contra la emigración

La guerra de Etiopía no es la venganza por la humillación de Adua o no es sólo eso: es la venganza contra la emigración, una venganza que encuentra en el país un consenso excepcional.

En la novela de Ignazio Silone *Pane e vino*, en una hostería de un pueblo abruzés se reúnen los aldeanos convocados para escuchar la declaración de guerra de Mussolini. No han comprendido sus palabras, han entendido solamente que es su guerra, a partir de las explicaciones de un orador improvisado que reivindica las glorias italianas, sus glorias, la de la gente que ha trabajado en el exterior preguntando: "¿Quién ha emigrado a todos los países del mundo para excavar minas, construir puentes, trazar calles, secar pantanos? ". Todos se ponen de pie y gritan: "¡Nosotros! ¡Nosotros! ¡Nosotros!". "O, entonces, explicad los orígenes de vuestra miseria. Pero, después de siglos de humillaciones y de injusticias, la Divina Providencia ha enviado a nuestro país al Hombre que deberá restituir todo aquello que nos espera y que los otros nos han usurpado".

"¡A Londres! ¡A Londres!", gritan algunas voces.

"¡A Nueva York! ¡A América! ¡A California!" gritan otras voces.

"¡A San Pablo! ¡A la Avenida Paulista! ¡A la Avenida Angelica!" grita un viejo.
"¡A Buenos Aires!" gritan otros.
Es el reavivarse de viejas heridas, de viejos resentimientos. Dice un anciano que trabaja haciendo sillas de paja: "Todo lo que se hizo en San Pablo ha sido hecho por italianos: algunos se enriquecieron y se construyeron una mansión en la Avenida Paulista, pero la mayoría se quedó *abbasca'o Piques* o en el barrio del Praz, junto con los turcos, con los portugueses y con los negros. Había llegado verdaderamente el ajuste de cuentas, nos esperaría a nosotros una buena parte del Brasil".

Pero los campesinos meridionales entonan la canción del orgullo de los emigrantes en lugar de una canción de guerra:

E l'America l'è longa l'è larga
Circondata da fiumi e montagne
Ma con l'industria di noi Taliani
Abbiam fondato paesi e città.[39]

En efecto, es intención del régimen unir de cualquier modo en la guerra a la Italia peninsular con la Italia de afuera en un desafío contra la Sociedad de las Naciones, o sea contra todos o casi todos. Los dos filmes de propaganda más significativos y mejor logrados tenían en aquel tiempo por protagonistas a dos italianos de afuera. En *Il grande appello* de Mario Camerini el malvado protagonista, administrador de un albergue equívoco en Djibuti, contrabandista de armas a favor de los abisinios, después de haber encontrado a su hijo, soldado italiano, hace saltar un depósito de municiones a costa de su vida.[40] En *Luciano Serra, pilota* de Goffredo Alessandrini, sobre un guión de Vittorio Mussolini, un as de la aviación que ha dejado el país y la familia transfiriéndose a América del Sur donde ha conquistado cierta notoriedad, desaparece durante un vuelo para enrolarse bajo nombre falso con las tropas italianas. En una emboscada de los etíopes encuentra al hijo, también él piloto, y lo salva junto con el avión, arriesgando el pellejo.[41]

En las dos películas hay siempre un hijo que hace de voluntario mediador entre el emigrante y la patria traicionada o abandonada. Pero es verdad que no faltarán voluntarios en la legión de los italianos en el exterior organizada por un Piero Parini, deslumbrado también él por la idea de una Italia africana. La conquista de Etiopía se presenta efectivamente a los emigrantes como la apertura de una "frontera italiana". Indro Montanelli describe las aspiraciones y las desilusiones: "Al séquito de soldados se habían unido viejos emigrantes de América y de Francia, gente de moralidad elástica, de reconocido coraje y con un espíritu de sacrificio bien templado. Entrenados para jugar, fracasar y rehacerse, lo que pedían era tan solo libertad. Pero los vínculos burocráticos les ataron las manos y los brazos: y uno a uno volvieron a partir para su exilio. Lo que debía llegar a ser una colonia de poblamiento se transformó en una colonia de funcionarios".[42]

Los cuadros, que deberían haber acompañado a la emigración, tomaron el puesto de los colonos. Pero muchos recordarán el entusiasmo de los legionarios llegados del exterior en la marcha hacia el frente en el desierto de Somalia.[43]

Notas

1. Actas parlamentarias, Cámara de diputados, Discusiones, sesión del 30 de marzo de 1921 (citado en Ciuffoletti, Degl'Innocenti, ob. cit., II, p. 85-87).
2. Ciuffoletti, Degl'Innocenti, ob. cit., II, p. 65.
3. "Italia y España", *L'Ordine Nuovo*, 11 de marzo de 1921, artículo no firmado (reproducido en Antonio Gramsci, *Socialismo e fascismo. L'Ordine Nuovo 1921-1922*, Turín, Einaudi, 1971, p. 101).
4. "Il Partito comunista e i sindacati", resolución propuesta por el Comité Central para el segundo Congreso del Partido comunista de Italia (Roma, 20-24 de marzo de 1922) (Gramsci, *Socialismo e fascismo*, ob. cit., p. 507).
5. Ibídem, p. 63.
6. Sobre la expansión de tales sectores, véase Rodolfo Morandi, *Storia della grande industria in Italia*, Turín, Einaudi, 1966, pp. 192-204.
7. Giuseppe Prato, *Il Piemonte e gli effetti della guerra nella sua vita economica e sociale*, Bari, Laterza-Yale University Press, 1925, pp. 140-141.
8. Incisa (Luigi Beccaria Incisa), ob. cit., p. 74.

9. Dore, ob. cit., pp. 106 y 313.
10. Prato, ob. cit., p. 18.
11. A. Cabiati, "Il collocamento nell'inmediato dopoguerra", en *La riforma sociale*, XXV, 21, noviembre-diciembre de 1918 (citado en Ciuffoletti, Degl'Innocenti, ob. cit., II, p. 53).
12. Ciuffoletti, Degl'Innocenti, ob. cit., II, p. 66.
13. Mario Appelius, "Nell'Oceano Indiano dal Borneo a Saigon", en *Il popolo d'Italia*, 3 de mayo de 1925 (citado en ibídem, II, pp. 130-131).
14. Comisariado general de la emigración, *I problemi dell'emigrazione italiana dinanzi al Parlamento*, 1924, Roma 1925, pp. 97-99 (citado en ibídem, II, p. 126)
15. Citado en ibídem, II, p.98.
16. Damiani, ob. cit., p. 18 y pp. 40-41.
17. Comisariato general de la emigración, *I problemi...*, ob. cit. (citado en Ciuffoletti, Degl'Innocenti, ob. cit., II, p. 97).
18. Emilio Franzina, *Il Veneto ribelle*, Udine, Gaspari, 2001, p. 148.
19. Sobre el *tenentismo* véase Incisa di Camerana, *I caudillos*, ob. cit., pp. 195-203.
20. Del Real cónsul general en San Pablo, Giovanni Battista Dolfini, al embajador de Italia, Pietro Badoglio, 15 de julio de 1924 (ASMAE, Affari Politici, Brasil, legajo 903 ex 404 [1919-1924], fasc.1617 - Rapporti politici, 1924).
21. Del embajador italiano en Río de Janeiro, Pietro Badoglio, al ministro de Relaciones Exteriores, Benito Mussolini, el 12 de agosto de 1924 (ASMAE, loc. cit.).
22. Del cónsul general en San Pablo, Serafino Mazzolini, al ministro de Relaciones Exteriores, Benito Mussolini, el 10 de octubre de 1932 (ASMAE, Affari Politici, Brasil, sobre 2, 1932, fasc. 1 - Rapporti politici).
23. Del embajador en Río, Roberto Cantalupo, al ministro de Relaciones Exteriores, Mussolini, 20 de marzo de 1933 (ASMAE, Affari Politici, Brasil, 6.4, 1932-1933, fasc. 1 - Rapporti politici 1932-1933).
24. Cantalupo a Mussolini, 18 de noviembre de 1933 (ASMAE, loc. cit.).
25. Nota de la dirección general de los italianos en el exterior para el Gabinete de S. E. el ministro, 30 de mayo de 1936 (ASMAE, Brasil).

26. Del cónsul en Río, Vitale Gallina, al director general de los italianos en el exterior, el 17 de mayo de 1938 (ASMAE, Affari Politici, Brasil, 6.15, 1938, fasc. 2 - Provedimenti contro associazioni politiche fasciste e naziste).

27. Del embajador en Buenos Aires, Raffaele Guariglia, al ministro de Relaciones Exteriores, Galeazzo Ciano, el 28 de mayo de 1937 (MAE, Servizio Storico e Documentazione, *Raffaello Guariglia*, Roma, 1982, pp. 99-104).

28. Piero Parini, *Gli italiani nel mondo*, Milán, Mondadori, 1935, p. 10.

29. Ibídem, p. 17.

30. Ibídem, pp. 50-51.

31. Ibídem, p. 94.

32. Antonio Gramsci, *Gli intellettuali e l'organizzazione dalla cultura*, Turín, Einaudi, 1952, pp. 56-57.

33. Benito Mussolini, *Scritti e discorsi*, IV, Milán, 1934 (citado en Ciuffoletti, Degl'Innocenti, ob. cit., II, p. 128).

34. Antonio Gramsci, *Il Risorgimento*, Turín, Einaudi, 1954, p. 211.

35. G. Arias, "Il primato demografico", en *Gerarchia*, febrero de 1926 (reproducido en Ciuffoletti, Degl'Innocenti, ob. cit., II, p. 135-136).

36. A. Fiorentino, *Emigrazione transoceanica*, Roma, 1931 (citado en ibídem, II, p. 153).

37. François Cavanna, *Les Ritals*, París, Belfond, 1978, p. 82.

38. Ciuffoletti, Degl'Innocenti, ob. cit., II, p. 140.

39. Ignazio Silone, *Pane e vino*, Londra, Cape, s. f. (pero escrito en 1935), pp. 237-241.

40. Francesco Savio, *Ma l'amore no. Realismo, formalismo, propaganda e telefoni bianchi nel cinema italiano di regime (1930-1943)*, Milán, Sonzogno, 1975, pp.164-165.

41. Ibídem, pp. 193-195.

42. Indro Montanelli, *Qui non riposano*, Verona, Mondadori, 1949, p. 107.

43. Luigi Bolla, *Perchè Salò* (a cargo de Giordano Bruno Guerri), Milán, Bompiani, 1982, p. 35.

VI

DOS ITALIAS, INCLUSO TRES

La Italia alternativa o la Italia de calidad

La emigración antifascista tiene un carácter más político que intelectual. No es comparable con aquella que se verificará en Alemania después del advenimiento de Hitler. En el campo artístico el más notorio es el maestro Arturo Toscanini, personaje que por lo demás tenía una vocación cosmopolita, llevado a una posición individualista, ideológicamente no clasificable. Otro expatriado ilustre, el científico Premio Nobel Enrico Fermi, no asumirá una posición política. Ignazio Silone llegará a ser un escritor de fama después del exilio. Los exponentes del arco político de centro-derecha, desde los populares a los liberales, se quedan en la patria; sólo el líder popular don Luigi Sturzo es inducido a dejar Italia por las jerarquías eclesiásticas que prefieren desembarazarse de él.

De los santones del liberalismo, sólo el ex primer ministro Nitti, blanco de graves agresiones, se refugia en París, como el progresista Giovanni Amendola, y un joven operador cultural, Piero Gobetti, que no sobrevivirá a las persecuciones. Los ex primeros ministros, Giolitti, Salandra, Orlando, Bonomi, Facta, se quedarán en Italia en una posición de recíproco respeto con el gobierno fascista. "Los representantes ideológicos del régimen democrático no fueron tocados por el nivel más alto de la persecución fascista; por lo menos no tan tocados como para ser inducidos a abandonar las posibilidades, sin embargo, difíciles de trabajo en Italia para tornarse voces en el desierto en el exterior".[1] Una verdadera transferencia de cuadros se produjo en el Partido Socialista y en el Partido Comunista que encontraron en sus respectivas Internacionales un apoyo externo, en París el primero y en Moscú el segundo.

París vuelve a ejercer sobre los desterrados italianos la misma atracción experimentada por la primera generación del *Risorgimento*. Para todos los "exiliados", según la despreciativa definición de la prensa del régimen, "la amada París es la libertad, la capital de la revolución", como proclama un joven comunista, Giorgio Amendola.[2] Pero, a diferencia de la generación de un siglo atrás, los cuadros de la nueva generación política —como recordará uno de ellos, Aldo Garosci, que será el histórico de ese grupo— no buscaban, y, por lo demás, no hubieran encontrado la posibilidad de insertarse en la clase dirigente de Francia o de los otros países que los hospedan.

El intelectual o el político italiano no es más una mercadería de exportación: "Sólo permaneciendo italianos, los exiliados políticos podían continuar como clase dirigente".[3] La emigración política antifascista fue así una emigración de partidos, fue más la contracara de la Italia de adentro que una Italia internacionalizada o la expresión de una Italia global cómoda en el mundo.

Sin embargo, como en el *Risorgimento*, se espera que la evolución política interna francesa, aunque sin llevar a un encuentro directo con Italia, facilite la caída del régimen. En la época de la guerra de Etiopía parecía que el momento había llegado: reunidos en un congreso en Bruselas el 12 y 13 de octubre de 1935, los grupos antifascistas italianos envían un mensaje de apoyo a la Sociedad de las Naciones, que se limita a decretar las sanciones contra Italia, y tratan de movilizar a los italianos del exterior, pero la convocatoria cae en el vacío.[4]

En el congreso no participa Justicia y Libertad, la única formación que, junto con los comunistas, mantiene un aparato clandestino en la península, pero, a diferencia del Partido Comunista, sin ningún sometimiento al maquiavelismo estalinista del Comintern. En efecto, el personaje más significativo del exilio italiano es el fundador de Justicia y Libertad, después transformado en el Partido de Acción, el florentino Carlo Rosselli.

En un artículo de febrero de 1936, rebate a una Italia que escoge la guerra creyendo encontrar así una salida a su expansión demográfica en un país, Etiopía, que no se presta al poblamiento; reivindica "ese gran capital humano, político, económico, constituido por las colonias italianas en el extranjero", pero, rechazando el tradicional pesimismo italiano, común a fascistas y antifascistas, remite la solución del problema nacional al interior del país. "El pueblo italiano, por cierto más pobre y menos afortunado que otros pueblos, está ya en condiciones de vivir más cómodamente y de progresar económicamente en la península. Los recientes progresos de la técnica industrial y agraria van rescatando a nuestro país de su clara inferioridad. En otros veinte o treinta años ello podrá llevarnos al nivel de los pueblos más ricos". Es una profecía precisa y exacta a la que ninguno, fascista o antifascista, le creerá. De un lado y del otro continuarán "los lamentos sobre la miseria itálica, la resignación a priori".

Rosselli desenmascara igualmente con el mito de la permanente pauperización italiana el mito de la presión demográfica, que disminuye constantemente, y prevé para fines de los años cuarenta la reducción de la mitad de las nuevas levas: "La pesadilla demográfica está por terminar en Italia. Tanto peor para quienes, necesitados de carne joven, soñaban o sueñan con una 'Italia proletaria' que pare niños como conejos. La Italia del mañana no mirará el número sino la calidad".[5] Esta premonitoria concepción de la Italia posible queda como patrimonio exclusivo de su creador. La pesadilla demográfica se agravará aún más en la Italia antifascista de la posguerra que pasará absurdamente, sin transición, en el espacio de treinta años, de país de emigración a país de inmigración.

Individualizado por los informes de la policía como "el hombre más peligroso de todo el exilio",[6] el antifascista que había previsto el futuro italiano es asesinado, junto con su hermano Nello, por terroristas de derecha franceses, los *cagoulards*, en Bagnoles-sur-l'Orne, el 9 de junio de 1937.

España: la Italia roja contra la Italia negra

"En el cuartel Lenin de Barcelona, el día anterior a mi enrolamiento entre los milicianos, vi uno, italiano, erguido delante de la mesa de los oficiales", escribe George Orwell, por entonces aún no conocido como escritor." Era un joven de aspecto rudo, de unos veinticinco o ventisiete años, con cabellos rubio-rojizos y espaldas poderosas... Algo en su rostro me conmovió profundamente. Era el rostro de un hombre que habría cometido un homicidio, sacrificado su propia vida por un amigo: el tipo de cara que se esperaría de un anarquista, aunque más probablemente se trataba de un comunista. Se reunían en su rostro la ferocidad y el candor; y también el patético respeto que los iletrados tienen por sus supuestos superiores... No sabría decir por qué, pero raramente he encontrado alguien que mi inspirara una simpatía tan inmediata. Mientras hablaban en torno a la mesa, resultó de no sé qué observación que yo era extranjero. El italiano levantó la cabeza y preguntó en seguida: ¿'Italiano?', 'No, inglés' respondí en mi mal español, '¿y tú? 'Italiano'.

"Al atravesar la habitación para irse, me apretó firmemente la mano. ¡Qué extraño el afecto que se puede sentir por un desconocido!... Esperaba que me tuviese simpatía como yo le tenía. Pero supe también que, para conservar mi primera impresión sobre él, no debía volver a verlo; y es inútil decir que no lo he vuelto a ver nunca más. Se viven siempre encuentros de este tipo en España".[7]

Es más curioso el breve encuentro entre los italianos fascistas y otro célebre escritor antifascista, Arthur Koestler, en Málaga, en el momento de la ocupación de la ciudad, en casa del aristócrata inglés que lo hospeda: "El teniente italiano que comanda la compañía sobre la colina llega al jardín y pregunta si puede lavarse. Se presenta cortésmente y Sir Peter da órdenes de que se le prepare el baño. Pocos soldados lo siguen desde lo alto de la colina para lavarse y beber un poco de agua. No hablan una palabra de español. Tienen un aspecto bastante exhausto, su comportamiento es perfectamente cortés. Sir Peter y yo nos acomodamos en las sillas reclinables del pórtico. El sol resplandece. Sentimos al teniente que chapotea en la bañera. Estamos de acuerdo en reconocer que es una persona simpática".[8]

Meses después, Orwell se encuentra en una tren militar que lo lleva al hospital y se cruza un tren que va directo al frente con cañones sobre los vagones descubiertos y hombres alrededor arracimados. "'Extranjeros...' dice alguien, 'son italianos'. Era evidente que se trataba de italianos. Ningún otro tipo de gente hubiera podido agruparse de un modo tan pintoresco e intercambiar saludos con el gentío con tanta gracia". "Parecía un cuadro alegórico de la guerra: el tren que, cargado de tropas frescas, se deslizaba impetuoso sobre el andén, los mutilados y los heridos que avanzaban lentamente en sentido opuesto, y entre tanto, lo cañones sobre los vagones descubiertos, nos transmitían, como siempre hacen los cañones, y reavivaban esa perniciosa percepción, tan difícil de sofocar, de que la guerra es, después de todo, un asunto de esplendor y de gloria".[9]

Del otro lado, del lado negro, un teniente que acababa de desembarcar vuelve a meditar sobre el motivo, la desocupación, que lo ha llevado a España, con una división del ejército "sin fascistas". "Inmerso en estas reflexiones, mi aventura en España no me parecía muy distinta a la de los emigrantes de Vinchio cuando partían a buscar ocupación en América y en Australia". Una carta le anuncia la muerte en el frente de un amigo y compaisano. Recuerda entonces sus palabras: " 'No se puede seguir dando lecciones de fascismo y de tiro a los premilitares y después negarse a ir a combatir'. Sin tantas palabras, Bovio, el tímido y modesto secretario comunal, había demostrado cómo se debe ser fascista". "El corazón tenía la supremacía sobre la razón", cuenta años después Davide Lajolo, futuro comandante partisano, diputado comunista, director de *L' Unità*. "Si Bovio había muerto por el fascismo debía mostrarme digno".[10]

El empuje voluntarista de la Italia de afuera se encuentra con el empuje contrario pero análogo de la Italia de adentro. Los caballeros errantes rojos se encontraron en un sangriento torneo con los caballeros errantes negros. Durante la batalla de Guadalajara los milicianos de la brigada Garibaldi lucharán por las ruinas del Palacio Ybarra con los viejos escuadristas del batallón Lupo. Diversos oficiales italianos, y entre ellos argentinos hijos de italianos, prefieren enrolarse —en lugar de hacerlo en las divisiones regulares italianas— bajo las *banderas* del *Tercio Extranjero*, la legión extranjera española, cruel pero legendaria. Uno de ellos, Giuseppe Borghese, muere como un héroe homérico. "Cuando murió Mazzoli, allá delante de

Gandesa", recordará un ex combatiente italiano, "la cuarta *bandera* estuvo una semana de luto, hecho sin precedente en la historia de la legión. Y, cuando poco después, Borghese que sale sólo para vengar al amigo, destruyó con bombas de mano un primer nido de ametralladoras, después un segundo, y después, acribillado de balas, se arrastró hasta la línea enemiga de resistencia atacando a puñaladas a los milicianos y sucumbiendo recién a la decimosexta herida, la cuarta bandera, que había asistido con exaltación a la gesta sobrehumana del teniente italiano, salió toda de la trinchera, sin que nadie se lo ordenase y se lanzó adelante el terrible batallón que perdió en dos minutos trescientos hombres, expugnando la línea rosa para que Borghese pudiera tener lo que la Legión prometía: la bandera nacional por sudario".[11]

Tres italianos y medio en la España roja

Rosselli intentó organizar una colonia italiana en Cataluña. Después de los primeros ásperos combates, perdidos sobre el campo comandantes y efectivos, el grupo se disolverá en la caótica desorganización del campo anárquico prevaleciente en Barcelona. Los tres partidos antifascistas italianos, el Partido Comunista, el Partido Socialista, el Partido Republicano, organizarán un batallón Garibaldi bajo el comando de un republicano, Randolfo Pacciardi, encuadrado en la II (XII en la numeración española) brigada internacional, después transformada en una brigada mixta italoespañola.[12]

Cuatro italianos desarrollan un rol interno en la España republicana: Palmiro Togliatti alias Ercole Ercoli, Vittorio Vidali alias Carlos Contreras, Vittorio Codovilla alias Luis Medina, Tina Modotti alias María.

Togliatti es una especie de Mazzarino de la república española, "el más hábil agente de todos los enviados por Stalin", según un exponente republicano, "es el verdadero dirigente de la política del Partido Comunista español", y, por ende, la eminencia gris del gobierno republicano, hecho y rehecho según sus maniobras. "Tiene el aire de un *dux* veneziano o de un príncipe romano". "Era frío, implacable, de gustos refinados y un poco *dandy* no obstante la edad, pero la astucia era la cualidad más evidente de este hombre, junto a su gran inteligencia". "Como jefe es terrible", se lamentan los dirigentes comunistas españoles; "nos obliga a trabajar todo los días doble jornada, pero a su lado se aprende mucho". "Era muy agudo y comprendía en seguida el carácter y las cualidades de quienes veía por primera vez, hablando moderadamente y en un tono convincente, observando los gestos y las reacciones del interlocutor".[13] Un comunista español, Enrique Castro, lo llamará "la Esfinge italiana".[14]

Hará del pequeño Partido Comunista local el partido líder de la alineación republicana, prolongando durante tres años una resistencia destinada a ser acortada por las prematuras furias revolucionarias de los anarquistas y por la debilidad del gobierno central. Preparará, al fin de la guerra, los cuadros para la guerrilla y organizará la fuga de los dirigentes del partido, y, como buen capitán, dejando el país en último término.

Los lugartenientes de Togliatti son dos, Vittorio Codovilla y Vittorio Vidali, argentino pero hijo de italianos el primero, triestino el segundo. Codovilla era, en las dependencias de Togliatti, el jefe virtual del Partido español, presidía las reuniones de la oficina política y del comité central. Hábil ejecutor, se le adeudan las operaciones especiales como la eliminación del partido trotzkista y de sus dirigentes.[15]

Más pintoresco es Vidali, comisario político de la primera formación armada del partido, el V regimiento. "Simpático y divertido, de buen humor, capaz de tomar en broma la rigidez de la disciplina estalinista", pero también ejecutor duro cuando era necesario y, sobre todo, agitador provecto, perfecto animador del gran festival revolucionario. Llega a Madrid como emisario de la Cruz Roja y rápidamente se mezcla con la multitud. Un compañero lo describe así: "Conocía bien la calle y se encontraba en su elemento entre el pueblo suelto, excitado y violento. Es decir, sabía qué había en eso del coraje, de las ansias e incluso de los rencores, cultivados en una vida de carencia constante, de miseria y de injusticia, y supo aprovechar ese clima en beneficio de los planes del Partido Comunista. Bajo su batuta y una actividad incansable, se formó rápidamente el tremendo aluvión comunista, creciendo cada día como un absceso, hasta alcanzar la potencia de un huracán difícil de encauzar o frenar. En los barrios obreros de Cuatro Caminos, Vallecas, Las Ventas, etcétera, era donde se podía encontrar al 'comandante Carlos', como ya se hacía llamar".[16]

El comandante del V regimiento Enrique Castro no lo soporta, pero lo llama toda vez que deben tapar el frente, reanimar a los soldados en retirada. Carlos estaba hecho especialmente para resucitar a los muertos: "No era brillante, ni preciso, pero era práctico y utilísimo. Hablando en público, tenía las características del orador de comicio, del orador insurreccional. Y lo ayudaban mucho su mal castellano y una cabeza y gestos un poco mussolinianos".[17]

Castro y Vidali "no se gustaban: para uno España era algo casi personal, para el otro era la posibilidad de sobrevivir políticamente".[18] Pero, incluso después de la disolución del V regimiento, incorporado al ejército regular, siguen viéndose: siempre listos para enfrentar juntos el pánico de los otros, siempre eficientes. A uno de los últimos encuentros asiste la mujer de Vidali, "más delgada y triste que nunca, con una mirada perdida en horizontes que los otros ignoraban".[19] La llamaban María, es Tina Modotti.

La migrante revolucionaria

Su verdadero nombre es Assunta Adelaide Luigia Saltarini Modotti. Nació en Udine en 1896, es hija de un mecánico socialista que buscó fortuna emigrando en el exterior, primero en Austria, luego en California, en los Estados Unidos.[20]

A los diecisiete años se reúne con el padre que ha inventado una máquina para hacer ravioles, pero que no ha hecho fortuna. Encuentra trabajo en una gran sastrería. En los días festivos actúa en una compañía filodramática italiana en *Scampolo* de Dario Niccodemi. Su personaje es la trabajadora de una lavandería, una niña vivaz y pícara que se abre camino en la vida. Los productores de Hollywood la descubren y le dan la parte de la vampiresa latina en tres filmes.[21] Pero ella rechaza el destino de diva y, después de un matrimonio breve por la precoz muerte del marido, se traslada a México.

El México de los años veinte del siglo XIX es un país que atrae y excita a los intelectuales americanos y europeos. Reina la euforia de una reciente historia revolucionaria, endulzada por un Termidor que, si ha traicionado las promesas de la revolución, ha mantenido un clima libertario y populista. Los nuevos héroes no son los revolucionarios sino aquellos que cuentan la historia de la revolución y que recuerdan la gesta.

Emilio Cecchi cuenta de Tina Modotti un gesto simbólico: recompone pacientemente los fragmentos de película de un fotógrafo ignoto y extrae de ellos el "formidable" retrato de un *caudillo* revolucionario, Zapata, "los ojos como en una ensoñación dentro de una niebla fosfórica".[22] Tina deviene fotógrafa como Edward Weston, su amante americano, modelo de los grandes pintores de la revolución, de Diego Rivera, el "Mussolini de los artistas", un Mussolini pavorosamente inflado, de Siqueiros, de Frida Kahlo. Pero, sobre todo, ha devenido revolucionaria y comunista. Viste casi siempre de negro como las mujeres del *Quarto Stato*, el cuadro de Pellizza de Volpedo.

A fines de los años veinte, el Termidor es siempre más Termidor. En el nuevo clima no hay más lugar para los revolucionarios extranjeros. Un amante de Tina, un exiliado cubano, es asesinado. Modotti caerá bajo sospecha, tratada de "Messalina roja" y expulsada. La embajada de Italia le reextiende el pasaporte; la madre y una hermana vuelven a Italia, ella no.

Su rechazo por el régimen fascista ha sido claro y público, pero es también clara su relación con la italianidad. Tina "insiste en el hecho", como cuenta un periodista americano, Carleton Beals, de "que la contribución de Italia a su evolución ha sido escasa pero que, en efecto, es hasta tal punto italiana que teme exponerse a una influencia que remonta a su infancia", su sensibilidad es "profundamente italiana". Y como fotógrafa, en los bajos fondos mexicanos descubre figuras tan tristes en su miseria que llega a una exageración miguelangelesca. "El horror de algunas escenas llega a niveles dantescos".[23]

En el mismo navío que la lleva a Europa, viaja un emisario del Comintern. Ha llegado bajo el nombre de Enea Sormenti, pero vuelve a partir bajo otro nombre, Jacobo Zuber. Es Vittorio Vidali y es buscado por la policía mexicana.

La primera etapa es Berlín, un Berlín que está perdiendo su esmalte creativo, medio americano, medio nazi. Una fotografía suya muestra unos niños con la divisa de pioneros que alzan dos banderas oscuras sobre un cielo hosco.

La segunda etapa es Moscú. Ya es una revolucionaria profesional, una misionera de la revolución; durante tres años es la mujer que viene del frío, conoce a aquellas que Graham Greene llama "las agrias mañanas de la Europa central",[24] los regímenes autoritarios de derecha del Valle del Danubio, arriesga morir por asfixia cuando quema documentos por temor a una persecución. Cuando llega a España con Vidali ya ha dejado desde hace tiempo en Moscú la máquina fotográfica. En España se viste de monja en un hospital para controlar a las hermanas verdaderas, pero después se va con los milicianos a la primera línea de combate.

Vuelta a México, muere imprevistamente. La última palabra de saludo para sus amigos es en italiano. "Arrivederci". Se cierra así un ciclo existencial, artísticamente no explotado, de un romanticismo político que está entre Eva Perón y el Che Guevara, probablemente equivocado e inútil pero incansable e intenso, simbólico del ardor de los migrantes italianos que afrontan mundos e ideas nuevas sin perder un noble marco de origen. Sobre su tumba Pablo Neruda grabará una poesía:

Pura es tu vida frágil:
De abeja, sombra, fuego,
Nieve, silencio, espuma,
De acero, hilo, polen,
Se ha construido tu férrea,
Delicada estructura.[25]

Con el Imperio en América

El primer representante político de Italia imperial que cruza el Atlántico es el presidente del Senado, el intelectual ex nacionalista Luigi Federzoni que, entre julio y agosto de 1937, visitará Argentina, Uruguay, dejando, como dirá, la imagen de "Italia de Addis Abeba y Santander" (la última victoria italiana en España que compensa el jaque de Guadalajara").[26]

En Buenos Aires, sobre los encuentros con los hombres de gobierno locales pesa una serie de equívocos que harán de la etapa argentina la menos feliz del viaje.

En primer lugar, de la parte italiana persiste el resentimiento por la adhesión de la Argentina a las sanciones tomadas contra Italia por la Liga. Ahora bien, aparte del hecho de que la Argentina no las había aplicado nunca, se había olvidado que la Argentina, en los primeros años treinta, había decidido tomar parte activa en la vida societaria precisamente alentada por Italia en un marco de relaciones en el cual la Argentina se había dirigido a la misma Italia para pedirle que sellara con la firma de Mussolini el pacto de no agresión (pacto antibélico) concluido con Brasil. Pero, sobre todo, en Roma no se había comprendido que la Argentina se servía del vínculo con Ginebra para mantener una relación privilegiada con Europa evitando caer completamente en la esfera de influencia de los Estados Unidos. Precisamente el año anterior, en la Conferencia Panamericana de Buenos Aires, el gobierno argentino, apelando a un derecho internacional universal, había rechazado la propuesta de los Estados Unidos de establecer un derecho internacional de ámbito hemisférico. De parte de Italia, se considera esto un simple doble juego entre los Estados Unidos y la Liga: sin embargo, precisamente esta maniobra le permitirá más fácilmente a la Argentina, único entre los países latinoamericanos, no romper durante la Segunda Guerra Mundial sus relaciones con Italia.

En segundo lugar, mientras que por parte de la Argentina se insiste en una reiniciación de la emigración agrícola desde Italia, de parte de los italianos no sólo se excluye esta hipótesis, sino que se piensa además en sacar a nuestros connacionales desde Argentina hacia Brasil. Raffaele Guariglia, el embajador, que hospedará a Federzoni, tiene prevenciones con respecto a la Argentina, fuera porque era un inveterado defensor de la conquista de Etiopía como confirmación definitiva del rol de Italia como gran potencia, fuera por el "pésimo juicio general que cualquiera que venga aquí con espíritu italiano está obligado a formarse sobre la progenie italiana en Argentina".[27]

Federzoni reconoce que "los inmigrados, y ellos solamente, han creado la industria y la agricultura, o sea, la prosperidad del país", pero con respecto a Italia la colectividad se presenta "como una masa amorfa, sorda y en gran parte impenetrable a toda acción verdadera de la Madre Patria". Así las cosas, la pregunta que se plantea es si el peso político de los italianos y los oriundos podría ejercerse en el gobierno del país y, aludiendo a las próximas elecciones presidenciales, no ve otra solución que el apoyo al candidato del partido gobernante, la Democracia Nacional, que, por lo demás, en su momento, saldrá vencedora en las urnas. No olvida señalar el prestigio que rodea a las Fuerzas Armadas, cuyos cuadros más elevados están constituidos por descendientes de italianos; pero si italiano es el origen, la instrucción responde a un modelo prusiano.

Pasando de Buenos Aires a Montevideo, Federzoni entra en una atmósfera más optimista, dominada por la incorporación de la herencia garibaldina a la conciencia nacional. En las familias, el apego a Italia supera la prueba de las generaciones: conoce un capitán que tiene un bisabuelo italiano y que de muchacho se ha enrolado en el ejército italiano, ha estado en el frente, ha sido herido y condecorado y lleva con orgullo, sobre su uniforme uruguayo, las medallas recibidas. Los jefes políticos, aunque democráticos como el presidente Terra, tampoco hesitan en manifestar su admiración por la Italia fascista y su jefe. El ministro italiano Serafino Mazzolini se ha ocupado mucho del asunto y la colectividad se ha incorporado en bloque. Aún sin un partido fascista, el saludo romano es de uso corriente. El riesgo es que una situación "satisfactoria para nosotros" sea arrastrada por la finalización del mandato de Terra.

La tercera etapa, la brasileña, resulta aun más diferente que la argentina. País multirracial, el Brasil tiene una capacidad de absorción menos "formidable" que aquella de sus vecinos del Plata. El elemento italiano se ha insertado en un nivel socialmente superior y físicamente menos débil y se ha reagrupado en "comunidades homogéneas de alto valor humano que han podido permanecer, por lo general, fieles al recuerdo, a las costumbres, a la lengua de la Madre Patria".

El decreto Prinetti, que en 1902 puso fin a la emigración con el viaje prepago y a un "pasado oprobioso", permitió el mejoramiento de las condiciones de vida de la colectividad con el resultado de que "nuestras posesiones en Río Grande del Sur y más aún en San Pablo tienen un valor excepcional". Federzoni repite los elogios de otro viajero sobre las colonias de Río Grande. Por San Pablo el entusiasmo llega al máximo: "Si Dios quiere, hay una orilla de tierra en el mundo donde los italianos representan, además de la 'Nación proletaria', la potencia financiera e industrial; y es el Estado de San Pablo". Federzoni rehace la historia de una metrópoli ya con más de un millón de habitantes, su rol de locomotora en el desarrollo de Brasil, la impresión de "ciudad italiana" que ella irradia, pero no se esconden los celos que suscitan, en el resto del Brasil, ya sea la hegemonía económica italiana, ya sea el primado económico a que esa hegemonía ha llevado a la ciudad y al Estado de San Pablo. En efecto, San Pablo aunque ha vencido la batalla económica ha perdido la política. La alianza entre el capital italiano y el poder político de la clase tradicional de origen portugués pierde la partida también porque reivindica su propia autonomía respecto del poder federal central en lugar de pretender un rol guía de alcance nacional.

Son particularmente agudos los juicios de Federzoni sobre el escenario político interno y sobre el fascismo brasileño. El presidente en ejercicio, poco amado pero temido, es Getulio Vargas, quien en la política interna, con el apoyo de las derechas y ante la amenazas comunistas, es llevado a asumir una "orientación que suele definirse, con una aproximación muy relativa, como fascista", y que en la política exterior se alinea con la posición de los Estados Unidos, del que el Brasil aspira a ser la contraparte latinoamericana.

Con todo, como líder, como *duce*, Vargas se presenta mejor que el jefe de los fascistas, los "integralistas", Plinio Salgado, quien carece del "prestigio exterior" al que no lo ayuda su aspecto de "modesto empleado sedentario". Sobre la Acción Integralista que, a diferencia de otros fascismos latinamericanos, es un verdadero partido de masas, con setecientos mil afiliados, Federzoni se atiene a un juicio más bien cauto. La derivación del fascismo no es refutable; los jefes del movimiento en San Pablo son hijos de italianos y ciertamente "si el integralismo tuviese que llegar al poder, lo que es perfectamente posible dada la dirección política del Brasil, con o sin Vargas, confeririría probablemente a la acción internacional de la República una dirección del todo italófila, si no por otra causa por necesaria defensa contra las reacciones antifascistas de Argentina y tal vez de los Estados Unidos del Norte".

Pero el ex nacionalista italiano tiene conciencia de la advertencia que un líder democrático paulista, Armando de Salles, dirigiera a un notable italobrasileño: "Ustedes, italianos, deberían desconfiar del Integralismo, a pesar de todas las ideas que él toma prestadas de Mussolini. Si el Integralismo venciese, ustedes perderían automáticamente la libertad que nuestra bondad democrática les ha consentido". Federzoni no duda en tomar en serio esta admonición. El integralismo "por su naturaleza concentradora, unitaria, nacionalista a ultranza", una vez en el poder estaría constreñido a practicar una política de sofocación de las minorías étnicas y lingüísticas. "En dos años, en cinco años, quedaría sellada la suerte de la autonomista e italiana San Pablo, tan semejante a la Milán de fin de siglo y quizá también un poco a la Trieste de preguerra. La ecuación rectora entre paulismo e italianidad no será más que un recuerdo, porque la suerte del paulismo implicará al mismo tiempo la condena de la italianidad". Por lo tanto, Federzoni remite a Mussolini la solución del dilema entre el apoyo a esta "consecuencia imprevista y un poco desconcertante de la universalización de la doctrina fascista" y la salvaguarda de "un gran y fervoroso foco de vida italiana y fascista".

Mussolini no tendrá tiempo de pensar en ello. Un mes después de la elaboración de ese informe por Federzoni (octubre de 1937), Vargas liquidará el sistema constitucional, disolverá a los partidos incluyendo a la Acción Integralista, incorporando a una parte de sus dirigentes en un orden autoritario corporativo, centralista, nacionalista, el "Estado Nuevo", con los mismos efectos y los mismos tiempos que hubiera comportado un éxito integralista. Un intento de golpe de Estado por parte de elementos integralistas, reprimido en forma inmediata, provocará una cierta tensión con las embajadas del Eje.[28] Vargas hará aquello que hubiera hecho Salgado, pero el integralismo será liquidado. Cinco años después, con la entrada de Brasil en guerra contra el Eje y del lado de los Estados Unidos, le tocará a la italianidad.

Gran potencia en otra parte o el Imperio disimulado

Italia cree haber salido de su encierro, mediterráneo y regional gracias a la conquista de Etiopía; cree haberse transformado, gracias a tal conquista, en una verdadera "gran potencia", en una potencia "global", o sea, en un imperio no sólo formal. En realidad ha agregado a su colección de colonias miserables y de cajas de arena lo que se revelará, en la guerra, como una fuente de dispersión militar y de derrotas, es decir, no como un elemento de fuerza sino más bien de debilidad.

El verdadero imperio está en otra parte: en América latina, donde Italia compite con los Estados Unidos, con Japón, Alemania, Gran Bretaña en el juego de las influencias. Esta rivalidad es seguida con atención por un periodista americano, Carleton Beals, el admirador de Tina Modotti, que se expresa en un reportaje fascinante especialmente sobre los recién llegados y sobre cómo se los percibe: los japoneses, casi todos espías o sospechosos de serlo, se trate de pescadores, peluqueros o negociantes; los alemanes, correctos y sistemáticos, hasta demasiado buenos en todo; los italianos, "demasiado primos cercanos como para imponer respeto".[29]

No obstante la falta de respeto o quizás por esto mismo, los camisas negras se ponen en marcha hacia la conquista en América latina no tanto de "un imperio cultural" —como exhorta enfáticamente un notable científico, Nicola Pende— sino de una influencia que tiene su punto de más fuerza en el cono Sur y que podría cambiar el destino de aquellas naciones. Y Beals no se limita al triángulo Argentina-Uruguay- Brasil, sino que menciona otros países. En Chile, los fascistas como los nazis son favorecidos por "dictadores" como Ibáñez y Alessandri. Paraguay está "dominado" por el capital italiano y ha tenido ya un presidente italiano, José Guggiari (1928-1931). En Perú la colectividad italiana goza de gran prestigio por su participación en las vicisitudes bélicas del país y de privilegios económicos con 100 millones de dólares de inversiones italianas. "Los dos centros de poder, donde se deciden los destinos inmediatos del país, están en el palacio presidencial, residencia del dictador Benavides, y en el Banco Italiano"; el administrador de esta institución, un funcionario de la Banca Comercial, el florentino Gino Salocchi, es señalado por Beals como el "virrey del Perú".[30] Por lo demás, como observa también el periodista americano,[31] el "presidente-dictador" Benavides, como ministro en Roma, había establecido relaciones muy estrechas con Mussolini. En Venezuela y en Colombia los italianos, aunque menos numerosos, también son influyentes.

Las estructuras de base de la penetración italiana en América del Sur son sólidas. El sistema financiero está representado por la Banca Comercial directa o indirectamente y por las bancas locales de propiedad italiana. Diversos sectores industriales y agrícolas están controlados por empresas italianas o de propiedad italiana. Armadores italianos ofrecen las líneas de navegación italianas "más refinadas, más rápidas, más baratas". A los cruceros militares sigue, en fin, la institución de vuelos regulares entre Italia, Natal y Río, Buenos Aires y Montevideo.

Sin bien, en el plano comercial, los progresos de los italianos no son comparables a los de los japoneses o de los alemanes, en la propaganda política la Italia fascista supera a cualquier otro país en dos aspectos: por un lado, a diferencia de la Alemania nazi ha logrado alinear con el régimen a una colectividad mayoritariamente proletaria con elementos activos en el ámbito sindical: por el otro, convierte al credo fascista a gobiernos y pueblos latinoamericanos a través de los mass media, los periódicos y las emisoras locales, las transmisiones radiofónicas de onda corta.

Beals reconoce el efecto de los vuelos transatlánticos, desde Balbo hasta los *Sorci Verdi* de Bruno Mussolini. Los italianos enfrentan a la aviación de los Estados Unidos que han promovido un Congreso de aviación panamericano en Lima: "Mientras los aéreos americanos desfilan en una formación impecable y sobria, cuarenta entre los más entusiastas pilotos italianos irrumpen y se exhiben de un modo temerario en acrobacias estremecedoras sobre la Ciudad de los Reyes, robando el espectáculo". Resultado: los italianos venderán seis aviones bombarderos más, los americanos ninguno. No sólo eso: los pilotos italianos se dirigirán también a Chile, Argentina, Uruguay y Brasil suscitando "un entusiasmo delirante".

En fin, mientras los nazis son sospechados de anticristianismo, Mussolini está en óptimas relaciones con el Papa y "el fascismo se considera protector de la religión, una creencia reforzada entre los elementos feudales y reaccionarios por el apoyo armado de Italia al 'Cristiano' Franco en España". Ni la guerra de Etiopía le ha creado problemas a Italia. La mayor parte de los países de América latina había expresado su adhesión a las sanciones contra Italia para evitar una futura intervención como las realizadas por los Estados Unidos en Nicaragua y Haití. Vista la ineficiencia de la Liga, diversos países latinoamericanos se retirarán o reconocerán la conquista italiana de Etiopía.

Italia, además, siempre según Beals, se ha granjeado amistades en todas América latina con la provisión de aeronaves, naves de guerra, material bélico en general, y con la asistencia de misiones militares. Se exportan armas y municiones italianas a Nicaragua, a Guatemala y a la República Dominicana. En Perú las misiones militares italianas controlan la aviación, el ejército, la policía, la guardia civil. Y Beals no exagera: en 1937 un oficial de la Real Aeronáutica, el coronel Bardella, es nombrado jefe del Estado Mayor de la aviación peruana con funciones no sólo consultivas sino de comando.[32] En Bolivia, aunque gobernada por una junta militar "socialista", Italia "está de moda" y los jefes militares se disputan la legación en Roma.[33] Los cadetes de la aviación boliviana son enviados a adiestrarse a Italia y la partida es festejada en la legación italiana por el ministro de Guerra que saluda al "más grande estadista viviente" (obviamente, Mussolini).[34] Luego, es solicitada una misión militar italiana y se envía a Italia al grupo de oficiales más numerosos que haya dejado nunca Bolivia (cuarenta entre oficiales superiores e inferiores).[35]

En cuanto a la Argentina, Beals desmiente involuntariamente el parecer de Federzoni y de otros exponentes fascistas, "Argentina ha admitido, desde hace tiempo, la influencia italiana en su vida política". Por ejemplo, el ministro de Relaciones Exteriores argentino, ex embajador en Roma, José María Cantilo, para Ciano "no es nuestro amigo", es, cargando las tintas, "democrático, societario, fatuo", "no vale gran cosa pero está lleno de presunción". La conclusión es despreciativa: "En resumen, es un perfecto argentino".[36] Para Beals, por el contrario, "es medio italiano y ha sido elegido teniendo en especial consideración el mantenimiento de la amistad fascista". Naturalmente, la influencia británica es innegable. Pero, paradójicamente, mientras que Mussolini apunta a la destrucción del imperio británico, en la Argentina Inglaterra prefiere compartir la influencia con Italia, quizá para contener el avance de los Estados Unidos.[37]

Al final de su visión panorámica, Beals advierte a sus lectores americanos: "La influencia italiana, fuerte en Brasil, preponderante en Perú, importante en la Argentina, es potente en, al menos, otros cuatro países, es una fuerza que se expande y, junto con la propaganda y la influencia nazi y con las esfuerzos extremos de Japón, puede llevar las luchas europeas a las lides americanas". "Italia", agrega, "no tiene en Sud América ambiciones tan grandiosas como las de Alemania, pero pretende, como han dicho repetidamente los líderes fascistas, no ser ignorada en cada contienda mundial. En esta lucha, ella espera que sus hijos en el exilio asuman una parte del peso. Espera que ciertos países latinoamericanos vengan en su ayuda".

Pero Italia, ¿está verdaderamente siguiendo una estrategia coherente como supone Beals? Las dos Italias, la de adentro y la de afuera, ¿son aliadas en esta lucha? En 1937 se desarrolla en Milán una convención sobre política exterior italiana. Se constata, en primer lugar, que los países latinoamericanos, con la sola excepción de Colombia, aunque han adherido formalmente a las sanciones contra Italia, no las han aplicado. Sin embargo, el cuadro político que emerge no es optimista. El autor del informe general, el historiador Gioacchino Volpe, teme la influencia norteamericana que advierte cada vez más grande, espera un desarrollo de los países latinoamericanos hacia la autarquía económica, en cuyo caso "nosotros podremos siempre tener nuestra parte en la industrialización de esos países, proveer técnicos y maquinarias";[38] habla de un plan de trabajo que ya ha comenzado pero de un modo genérico.[39]

Otro orador, el subsecretario de comercio Albero Asquini, desarticula ciertas voces antiargentinas difundidas también en la convención, llamando la atención sobre una demostración de júbilo por la conquista de Etiopía que se desarrolla en Buenos Aires con una participación y un tono no menor que "aquellos que estamos habituados a ver en Piazza Venezia", pero recuerda que, para cualquiera que sea el plano de colaboración con Sud América, es necesario "conocer más este gran continente", es más, "América se descubre todos los días".[40]

En suma, Italia de adentro no ha tomado conciencia todavía de cuánto cuenta la Italia en América latina. El sueño imposible de una hegemonía mediterránea la llevará a la guerra y a la derrota. Pero la primera víctima de su declaración de guerra será la Italia de afuera. El imperio invisible transatlántico será deshecho junto con el imperio territorial apenas adquirido.

NOTAS

1. Garosci, *Storia dei fuoriusciti*, Bari, 1953, Laterza, p. 245.
2. Giorgio Amendola, *Un'isola*, Milán, Rizzoli, 1984, p. 29.
3. Garosci, ob. cit. p. 10.
4. Garosci, "Introduzione" a Carlo Rosselli, *Oggi in Spagna domani in Italia*, Turín, Einaudi, 1967, p. XV.
5. "É vero il dilemma fascista 'O espandersi o scoppiare'", en *GL*; 14 de febrero de 1936 (en Carlo Rosselli, *Scritti dall'esilio, II, Dallo scioglimento della Concentrazione antifascista alla guerra in Spagna (1936-1937)*, a cargo de Costanzo Casucci, Turín, Einaudi, 1991, pp. 301-305).
6. Nota desde París, 23 de marzo de 1936 (Archivo Central del Estado, Ministerio del Interior (Interno), Direcc. Gen. de Seguridad Pública, Div. De Asuntos Generales y Reservados, Cat. G/1, b. 285, fasc. 756, "Giustizia e libertà", sottofasc. 38 "Francia", inserto 6, sottoinserto 1), citado en ibídem, p. LXXIX, Nº 2.
7. George Orwell, *Omaggio alla Catalogna*, (trad. italiana de Giorgio Monicelli), Milán, Mondadori, 1948, p. 11.
8. Arthur Koestler, *Dialogo con la morte* (trad. italiana de Camillo Pellizzi), Bolonia, Il Mulino, 1993, p. 63.
9. Orwell, ob. cit., p. 186.
10. Davide Lajolo, *Il "voltagabbana"*, Milán, Il Saggiatore, 1963, p. 47.
11. Franceso Odetti di Marcorengo, *Trenta mesi nel Tercio*, Roma, Carra, 1940, p. 185.
12. Randolfo Pacciardi, *Il battaglione Garibaldi*, Roma, La Lanterna, 1945, p. 9.
13. J. Martínez Amutio, *Chantaje a un pueblo*, Madrid, del Toro, 1974, pp. 347-354.
14. Enrique Castro Delgado, *Hombres made en Moscú*, Barcelona, Caralt, 1963, p. 645.

15. Martínez Amutio, ob. cit., pp. 329-333.
16. Ibídem, pp. 338-339.
17. Castro Delgado, ob. cit., p. 386.
18. Ibídem, p. 393.
19. Ibídem, p. 617.
20. Para la biografía véase Margaret Hooks, *Tina Modotti. Amour, Art and Revolution*, trad. francesa, Roma, Anatolia, 1995.
21. Véase Livio Jacob, "Tina Modotti a Hollywood", en Valentina Agostinis (comp.) *Tina Modotti: gli anni luminosi*, Pordenone, Cinemazero-Biblioteca dell'Imagine, 1992, pp. 211 y sig.
22. E. Cecchi, ob. cit., p. 89.
23. Carleton Beals, "Tina Modotti", en *Creative Arts*, vol. 4, 2 de febrero de 1929, en Agostinis, ob. cit. pp. 233-234).
24. Graham Greene, *Stamboul Train*, Londres, Heinemann /Octopus, 1977.
25. Sobre Modotti, véase igualmente Pablo Neruda, *Confesso che ho vissuto* (trad. italiana de G. Stucchi y S. D'Amico, Milán, Sugarco, 1974, pp. 317-318).
26. Luigi Federzoni, "Impressioni di un viaggio nell'America meridionale. Giugno-agosto 1937 - XV", Reservadísimo (Istituto della Enciclopedia Italiana, Archivio storico, Fondo Luigi Federzoni, fasc. 35).
27. Del embajador en Buenos Aires, Guariglia, al ministro de Relaciones Exteriores, conde Ciano, 28 de mayo de 1937 (Servicio histórico MAE, Collana Testi Diplomatici, Raffaello Guariglia, p. 102).
28. Véase Ludovico Incisa di Camerana, *I caudillos. Biografia di un continente*, Milán, Corbaccio, 1994, pp. 208-212.
29. Carleton Beals, *The Coming Struggle for Latin America*, ob. cit., p. 46.
30. Véase la voz Salocchi Gino en Giovanni Bonfiglio, *Dizionario biografico degli italiani in Perú*, Bolonia, Il Mulino, 1998, pp. 294-296.
31. Ésta y las citas siguientes han sido extraídas del capítulo III "The Black Shirts March" en Beals, ob. cit., pp. 86-104.
32. Véase Bardella Pier Luigi, en ibídem pp. 38-39.
33. Del ministro en La Paz, Luigi Mariani, al Director general A.T., Emanuele Grazzi, 23 de junio de 1938 (ASMAE, Affari Politici, Bolivia, b. 5, 1938, fasc. 1, Rapporti politici).

34. Del ministro en La Paz, Luigi Mariani, al ministro de Relaciones Exteriores, Galeazzo Ciano (ASMAE, Affari Politici, Bolivia, b. 4, 1937, fasc. 7, Aviazione).
35. Cuaderno n- 8, Bolivia, Situación política en 1937 (ASMAE, Bolivia, b. 5, 1938, fasc. 1, Rapporti politici).
36. Galeazzo Ciano, *Diario 1937-1938*, Rocca San Casciano, Cappelli, 1948, p. 113 (4 de febrero de 1938).
37. Beals, ob. cit., p. 131.
38. I Congreso nacional de política exterior, Milán, octubre XIV, *Mediterraneo Orientale - I protocolli di Roma - Italia e America Latina - Le materie prime - Società delle nazioni*, ISPI, Milán, 1936, p. 191.
39. Ibídem, p. 192.
40. Ibídem, pp. 268-269.

VII

1941: LA EMIGRACIÓN DERROTADA

La "mala noche" de los italoamericanos

"No me preocupo mucho por los italianos", observa Roosevelt, "son un montón de cantantes de ópera, pero los alemanes son diferentes, podrían ser peligrosos".

El presidente está discutiendo con el ministro de Justicia Biddle las medidas a tomar, después de Pearl Harbour y de la declaración de guerra de Alemania y de Italia, contra los súbditos de la tríada Japón-Alemania-Italia.

La declaración de guerra por parte de Italia sigue a una serie de actos hostiles por parte del gobierno americano: la compilación, dispuesta por el FBI hacia diciembre de 1939, de la lista de ciudadanos italianos, alemanes y japoneses para internarlos en caso de emergencia (*Custodial Detention List*); el secuestro de las naves italianas refugiadas en los puertos americanos y la internación de sus tripulaciones (31 de marzo de 1941); la clausura de los consulados italianos en los Estados Unidos (28 de junio de 1941); la emanación, de parte del presidente Roosevelt, inmediatamente después del ataque de Pearl Harbour, de la orden de aplicar la *Custodial Detention List* en vista de una poco verosímil invasión o incursión "predatoria" italiana en el territorio de los Estados Unidos.

La última disposición se toma con tres días de anticipación respecto de la declaración de guerra italiana (el 11 de diciembre de 1941), un acto inútil, superfluo y contraproducente de solidaridad con Japón, que hace feliz a Mussolini —que siempre ha infravalorado a los Estados Unidos y subestima a Roosevelt— y mucho menos feliz al ministro de Relaciones Exteriores Ciano.

La primera consecuencia es la derrota de los italianos de América. Comienza de hecho para ellos una odisea que una reciente reseña de memorias y de testimonios a cargo de un *Italian American*, Lawrence DiStasi, ha descrito bajo un título en italiano "Una storia segreta" (Una historia secreta): secreta por la vergüenza de las víctimas, que sufrieron la persecución y han buscado olvidar un episodio triste de su propia vida, secreta por la vergüenza de los perseguidores que no han pedido disculpas.[1]

Las instrucciones impartidas por Roosevelt no distinguen entre la colectividad italiana, la colectividad extranjera más numerosa con 600.000 titulares de pasaporte italiano, y las otras nacionalidades enemigas, dejando libertad de acción a los comandantes locales. En California, presunto campo de batalla de la guerra del Pacífico (en realidad los hechos de arma durante la guerra se limitarán al pánico provocado por un par de cañonazos de un sumergible japonés que caen en el vacío, un episodio evocado hace algún tiempo por un filme divertido), el comandante responsable es el general DeWitt, convencido de que las colectividades "enemigas" esconden quinta-columnas dispuestas a sabotear y a rebelarse a las órdenes de Hitler, Mussolini y del Mikado. Se llevará a cabo, así, la deportación en campos de concentración de la población japonesa. Otro tanto se quería disponer para los 100.000 italianos que vivían en el Estado.

Los nuestros serán salvados de este destino por una comisión del Congreso, la comisión Tolan, tal el nombre de su presidente, que se encontrará frente a un caso embarazoso: el caso Di Maggio, los padres, todavía de nacionalidad italiana, de famosos deportistas americanos. Tratándose de una "espléndida familia" la situación "es seria". Algunos expertos, además, tienen presente que 400.000 hijos de italianos han sido ya enrolados en las fuerzas armadas (llegarán en el curso del conflicto a 700.000) mientras que otros millares están trabajando en las fábricas de armamento. Pero la decisión final será tomada basándose en otras consideraciones. Hay quien sostiene, en realidad, que los italianos y los alemanes representan un peligro mayor porque, a diferencia de los japoneses, pueden confundirse físicamente con el resto de la población. A esta tesis se replica con una opinión opuesta: es difícil distinguir un japonés "desleal" de un japonés "leal", como en cambio puede verificarse con un alemán o con un italiano, porque los japoneses físicamente son "todos iguales" para los caucásicos. Gracias a esta formidable argumentación el comité concluirá que los tres grupos étnicos enemigos no deben ser tratados del mismo modo.[2]

Los italianos, sin embargo, no serán en realidad protegidos. Sobre todos pesa la sombra de Mussolini.[3] Aparte de las injurias ya sufridas (secuestro de radios de onda corta, binóculos, linternas de bolsillo, máquinas fotográficas), sigue pendiente, por las insistencias de los comandantes militares californianos, el riesgo de una deportación en masa. Al no poder implementar esta medida radical, el general DeWitt, cada vez más paranoico, obligará a los ciudadanos italianos a evacuar ciertas zonas de interés militar transfiriendo su residencia a otro lugar.

Las consecuencias de la disposición que golpeará a 10.000 italianos en algunos casos serán trágicas (el suicidio de profesionales y artesanos constreñidos a abandonar el lugar de trabajo).[4] En otros casos, serán más infames que despiadadas: Rosina Trovato, madre de un marinero caído en Pearl Harbour, será expulsada de su vivienda. Celestina Stagnaro Loero, con dos hijos y dos nietos en la Marina combatiente, deberá dejar su casa de noche, "la mala noche", como recordará.[5] Las familias quedan divididas: los progenitores italianos de sus hijos americanos, el jefe de familia naturalizado de la mujer que ha conservado la ciudadanía italiana.[6] En diversos casos, soldados y marineros de licencia encontrarán cerrada la casa de sus propios padres. Una especialidad entera, los pescadores, en su mayoría de origen ligur y siciliano, debe interrumpir su actividad: sus barcas son requisadas y transformadas en dragaminas.[7]

Los internados en campos de concentración apenas superarán el par de centenares, pero sobre la base de los motivos más extraños. En algunos casos se trata de ex combatientes de la

Primera Guerra Mundial, a pesar de que, por entonces, Italia era una aliada. En vicisitudes kafkianas, se interna incluso a italianos como Fred Stella, que ha participado en la Gran Guerra en las filas del ejército americano y que desde hace cinco años está en un hospital a causa de una enfermedad: Stella terminará en un manicomio.[8] Para decidir sobre esos destinos existen comisiones especiales donde basta con el parecer de uno de los tres miembros para decidir la suerte del individuo sometido a juicio, según un procedimiento análogo al que se adoptará sesenta años después, luego del ataque contra las Dos Torres, con los sospechosos de ser cómplices de Bin Laden.

Se somete a los jóvenes reclutas italoamericanos a una pregunta directa y brutal sobre su disposición a "matar italianos", poniendo en una situación embarazosa a quien tiene compañeros y hasta también hermanos en el ejército italiano. Según el buen sentido, las autoridades militares, sobre todo las navales, terminarán por mandar a los italianos al frente del Pacífico.[9]

Salvados por Colón

El 12 de octubre de 1942, el *Columbus Day*, el ministro de Justicia Bidlle anuncia que los italianos ya no se consideran "ajenos (*aliens*) enemigos". Una semana después, DeWitt derogará las medidas restrictivas que había adoptado.

Quien toma la iniciativa de la disposición es un italoamericano, Joseph Facci, consejero de la oficina que controla la prensa en lengua italiana, apoyado por la mujer del presidente, Eleanor Roosevelt, por un periodista antifascista, Max Ascoli, y por un sindicalista, Luigi Antonini. El momento es favorable: las elecciones al Congreso ponen en juego seis millones de votantes oriundos y el Partido Demócrata está preocupado por las crecientes simpatías de los italoamericanos hacia la oposición republicana.[10] Un sondeo demuestra que sobre 100 americanos 47 están preocupados por los alemanes, 37 por los japoneses y sólo 2 por los italianos. En un informe se observará que "la separación de los italianos de los otros enemigos puede ser un primer paso para separar a Italia de los otros miembros del Eje". Será el mismo responsable de los extranjeros enemigos el que pondrá al último adversario irreductible, el jefe del FBI, Edgard Hoover, frente al hecho consumado. Entre tanto, se ha formado un grupo de presión italiano, gracias a la convergencia entre Antonini y el editor del periódico *Il Progresso Italo-americano*, Generoso Pope, demasiado comprometido con el último fascismo como para conservar un rol de líder, pero no sin apoyos de la Casa Blanca y ante los exponentes de la colectividad italiana. Antonini, flanqueado por otro sindicalista, Vanni Montana, ha logrado desautorizar en sus relaciones con el gobierno americano a Gaetano Salvemini y a los otros exiliados antifascistas y desplazar políticamente a Pope y su lobby, que constituirá un Comité para la democracia italiana.[11] Celebrando el *Columbus Day* en el Carnegie Hall, con la presencia del síndico de Nueva York, Fiorello La Guardia, en una ceremonia retransmitida para todo los Estados Unidos, América latina y Europa, Biddle alabará a "la Italia libre del pueblo", evocará a Dante, Galileo, Leonardo da Vinci, Tasso, Ariosto, y hasta al elogio de Leopardi de la independencia americana, así como la contribución italiana a la civilización occidental. Sobre todo, subrayará que en los primeros meses de la guerra se había constatado que "600.000 extranjeros enemigos no eran en realidad enemigos".[12]

"No más enemigos", pues, como proclama un periódico en lengua italiana. Pero todavía se manifiestan, a pesar de Galileo y Colón, ciertos juicios negativos sobre los italianos que habían aflorado en los primeros meses de la guerra. Aquellos, por ejemplo, sobre los pescadores italianos. Un informe de la Marina los define como "de temperamento voluble y, por tanto, no completamente confiables". Los acusa de mantener, incluso en la segunda generación, los vínculos con Italia, sin advertir que esta característica contradice la volubilidad. No basta: no saben hacer su trabajo, "no son buenos marineros, buenos pescadores, buenos navegantes"; ni siquiera son tan inteligentes, "niños grandes demasiado crecidos ", son excitables y poco enérgicos, "más adaptados al muelle que al mar". Por el contrario, los pescadores escandinavos son "buenos marineros, buenos pescadores, buenos navegantes e inteligentes, buenos ciudadanos". Igualmente valiosos son los eslavos (probablemente dálmatas), "leales, discretamente inteligentes y sin miedo". No se entiende cómo con tan malas cualidades la marinería italiana predomina sobre las otras en la costa del Pacífico. Pero he aquí el secreto: los trucos y los sabotajes que los italianos perpetran burlándose de los eslavos.

Luego de estas consideraciones negativas, la Marina americana decidirá secuestrar los pesqueros pero no incorporar las tripulaciones a las propias filas.[13] Como una estridente desmentida de estos prejuicios, el sargento de los *marines* John Basilone, hijo de inmigrantes italianos, merecerá en Guadalcanal la medalla del Congreso, la máxima condecoración americana al valor. Regresa del combate y caerá en Jwo Jima. En su memoria le será conferida la *Navy Cross*, la más alta condecoración de la Marina. Su nombre será dado a un cazatorpedero, a un puente, a una ruta litoral en California.[14]

El genocidio cultural

La "mala noche" es una noche de llanto no sólo para las madres y las abuelas, sino también para los hijos y los nietos, como testimonia un periodista e historiador italoamericano de cuarta generación, Geoffrey Dunn.

Antes de la guerra, cuenta Dunn, los niños nacidos en la comunidad de pescadores aprendían el genovés como primera lengua, los nacidos después de la guerra, en cambio, no tendrán permiso de hablarlo. "Muchas familias dejan la costa para alejarse del estigma y de las manchas de la guerra. Algunos anglicizan los apellidos; otros hicieron todo lo posible para abandonar los usos y las tradiciones italianas". En este sentido, ocurrió en la colectividad italiana un "genocidio cultural".

Dunn retoma una reflexión de Lawrence DiStasi: "Se envía y se recibe un potente mensaje. La lengua y la cultura italianas representaban un peligro para América... Después de la guerra la gente tenía miedo de ser demasiado italiana. Hasta hoy un gran número de italoamericanos ha permanecido en una penumbra étnica. Muchos se sienten señalados sin saber por qué".[15]

La guerra golpea al grupo étnico italiano en un momento de gracia. Los italoamericanos se están abriendo camino. Tienen dos alcaldes de ciudades, Fiorello La Guardia en Nueva York y Angelo Rossi en San Francisco, un as del deporte (Joe

Di Maggio), dos escritores de best sellers, John Fante y Pietro di Donato, el autor de *Cristo fra i muratori*, la epopeya de un albañil italiano. Las condiciones económicas mejoran: los italianos sobresalen en la pirámide social ubicándose en el sector medio. También el prestigio internacional de Italia contribuye a la valorización de los italoamericanos. "Con Benito Mussolini, que demuestra aparentemente que Italia es una gran potencia, se refuerza en los italoamericanos la impresión creciente de que su momento como una presencia poderosa en las instituciones americanas, antes cerradas para ellos, está al alcance de la mano".[16]

Por el contrario, lo que se produce es un eclipse que durará decenios, borrando toda una generación. Los "italo-americanos" renuncian o son obligados a renunciar a la "italianidad". El guión cae: se transformarán en americanos y basta. La misma creatividad literaria se agota. Fante dejará de escribir novelas y terminará como guionista de Hollywood. Di Donato queda como autor de una única novela. Los nuevos escritores escogen seudónimos anglosajones; uno de los clásicos del género amarillo, Ed McBain, esconde el verdadero nombre de Salvatore Lombino y sólo al final revelará sus raíces italianas.

Además, mientras la parte mayoritaria, la gente de bien, del mundo ítalo-latinoamericano es perseguida y marginada, la otra parte, la de las sociedades criminales, es movilizada con fines bélicos, sea para proteger el *water front*, el frente del puerto, de atentados y sabotajes, sea para facilitar la ocupación de Sicilia.[17] Este rol no será olvidado por un sector criminal que, desde entonces y en más, hará ostentación de un patriotismo exasperado: en este sentido, es típico el protagonista de un best seller de los años setenta, *The Patriot*, una novela negra de un gángster, Raimondo Raffaele Occhiccio, diplomado en Harvard, condecorado en la guerra, deportado a Sicilia, que es precisamente y sobre todo un patriota americano.[18]

La concesión de un rol italiano a la minoría ilegal mortificará por demás al italoamericano medio que se verá confundido con los personajes "malvados" presentados en forma continua en el cine.

La derrota en otra parte

En suma, es necesario reconocer que el trato acordado por los Estados Unidos a los italianos ha sido de los más generosos. En Francia, la guerra es precedida por numerosas repatriaciones: 70.000 en 1939. En el período 1940-1943 seguirán más de 100.000.[19] Diversos dirigentes y militantes comunistas italianos son internados en los primeros meses del conflicto, después de la proscripción del Partido a causa de lo que parece ser la alianza entre Hitler y Stalin.

Después de la declaración de guerra de Italia, a despecho de la avanzada alemana, en el caos general de junio de 1940, se encontrará tiempo para rastrillar y encerrar en los campos de concentración a millares de italianos comprometidos o casi comprometidos con los fascios, quienes serán liberados recién algunas semanas después de la conclusión del armisticio.

Los maltratos infligidos a los recién llegados en uno de los campos, el de Le Vernet, serán de tal magnitud —como le contará conmocionado Leo Valiani a Pierre Milza— que los comunistas y los otros antifascistas, alojados desde hacía tiempo en el campo, harán causa común con los fascistas contra los guardianes.[20]

La finalización de la guerra contra Francia no pondrá fin a la situación de malestar para los italianos. Las organizaciones fascistas mantendrán, según las instrucciones provenientes de Roma, un bajo perfil para no molestar al ocupante alemán.[21] Algunos irán a trabajar a Alemania, en un primer momento voluntariamente; pero luego, después del armisticio del 8 de septiembre, serán constreñidos a enrolarse en la organización Todt, el servicio de trabajo germánico.

En Inglaterra, los italianos se habían asegurado, en el período 1920-1930, la casi exclusividad del *catering*, del rubro restaurantes, pasando de la venta ambulante de castañas y helados a la propiedad de cafés y restaurantes. "Aunque respetados y bien integrados, también habían logrado mantener sus rasgos culturales distintivos en lo que concierne a la lengua, las tradiciones culinarias y religiosas y la vida familiar".[22] La guerra lleva al saqueo y a la confiscación en estas actividades. Las personalidades italianas más eminentes serán rastrilladas y deportadas a Canadá. En el naufragio del navío *Arandora Star*, que transporta a esos italianos y que es torpedeado por un submarino alemán, pierden la vida 446 pasajeros civiles. En noviembre de 1941, el número de italianos internados desciende de 19.217 a 1.903: siguen siendo muchos. En compensación, la propaganda oficial difundirá en todo el mundo una fotografía en la cual el primer ministro Churchill, visitando un barrio de Londres devastado por las bombas alemanas, se detiene admirado frente a un negocio que ha quedado intacto entre las ruinas donde campea un cartel: *Business as usual*. Quien proporciona esta prueba de la flema y de la intrépida serenidad de la población londinense es un humilde barbero italiano.

En Canadá, el 10 de junio, apenas conocida la declaración de guerra de Italia a Gran Bretaña, setecientos italianos son arrestados e internados en campos de concentración. Entre ellos se encuentra un intelectual, el comediógrafo Mario Duliani, que obtuvo el reconocimiento público por lo que hizo para valorizar el teatro canadiense en lengua francés. Algunos pagan su italianidad con la pérdida de la propia empresa. Es el caso de un abruzés, James Franceschini, que llegó a Canadá a los 15 años y que se transformó de albañil aprendiz en propietario de una de las empresas constructoras más importantes del país y de Norte América. Recluido en el campo, Franceschini asistirá impotente a la repartición de su imperio industrial entre sus competidores con la complicidad del gobierno canadiense.[23]

De sus compañeros de desventura Duliani escribirá: "Gente buena de las cuales la mayor parte no tiene más que una cultura media cuando no está más allá de la media. Ellos han sido víctimas de esa necesidad de exteriorización que forma el trato específico de los latinos del Sur. Algún desfile en camisa negra... el despliegue de alguna bandera... la ebriedad de algún discurso pronunciado al finalizar un banquete... el placer de ver el propio nombre estampado sobre un periódico... He allí —más o menos— todas los reproches que se le pueden dirigir a la mayoría de los italianos del campo".[25]

En Australia la compatibilidad étnica es precaria. Como refiere el historiador australiano Richard Bosworth, hasta 1945, "el diálogo entre Italia y Australia era increíblemente limitado y caracterizado por la ignorancia recíproca". "Incluso los más importantes entre los expertos australianos en emigración no estaba seguros en su interior de si los italianos eran 'blancos'o 'negros' y si podían ser admitidos en el país sobre la base de las disposiciones de la famosa política en pro de una Australia blanca".

Por lo demás, sólo una alícuota poco significativa de nuestra emigración se había dirigido hacia Australia: según el censo de 1947, los nacidos en Italia son apenas 33.362. La mayoría, salvo algunos núcleos de pescadores, vive en comunidades agrícolas más "lugareñas" que italianas y, por ende, según Bosworth, "débiles y frágiles, con escasas perspectivas de sobrevivir y de llegar a la madurez".[26] Los italianos no son queridos. Ya antes de la guerra, en enero de 1934, tiene lugar en Kalgoorlie un pogrom que obliga a huir a las familias italianas mientras sus casas son devastadas. Con el estallido de la guerra, también son aprisionados los italianos que han tomado la ciudadanía australiana.[27]

Notas

1. Jerre Mangione, "Concentrations Camps - American Style", en Lawrence DiStasi, *Una storia segreta. The Secret History of Italian American Evacuation and Internment during Worl War II*, Berkeley CA, Heyday Books, 2001, p. 118. La frase de Roosevelt está reproducida en las memorias de Francis B. Biddle, *In Brief Authority*, Hartford, Conn., Greenwood Press, 1976.

2. Stephen Fox, "The relocation of Italian American in California during World War II", en ibídem, p. 45.

3. Sandra M. Gilbert, Prefacio, en ibídem, p. XII.

4. Fox, "The relocation...", en ibídem, p. 40.

5. Geoffrey Dunn, "Mala notte. The Relocation Story in Santa Cruz" en ibídem, p. 103. Véase también Rose D. Scherini, "When Italian Americans were 'Enemy Aliens'", en ibídem, p. 20.

6. Un ejemplo es el de Rose Viscoso Scudiero, "Pittsburgh Stories", en ibídem, pp. 97-98.

7. DiStasi, "A Fish Story", en ibídem, pp. 63-97.

8. DiStasi, "War within War", en ibídem, pp. 277-278.

9. Ibídem p. 282.
10. Guido Tentori, "New Discoveries, Old Prejudices", en ibídem, pp. 243-244.
11. Ibídem pp. 245-250.
12. Gloria Ricci Lothrop, "Unwelcome in Freedom Land", en ibídem, p. 188.
13. DiStasi, "A Fish Story", en ibídem, pp. 73-76
14. DiStasi, "War within War", en ibídem, pp. 270-271.
15. Dunn, "Mala notte...", en ibídem, p. 113.
16. DiStasi, "How World War II Iced Italian American Culture", en ibídem, p. 303.
17. Ibídem p. 310.
18. Charles Durbin, *The Patriot*, Nueva York, Bantam, 1971.
19. Milza, *Voyage en Ritalie*, ob. cit., pp. 299 y 303.
20. Ibídem p. 302.
21. Ibídem pp. 306-307.
22. Russell King, crítica de Terri Colpi, *The Italian Factor. The Italian Community in Great Britain* e *Italians Forward. A Visual History of the Italian Community in Great Britain*, Edimburgo, Mainstream, 1991, *Altreitalie*, 8, julio-diciembre de 1992.
23. Roberto Cocchi, crítica de Kenneth Bagnell, *Canadese, A Portrait of the Italian Canadians*, Toronto, MacMillan, 1988, *Altreitalie*, 3, abril de 1990.
24. Mario Duliani, *Città senza donne*, Montreal, D'Errico, 1946, p. 64.
25. Richard Bosworth, "Storia dell'immigrazione e storia nazionale", *Altreitalie*, 4, noviembre de 1990.
26. John A. Scott, "Il caso Strano: esperienze poetiche e esperienze prosastiche", en *La letteratura dell'emigrazione*, ob. cit., p. 562.
27. Véase Carole y Claudio Accorso, "Gli italiani in Australia durante la Seconda guerra mondiale", en AA.VV., *Italoaustraliani. La popolazione d'origine italiana in Australia*, Turín, Fundación Agnelli, 1992, pp. 51.

CUARTA PARTE

LA ÚLTIMA EMIGRACIÓN, MITAD ÚTIL, MITAD INÚTIL

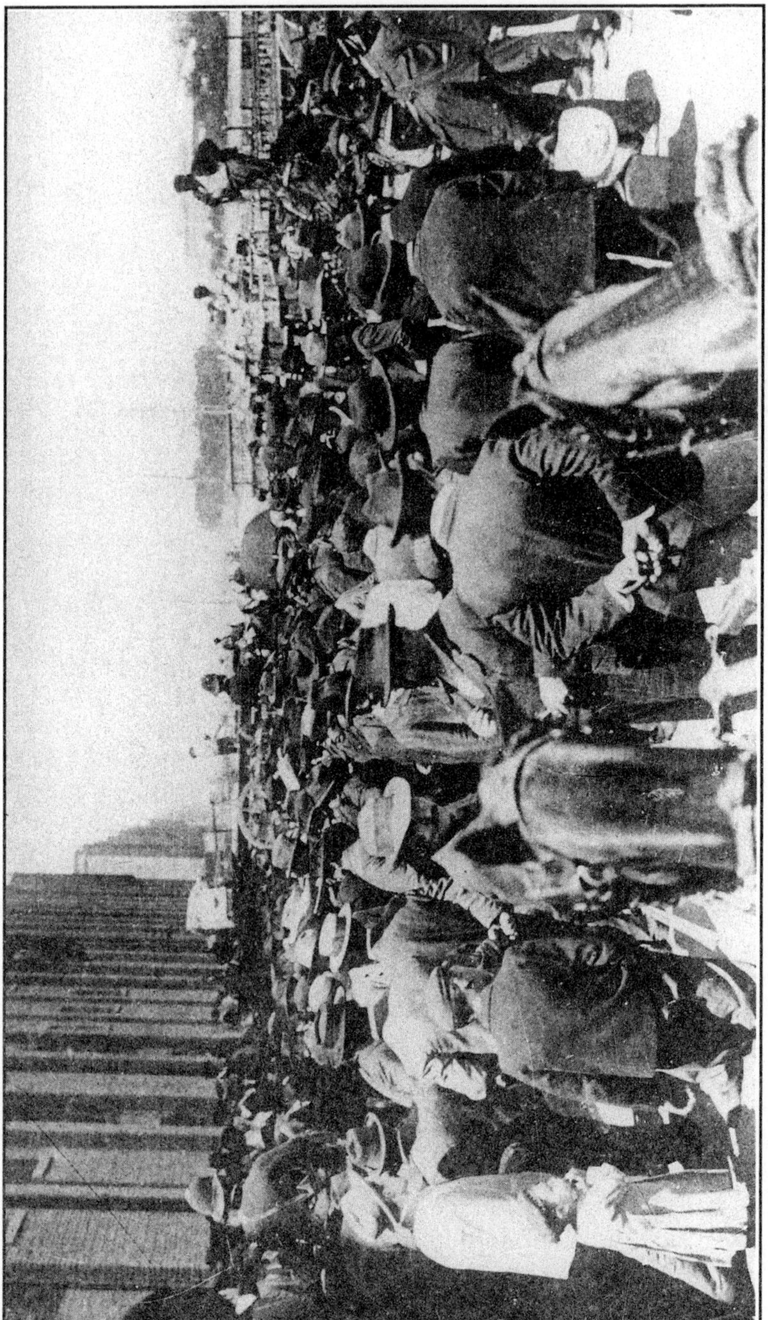

I

EL ÚLTIMO ÉXODO

Aprendan lenguas y váyanse de aquí

"Retomen los caminos del mundo", exhorta el presidente del Consejo Alcides De Gasperi. Ya no más la resignada indiferencia, ya no más el fisiocrático *laissez faire,* ya no oposición. La emigración es para los italianos una necesidad vital: todo el sistema italiano debe favorecerla. "Me dirijo a la colega de Educación, que ha hecho mucho ya, me dirijo a todos los entes públicos y privados: hay que hacer un esfuerzo para fomentar el estudio de las lenguas, para estudiar el mundo, para estudiar la historia, para adaptar a esta emigración a nuestras escuelas, a nuestros docentes."
Lo que importa es rever la figura de los emigrantes italianos: "es necesario que no hagan el doloroso camino de cuando partían como desarrapados, para luego deberle a su extraordinaria actividad, a su espíritu de sacrificio y de organización, las posiciones que hoy detentan en las comunidades americanas."
"Es necesario que partan munidos de preparación técnica, pero hace falta tratar, en un esfuerzo que el gobierno deberá favorecer, de retomar los caminos del mundo: pues quien parte, aun cuando no regrese de inmediato, no está perdido".[1]
Diez años después, en 1959, un autorizado exponente del partido de la mayoría, la Democracia Cristiana, Mariano Rumor, define a la emigración como "un interés vital" y, en

cuanto tal, "el principal interés de nuestra política exterior".[2]

Por lo demás, la libertad de emigrar había sido solemnemente sancionada por el artículo 35 de la Constitución republicana. El informe de un experto, Attilio Oblath, había ilustrado la inevitabilidad de la misma: para salvaguardar las condiciones de vida de la mayoría de la población "será menester también en el futuro dejar que una parte de la población misma se dirija al exterior para conseguir ese trabajo y esas condiciones de vida que no está en condiciones de tener en la patria".[3] Oblath no se hace ilusiones sobre el aumento de las remesas: los nuevos expatriados serán definitivos. Por esto si, por un parte, se alienta el apoliticismo del emigrante respecto de la política del país que lo hospeda, por la otra, se sugiere que se debe evitar igualmente que el connacional se haga portavoz de tendencias e ideologías italianas. Pero sobre todo es necesario no obstaculizar la absorción y la asimilación de nuestros trabajadores en los países de inmigración. También, aunque "perdidos", nuestros conciudadanos mantendrían vínculos sentimentales y económicos con el país de origen: "Los desnacionalizados y también sus eventuales descendientes no obstante representarían siempre para Italia un valor espiritual y cultural y una esfera de expansión intelectual y económica".[4]

Estas orientaciones serán recibidas por la oposición y por los sindicatos que avizorarán en la emigración un modo de atenuar la presión de la desocupación sobre el mercado de trabajo, favoreciendo una política de mejoramiento salarial para los ocupados. A lo sumo, se preocuparán por las consecuencias negativas de la competencia de los trabajadores italianos en el contexto social de los países de recepción: se teme la reaparición de rivalidades y de tendencias a la actitud rompehuelgas.[5]

Por lo demás, a una valoración francamente positiva del fenómeno no se acoplará, como en el pasado, una estrategia precisa sobre la determinación de sus direcciones geográficas, salvo la propuesta de una unión enmascarada con el viejo colonialismo: la idea de poblar el África, aunque sea bajo otras banderas. Idea extravagante que se manifestará, después de la fallida defensa de nuestras viejas colonias, en ciertas maniobras diplomáticas, en particular con respecto a Francia hasta la visita a Italia en 1955 de uno de los liquidadores del imperio francés, Mendès France.[6] Pocos años después, como demostración de lo absurdo del proyecto, nuestras colectividades sobrevivientes en tales áreas será expulsadas por los nuevos regímenes independentistas. Una vez más la geopolítica de la emigración dependerá de elecciones privadas, a las cuales los acuerdos bilaterales proveerán un marco jurídico sin poner remedio a una dispersión de la masa migrante aun más acentuada que en el pasado. Se emigrará al acaso, al azar. Italia no guiará a los emigrantes, los seguirá con una red institucional cada vez más amplia y llena de agujeros.

La emigración del miedo

¿Por qué la emigración? Para los emigrantes una de las causas es la guerra. "En Italia la situación después de la guerra se tornó muy difícil: faltaba todo. El mismo país, los mismos gobernantes incitaban a emigrar. La guerra terminó en 1945 pero no terminaron sus consecuencias... En ese período, de 1945 hasta 1948-1950, las dificultades eran todavía inmensas: todo destruido, todo terminado". La guerra trae obviamente las devastaciones. La ciudad calabresa de Paola, donde vive el emigrante interpelado, es abandonada por la población a causa de los bombardeos aliados que la reducen a ruinas. Por cierto la reconstrucción es sorprendente. "En un instante todo es reconstruido rápidamente. Pocos años después todo está rehecho y mejor que antes".[7]

La reconstrucción no implicará trabajo para todos: tienen preferencia los veteranos, los ex combatientes que vuelven a casa de los frentes italianos y de los campos de prisioneros. Para un joven del Mediodía la única posibilidad era un empleo público "y sobre cien puestos a ocupar el 99 por ciento eran para los ex combatientes que habían hecho la guerra y que tenían familia".[8]

A la guerra que acaba de finalizar y a sus consecuencias directas e indirectas se añade también el miedo a otra guerra. Un pequeño propietario siciliano, devenido vendedor de pescado en Río, cuenta: "Cuando estábamos en guerra no la pasamos bien y entonces mi padre, cuando terminó, me dijo: `Parte, vete, tú que eres joven, mientras estés a tiempo: esta tierra y esta casa son tuyas y hasta que muera yo puedo hacerme cargo, puedo quedarme porque ya no tengo edad para tener miedo a la guerra: pero tú eres joven, tu madre ha muerto y entonces es mejor que partas; es mejor tenerte lejos vivo que cerca con el miedo de otra guerra".[9]

Miedo por la guerra pasada y por la guerra futura, por sucesos que trastornan a la gente humilde. Para otros la emigración no es cambiar de vida sino prolongar la vida previa, huyendo del miedo, de las venganzas provocadas por el propio pasado.

Hay otras ciudades que parecen hechas a propósito para quien desea continuar una vida fastuosa, encontrar a la gente de antes, al menos a aquella que ha logrado salvarse. Doris Duranti, diva del cine italiano, comprometida con el secretario del Partido Fascista de Salò, Alessandro Pavolini, al que mataron con el Duce, recomienza en Río de Janeiro —entre exiliados ilustres, como el rey Karol de Rumania, el duque d'Aosta, adoradores cosmopolitas—, las fiestas grandiosas que le organiza una ex cantante italiana, Gabriella Besanzoni, casada con un brasileño de elevada posición, en una villa que no le hace lamentar la pérdida de las principescas casas romanas ni la ex *Reggia* del Negus en Addis Abeba: "Las habitaciones de los huéspedes se asomaban a una piscina que acogía el resplandor de la luna; las puertas daban sobre un salón amplio como las naves de un templo. El jardín resonaba con el piar de los preciosos papagayos atados de la pata con cadenas de plata". "Según una leyenda brasileña", agrega Duranti, "Dios ha nacido en estos lugares: recostada sobre el lecho, con la cabeza que me daba vueltas felizmente como las paletas del ventilador de palisandro en el techo, no me costaba creer esa leyenda".[10]

Y después Buenos Aires. La recibe Diana Mercanti, ex primera bailarina de la ópera de Roma: "Tenía un aire feliz y exhalaba bienestar, alejó todo intento de rememorar feos recuerdos (`Uh, ¡cuántos habíamos pasado! No hablemos más de ellos') y se maravilló de no haberme encontrado aún en las casas de los prófugos fascistas más adinerados. ¿Cómo era posible que todavía no hubiera estado en lo de Vittorio Mussolini? ¿Y en lo Alessandro De Stefani, el famoso periodista, director de la agencia de noticias del régimen? ¿Y en lo del conde Emanuele De Seta? ¿Y en lo de Franco Marinotti de la Snia Viscosa? ¿Y en lo de Sebasti, de la Scalera Film? ¿Y en lo de Piero Dusio, de Automóviles Cisitalia?"

Está incluso Piero Parini, ex director general de los italianos en el exterior: "Sobre la nave que se dirigía a Río había firmado mi menú como 'el Innominado.'" Volvió a tomar su nombre y, gracias a la benevolencia del jefe del Gobierno, el general Perón, su pequeña fábrica de clavos prosperaba".[11]

Pasado el miedo, esta Italia regresará a la patria. También retornará ella pero para retomar en otros lugares su periplo. A Duranti le irá bien en todo: superado el temor de la guerra el resto es sólo aventura. Pero en el emigrante común crece otro temor: el miedo a perder. Passeri cuenta sobre una modistita emigrada a Río, "sana, joven, bella" pero con dificultades económicas. Se suicida con gas. Tenía miedo a perder, pero rechaza la derrota y muere con las cuentas en regla, dejando en un cajón el dinero del alquiler.[12]

La Italia desocupada

La Italia que emigra después de la Segunda Guerra Mundial no es más una Italia hambrienta sino una Italia desocupada.

De una encuesta sobre la desocupación llevada a cabo en 1952 resulta que el dato más negativo en Italia en aquella época es el de su duración: "La desocupación italiana", afirma un experto, "es, por así decir, de larga duración y, ya sea desde el punto de vista del desocupado, ya sea desde el punto de vista de la clase trabajadora y de la colectividad en general, es de consecuencias y de efecto más deletéreos que la forma de desocupación existente en muchos otros países que tienen una velocidad de circulación bastante más rápida que la nuestra".[13] Es precisamente este tipo de desocupación tendencialmente permanente y, por ende, crónica, la que debía ser desviada y encauzada hacia la emigración.

Algunas regiones presentan una situación paradójica: son, al mismo tiempo, regiones de inmigración y de emigración. Es el caso del Piamonte: los inmigrantes afluyen a las provincias de Turín, Novara, Vercelli, las áreas más industrializadas; los emigrantes parten de las provincias de Asti, Alejandría, Cúneo, las zonas deprimidas, montañosas y serranas, donde por sobre todo la propiedad de la tierra está extremadamente fraccionada.[14] Pero estos flujos no se compensan: a Turín llegan vénetos y después meridionales, mientras que desde las provincias del sur siguen yéndose a Francia y a la Argentina. Luego, se confirma para el Piamonte y para la región vecina, la Liguria, el dato alarmante ya puesto en evidencia por Rosselli: bajas tasas de natalidad y un cociente de incremento natural casi irrelevante.[15]

En el caso de la Lombardía, el fenómeno de la desocupación no es en realidad algo que aflija. Los problemas nacen de una reglamentación del trabajo demasiado rígida y artificiosa, que impide, por ejemplo, el trabajo sin continuidad, por lo cual, "mientras que unos (los trabajadores) se lamentan de no poder trabajar, los otros (los empleadores) se lamentan por la falta de brazos". Sin embargo, la desocupación en Lombardía se mantiene en una media "oficial" poco superior a la media italiana del 6,6-6,7 por ciento de la fuerza de trabajo (no obstante, es necesario tener presente que en la fuerza de trabajo se incluyen todos los ocupados y los no ocupados en busca de ocupación, de 14 años o más). Pero la proporción "real" es más reducida y, según el informante Luzzatto Fegiz, sería ulteriormente reducible, con el aligeramiento de una normativa demasiado viscosa:[16] "Los reconocimientos financieros y las pérdidas de tiempo derivadas del sistema vigente de seguro obligatorio son probablemente uno de los más graves obstáculos para la plena ocupación en Lombardía (como, en general, en muchas otras regiones)". Ya Luzzatto Fegiz señala los riesgos de una política de "poca paga, muchas contribuciones" y propone sustituirla con una nueva fórmula de "mucha paga, mucho ahorro", que habría permitido destinar una mayor alícuota de la renta nacional a empleos productivos, creando obviamente ocupación.[17]

Bien distinta es la situación del Véneto que presenta —junto con el Lazio— el más alto porcentaje de desocupados, 8,4 por ciento,[18] con una situación de miseria secular en algunas áreas rurales: "En la llanura paduana, por ejemplo, la zona más carenciada de la provincia de Padua, a causa de la desnutrición se han duplicado en casi dos años los casos de tuberculosis".[19]

Poco inferiores, aunque imprecisos, son los datos recogidos en 1952 por la Istat en la región Friuli-Venecia Julia. Al igual que para los vénetos, para los desocupados friulanos se ofrece un extraño abanico de ingeniosos trabajos para salir del paso: venta ambulante, changadurías, recolección de trapos, búsqueda de restos, recolección abusiva de leña con diversas variantes para los veroneses, como la participación como comparsas en los espectáculos de la Arena.[20] Emerge una Italia arcaica que ya no es aceptable; de hecho, es en esta región donde recomienza el gran éxodo hacia Francia, Bélgica, Suiza.

En lo que respecta al Mediodía, la fuerza de trabajo es de menor magnitud dado lo prolífico de las familias y, por lo tanto, el gran número de menores de catorce años; el problema mayor afecta a un contingente de braceros ocupados sólo estacionalmente.

La emigración, falso remedio

Salvo los problemas regionales particulares, de la encuesta de 1952 se deduce que la desocupación italiana no es insuperable. Junto a lo que hoy definiríamos como el "neoliberalismo" de Luzzatto, otro economista, Antonino Giannone, parte de la cifra oficial, registrada en septiembre de 1952, de 1.286.000 desocupados, y sostiene que, gracias a una política de aumento del consumo sostenida por créditos externos, en un lapso de tiempo relativamente breve se podría dar trabajo a dos millones de ocupables.[21] Si la fórmula de Giannone es ingeniosa, las acusaciones al sistema de otro economista, Cesare Cosciani, son prácticas: " Autoridades gubernamentales y organizaciones sindicales desarrollan, de hecho, quizá inconscientemente, una política que, desde ciertos puntos de vista, presenta muchos aspectos en común, en el sentido de que agravan cada vez más las condiciones de trabajo a cargo de la empresa. Las organizaciones sindicales, si bien ponen como primer objetivo la absorción integral de la mano de obra desocupada, aunque sea a una tasa remunerativa reducida, se proponen como meta esencial de su política el aumento salarial de los obreros ya ocupados. De hecho, mientras el costo de vida en 1951, con respecto al de 1938, ha aumentado 53 veces, los salarios agrícolas han aumentado 71 veces y los industriales 60 veces".[22]

El punto de partida no era del todo negativo: el parque industrial había sufrido una reducción del propio potencial de sólo el 8 por ciento, un porcentual más elevado en la industria metalúrgica (25 por ciento). Algunas industrias mecánicas, dedicadas al armamento, directamente habían aumentado el potencial productivo en un 50 por ciento con respecto al nivel prebélico. Los sectores eléctrico, químico y textil se encontraban en buenas condiciones. Presentaban dificultades las industrias de bienes de consumo y, sobre todo, las infraestructuras destruidas en dos tercios.[23]

El sistema estaba en fase de despegue y el ritmo de desarrollo se habría acelerado si se hubieran usado los recursos del Plan Marshall no sólo en el campo de las ayudas alimentarias y en la reconstrucción de infraestructura sino apuntando, siguiendo el ejemplo de Francia y de Inglaterra, también a la importación de maquinarias o sea a la modernización del aparato productivo. El mismo responsable americano del plan para Italia, Dayton, remite la persistencia de la pobreza, de la desocupación, de la migración, al mismo motivo de fondo: "El rechazo por parte de los grandes intereses políticos, industriales, agrícolas y burocráticos a abrazar la visión ofrecida por el plan Marshall de producción en masa para el consumo masivo basada en la libre competencia y en el aumento constante de la productividad".[24] Se frena así la ampliación de la base productiva.[25]

Ni siquiera el presidente de Cofindustria, Costa, compartía la fórmula americana "producción masiva para el consumo masivo". Fiel a una concepción sobria pero arcaica de la sociedad italiana, contrario a la gran industria y a la urbanización, estaba convencido de la continuidad de ciertas costumbres tradicionales: los tejidos sintéticos eran inútiles; las mujeres italianas siempre preferirían coser sus vestidos en casa y rechazarían las comidas envasadas. La pequeña empresa y el artesanado serían decisivos para el futuro del país, una previsión que anticipaba los tiempos pero olvidaba el rol indispensable de las grandes empresas en la fase de despegue y en la ocupación.[26] De algún modo, la emigración retoma las usanzas, pero no se equivocará más tarde el economista Marcelo De Cecco al formular la siguiente acusación: "El gobierno, mientras rechazaba denodadamente actuar para que el potencial industrial del país fuese plenamente utilizado, programaba hacer emigrar a dos millones de trabajadores italianos entre 1948 y 1952, observando la tradición de curar el dolor de cabeza con decapitaciones".[27]

Por lo demás, las decapitaciones tienen lugar con la connivencia de las fuerzas sindicales que privilegian el bienestar de la masa ocupada a costa de la expulsión de la masa no ocupada. "Pero, efectivamente, fue toda la clase dirigente", como afirma Lucio Avagliano, "la que demostrará una curiosa homogeneidad en la subvaloración del fenómeno: basta pensar en el hecho de que, en sus escritos políticos, Gramsci se ocupa escasamente de la emigración y que en los *Quaderni dal Carcere* le dedica pocas aunque agudas páginas; y el mismo silencio se vuelve a encontrar en los escritos de Togliatti editados hasta el presente y en las discusiones específicas del período 1948-1953 llevadas a cabo en la Cámara de diputados cuya atención parece mayormente dirigida hacia los problemas de los contratos agrarios, de la caja del Mediodía, del pacto atlántico."[28]

Toda la clase dirigente contribuye de este modo a preparar la futura paradoja italiana: la inmigración del exterior.

¿Todo como antes?

Como ya ocurrió en el pasado, en los años que siguen inmediatamente a la guerra la emigración se transforma en una evasión desordenada. El filme de Mario Soldati *Fuga in Francia* (1948) y el de Pietro Germi *Il cammino della speranza*, (1950) pintan una realidad a menudo trágica que se sustrae completamente a los controles oficiales pero que quedará impresa en los protagonistas auténticos.

Una muchacha franco-siciliana repetirá, como si fuese ayer, el relato de la madre —de entonces apenas 13 años— acerca del pasaje clandestino de la familia a Francia: la marcha en la nieve, con los niños que juegan y luego se cansan, la madre en sandalias con los pies llenos de sabañones, tanto que durante dos meses no podrá caminar, la traición de la guía que desaparece, la llegada a destino, un trabajo en una fábrica que incluye tanto a la madre como a la muchacha la que, para huir de las inspecciones del Ministerio de Trabajo, debe esconderse cada vez adentro de un barril.[29]

Hasta un viaje regular en tren se convierte, para la familia migrante, en una travesía de aventura y de temor. "Nunca había visto un tren en toda mi vida", cuenta en 1949 una mujer véneta que, con sus tres hijos, debe reunirse con su marido que trabaja en Francia. "Llegamos a Milán empujados por el flujo de migrantes, permanecimos en tránsito el tiempo necesario para someternos a la acostumbrada revisión médica. La gente llega de todas partes, pero, a pesar de la confusión que reina, nos alojan y nos dan de comer correctamente. Vivimos así durante cuatro días en un cuartel, y a la noche del cuarto día a las veinte horas nos devuelven el pasaporte. Junto a nosotros ciertas familias llegadas desde lejos —del sur de Italia, por ejemplo— no obtienen este permiso para pasar: se oyen entonces sollozos entre la multitud."

La odisea no termina en la frontera: falta el pasaje de tren para el recorrido francés. Sólo gracias a la intervención de una compatriota de buen corazón que les prestará todo lo necesario, la familia prosigue el viaje hacia una meta de duro trabajo, también para la mujer, que servirá como empleada doméstica, con un alojamiento provisorio en dos casas rodantes, que después de seis años es sustituido por una acomodación en una vivienda popular.[30]

En general, han mejorado las condiciones de partida pero no faltan las disfunciones: "El problema de la emigración en Nápoles se dispersa en muchas situaciones personales dependientes de las posibilidades y recursos no sólo materiales sino también morales de cada uno de los emigrantes y un poco de la... fortuna. Muchas veces no nos percataríamos del flujo migratorio hacia Nápoles si la crónica local no se ocupase de los numerosos robos y de las incontables vejaciones que sufren muchos campesinos del sur llegados a la ciudad con una carta de llamada de algún pariente en el bolsillo o con un borrador de un contrato y una suma de dinero apenas suficiente para el viaje y para algunos días de permanencia".[31]

Por otra parte, a pesar de los acuerdos establecidos con los gobiernos locales, las condiciones de recepción respecto de las de comienzo de siglo no han progresado demasiado. Son pésimas en Bélgica, como atestigua un sacerdote, donde los mineros italianos son alojados en barracas, infectadas de ratas y de parásitos, de los campos de concentración de ex prisioneros de guerra. Los empleadores tratan a los dependientes como animales de carga.[32] Las construcciones de las minas están en ruinas, los incidentes se suceden: 315 víctimas entre 1946 y 1953.[33] Y, cerrando un ciclo trágico, en 1956 se produce la matanza de Marcinelle con 256 víctimas de las cuales 136 eran italianos.

Un inicio basado en la idea ya superada de que el nuevo emigrante italiano sigue soñando con la tierra cuando, en cambio, aspira a una ocupación urbana, provoca, a la llegada a Brasil de nuestros emigrantes, una confusión muy bien descrita por un misionero italiano: "Me detengo muy seguido entre los pasajeros de tercera clase. Son casi todos italianos y portugueses que van en busca de trabajo. Pobres y queridos emigrantes, cuán necesario es que alguien les proporcione un cuidado serio y continuo y los proteja y los ayude hasta tanto hayan logrado tener casa y trabajo. Porque para muchos de ellos el viaje allende el océano termina en una verdadera y real tragedia. Desembarcados de la nave se calientan en las oficinas del puerto para realizar interminables trámites para el control de los documentos, para la verificación de los equipajes y, no pocas veces, para un nuevo control médico que nunca tiene lugar. El día pasa, llega la noche, y esta pobre gente cansada, sedienta, hambrienta, sigue esperando sentada sobre sus propias valijas, quizá entre niños que lloran y mujeres que se sienten mal".

Realizados los trámites, las penas no terminan. "Encontrar un alojamiento en una ciudad como Río de Janeiro o San Pablo no es una empresa temeraria. No es porque no se pueda hallar alguna habitación o tal vez un pequeño departamento: pero los alquileres son tan altos como para desalentar a los bolsillos mejor provistos. Entonces, los pobres emigrantes terminan amontonándose —literalmente— en miserables cuartuchos que, sin embargo, absorben entre el 40 y el 60 por ciento y hasta más de su esforzados salarios".[34]

A quien el azar lo lleva a una *fazenda* se le repiten los mismos avatares de hace medio siglo. Después de ocho días de espera en los lugares de emigración, cuenta un emigrante que por entonces era un niño, su familia es cargada junto con otras otras seis en un camión. Luego de un viaje por caminos de tierra finalmente llegan a destino: barracas sin agua ni electricidad y la fila para tomar una sopa insulsa.

El trabajo es pesado: hombres y niños son obligados a trabajar desde la mañana hasta el atardecer. El salario no es dinero efectivo: son bonos que obligan a hacer los gastos en almacenes de la *fazenda*.

Se pretende que también las niñas vayan a trabajar en los campos. No queda otro remedio que la fuga. Para prevenirla el patrón hará arrestar a siete jefes de familia.

Después, el salvataje por parte del consulado italiano advertido de un conflicto que se está verificando en diversas haciendas. Esta pronta intervención de nuestras autoridades no es una anomalía. Como tampoco es una anomalía que en la *fazenda* parte del personal hable italiano y que los mismos patrones sean italianos. Dos familias prefieren quedarse y la mujer de una de ellas deviene amante del patrón. No obstante estos feos recuerdos, la narradora, emigrada a Francia después de la repatriación, volverá a Brasil para adoptar un niño.[35]

Un padre demasiado audaz, uno de esos tipos que emigran a Brasil "no tanto", como escribe Chiara Vangelista, "por razones políticas cuanto por el gusto de aventura, con la convicción de poder sacar provecho de los propios conocimientos y competencias en un país donde 'todo está por hacer'", arrastra a una mujer inglesa, a hijos educados en un liceo francés, a lo que debía ser una hacienda impecable, pero que se revela una cueva de serpientes y de "todos los animalejos venenosos de esta tierra".[36] Obviamente terminarán todos en la ciudad.

También ocurre que se encuentra un estilo de vida peor y de costumbres más atrasadas que las que se han dejado en Italia. "Para la época de mi llegada a Francia", cuenta una mujer treinteañera, "pensaba encontrar un país mucho más avanzado que Italia. Tuve que cambiar mis ideas en distintos aspectos. Por ejemplo, en Grenoble he descubierto numerosos departamentos sin ningún baño en el interior: todo para cada piso era en común y los baños públicos funcionaban a pleno... cosa que jamás me hubiera imaginado porque en nuestros pequeños pueblos de montaña todas las casas estaban equipadas con una sala de baño. En 1969, en un pequeño pueblo cerca de Saint-Marcellin descubrí que todavía existían las albañales a cielo abierto". Además, en la provincia francesa, socialmente menos evolucionada que la italiana, la mujer que entra en un bar para tomar un café o un aperitivo es mirada como un animal raro. Especialmente a las mujeres italianas del norte no les gusta perder la propia identidad bajo el nombre y el apellido del marido.[37]

Llegan los ingenieros

Cuenta Roberto Rocca, presidente de la multinacional ítalo-argentina Techint, de su padre Agostino, ex director general de la Finsider, presidente de la Ansaldo, administrador delegado de la Dalmine, fundador con Oscar Sinigaglia de la siderurgia italiana: "Partí en marzo de 1946 hacia América latina, sustancialmente para llevar hacia allí cientos de ingenieros, de sus funcionarios, dependientes, asistentes en la empresa del Estado italiano, que se encontraban sin trabajo al término de la guerra. Yo los acompañaba con otros jóvenes ingenieros, haciendo lo que hoy podría hacer una computadora, preparando grupos de 300-400 ingenieros, de 100-150 empresas que pudieran construir fuera, sobre las bases de la experiencia italiana, desde fábricas de medias hasta la siderúrgica de la Dalmine".[38]

El caso de Techint no es un caso aislado. En un solo año, 1949, se transfieren a la Argentina 88 empresas italianas con 24.000 dependientes.[39] Se desplazará también la gigante Fiat: el entonces presidente Vittorio Valletta comprende que para consolidarse en Italia la empresa turinesa debe expandirse hacia el exterior. Las tratativas, concentradas en principio en torno a la instalación de una fábrica de automotores, duran años y terminan por estancarse. Retomadas por un técnico dinámico, Aurelio Peccei, nombrado delegado de la Fiat para América latina, llegarán a buen puerto en 1954[40] con un resultado excelente: la Fiat establece en Córdoba un complejo que llegará a ser la primera industria argentina. Le seguirán la Olivetti, los grandes nombres de la industria farmacéutica

(Carlo Erba, Farmitalia, Lepetit) y de licores (Cinzano, Martini, Gancia, Branca), mientras que la Pirelli ampliará sus instalaciones. Las compañías de obras públicas de propiedad italiana tendrán como único rival hasta los años ochenta a las americanas.[41]

En el caso de la Argentina, y en cierta medida también en Brasil y en Venezuela, se presenta un modelo similar que combina la emigración de masa, no más indiferenciada y no calificada, con la emigración de elite con efectos positivos inmediatos sobre la presencia política y económica de Italia en los países hacia los que está dirigida. En la Argentina y en el área de San Pablo, en Brasil, se completa y se refuerza el primado de los italianos en el campo industrial; en Venezuela, la industria en su conjunto, comprendida la de la construcción, está prácticamente fundada y gestionada por italianos.

Esta penetración industrial se verifica gracias a pioneros audaces, ex fascistas como Rocca o ex antifascistas como el hombre de la Fiat, Aurelio Peccei, pero según esquemas privados. La estrategia pública ignora la capacidad de los italianos de desarrollar al máximo la industrialización en la patria y contemporáneamente exportarla hacia otros países. Ignora que los italianos no quieren ser ya campesinos: todavía está hipnotizada por la idea de la colonización agrícola.

Se buscan desesperadamente tierras sin cultivar para instalar cooperativas de campesinos italianos y *sponsors* internacionales, posiblemente en Washington, dispuestos a financiarlas. Todavía a principio de los años cincuenta se insistirá en estas iniciativas que, esparcidas en lugares alejados en Brasil, Chile, la Argentina, Costa Rica, involucrarán a no más de diez mil colonos, la mayor parte de los cuales desertará a la primera ocasión.[42]

Extraños encuentros entre italianos

Como los extranjeros, los italianos del lugar quieren saber lo que ha sucedido en Italia, "extremadamente curiosos, saben de la guerra algo genérico, quieren aclaraciones, quieren saber si los parientes de sus familias de origen todavía están vivos". "Las raras cartas llegan sólo ahora y no siempre, las noticias hablan sólo de dificultades, de problemas, de sufrimiento, de hambre, piden ayuda y encomiendas. Uno de ellos me pregunta sobre el pueblito de su familia, en la provincia de Roma, que yo, según él, debería conocer porque soy italiano."

El recién llegado se vanagloria: "Habla y va creando un país imaginario donde las destrucciones son reparadas paso a paso en cada nuevo relato, los puentes vuelven a su lugar, las calles están arregladas".

"El que escucha queda allí atónito y se establece un entendimiento por el cual el narrador puede inventar cualquier cosa, improbables noblezas y decadencias imprevistas, la guerra que golpea y refluye... La guerra que ha entremezclado las vidas y las cosas distraídamente."[43]

El diálogo entre el italiano que se ha quedado y el italiano que llega es un diálogo entre sordos. Hay un mutuo reproche: el primero acusa al otro de no haber estado a la altura de la tragedia que ha devastado al país y de haber perdido la partida; el otro lo acusa de no haberla jugado y le niega el derecho a juzgar.

Los vínculos familiares resisten en un contexto casi tribal. Piovene testimonia: "Estos italianos de América, a menudo venidos a oleadas del mismo pueblo, y prolíficos incluso en Nueva York, tienen todos una inmensa parentela a la que permanecen vinculados. '¿Cuántos son de familia?' le he preguntado ingenuamente a un viejito de ochenta años. Pensó un instante y respondió serio: 'Cerca de trescientos'. Por otra parte, cada congregación conserva en Italia a un pariente sacerdote, cuyas fotografías ornan innumerables casas... la imagen de cada oscuro monseñor de la Calabria, sentado, o de pie, con sombrero, sin sombrero, con fleco rojo, sin fleco, en blanco y negro o en colores, ampliada, magnificada, se refleja simultáneamente sobre los muros de cientos de casas de Brooklyn".[44]

Es igualmente fácil para los calabreses de Paola y Fuscaldo y para los oriundos de Sacco, en la Campania, incorporarse a la "pequeña Italia" de Niteroi, la ciudad que se encuentra frente a Río de Janeiro del otro lado de la bahía, una comunidad italiana que tiene prácticamente el control de la distribución de los periódicos tanto en Niteroi como en diversos barrios de Río. Si bien es cierto que los primeros asentamientos se produjeron en los primeros años del novecientos, muchas familias conservaron parientes y también propiedades en Italia y esto ha permitido absorber fácilmente a los nuevos que arriban, los cuales rápidamente han guardado las calificaciones de oficios exhibidas para obtener el permiso de emigrar y se insertaron en la red comercial de los propios parientes brasileños.[45]

Pero el hecho nuevo de la emigración italiana de la segunda posguerra es que incluye a los "ingenieros", una burguesía que se mueve siguiendo o encabezando empresas y que considera a la emigración una simple transferencia de sede, un momento de sus carreras. "Mis amigos italianos no tienen interés en la vida del país. Trabajan en sociedades italianas, comerciales o industriales donde siempre hablan en italiano", se lamenta Renzo Ghiotto, "mientras que yo vivo y trabajo en una sociedad argentina, impregnada de cultura general inglesa y de cultura industrial norteamericana". "Su resistencia a entender y, por ende, a participar es categórica, aunque nunca declarada, y de la vida en Italia recuerdan escuetos y limitados fragmentos anecdóticos. No han echado raíces, para interesarse deben exponerse y producirlas. Viven en una especie de tiempo suspendido, incapaces de crear ganancias. Intentan permanecer de vacaciones en un país del que no se sienten parte y responsables".[46]

En la Argentina, los "nuevos italianos", en efecto, no se mezclan con los viejos y sobre todo con los hijos de los viejos italianos. Ernesto Sabato expresa de este modo la réplica al "nuevo italiano" que exalta la modernización de Italia, por parte del hijo de estos italianos de antes, venidos en la estiba de los barcos, que, después de haber trabajado cincuenta años sin levantar la cabeza, aún agradecen a América, "no como estos italianos que han venido ahora, que pasan el día criticando el país por los baches en las calles, por el tranvía, por los trenes, por la inmundicia, por este maldito clima de Buenos Aires, por la humedad, porque las cosas en Milán son así o asá, porque las mujeres de aquí no son elegantes... y hablan mal hasta del bife". La conclusión es de rabia: "¿Por qué no se vuelven a Italia si aquel es el paraíso que dicen? ¿Qué representa, digo yo, esta raza de jefes, de doctores, de ingenieros?"[47]

Pero los hijos de los nuevos emigrantes reprocharán a los hijos de los viejos un comportamiento tímido y humilde. "Recuerdo", cuenta una joven directora de cine ítalo-argentina, "mi clase en la escuela media, en Buenos Aires, donde sobre cuarenta apellidos veintiocho eran italianos. Nos llamábamos Mastrangelo, Ferro, Schettini, yo misma Rosalía Polizzi... Pero ninguno le preguntaba jamás al otro de dónde venía su familia, de qué parte de Italia. Había una especie de pudor y de silencio, quizá porque, por entonces, ser emigrados, quería decir ser pobres".[48]

Si algún mérito tienen los "ingenieros" es el de haber desarticulado la identificación entre emigración y pobreza, anticipando la Italia rica y arrogante de fines del siglo XX.

NOTAS

1. Discurso de A. De Gasperi en el III Congreso Nacional de la Democracia Cristiana, Venecia 1949, citado por Degl'Innocenti, ob. cit., pp. 234-235
2. Intervención de Mariano Rumor en el Congreso de la DC de Venecia (ibídem, p. 245).
3. Attilio Oblath, "L'Italia e il mercato internazionale del lavoro", (citado en ibídem, p. 207).
4. Ibídem, pp. 216-217.
5. Oreste Lizzadri, "La CGIL e i lavoratori italiani all'estero", en *Italiani nel mondo*, 25 de mayo de 1945 (Ibídem, p. 218).
6. Bruna Bagnato, "Il viaggio di Pierre Mendès France in Italia (gennaio 1955)", en *Storia delle relazioni internazionali*, a. VIII, 1-2, 1992.
7. Entrevista con Antonio Ciambarela, véase Angela de Castro Gomes, *Histórias de família entre a Italia e o Brasil (Depoimentos)*, Niteroi RJ, Muiraquitã, 1999, p. 146.
8. Entrevista con Vincenzo Figlino, véase ibídem, pp. 84-85. 9.
9. Giovanni Passeri, *Il pane dei carcamano*, Florencia, Parenti, 1958, II ed., pp. 31-32.
10. Doris Duranti, *Il romanzo della mia vita*, a cargo de Gian Franco Venè, Milán, Mondadori, 1987, p. 212.
11. Ibídem, p. 231.
12. Passeri, ob. cit., pp. 103-105.
13. Stefano Somogyi, "La durata del periodo di disoccupa-

zione", en la Comisión parlamentaria de encuesta sobre la desocupación, *La disoccupazione in Italia*, Estudios especiales, Actas de la Comisión, vol. IV, tomo 5, Cámara de diputados, Roma, 1953, p. 20.

14. Antonio Fossati, "Piemonte e Valle d'Aosta", en ibídem, Monografías regionales, vol. III, tomo 1, p. 96.

15. Orlando D'Alauro, "Liguria", en ibídem, p. 248.

16. Pier Paolo Luzzatto Fegiz, "Lombardia", en ibídem, p. 386.

17. Ibídem, p. 465.

18. Enrichetta Spina, Giampiero Franco, Antonio Gaeta, Valeria Luzzatto, Luigi Piva, "Le Tre Venezie", en ibídem, p. 482.

19. Ibídem, p. 509.

20. Ibídem, pp. 508 y 558.

21. Antonino Giannone, "Valutazione del reddito dell'occupazione e dei consumi in Italia nella ipotesi di piena occupazione", en ibídem, Estudios especiales, vol. IV, tomo 5, pp. 344-355.

22. Cesare Cosciani, "Come la politica tributaria e finanziaria dello Stato influisca sulla occupazione e sulla disoccupazione", en ibídem, p. 370.

23. Ennio Di Nolfo, *Le paure e le speranze degli italiani (1943-1953)*, Milán, Mondadori, 1986, p. 22. Para una bibliografía sobre el argumento veáse ibídem, notas 9 y 10, pp. 302-303.

24. Síntesis de David W. Ellwood, "L'impatto del piano Marshall sull'Italia, l'impatto dell 'Italia sul piano Marshall", en Gian Piero Brunetta (dir.), *Identità italiana e identità europea nel cinema italiano dal 1945 al miracolo economico*, Turín, Fundación Agnelli, 1996, p. 111.

25. Annalisa Zampieri, "La dinamica del commercio estero e le strategia di globalizzazione", en Giulio Sapelli, *Tra identità culturale e sviluppo di reti - Storia delle Camere di Commercio italiane all'estero*, Unioncamere, Rubettino, Soveria Mannelli (Catanzaro), 2000, p. 183.

26. Discurso de Costa del 8 de noviembre de 1951 (ibídem, pp. 106-107).

27. Marcello De Cecco, "La politica economica durante la ricostruzione 1945-1951", en Stuart J. Wolf (dir.), *Italia 1943-1950. La ricostruzione*, Roma-Bari, Laterza, 1975, p. 318.

28. Lucio Avigliano, "Introduzione" en L. Avagliano (Dir.), *L'emigrazione italiana. Testi e documenti*, Nápoles, Ferraro, 1976, p. 23.

29. Yole Manzoni, *D'Italie et de France. Récits de migrants en Dauphiné 1920-1960*, Grenoble, Presses Universitaires de Grenoble, 2001, p. 195.

30. Ibídem, pp. 197-199.

31. *Bollettino quindicinale dell'emigrazione*, 10 de noviembre de 1949, citado en Avagliano, ob. cit., p. 364.

32. *Bollettino quindicinale dell'emigrazione*, 10 de diciembre de 1951, en ibídem, p. 348.

33. *Bollettino quindicinale dell'emigrazione*, 10 de noviembre de 1953, en ibídem, p. 384.

34. Testimonio del padre Alberto Paoli, reproducido por Passeri, ob. cit., pp. 12-13.

35. Manzoni, ob. cit., pp. 159-161.

36. Entrevista a Carla, en Chiara Vangelista, *Terra, etnie. Migrazioni. Tre donne nel Brasile contemporaneo*, Turín, Il Segnalibro, 1999, pp. 97 y 106.

37. Manzoni, ob. cit., p. 169.

38. Roberto Rocca, intervención en Actas de la Primera Conferencia de los italianos en el mundo, "La rete delle comunità d'affari italiane nel mondo: una risorsa strategica per il paese", Milán, Laboratorio, 13 de diciembre de 2000, p. 51.

39. Ministerio de Relaciones Exteriores, Dirección General de la Emigración, *L'emigrazione italiana (situazione, prospettive, problemi)*, Roma, 1949, p. 62.

40. Sobre las tratativas de la Fiat, véase la tesis de doctorado de Sandro Ricci (relator Marco Bellingeri), *I rapporti politici, diplomatici, commerciali tra Italia e Argentina nel secondo dopo guerra (1945-1955). Il caso Fiat*, Universidad de Turín, Facultad de Ciencias Estratégicas, año académico 2001/2002.

41. María Clotilde Giuliani Balestrino suministra una lista exhaustiva de las empresas ítalo-argentinas en *L'Argentina degli italiani*, Roma, Instituto de la Enciclopedia Italiana, 1989, II, pp. 126-158.

42. Fabio Luca Cavazza, *Italy and Latin America*, Memorandum, noviembre de 1967, Santa Mónica (California), Rand Corporation, pp. 15-16.

43. Renzo Ghiotto, *No puedo creer. Viaggio in Argentina*, Padua, Muzzio, 1997, p. 16.
44. Guido Piovene, *De America*, Milán, Garzanti, 1955, V ed., p. 76.
45. Angela de Castro Gomes, "A Pequena Italia de Niteroi: uma cidade. Muitas familias", en *Historias de imigrantes e de imigração no Rio de Janeiro*, Río, Letras, 2000, pp. 66-103.
46. Ghiotto, ob. cit., p.191.
47. Ernesto Sabato, *Sobre héroes y tumbas*, Barcelona, Seix Barral, 1981, p. 208.
48. Paola Cristalli, "Io, piccola ribelle, nell'Argentina che parla italiano - En 'Anni ribelli' Rosalia Polizzi ha evocado sus propios desencuentros con el padre. Pero, sobre todo, la sublevación del emigrante contra todo poder", *Il resto del Carlino*, 4 de junio de 1995.

II

TRES MILLONES DE ITALIANOS PERDIDOS

El gran error

En la Conferencia nacional de la emigración (del 24 de febrero al 1º de marzo de 1975) el ministro de Relaciones Exteriores, Rumor, admite que "hasta ahora se ha equivocado en casi todo: en la política de la emigración, en la política agraria, en la que respecta al sur, en el campo de la enseñanza y de la asistencia social, de la formación profesional, de la asistencia a los italianos en el exterior".[1] Pero lo peor de todo —se puede agregar— es que la programación ha ignorado completamente el violento y rápido decrecimiento de la natalidad. Las asignaciones familiares se han mantenido en el nivel más bajo de Europa,[2] confirmando la amenaza de lo que puede llegar a ser en el siglo veintiuno el suicidio demográfico del país.

Podemos consolarnos pensando en que compartimos este riesgo con un país europeo afín a nosotros en muchos aspectos: España. Con Franco, y después con la monarquía democrática, Madrid ha seguido un curso análogo al de la primera república italiana. Se ha apuntado en el ventenio de los sesenta y los setenta, con un decenio de retraso respecto de Italia, sobre la base de una política de emigración intensiva, apareada en el interior, a una estrategia de desarrollo acelerado. Se ha producido un *boom* análogo al italiano, pero también el milagro español, incluso planteando la premisas de la realización del

Welfare State, ha favorecido a los ocupados y ha descuidado a las familias (el nivel de las asignaciones familiares es por lo demás bajo como el italiano) de modo que, en concomitancia con Italia, España afronta hoy el doble problema de la disminución de la fecundidad y de la inmigración.

En realidad, persisten durante un largo tiempo como dogma una serie de ideas y frases hechas. En 1955, por ejemplo, Riccardo Bauer, un viejo antifascista, olvidado de la lección de Rosselli, explica a los lectores de una revista francesa de prestigio, *Esprit*, que el crecimiento de la población italiana, favorecida por el desarrollo social y económico del país, "ha acentuado el desequilibrio entre una población en plena expansión y las inversiones necesarias para la organización de una industria capaz de satisfacer las necesidades". En consecuencia, la emigración "representa todavía hoy un importante factor de equilibrio en la economía y en la vida social de la nación". Para Bauer, además, la duplicación de la población italiana entre la unidad y los años cincuenta es la causa de la pobreza permanente de Italia.[3]

Por el contrario, cuando en 1961 se saquen las cuentas de un siglo de unidad italiana se descubrirá que ciertamente la población se ha duplicado pero, en el mismo período, la renta per cápita se ha cuadruplicado.[4] Italia ya no es pobre sino que se está volviendo rica.

También la relación entre desocupación y emigración se replantea. Respecto de la emigración la desocupación se comporta como una variable independiente y tiende a aumentar en vez de disminuir: en el trienio 1950-1952 pasa de 1.860.000 individuos a 2.073.000.[5] Sustancialmente por factores complejos, la cifra de desocupación italiana permanecerá tendencialmente elevada hasta nuestros días.

El éxodo de más de siete millones de italianos en el período 1946-1972 no se revelará como esa cura milagrosa con la que contaba la clase dirigente, sino que subsiste como un fenómeno en sí mismo aun cuando oficialmente alentado y patrocinado. Curiosamente el mayor número de expatriados (387.123) se registrará en 1961, el año del centenario de la unidad italiana, el año de la *"dolce vita"* y de la *"notte brava"*, pero también del milagro italiano, de la consolidación, terminada la reconstrucción, del advenimiento de Italia hacia la sociedad del bienestar.

El éxodo se agotará rápidamente: en 1970 el número de re-

patriados se acerca al de los expatriados, en 1971 hay un nuevo crecimiento de las partidas, en 1973 expatriados y repatriados se equivalen. Desde 1974 en más los repatriados superan netamente a los expatriados. En 1975 los expatriados son 92.666, los repatriados 116.708.[6]
Precisamente en 1975 es convocada la Conferencia general de la emigración, pero el objeto de la reunión se va de las manos. Entre 1976 y 1981 los retornos superan constantemente a las partidas. Al principio de los años ochenta termina la historia de la emigración italiana, una historia que duró más de un siglo y medio: demasiado. Italia, sin darse cuenta, se encuentra en el campo contrario: el del país de acogida.

Conclusión privada de una cuestión privada

A fines de 1972 se enfrentan las conclusiones. La mayoría de nuestros emigrantes, casi quince millones, se ha dirigido hacia los países europeos, más de dos millones han cruzado los océanos. Dos tercios de los primeros se repatrian, pero sólo lo hace un cuarto de los segundos. En total se han expatriado definitivamente más de tres millones de italianos: son los que faltan hoy.

Por cierto, las remesas de nuestros emigrantes (una media anual de más de cien millones de dólares en los años cincuenta) junto con los ingresos del turismo han contribuido al equilibrio de nuestra balanza de pagos y a financiar el milagro italiano, pero la hemorragia demográfica ha sido grave. Entre otras cosas, un siglo de emigración, preferentemente de hombres, ha alterado en Italia la relación entre la población masculina y la femenina que en 1861 se inclinaba a favor de los primeros (103,6 hombres cada 100 mujeres), en 1881 se equilibra (100,5 hombres cada 100 mujeres), y que se subvierte completamente en 1971 (95,4 hombres cada 100 mujeres), incidiendo sobre el número de jefes de familia y, por ende, sobre la consistencia de las nuevas generaciones.[7]

Además, para un Estado como el italiano de la segunda posguerra, socialmente evolucionado, la emigración, como advierte el economista Valerio Selan, es un hecho negativo si se tiene en cuenta la relación entre el "costo de fabricación" del capital humano —es decir, los gastos aportados sea por la familia sea por la sociedad en su conjunto mediante formas de intervención como la escolarización y la asistencia sanitaria (un cálculo que en 1973, año del escrito, es para un operario veinteañero, de 12 millones de liras, correspondientes a cerca de 20.000 dólares de la época o a 20 millones, cerca de 32.000 dólares, incluyendo los intereses compuestos)— y la tasa de rendimiento del emigrante para el país de origen, es decir, las remesas. Adoptando un criterio similar el saldo es negativo. Selan prosigue así: "Entre 1961 y 1971 la emigración italiana neta al exterior ha sido de 2,8 millones de unidades. Suponiendo que todos los emigrados fueran del tipo 'operario veinteañero' se obtiene una exportación de 'capital social' del orden de los 56 billones, que pueden reducirse a aproximadamente 30 billones si no se calcula la tasa de interés compuesto para el período de fabricación de la máquina-hombre. Dado que en la expresión "remesas emigradas" de la balanza que evalúa los pagos de 1971 figura una cifra de cerca de 600 mil millones de liras, se obtiene... una tasa de rendimiento del 1,7 por ciento en el primer caso y del 2 por ciento en el segundo". [8]

No es para maravillarse si un poco tardíamente en el parlamento se proclama que "el patrimonio humano es un bien que es necesario defender y utilizar con ventaja cierta para el Estado, en cuanto factor indispensable para el desarrollo económico y social del país"[9] y que la Conferencia nacional de la emigración marque un *mea culpa* de la clase dirigente. El presidente del Consejo, Moro, promete que "la emigración no será considerada como un fenómeno marginal y fatal del desarrollo económico del país, ni como una válvula de escape para las regiones deprimidas, ni como fuente de valor apreciada para la balanza de pagos".[10]

El *mea culpa* es admitido a regañadientes por la oposición política y sindical; aunque admiten la escasa atención y la poca sensibilidad dedicada al problema la responsabilidad de esta actitud de omisión se atribuye al régimen pasado: "Después de la ruptura de la prisión fascista, la emigración ha sido percibida durante cierto período más como un derecho para huir de las condiciones de los países de partida que como una constricción y un destino infeliz".[11] En realidad, la emigración ha resultado cómoda incluso para los sindicatos que siempre han dado prioridad a los ocupados. El nuevo interés de este sector, en efecto, nace de una estrategia que, después de haber esquivado en su momento el tema de la partida, trata de organizar a los emigrados en el exterior en vista de la Conferencia sobre la emigración y de las medidas que derivarán de ella.[12]

No se puede decir que anteriormente haya habido una conciencia lúcida del uso dado por los gobiernos europeos huéspedes a nuestra mano de obra como un ejército de reserva, como una masa de mano de obra a administrar instrumentalmente según la coyuntura económica local. Ni se ha percibido la diferencia entre la estrategia de asimilación e integración de un destino tradicional como Francia y la estrategia pragmática de los nuevos destinos, Alemania y Suiza, los países que han sustituido a Francia como meta de nuestro flujo migratorio. La instrumentalización será facilitada por el ingreso en el circuito migratorio de países menos exigentes que el nuestro en la protección de los connacionales, como Turquía y Yugoslavia.

Serán nuestros propios conciudadanos lo que cerrarán esta fase de nuestra historia social, optando por una migración interna, no menos caótica que la dirigida hacia el exterior, pero menos negativa, más adecuada a los intereses nacionales en tanto que también en este caso depende de elecciones privadas.

En suma, en cada una de sus fases, desde el inicio hasta el fin, la emigración italiana es una cuestión privada: el resultado de determinaciones individuales y familiares, con un mínimo de incidencia de la Italia política. La política exterior de la Italia real se impone a la política exterior de la Italia oficial. Todavía más sorprendente es el vacío cultural que, especialmente en la etapa que sigue a la Segunda Guerra Mundial, rodea a una fuga en masa de la península. Sólo en 1973, un magistral artículo de Renzo De Felice indicará a una historiografía que apenas ha desarrollado el tema el modo de encararlo.[13]

Una transición ausente

La Conferencia nacional de la emigración se mueve en el terreno ambiguo de una transición cuyos términos no se comprenden. No logra imaginarse siquiera la transformación de

Italia de país de emigración en país de inmigración. No se enfrenta el problema de los retornados, que en el quinquenio precedente (1970-1974) han superado la cifra de más de seiscientos mil individuos, cifra que se duplicará superando el millón doscientos mil en el período que va de 1975 a 1980.[14] La gran mayoría de los repatriados proviene de países europeos, en particular de Alemania y de Suiza. El ejército de reserva italiano se retira dejando el lugar a otras corrientes migratorias menos calificadas pero más baratas.

Este reflujo no provocará una crisis en el sistema italiano que se mostrará capaz de volver a absorber a los repatriados. Incluso podría haber sido más numeroso, como deseaban los interesados (el 67 por ciento de los emigrados a Suiza, el 78,5 por ciento de los emigrados a Alemania, según una encuesta de 1973), si, como ya había ocurrido, no hubiese persistido en la clase dirigente italiana una visión pesimista de la vida italiana por la cual se pensaba que el emigrante está siempre mejor afuera que en Italia. Es la misma visión que retrasará la toma de conciencia del fin de la "pobreza" italiana.

En la preocupación con respecto a los retornados cuenta también el espanto de la desocupación doméstica, que se mantiene tenazmente en el umbral de los dos millones de individuos. En efecto, así como no se ha comprendido la falta de una precisa conexión entre desocupación y emigración, tampoco se comprenderá que la desocupación interna no impedirá un aluvión inmigratorio incontrolable.

En verdad, la causa es siempre la misma: los niveles salariales. En un período crucial, 1979-1981, como observa en aquella época un sociólogo, Ferruccio Gambino, un plan trienal, el "plan Pandolfi", excluye a las retribuciones de cualquier beneficio por aumento de la productividad, haciendo así poco apetecible para las jóvenes levas nacionales los trabajos más gravosos.[15]

Se verifica una paradoja histórica: para mantener en la inmediata posguerra los salarios altos de la masa ocupada, se ha desalentado la emigración; veinte años después, para mantener los salarios bajos, se ha alentado de hecho la inmigración desde países del Tercer Mundo, cuya masiva presencia en el sector terciario de la industria ya se constata a partir de 1978.[16] Cinco años después, en 1983, el número de extranjeros oscila entre 523.000 y 725.000 individuos.[17] La lección de Luzzatto Fegiz, las objeciones que Cesare Cosciani plantea a la normativa previsional italiana continuarán presentándose como prédicas inútiles hasta la europeización obligatoria impuesta por el tratado de Maastricht y hasta el nuevo siglo.

Cómo se ubicaron laboralmente

Con el repudio de la emigración a toda costa, y con la disminución progresiva del fenómeno, se puede ya distinguir, como he tenido ocasión de proponer desde 1973, entre la gestión de nuestras colectividades "establecidas" y una política de emigración en sentido estricto ya en vía de extinción.[18]

Sobre todo aparece una clara dicción en la tipología de los países huéspedes según el grado de "estabilización" (*"stabilizzazione"*) que ellos ofrecen o no ofrecen a nuestras colectividades.

El máximo grado de estabilización es ofrecido por aquellos países que han aceptado, a lo largo de toda la historia de la emigración italiana, la integración de un elemento étnico heterogéneo.

En primer lugar, la premisa de la integración puede ser de índole político-cultural, o sea, supone la conciencia de la propia capacidad de asimilar sobre la base de una acumulación cultural e institucional orgánica aportes demográficos heterogéneos (Francia y, en cierta medida, Bélgica).

En segundo lugar, puede ser de índole político-económica y fundarse ya sea sobre un alto grado de legitimación del propio orden político y sobre su idoneidad para ofrecer una participación activa y sin traumas a los elementos externos, ya sea sobre la idea fuerza de un desarrollo económico dinámico sólido, que torne necesarias, para el aprovechamiento de los recursos potenciales, la convocatoria y la participación de elementos externos (los Estados Unidos y, en general, los países anglosajones).

En tercer lugar, en fin, puede corresponder a las características de algunos países de sociedades abiertas o en vía de formación (la Argentina, Brasil, Venezuela y los otros países latinoamericanos).

Pertenecen a la tercera categoría los países que no han absorbido una inmigración de Italia no exclusivamente proletaria y de todos modos han permitido a los elementos más activos de la masa obrera y campesina inmigrada escalar rápidamente en la pirámide social insertándose en los estratos intermedios y superiores.

La diferencia entre los países de la tercera categoría son curiosas. Si nos referimos a tres países descubiertos por nuestra emigración en la segunda posguerra (Venezuela, Australia, Canadá), con una colectividad italiana inferior a las 300.000 personas, la composición profesional es, de hecho, la siguiente:

	Venezuela	Australia	Canadá
Obreros no calificados	7.813	50.027	11.300
Obreros especializados	30.369	67.157	41.000
Empleados	9.730	21.772	6.900
Funcionarios	2.736	3.645	200
Dirigentes	2.702	620	300
Profesionales liberales	570	2.433	
Otras actividades (comerciantes, artesanos, empresarios, agricultores, trabajadores autónomos)	40.100	30.140	29.500
En condiciones no profesionales (niños, escolares, estudiantes, amas de casas, pensionados, desocupados, etc.)	102.160	100.417	85.700
Total	196.180	276.211	174.900

En estos datos sobresale la prevalencia en Venezuela del sector medio respecto del sector obrero. Resultados análogos presenta un cuadro comparativo entre tres países de antigua emigración, por una parte la Argentina y Brasil, por la otra Francia:

	Argentina	Brasil	Francia
Obreros no calificados	115.509	27.440	52.814
Obreros especializados	94.295	58.123	101.583
Empleados	30.245	25.000	10.861
Funcionarios	16.001	11.300	893
Dirigentes	4.654	2.786	493
Profesionales liberales	7.979	12.786	255
Otras actividades	92.399	67.123	89.492
En condiciones no profesionales	709.205	*168.560	373.743
Total	1.070.287	373.118	630.134

*Comprende 143.555 pensionados

Es útil completar el cuadro con los datos relativos a otros tres países:

	Estados Unidos	Alemania (RF)	Gran Bretaña
Obreros no calificados	30.000	233.136	21.400
Obreros especializados	210.000	91.748	23.900
Empleados	5.000	14.099	3.750
Funcionarios	5.000	501	255
Dirigentes	15.000	196	380
Profesionales liberales	15.000	512	149
Otras actividades	40.000	30.637	77.166
En condiciones no profesionales	30.000		93.000
Total	350.000	370.829	220.000

Los datos sobre la emigración en Suiza no siguen la misma distribución, distinguiéndose entre trabajadores domiciliados en el país y titulares de contratos anuales, los "fronterizos" o sea, aquellos que, aun residiendo en Italia, se dirigen al trabajo al otro lado de la frontera. De cualquier modo, sobre un total de 270.666 trabajadores, más de la mitad está ocupada en la industria metalmecánica, en la de la construcción y en el sector terciario (comercio y servicios). El 70 por ciento de los trabajadores pertenecientes a una cuarta categoría, los estacionales (cerca de 30.000) es absorbido por la construcción y el resto por la industria hotelera.

Es interesante confrontar las estadísticas relativa a Bélgica y a Luxemburgo, países sede de instituciones comunitarias europeas y, por ende, de una burocracia parcialmente italiana, con las de un país latinoamericano, Uruguay:

	Bélgica	Luxemburgo	Uruguay
Obreros no calificados	31.652	6.100	6.000
Obreros especializados	28.621	1.600	1.000
Empleados	12.529	1.170	5.000
Funcionarios	933	200	2.300
Dirigentes	232	35	100
Profesionales liberales	460	37	50
Otras actividades	11.312	1.088	3.130
En condiciones no profesionales	214.039	11.930	12.420
Total	299.778	22.160	30.000

Estos datos, que se refieren a 1981,[19] y que incluyen por lo tanto, además de los residuos de las ondas emigratorias precedentes, preferentemente la generación de los años cincuenta y los descendientes de esa generación que ya están en edad laboral, indican claramente que los componentes étnicos italianos en los países latinoamericanos aparecen en esa época mejor estructurados en todos los niveles sociales. La colectividad ítalo-venezolana, que se ha formado en su gran mayoría gracias a la última leva migratoria, presenta una fisonomía social óptima con una representación mayoritaria de los sectores medios y del sector obrero más evolucionado.

En lo que atañe a los Estados Unidos y a Francia el elevado número de obreros especializados preanuncia ese movimiento de tendencia hacia la clase media que tendrá lugar sucesivamente. En este sentido, Canadá u Australia no ofrecen amplias perspectivas. En Alemania, la colectividad italiana se configura como fundamentalmente proletaria y no estabilizada, con escasas posibilidades de acceder a los niveles superiores para la joven generación. En el cuadro de la emigración posterior a la Segunda Guerra Mundial Alemania se presenta como lo contrario de Venezuela, con una emigración proletaria y subalterna que tiende a reproducirse con las mismas características de las generaciones sucesivas.

La posición relativa de las colectividades italianas respecto de las colectividades provenientes de otras partes con las que deben convivir es más comprensible si se examina la situación país por país. En la Argentina la colectividad italiana es la más numerosa, superando a la española (600.000 individuos). No obstante se delinea una creciente inmigración de los países vecinos (550.000 uruguayos, 450.000 chilenos); en Venezuela, los italianos figuran en el cuarto puesto después de los colombianos (1.600.000), portugueses (450.000) y españoles (350.000); en Brasil la colectividad italiana figura después de la portuguesa pero es superada por la inmigración interna; en Francia está en tercer lugar después de la portuguesa (857.324) y de la argelina (808.176); en los Estados Unidos los italianos son superados por los ingleses, los canadienses y los cubanos pero sobre todo por los mexicanos (más de un millón).

En todos estos países y también en Suiza, donde los italianos están en primer lugar, aunque serán escoltados por otras corrientes migratorias, nuestras colectividades no se verán afectadas por una competencia imprevista: al contrario, serán empujadas hacia arriba en las jerarquías laborales por los recién llegados que los reemplazarán en los roles más subalternos. No sucederá el mismo fenómeno en Alemania, aun cuando los italianos (668.938) serán superados por los turcos (1.546.280) y alcanzados por los yugoslavos (637.307), seguidos por constantes contingentes de griegos, españoles, portugueses.[20]

El destino diverso, que cae sobre los migrantes a causa de la indiferencia en la materia por parte de la clase dirigente italiana, tendrá repercusiones también sobre la política interna de aquellos países, como los latinoamericanos, en los cuales el elemento italiano adquirirá un peso económico considerable, no reflejado por una análoga influencia política. Las crisis, a menudo dramáticas, que tales países vivirán y que afectarán también al componente italiano, serán, al menos parcialmente, una consecuencia de esta indiferencia. A pesar de la lección de casi un siglo de vicisitudes de todo tipo, la última emigración fue un gasto a pérdida.

No se ha ido solamente el Sur

El censo de nuestras colectividades en 1981, el año que considero el más significativo en el establecimiento de la relación entre la Italia de los de afuera y la Italia de adentro, muestra una cierta prevalencia del elemento meridional. En Brasil, país que había registrado en el pasado un flujo mayor de la Italia del Norte, los oriundos del Mediodía son casi el doble de los oriundos septentrionales, pero tanto en Brasil como en la Argentina, Calabria y la Campania logran superar al Piamonte y a la Lombardía, pero sobrepasando, poco y sólo sumados, al Triveneto. El Mediodía prevalece netamente en Venezuela y Australia, donde también el Véneto y el Friuli-Venecia Julia tienen una buena posición. En Canadá la relación entre Norte (cerca de 35.000 individuos) y Sur (122.400) muestra un disbalance a favor del segundo. En Francia la Italia del Norte está fuertemente representada y los sicilianos (101.125) sobrepasan a los trivénetos (97.669) pero en un número escaso.

La masiva presencia de la gente del Mediodía no sorprende; sorprende más bien el reforzamiento de colectividades provenientes de regiones como el Piamonte y la Lombardía que ya han llegado al pleno empleo; sorprende —quizá con prudencia, pero hasta un cierto punto— la emigración de las Tres Venecias que, precisamente en el decenio de los ochenta, emprenderán su fulgurante camino hacia una industrialización intensiva.

La incidencia sobre la población de algunas regiones es alarmante: se va el 31,46 por ciento de los habitantes de Calabria, el 23,5 por ciento de los de Basilicata, el 22,59 por ciento de los del Friuli-Venecia Julia, el 20,83 por ciento de los de los Abruzos y de Molise, el 16,82 de los de Sicilia, el 16,14 de los de Cerdeña, el 13,29 de los del Trentino-Alto Adige, el 8,77 por ciento del Véneto, el 8,53 por ciento de los habitantes de la Apulia.

Esta hemorragia, del mismo modo que no resolvió el problema de la desocupación, no resolverá el otro problema italiano, el de la cuestión meridional. La expatriación de la población más joven y activa modificará la relación con la población pasiva, desclasará al sistema productivo que se replegará en una economía de subsistencia, esfumará los efectos de la reforma agraria aumentando la superficie de las tierras cultivables sin cultivar. En cuanto a las remesas, ayudarán a sobrevivir a quien se queda pero no se traducirán en inversiones productivas.[21]

A largo plazo, las repercusiones serán gravísimas: el déficit demográfico de la Italia del año 2000 tiene sus orígenes en el éxodo inútil de la segunda posguerra.

Notas

1. Véase Girolamo Fiori, "I problemi dell'altra Italia", en *Mondo economico*, a. XXX, 9, 8 de marzo de 1975 (Degl'Innocenti reproduce el texto completo del artículo en *L'emigrazione nella storia d'Italia del 1914 al 1975*, ob. cit., pp. 442-448)

2. Teresa Jurado Guerrero y Manuela Naldini, "Is the South so Different?: Italian and Spanish Families in Comparative Perspective", en *South European Society & Politics*, vol I, 3, invierno de 1996. Véase también B.J. Bradshaw y J. Dirch, *Support for Children. A Comparison of Arrangements in Fifteen Countries*, Londres, Research Report 21, HMSO, 1993.

3. Riccardo Bauer, "Emigration italienne", en *Esprit*, a. XXIII, septiembre-octubre de 1955.

4. *Cento anni di vita nazionale attraverso le statistiche delle regioni* (a cargo de Svimez), Roma, 1961, pp. XXXII-XXIII.

5. *L'Italie d'aujourd'hui*, Centro de documentación de la presidencia del Consejo, Roma, 1955, p. 111.

6. *Aspetti e problemi dell'emigrazione italiana all'estero nel 1981*, Ministerio de Relaciones Exteriores, Dirección General

de la Emigración y de Asuntos Sociales, Roma, 1982, pp. 97-99.

7. Paolo Cinanni, "La scelta del governo italiano nel secondo dopoguerra", en *Il ponte*, 30 de noviembre-diciembre de 1974, p. 1344.

8. Valerio Selan, "Aspetti economici globali del fenomeno migratorio", en *Affari sociali internazionali*, I, enero de 1973.

9. "Problemi dell'emigrazione. Indagine conoscitiva della III Commissione permanente (Affari Esteri)", en Degl'Innocenti, ob. cit., p. 430.

10. Citado en ibídem, pp. 447-448.

11. Enzo Enriques Agnoletti, "Un secolo di storia, Veintisei milioni", en *Il ponte*, cit., p. 1223.

12. Enrico Vercellino, "Il nodo sindacale dell'emigrazione: problema unitario di tutto il movimento operaio e democratico", pp. 1634 y sig.

13. Renzo De Felice, "Alcuni temi per la storia dell'emigrazione italiana", en *Affari sociali internazionali*, 3 de septiembre de 1973.

14. *Aspetti e problemi dell'emigrazione italiana all'estero nel 1981*, cit., pp. 97 y sig.

15. Ferruccio Gambino, "Alcuni aspetti della erosione della contrattazione collettiva in Italia", en G. Guizzardi y S. Sterpi (dir), *La società italiana - Crisi di un sistema*, Milán, Franco Angeli, 1981, p. 138.

16. Ibídem, pp. 140-141.

17. Enzo Lombardi, *Gli italiani in cifre. Quanti eravamo, quanti siamo, quanti saremo*, Scandicci (Florencia), La Nuova Italia, 1989, p. 186.

18. Ludovico Garruccio, seudonimo del autor, "Problemi e dilemmi della politica dell'emigrazione", en *Biblioteca della libertà*, 47, novembre -diciembre de 1973.

19. *Aspetti e problemi dell'emigrazione italiana all'estero nel 1981*, cit., pp. 195 y sig.

20. Ibídem, pp. 247 y sig.

21. Véase Cinanni, ob. cit., pp. 1354- 1355.

III

LAS CAPITALES EXTERNAS

París es siempre París

París, para los intelectuales italianos, es un tribunal y sus sentencias decretan el éxito de una novela y de un filme italiano. Para los políticos es un falso modelo porque Francia no es París, pero la provincia y los modos de París tienen menos inconvenientes en transformarse en moda en Milán y Roma, en una de las cientos de ciudades italianas, que en Marsella o en Ruán. En París el italiano no habita: vive. Y esto vale tanto para quien reside allí en forma permanente cuanto para quien va a ella intermitentemente.

Pierre Milza ha informado recientemente los datos provistos en los primeros años de la década del cincuenta sobre los inmigrantes italianos residentes en la región parisina. Resulta que son más numerosos en la periferia que en el centro del conglomerado urbano. Sono los *ritals* de la época de entreguerras descritos por Cavanna en su novela de memorias. Tan asimilados en la segunda mitad del siglo XX que un escritor caucásico, en un ensayo dedicado en 1968 a la Francia extranjera, reserva un capítulo a los argelinos, a los africanos, a los españoles, a los portugueses, a los rusos, a los yugoslavos, pero excluye a los italianos, por cuanto constituían el grupo más denso de inmigrados, porque "de todo los extranjeros son los más fáciles de absorber".

"Los liga un parentesco tan estrecho a los franceses que, aunque fuertemente concentrados, casi no han suscitado xenofobia o simple antipatía. Ciertas dificultades derivadas de su presencia en el sudoeste antes de la guerra han queda minimizadas. En su gran mayoría buenos trabajadores, dúctiles y capaces de arreglárselas, representan el modelo del emigrante y su asimilación es, por así decir, un juego de niños".[1]

Esto vale con mayor razón para los italianos residentes en el área parisina. Ya ni bien finalizada la Segunda Guerra Mundial, según sondeos del año 1947 y de 1949, los italianos están, en la escala de las simpatías de los parisinos, después de los ciudadanos de dos países aliados de Francia, Holanda y Bélgica, o neutrales, como Suiza, pero preceden a todos los otros y son sólo superados por los belgas en cuanto a la capacidad de adaptación. Cuando después, en 1951, se pasa a una clasificación por utilidad los italianos se ubican a la cabeza de todos.[2]

La facilidad de adaptación del italiano y en particular del italiano más cercano a los franceses, el piamontés, evocará aquello que otro escritor francés de origen italiano, Vegliante, llamará el fantasma del italiano, "francés imperfecto pero perfectible".[3]

La asimilación de la periferia italiana es compensada a fines de los años sesenta por un retorno de la elite en un sector, el de la construcción y el de las obras públicas, maestros mayores de obras y pequeños empresarios. Se trata de la competencia por la construcción de una ciudad satélite, *Versailles Grand Siècle*, que gana una compañía italiana, Condotte.

Es la Italia moderna que reemplaza a la Italia proletaria. Los arquitectos franceses nunca habían visto un florecimiento similar de grúas por hectárea. "Fue la primera sorpresa", observa un periodista francés. "Ciertamente será necesario amortizar este material, pero el constructor es llevado a la ofensiva, apunta al futuro, pertenece esa generación de industriales italianos que hacen temblar a la vieja Europa". El empresario italiano toma un taller y lo administra a su manera, *à la hussarde*, a la húsar, o sea, cargando con ímpetu y coraje. En esta línea dinámica arquitectos franceses e ingenieros italianos coincidirán.[4]

La ofensiva continuará hasta hoy y, si hace medio siglo se

señalaba el pasaje en la *banlieue* de la cocina italiana a la cocina francesa como un aspecto del proceso de asimilación,[5] hoy sucede el fenómeno inverso: *Le Monde* celebra una cocina italiana que ocupa el centro histórico de París, de los hoteles del primer *arrondissement* a los *faubourgs*, reencontrándose en el refinamiento a aquel gusto de las "reinas italianas" transmitido luego a la cocina nacional.[6] Y en la moda París acepta la cohabitación con Milán; y, si se le niega a Armani el uso de una plaza para un desfile, en la prensa se celebra su espíritu de conquista.[7]

Nueva York, "Italian-American"

Primeros años cincuenta: de viaje por América, Guido Piovene considera a Nueva York apta para dos especies de italianos, los milaneses y los napolitanos. Los primeros controlan el mercado de la piel de visón.[8] Los segundos se meten donde quieren, a diferencia de los otros meridionales que conservan un fondo de austeridad y moralidad a ultranza, y por ello entran con desventaja; el napolitano de raza se mantiene en cambio ligero, inquieto. Piovene menciona a un gentilhombre napolitano que, gracias a su elegancia y a un mayordomo inglés, "posee a la sociedad de Nueva York como si poseyese un caballo".[9] Pero no existe todavía una simbiosis entre los italianos en conjunto y la ciudad.

8 de octubre de 2001, menos de un mes después del ataque terrorista a las Dos Torres. Con cuatro días de anticipación se festeja el *Columbus Day*. Desfilan bandas militares, grupos flocóricos de la colectividad italiana y de otras colectividades étnicas. Italianos en trajes regionales o en los trajes dominicales de nuestras viejas provincias, policías, bomberos, guardias nacionales; uniformes históricos, garibaldinos, *bersaglieri*, voluntarios del Trigesimonoveno regimiento de infantería de Nueva York en la Guerra de secesión. Y por todas partes, entre la multitud que aplaude desde las veredas y en los cortejos, banderas americanas y banderas italianas: hasta en un camión donde se agolpa una representación de los árabe-americanos ondea una bandera tricolor.

Encontramos en Nueva York la italianidad de los días festivos en la plenitud de su potencia para el encuentro anual de octubre. Hay la italianidad de los días feriados, ya no más relegada a los barrios populares, sino desbordante de lujo y de elegancia en los negocios del centro, en la presencia de los estilistas italianos que multiplican en grande en la Madison Avenue y en la Fifth Avenue las vidrieras de la via Condotti y de la Via della Spiga.

Pero también está la italianidad en la tragedia, alguna vez tan sin manchas y sin miedo, y existe el personaje que la encarna. Un personaje de una familia ítalo-americana que parece reflejar el cliché en claroscuro o mejor en pasta y sangre de la familia ítalo-americana, así como se reproduce en una telenovela, que todavía tiene éxito en los Estados Unidos: parientes policías y bomberos pero también un padre condenado al fracaso.

El 10 de septiembre Rudolph Giuliani está en el final de su mandato de alcalde. No deja quejas. Ha impuesto la ley y el orden, pero algún policía ha caído en el "gatillo fácil"; su divorcio ha dejado una estela de chismes públicos; la lucha contra el cáncer lo ha constreñido a renunciar a un futuro político. Para el periodismo es un "pato rengo", *a lame duck*. Ya la gente se está olvidando de él.

El 11 de septiembre, mientras el presidente está obligado a esconderse por razones de seguridad y, como escribe una periodista, Nancy Gibbs, la mayor parte de los americanos no tenía ni idea de lo que estaba ocurriendo y de su significado, "le tocó a Giuliani resistir a la desesperación el tiempo necesario para permitirnos al resto de nosotros recuperar el equilibrio, ponernos la armadura y seguirlo para combatir a su lado".[10] El mérito de Giuliani es el haberle revelado a una generación americana, jamás antes puesta a prueba, ser mejor de lo que pensaba de sí misma, gracias a su reacción ante el ataque.

Giuliani se transforma de golpe en la "voz de América", "el hombre que con calma y decisión moviliza a una nación herida". La revista *Time* lo proclamará "personaje del año": "Por haber tenido más fe en nosotros que la que nosotros mismos nos teníamos, por haber tenido ese coraje cuando se necesitó, por haber sido duro cuando era necesario, sensible sin ser patético, por no haber dormido, no haber aflojado y no haber huido del dolor que lo rodeaba".

La revista americana lo representa, en un fotomontaje, de pie, con el rostro serio, más alto que lo rascacielos iluminados en un escorzo de la ciudad nocturna: es el Mayor del Mundo, el alcalde del mundo, ciertamente es el alcalde de Occidente, y el presidente francés Chirac le rendirá un homenaje definiéndolo como Rudy the Rock, Rudy la Roca. En una ceremonia conmemorativa en Wall Street, Giuliani es ubicado al lado del presidente de la Bolsa, Richard Grasso, y del comandante de los bomberos, sucesor de Peter Ganci, muerto con su cuadrilla entre las ruinas, los dos de origen italiano; también la solista mayor de los *marines*, que cantará el himno nacional, es una *Italian American*. En el cortejo del 8 de octubre Giuliani es seguido como una sombra por la senadora Hillary Clinton, mujer del ex presidente. Después del 11 de septiembre, gracias a Giuliani, no han sido solamente los americanos en general los que se descubren a sí mismos; también los ítalo-americanos y los italianos de Italia descubren que la era de la italofobia ha terminado, que ha llegado a su fin la era en la cual el gobernador de Nueva York, Mario Cuomo, no entra en la carrera por la presidencia debido al miedo a ser linchado por las calumnias. También la historia secreta ha terminado: la nueva historia ítalo-americana será abierta.

La ciudad quimérica

"Babilonia" la llama Ernesto Sabato, escritor ítalo-argentino y, como Borges, frustrado premio Nobel de literatura. Pero también "la ciudad italiana más grande del mundo... Más pizzerías que en Nápoles y Roma reunidas".[11] Ciudad "quimérica", la define Guido Piovene, lugar de exilio y de fantasías feroces,[12] pero, volviendo de otra capital sudamericana, no ve la hora de estar en Buenos Aires, ciudad "sin imperios destruidos, sin folklore violento, ni color local denso, sino, en su lugar, fantasías libres, no prefiguradas por la naturaleza de la gente y de los lugares, espacio, aire, ligereza".[13]

En Buenos Aires los visitantes italianos se sienten confundidos y un poco desilusionados. Ven sus apellidos, incluso los más raros, en los carteles de los negocios y en la guía telefónica. Pero pocos conocen el italiano. "Los italianos están y no están, representan una presencia invasiva y, sin embargo, humillada". "Se tiene la impresión de se trata de una gran población sumergida que mira de soslayo y no habla", escribe Lorenzo Mondo.[14]

La italianidad es en apariencia inasible, aun cuando históricamente, como se reivindica,[15] la italianidad ha nacido en la Argentina: incluso antes de la unidad nacional: los emigrantes, provenientes de los antiguos estados peninsulares, se reconocieron como italianos precisamente en la capital argentina en instituciones y milicias comunes.

Se comienza por todos lados a sospechar un fondo común cuando se habla de ciertas características del argentino y sobre todo del argentino de Buenos Aires, su temor a pasar por *zonzo*.[16] Un escritor agudo y jovial, Marcos Aguinis, no le atribuye esta característica a la herencia italiana, pero no es difícil para un italiano reconocerle una matriz nuestra.

Típicamente italiano además sería cierto sentimentalismo, la nostalgia del país abandonado, que se revela en la aplicación del viejo adagio *"moglie e buoi dei paesi tuoi"* ["mujer y bueyes de tu pueblo"], vivísima en la primera generación y sólo atenuada en la generación siguiente. Aguinis agrega a la modalidad ítalo-argentina ciertos platos, "pasta y pizza", a los cuales podrían añadirse, en mi experiencia, platos ligures, como la fainá y la torta pascualina. Más severo en el campo psicológico, Aguinis enumera como rasgos de origen italiano "el espíritu, la extroversión, la audacia, la insolencia, cierta sensibilidad superficial (tendencia a reaccionar dramáticamente o histéricamente ante ciertas situaciones)".

Más benévolo con los españoles, de temperamento quijotesco y vinculados a actitudes nobles y rígidas. como el respeto por la palabra dada, Aguinis ve predominar en Buenos Aires la "línea italiana" y en el interior del país "la línea española".[17]

En el plano lingüístico, aparte de los italianismos, o mejor de los genovesismos, los piamontesismos, los napolitanismos, que pueblan el lunfardo, se nota muy frecuentemente el uso del término español más cercano al italiano (por ejemplo, se usa más la palabra *negocio*, del italiano *negozio*, que la palabra *tienda* o *almacén*) y el uso a la italiana de ciertas expresiones (*buen día*, en singular, en vez de *buenos días*).

Y, además, está el tango, producto de Buenos Aires, producto metropolitano, música de origen español y cubano, "realizada por italianos e hijos de italianos".[18] Para el ítalo-argentino Attilio Dabini el tango es el reverso de la canción del inmigrante: "Esta última no puede ya expresar el recuerdo de aquello que se ha perdido, mientras que, de un modo u otro, el tango expresa su presente y el de sus hijos".[19] En este sentido, el tango ha sido una afirmación de la inmigración, un acto de presencia que se contrapone a una clase tradicionalista hostil. Recuerda Sebreli que "el desprecio por el inmigrante italiano no era, en fin, otro que el desprecio por el trabajo, por la actividad útil y productiva como condición de las clases inferiores; una persona distinguida no podía ni siquiera llevar un paquete".[20] Pero las mismas personas distinguidas tenían como lugar de referencia mundano el Teatro Colón, la ópera italiana, donde, como testimoniará Paul Morand, se armarán y desharán matrimonios mientras [Tito] Schipa se lanzaba al do de pecho".[21]

Frente a la moda "ítalo-yanqui", Victoria Ocampo, la musa de la oligarquía, seguirá usando un simple dos piezas con una chaqueta a la espalda a la *sans façon,* como si se hubiese vestido de apuro, sin cuidado.[22]

Más tarde, también la vieja clase se rendirá cuando los capitanes de la industria italianos invadan su barrio, el Barrio Norte. Aparentemente engañosa, la italianidad en Buenos Aires aparece sorpresivamente.

Londres, capital refugio

Londres no ha sido nunca una capital de emigrantes: las heladerías y restaurantes del Soho ofrecían un ámbito recreativo sin influir en las reglas de la vida ciudadana. No ha sido nunca una capital de exiliados, o lo ha sido en función supletoria respecto de París: Mazzini vivió en Londres porque no podía vivir en París. Quien allí ha ido no ha vuelto, como Foscolo, como Grabriele Rossetti, como el fundador del *British Museum,* Panizzi. Una razón es quizás la citada por Anthony Sampson: "Los ingleses, no obstante su urbanización, no se han puesto todavía de acuerdo con la vida de ciudad como lo han hecho los franceses y los italianos. Tienen más casas y jardines y aún reniegan contra sus departamentos".[23] El puente Londres-Italia no ha tenido un recorrido en ambos sentidos como lo tuvo el puente París-Italia.

En los años cincuenta las ideas de moda llegaban a Italia desde el existencialismo de las cantinas de Saint-Germain, de Sartre, de Simone de Beauvoir, de Camus, de los versos de Prévert, de las canciones de Brassens, de la voz de Juliette Gréco y no desde los *angry young men*, desde los jóvenes iracundos de la primera generación intelectual posimperial británica, ni la moda retro de los *teddy boys* con sus mantos eduardianos fructificó en una Italia que comenzaba a andar en *scooter*.

Por cierto, diez años después, Londres deviene la capital de los jóvenes que van a aprender la nueva lengua franca, la lengua global, en coincidencia con los Beatles y con el lanzamiento de la minifalda en Carnaby Street; pero Carnaby Street es una pequeña calle y una experiencia frenética ya que, aunque en apariencia masivamente compartida, quedará como un recuerdo individual.

En los años setenta, algo cambia. Durante los años de plomo italianos Londres se transforma en el refugio de quien, en Italia, teme ser asesinado por los terroristas o secuestrado por las bandas armadas. Familias industriales completas se trasladan a Belgravia o a Mayfair. En un momento en el cual, por diversas razones, se delinea una emigración seleccionada —al punto de hacer pensar a un maestro del periodismo italiano, Luigi Barzini, en una sangría similar a la sufrida por los beligerantes en la carnicería de la Primera Guerra Mundial, en un factor que puede determinar la decadencia del país—,[24] Londres se revelará como una meta que no implica una ruptura definitiva con Italia: los jefes de familia irán y vendrán entre Londres, Milán y Turín, sus hijos alimentarán la colonia ya rica de los jóvenes banqueros italianos que se adiestran en la City reanimada al fin del decenio por la restitución en Londres, con el gobierno de la Dama de Hierro, la señora Thatcher, del papel del capital financiero internacional.

Esa aproximación entre Italia e Inglaterra, interrumpida en el Renacimiento por el antagonismo entre Reforma y Contrarreforma, parece otra vez posible. El catolicismo sustituye entre los intelectuales británicos a una utopía socialista que definitivamente entra en su ocaso con el relanzamiento de un nuevo conservadurismo. El mito del *Welfare State* se quiebra en las espirales del corporativismo sovietizante, denunciado por Anthony Burgess en una novela shock.[25] El eurocomunismo italiano es visto con simpatía, pero no se muestra creíble, y es en Londres donde alcanzan la novedad con el neoliberalismo duro de la Thatcher, mientras que en la parte final de la guerra fría Italia sale con honor.

La nueva Inglaterra les gusta a los italianos como a los ingleses les gusta una Italia que le pisa los talones y que hasta la supera. El príncipe heredero es un italianizante, la señora Thatcher se muestra agradecida por un descuento que le obtenemos sobre sus aportes en Bruselas, el Foreign Office queda estupefacto por la lealtad que induce a Italia a aceptar en Comiso los misiles aliados que enfrentarán a los de los soviéticos. La embajada de Italia en Londres con Roberto Ducci, el diplomático más brillante de su generación, y después con Andrea Cagiati, se transforma en cuartel general de una Italia empresarial y financiera que instala en Londres su plataforma de lanzamiento internacional y que encuentra en el periodista Paolo Filo della Torre su atento cronista.

En Italia se piensa cada vez más no tanto en el modelo político parisino y sus cohabitaciones, sino en la "ideología inglesa". Ni siquiera el ocaso de la señora Thatcher empaña un modelo que será llevado adelante, más que por su inmediato sucesor, por la oposición triunfante de Tony Blair, que no retomará la vía ya cerrada del reformismo permanente.

La Londres del nuevo siglo hereda en sus relaciones con Italia puntos fijos precisos. El menos significativo es el de una lengua franca reducida a una terminología chata y mecánica de pronto consumo. El de mayor continuidad tiene que ver con los bienes de la alta burguesía italiana, que a la caja de seguridad en Suiza le ha añadido un departamento en Londres. El más útil es la sugerencia de una ideología liberal-pragmática. El más fascinante es la invasión de una elegancia italiana, que ha logrado rescatar incluso el éxito demasiado popular de nuestra cocina. El encuentro ausente en el Renacimiento podría estar próximo.

La capital de los oriundos

En un tiempo, San Pablo seguía a Italia; hoy le toca a Italia seguir a San Pablo.

En la primera posguerra, la Semana del Arte Moderno inventa el modernismo brasileño. La influencia del futurismo italiano, aunque negada, es clara. Las estructuras universitarias de la física a la medicina y hasta las letras, donde enseña Ungaretti, están capitaneadas por científicos y profesores italianos en competencia con los franceses, que envían a Lévy-Strauss.

En la segunda posguerra la preponderancia intelectual italiana es aún más precisa. Una nueva forma de hacer teatro nace en San Pablo con el Teatro Brasileño de Comedia gracias a Adolfo Celi, Luciano Salce, Gianni Ratto, Franco Zampari, Mauro Rasi. El hijo de un maestro de música italiano, Gianfrancesco Guarnieri, funda un teatro revolucionario, el Teatro da Areia. Un crítico de arte italiano, Pietro Maria Bardi, crea el museo de San Pablo en un edificio construido por la mujer, Lina Bo: también San Pablo tendrá su Bienal.

En el ventenio que va de los años cincuenta a los sesenta, la italianidad de una ciudad que duplica continuamente su población se presenta como hecho adquirido. "Chicago de los trópicos", si arriesga a definir un trotamundos internacional, Tibor Mende: una Babel incompleta, con un perfil audaz típicamente americano. "La población cosmopolita de San Pablo, su ritmo rápido y sus inmensos rascacielos la hacen la ciudad más americana de América latina". "Sin embargo, a despecho de su impaciencia trepidante", admite Mende, "San Pablo tiene un aire indiscutiblemente italiano. Sus cafés, los spaghetti, los ravioles, las hileras de botellas de Chianti, todo eso le confiere, con su ritmo febril, una atmósfera que le es propia". Pero los rascacielos están ávidos de compañía y las casitas de dos plantas de la vieja ciudad pierden espacio, y concluye Mende: "entre Chicago y Génova la lucha, es desigual".[26] Pero San Pablo no es Génova, es también Milán y Turín, como subraya años después, aludiendo a la presencia de dos millones de italianos y de oriundos, otro atento visitante, el periodista estadounidense John Gunther.[27] Por lo demás, el primer rascacielos de San Pablo es italiano: el edificio Martinelli.

Tanto para Mende como para Gunther, el paulista más significativo es el heredero del viejo Matarazzo: Chiquinho, el hombre más rico del Brasil y tal vez de toda América latina, un verdadero príncipe de los negocios, a la cabeza de un imperio industrial que a su muerte en 1977 se disgregará lentamente. También otros linajes históricos italianos caerán en la sombra en una metrópoli que no perdona a quien no sabe marchar a su ritmo. En compensación, los ítalo-paulistas pasan en masa al sector medio. En el viejo barrio de la Bixiga, inmigrados más recientes, portugueses y brasileños provenientes de las regiones pobres del Nordeste, reemplazan a los italianos. Las "cantinas", las trattorías cambian los administradores aun cuando la cocina no cambia, porque los nuevos cocineros aprenden en cursos adecuados un recetario itálico, que ya ha devenido parte, por no decir la mayor parte, de la cocina nacional brasileña. [28] Esto es así a tal punto que, terminada, como la llama una periodista brasileña, la dictadura de la pasta al tomate condimentada con ajo y cebolla, se incorporan todas las cocinas regionales y el risotto a la milanesa se ha transformado ya en un clásico. En otro frente, gracias a la maquinaria llegada de Italia, se registra la avanzada de las heladerías.[29]

Descuidada por la Italia cultural, cuidada intermitentemente por la Italia empresarial, San Pablo está transformándose en una auténtica capital de la gastronomía italiana y comienza a avanzar sobre otro terreno en el cual la italianidad cuenta: el de la moda.

Las capitales ausentes

Lo son formalmente: Bruselas, Luxemburgo, Estrasburgo, son las capitales de Europa, las sedes de una transhumancia institucionalizada que desplaza por períodos fijos de una a otra a parlamentos, oficinas, archivos. Pero el conjunto de las sedes queda en la periferia, lejos de los centros históricos, centros monumentales pero con aspectos descuidados, como Bruselas, dignamente provinciales, como Estrasburgo y Luxemburgo, relegada a edificios de arquitectura banal, espaciosos pero laberínticos, en suburbios aislados, con una hospitalidad que no deja al frecuentador italiano alternativas entre la locaciones del centro, con sus alfombras polvorientas, y los grandes alojamientos, los albergues funcionales a las estructuras políticas y administrativas comunitarias.

Sustancialmente, la italianidad existe. La circunscripción consular de la capital belga contará con una media de 80.000 connacionales. Un décimo de la población de Luxemburgo es de origen italiano. En las adyacencias de Estrasburgo la cantera minera de la Lorena ha sido uno de los polos de la emigración italiana: la circunscripción consular de Metz venía enseguida después de la de París y Lion en cuanto a la consistencia de la colectividad.

Pero es poco visible. La colectividad itinerante, la colectividad administrativa y parlamentaria euroitaliana no se mezcla con la colectividad local. La primera es operativa: cuenta los minutos de su estadía, considera su sede el lugar de un exilio provisorio y se separa de una colectividad local que sigue siendo proletaria o semiproletaria, trabajosamente vinculada con sus restaurantes y sus heladerías a una *lower middle class* ocupada en trabajos típicos. Una colectividad todavía atemorizada, ligada a orígenes proletarios heroicos, producida por el reflujo hacia el gran centro urbano, hacia la tercerización, de familias que han vivido la cruenta saga del trabajo en las minas ya abandonadas, del trabajo oscuro y encerrado, quizá el que menos tiene que ver con ellos y el más ingrato para los italianos, aquel que, como consecuencia de un infeliz acuerdo, carbón a cambio de emigrantes, justifica la autodefinición de estos últimos —"carne vendida"— y proyecta todavía una sombra oscura sobre la tragedia de Marcinelle de 1956.

Políticamente impalpable, políticamente ausente, el componente étnico italiano en Bélgica se mantiene ajeno a las vicisitudes locales, salvo casos individuales que no han superado todavía, a diferencia de los ítalo-franceses, la actitud de resentimiento contra el país de origen. Algo de la vida en las minas, de la vida subterránea, sumergida, envuelve a los italianos en el triángulo de las capitales europeas, reuniendo a una esterilidad de la imaginación un vacío sentimental.

Falta, por sobre todo, la fascinación intelectual en la que son ricas las verdaderas capitales externas de los italianos. Faltan los alicientes, los estímulos, las provocaciones ofrecidas por las metrópolis llenas de historia humana, de dramas, de novelas. Falta la continua agresión de la sorpresa y del fantasía. ¿Habrá un "otro lugar" en Europa? Si la sombra de París y de Londres oculta el cielo ya oscuro de las tres capitales oficiales, en una Europa ampliada se podría asistir al retorno de las viejas capitales imperiales, a su "reitalianización" en el caso de Viena y San Petersburgo, a su italianización en el caso de Berlín (los arquitectos italianos ya han puesto sus pies en la Postdamer Platz). Por cierto, serán los italianos quienes deberán pasar el examen en las nuevas capitales externas.

Notas

1. Banine, *La France étrangère*, Biarritz, S.O.S. Desclée De Brouwer, 1968, p. 11-12.
2. Pierrre Milza, "L'intègration des immigrés italiens dans la région parisienne. Une grande enquête revisitée", en Antonio Bechelloni, Michel Dreyfus y Pierre Milza, *L'intègration italienne en France*, Bruselas, Complexe, 1995, pp. 89-90.
3. Jean Charles Vegliante, "Répresentations, expressions (un aperçu d'ensemble sur la culture italienne immigré en France)", en ibídem, p. 119.
4. Michel Herblay, "Des Italiens à Versailles", en *Direction*, mayo de 1969. Para una síntesis del artículo véase Ludovico Garruccio (seudónimo del autor), "Gli italiani costruiscono la nuova Versailles", en *Il Gazzettino*, 11 de noviembre de 1969.
5. Milza, "L'intègration"..." cit., en Bechelloni, Dreyfus, Milza, ob. cit. p. 102.
6. Jean-Claude Ribaut, "Polenta de la 'mamma' et risotto à la feuille d'or", en *Le Monde*, 19 de mayo de 2001.
7. "Armani, déjà au musèe, toujours conquérant", en Bilbao, *Le Monde*, 19 de mayo de 1002.
8. Piovene, *De America*, cit., p. 38.
9. Ibídem, pp. 80-84.
10. Nancy Gibbs, "Person of the Year", en *Time*, 31 de diciembre de 2001 - 7 de enero de 2002.
11. Ernesto Sabato, *Sobre héroes y tumbas*, Barcelona, Seix Barral, 1981, pp. 179-180.
12. Guido Piovene, *Idoli e ragione*, Milán, Mondadori, 1975, p. 170.

13. Guido Piovene, *In Argentina e Perú (1965-1966)*, a cargo de Sandro Gerbi, Instituto Italo-Latinoamericano, Bolonia, Il Mulino, 2001, p. 115.
14. Lorenzo Mondo, "Fondi di magazzino allo stand Italia", en *La Stampa*, 7 de mayo de 2000.
15. Mario Markic, "Los que hicieron la Argentina", en *Noticias*, 8 de septiembre de 1991.
16. Marcos Aguinis, *Un país de novela. Viaje hacia la mentalidad de los argentinos*, Buenos Aires, Planeta, 1988, p. 35.
17. Citado en Markic, art. cit.
18. Horacio A. Ferrer, *El tango, su historia y evolución*, Buenos Aires, Peña Lillo, 1960, pp. 15-16.
19. Citado por Carlos Carlino, *Biografías con gringos. El tango, Santos Vega, José Pedroni*, Buenos Aires, Axioma, 1976, p. 29.
20. Juan José Sebreli, *Buenos Aires, vida cotidiana y alienación*, Buenos Aires, Siglo Veinte, 1966, p. 43.
21. Ibídem, p. 47.
22. Ibídem, p. 55.
23. Anthony Sampson, *The New Anatomy of Britain*, Londres, Hodder & Satoughton, 1971, p. 555. Según una estadística de 1969, sólo el 12 por ciento de las familias británicas reside en apartamentos, contra el 56 por ciento de las familias italianas (ibídem, p. 427).
24. Luigi Barzini, "Nueva emigrazione dall'Italia - La fuga dal disordine", en *Il Giornale*, 30 de junio de 1970.
25. Anthony Burgess, *1985*, Londres, Hutchinson, 1978.
26. Tibor Mende, *L'Amérique Latine entre en scéne*, trad. francesa, París, Le Seuil, 1952, pp. 43-45.
27. John Gunther, *Inside South America*, Nueva York, Harper & Row, 1966, p. 73.
28. Milton Alves, "Bixiga: dos italianos aos nordestinos", en *O Globo*, 7 de agosto de 1994.
29. Joanna Monteleone, "Novos molhos para a massa - A cozinha da mamma mudou e hoje aposta na diversidade", en *Gazeta mercantil*, 3 de marzo de 1998.

IV

LOS OTROS ITALIANOS

*Los ítalo-brasileños: santos,
intelectuales, coroneles, tecnócratas y guerrilleros*

Piero Maria Bardi, crítico de arte y *marchand*, periodista y jefe de una escuela artística, había sido uno de los líderes culturales de la Italia de entreguerras, estricto sostenedor, contra todo pasatismo, del arte del Novecientos y de la arquitectura racional, amigo de sus abanderados internacionales, Le Corbusier, Gropius, Sartoris, autor entre otros de un *Rapporto sull'architettura (para Mussolini)* porque era un fascista, un fascista revolucionario y modernizante. Incluso lo había proclamado: "Nosotros somos ante todo fascistas. Discuteremos, nos exaltaremos, combatiremos con toda la franqueza, con todo el desinterés, con toda la libertad que distinguen al hombre fascista. Pensamos que apenas ha comenzado una Revolución y no concebimos más que las revoluciones permanentes".[1]

Perdida la guerra, caído el régimen, cuando se entera de que en Milán Elio Vittorini ha convocado a reunirse para una revista antifascista a una serie de colaboradores con pasado fascista, hará conocer su asombro al escritor por medio de su compañera Lina Bo. Vittorini le responderá con un fatalismo pragmático: "Era ésa la vida que hacíamos todos, el fascismo. Y contra la vida no se puede ir".[2] Massimo Bontempelli, con el cual ha compartido la dirección de una revista cultural, *Qua-*

drante, ha devenido comunista. Él siente que no puede dar vuelta su propia vida. Pero la cambiará.

El embajador de Brasil en Roma lo invita a trasladarse a su país para abrir una galería de arte. Se embarcará en un buque de carga con toda su colección. Con una feliz intuición, escoge como destino San Pablo, donde conocerá a un poderoso empresario, propietario de una cadena periodística, los "Diarios Asociados", además de fábricas y haciendas agrícolas, Francisco de Assis Chateaubriand Bandeira de Melo, conocido como Chateau, un hombre bajo, seco, decidido, con un cierto parecido a nuestro Valletta.* Harán juntos el Museo de Arte de San Pablo. Los ambientes conservadores locales le son hostiles, lo insultan "Carcamán, fascista". Cuando es necesario, responde a trompadas e insiste, con éxito. Con su colección de obras europeas y brasileñas, el museo de Arte de San Pablo llegará a ser el centro artístico más rico de América latina. Como le había prometido a Chateaubriand, su nueva sede será inaugurada en 1969 por la reina de Inglaterra durante su visita oficial a Brasil.

En marzo de 2002 Brasil celebra su primera santa: sor Paulina. Es una trentina, nacida en Vigolo Vattaro en 1865; siendo niña, llega a Nova Trento, en el Estado de Santa Catarina, con los padres emigrantes; sor Paulina, nacida con el nombre de Amabile Visintainer, es la fundadora junto con otras dos trentinas, Virgina Nicolodi y Teresa Maule, de la congregación de la Inmaculada Concepción, que se expandirá en todo el sur del Brasil para asistir a los pobres y emigrantes.[3]

Pero otro santo ítalo-brasileño está detrás de la esquina. Cinco años antes, en 1997, el presidente Cardoso dispone tres días de luto nacional por la muerte de un padre capuchino, Frei Damião, el Padre Damián, cuyo nombre era Pio Giannotti, nacido en 1898 en un pueblito toscano, Bozzano, de padres campesinos, llamado a las armas a los diecinueve años, a tiempo para la Primera Guerra Mundial, misionero en Brasil desde 1931.

Durante sesenta y seis años, el Padre Damián recorrerá incesantemente la región más pobre del Brasil, el Nordeste, pre-

*El entonces presidente de Fiat. *N. del ed.*

dicando en un italiano mezclado con portugués, quedándose en cada lugar el tiempo necesario para celebrar misa, confesar y confortar a los fieles, sin detenerse ni siquiera cuando una deformación de la columna vertebral lo dobla en dos, acompañado por otro capuchino toscano, Fernando Rossi. Sólo la guerra lo obligará a una pausa por su condición de italiano.

Donde llega se verifica una auténtica movilización popular. "Hombres y mujeres de todas las edades parten en peregrinación recorriendo centenares de kilómetros en busca del misionero italiano, para recibir bendiciones, pedir perdón por sus pecados, agotar promesas".[4] Le atribuyen decenas de milagros, poderes sobrenaturales como el de hacer llover en una tierra árida, afligida por la sequía y por la pobreza. Él mismo replica: "Es el pueblo el que inventa los milagros. Es algo propio del sentimiento religioso popular. Los *sertanejos* (los campesinos del norte) creen que los milagros ocurren como resultado de las plegarias que hacemos juntos. En realidad, no es así. Los milagros sólo les suceden a quienes tienen fe. No hay milagros para quien no cree en Dios."[5]

¿Quién era el Padre Damián? "¿Un santo, un hombre carismático, un paranormal?". Hay quien ve en él la reencarnación del Padre Cicero, un salesiano que, en su momento, había alcanzado una popularidad extraordinaria, aunque, por lo demás, circunscrita a un círculo local y con aspectos más políticos que místicos. La popularidad del Padre Damián es esencialmente mística. Lo ayudaba su aspecto humilde: "Con sus amplios gestos y su baja estatura, afligido por la edad y por una salud precaria, con su sayo andrajoso y sus sandalias gastadas, los pies llenos de callos y arañazos a causa de sus caminatas entre los matas espinosos" era "la imagen viva de la dedicación y el amor al prójimo".[6]

Similar, en muchos aspectos, a su homónimo y de la misma fraternidad, el Padre Pío, si bien se ubica en una veta tradicionalista y suscita ciertas reservas en el ala más progresista del alto clero brasileño, el Padre Damián encontrará un defensor en una de las figuras más eminentes de este sector, el ex arzobispo de Recife, monseñor Helder Camara, y en el teórico de la "teología de la liberación", Leonardo Boff, que lo justifica porque en el fondo ve en él a un no global, por cuanto el pueblo se identifica con él como expresión del propio patrimonio cultural.[7] En su funeral estará presente el Estado con el vicepresidente de la república y la Iglesia con doce obispos, además de decenas de millares de fieles.

En el fondo, este misionero italiano confirma el rostro de una Italia mística, de una Italia franciscana, que convive en otro lugar suyo en el interior y en el exterior con la Italia de lujo.

En cambio, Carlos La Marca, un descendiente de calabreses, casado con una Pavan de origen véneto, no logrará movilizar a la revolución al pueblo del nordeste. Capitán del ejército, deserta para pasarse a esos grupos activistas, los "carbonarios", como los llama —a la italiana— uno de ellos, que intentan debilitar el régimen militar brasileño con operaciones de guerrilla urbana, ataques a puestos de policía, secuestros de diplomáticos extranjeros para obtener a cambio la liberación de los compañeros capturados, expropiación de bancas o de privados (es memorable la violación de la caja fuerte de la amante de un ex gobernador de San Pablo, que se hizo famoso por el eslogan "roba pero hace"). Consciente de que para alterar el régimen es necesario fomentar una guerra de partisanos en las campiñas, La Marca busca establecer un foco en la parte interior cercana a San Pablo, no lo logra y se traslada al nordeste. Pero la pobreza es sólo teóricamente un factor revolucionario, ya que la experiencia histórica enseña lo contrario. Quedará aislado, será buscado y finalmente asesinado.[8]

Enjuto y triste La Marca, una especie de Maciste* Carlos Marighella, es hijo de un mecánico romañolo emigrado a Bahía y de una afrobrasileña. Político veterano, comunista, sufre arresto y torturas bajo el régimen de Vargas. Durante el régimen militar no se adecua a las directivas del partido que prefiere salvaguardar los propios cuadros evitando un encuentro frontal contra el régimen. Encontrará en cambio hospedaje y apoyo en un convento de dominicos en San Pablo. Después de algunas acciones sorprendentes (en ocasión de una misión de Rockefeller, San Pablo es puesta prácticamente en Estado de sitio) caerá en una emboscada de la policía.[9]

Esta insurgencia fallida coincide, por lo demás, con un pe-

---

* Maciste, sobrenombre de un actor del cine mudo italiano, sinónimo de hombre corpulento y fuerte. *N. de la T.*

ríodo de euforia económica, tanto que, se dirá, los guerrilleros —en su mayoría de extracción burguesa y frecuentemente hijos de familias tradicionales— terminarán por jugar en la bolsa al alza de precios con los dineros rapiñados. El gobierno del general Emilio Medici (padre italiano, madre vasca) en realidad, quizá llevando a cabo una dura represión, apuntará a un desarrollo acelerado que tiene su motor en un grupo de militares y técnicos de origen italiano: dos civiles, el ministro de Finanzas Delfim (Delfino) y el ministro de Industria Patrini de Morais, dos militares, el ministro de Comunicaciones Corsetti y el ministro de Obras Públicas Andreazza.[10] El éxito es indiscutible. Últimamente una revista de izquierda, *Sem terra*, en una clasificación de las presidencias brasileñas del siglo XX, ubica al gobierno de Medici en el segundo puesto en cuanto a desempeño general y en el primero en el cuanto al crecimiento del producto bruto nacional.[11]

Entre tanto, ha pasado el tiempo del nacionalismo cerrado de la época de Vargas. En un filme sobre la instalación en el puerto de Natal, en la época de la Segunda Guerra Mundial, de tropas americanas, la familia brasileña típica que recibe el impacto es la de un zapatero italiano.[12] El italiano ya no está más proscrito y, como subraya el escritor João Ubaldo Ribeiro, "antiguamente ninguno decía que un descendiente de italianos era italiano, hoy en cambio está de moda".[13]

Argentina: seis generales,
seis patrones del poder y el tano Galimba

Puede resultar sorprendente, pero entre los presidentes argentinos de origen italiano prevalecen los militares sobre los civiles. Si se considera la segunda mitad del novecientos, los civiles son cuatro: Frondizi, Guido, Illia, Cámpora; los militares son seis: Perón, Lonardi, Onganía (aún cuando no apreciaba la italianidad), Viola, Galtieri, Bignone.

Desmintiendo la leyenda negra sobre la escasa propensión a las armas de los italianos, las fuerzas armadas argentinas, que tuvieron su modernización con el general Ricchieri, ministro de Guerra en 1900,[14] han atraído al elemento italiano. Ya en 1943 los generales de brigada de padre italiano seguían en número inmediatamente a los argentinos, superando a los de otro origen.[15] Dos oficiales ingenieros de origen italiano, Mosconi y Savio, tendrán en la entre guerra, un rol fundamental en la explotación del petróleo argentino y en el desarrollo de la industria siderúrgica, respectivamente.

La presencia de los oriundos en las fuerzas armadas se prolonga hasta nuestros días (actualmente son de origen italiano todos los miembros del alto mando, o sea, el jefe del Estado Mayor Conjunto, Juan Carlos Mugnolo, y los comandantes del Ejército, Ricardo Brinzoni, de la Marina, Joaquín Edgardo Stella y de la Aeronáutica, Walter Domingo Barbero). Se dice que en los días más dramáticos de la última crisis argentina un líder civil de primer plano para sacar de apuros a la clase política le había sugerido a un reconocido general el clásico golpe; el interpelado, esquivando el escándalo, le habría contestado: "Lo siento, pero no tenemos combustible para los tanques."

La misma relevancia se encuentra en el episcopado y en el mundo empresarial. En las publicaciones sensacionalistas se acusa a algunos grupos italianos de ser, como sostiene el periodista Luis Majul "los dueños de la Argentina". En efecto, en una primera serie figuran, junto a la franco-argentina Amalia Lacroze de Fortabat, propietaria de una gran industria cementera, y a Jorge Born, de origen alemán, exponente de una multinacional de la alimentación, Bunge y Born; dos italianos nacidos en Italia: Roberto Rocca, presidente de la binacional ítalo-argentina Techint (siderurgia, obras públicas y petróleo en Argentina, México y Venezuela; siderurgia y obras públicas en Italia), Franco Macri (obras públicas, construcción, comunicaciones) y un descendiente de lombardos, Carlos Bulgheroni (Grupo industrial Bridas).[16]

En la segunda serie aparecen otros cuatro capitanes de la industria: uno de origen catalán, Goyo Pérez Companc (petróleo, banca, telecomunicaciones), otro de origen suizo, del cantón italiano —el Ticino—, Santiago Soldati, de una familia a la que pertenecía la gran compañía eléctrica de Buenos Aires, la Italo-argentina de electricidad, y dos de origen italiano, Enrique Pescarmona (industria y vías férreas) y Aldo Roggio (obras públicas y subterráneos de Buenos Aires).[17]

Un grupo de industriales de mayoría italiana, llegados en

la segunda posguerra a Córdoba, se organiza en cambio para preparar a la clase dirigente argentina: financiará la Fundación Mediterránea y le confiará la dirección a un joven y prometedor economista, Domingo Cavallo, piamontés pura sangre, con el encargo de crear un *brain trust* y de prepararlo para gobernar.[18] Casi lo lograrán.

Por otra parte, en los años setenta hay guerrilleros argentinos que imponen rescates a los industriales para financiarse: el golpe mejor logrado es el secuestro de Jorge Born y de su hermano Juan por quienes se pagará un rescate elevadísimo: sesenta millones de dólares. Entre los jefes de los Montoneros, el grupo más organizado, hay un joven de la burguesía acomodada, Rodolfo Galimberti, de origen italiano, quizá pariente lejano del legendario guerrillero piamontés Duccio Galimberti. El *tano* Galimba, como lo llaman por su origen, es un profesional de la guerrilla, pasará dieciséis años en la clandestinidad y para hacer la guerra en serio se enrolará en la OLP y será gravemente herido en Beirut.

Amnistiado, Galimberti volverá a la Argentina, se hará amigo de los Born, contribuirá a recuperar parte del rescate, hará en Punta del Este un matrimonio fastuoso con una joven de la alta sociedad.[19] Pero la *guerra sucia* de los años setenta, con sus muertos y sus desaparecidos, ha marcado a fuego a una generación de argentinos.

Poco antes de la crisis financiera de fines de 2001, un triste preanuncio será el suicidio de un cardiólogo de fama mundial, pionero del *by pass*, René Favaloro, que se rehúsa a permanecer en los Estados Unidos para desarrollar una fundación benéfica en su patria, fundación que, privada de medios, no logra sobrevivir. Es un derrota para todos.[20] Siciliano de origen, había recibido con gran emoción una condecoración italiana.

El descubrimiento de los ítalo-franceses

Autor de una revolución en la canción francesa, líder político frustrado) por poco y por su voluntad, Ives Montand, pocos años después de su desaparición, revela a plena luz su verdadera identidad: Ivo Livi, "un ítalo-francés",[21] una doble identidad, compartida por mucha gente de la canción, del cine, del deporte, de la literatura, de la moda, de las artes, de la cultura, de la política, una doble identidad que antes no existía: o se era italiano o se era francés por completo. Los *ritals* son tantos que uno de ellos, Pierre Milza, emplea casi cincuenta páginas para señalar su vistosa presencia en las más variadas categorías.[22] Hijo de un ebanista véneto, es también Albert Uderzo, uno de los dos inventores de Asterix, el campeón de la estirpe céltica contra los romanos. Ahora, si se quiere tener una idea exacta, puede ser aburrido mencionar una ristra de nombres y comprobar, en cambio, el porcentual de los *ritals* en las diversas categorías. En los campeonatos mundiales de fútbol de 1982, por ejemplo, casi la mitad de los jugadores franceses, empezando por el capitán Platini, tenía apellido italiano.

Algo ha cambiado en Francia. El ítalo-francés está orgulloso de serlo, no finge ser corso. La palabra *rital* ha perdido el significado peyorativo. De un insulto, afirma Milza, "hemos hecho una bandera".[23] "Se ha verificado una evolución casi mágica, casi metafísica, de la valoración que tiene Francia de la cultura italiana y de los italianos", sostiene Salvatore Lombardo, nacido en Italia, migrado a los seis años, naturalizado francés y escritor en francés. "Tan sólo hace treinta años —hoy tengo 45 y, por tanto, no he vivido en el Medioevo— en la escuela me llamaban *spaghetti* o *macaroni*, mientras que hoy de esta actitud despreciativa ya no hay más trazas. Habrá sido la cultura, habrán sido los hombres y las mujeres de la cultura, habrán sido las artes visuales, la arquitectura, el cine, habrá sido la inmensa revolución cultural de la cual los italianos apenas se han dado cuenta".[24]

Otro escritor francés, Jean-Nöel Schifano, hijo de sicilanos, se enamora de Nápoles. "Mientras me dirigía a Sicilia, me detuve en Nápoles por una noche. Me quedé diez años".[25] Estamos lejos del absoluto distanciamiento respecto de Italia de Émile Zola, de la separación que emplea Giono con sus personajes italianos. Loco por la danza y por Italia, un acordeonista de alto nivel, cantante, recitador, también él hijo de italianos, Marc Perrone, reúne en un espectáculo "arias de la vieja Italia, alegrías de erradicados, fiestas de inmigrantes, el padre (sastre), al que le gustaba hablar francés" y aun "el álbum de familia, las historias de guerra, el filme del bombardeo de Cassino (el pueblo de la familia está bajo la colina y las bombas), una poesía de Primo Levi que recita en un bello italiano mientras la traducción aparece sobre la pantalla".[26]

Hay una fascinación por lo mejor y una fascinación por lo peor. El mejor es Raymond Forni, hijo de un hojalatero piamontés (en el territorio de Belfort los italianos del norte se especializan en dos actividades: o albañiles u hojalateros): a los cuatro años se refugia con la familia en una cueva cuando el frente de combate se desarrolla en las vecindades; al retornar, encontrarán la casa devastada, probablemente por compaisanos que se han descargado contra los italianos. Si establecerán en una casucha cerca del cementerio. Después de la muerte del padre, la madre, trabajadora incansable, mantendrá a los niños. A los dieciocho años es obrero en la Peugeot; a fuerza de sacrificios obtiene el diploma de la escuela superior, el bachillerato; para el servicio militar va a Saumur, la escuela de caballería, reducto de un tradicional esnobismo, una experiencia que lo estimulará. Se recibe en leyes y abre su estudio legal; se ocupará de cuestiones sindicales; se inscribe en el Partido Socialista. Comenzará una carrera política, es elegido diputado: en el año 2000 participa en Roma de la Conferencia de los italianos en el mundo con los parlamentarios de origen italiano: es presidente de la Asamblea Nacional francesa.[27]

Lo peor es Roberto Succo, evadido de un manicomio italiano, protagonista en Francia de una experiencia a la *A bout de souflle*, con despuntes imprevisibles y perversos, confundido por la policía, que se lanza a su caza —hasta su captura y suicidio— con un killer profesional, un ex militar, un mafioso; mientras tanto, es un loco imprevisible, un asesino que ha matado al padre y a la madre, a un niño de diez años, a un inspector de policía; un "cretino sanguinario" pero también "una fuerza magnética o un concentrado de tensiones que atrae y rechaza", "un Corto Maltés fallido pero no privado de fascinación":[28] un personaje tan asombroso que inspira una novela documental, un drama y un filme.

Para Francia, Italia se ha transformado en una fábrica de personajes, de máscaras. El Corto Maltés deviene, por obra de otro ítalo-francés, Pascal Morelli, un largo dibujo animado. En el festival teatral de Aviñón el interés se polariza sobre los grupos de vanguardia italianos; las columnas culturales de *Le*

Monde se dedican a artistas como Pippo Delbono o Romeo Castellucci. En París, un italiano de Francia, Aldo Romano, presenta su jazz mientras que sobre el escenario vuelve Goldoni con la trilogía sobre el frenesí por el veraneo y se sigue en Londres la muestra en la Tate Modern sobre el *"arte povera"* de los años sesenta. Una familia de pintores y pescadores que han conservado un difícil apellido calabrés, Biascamano, se impone a la antención de la crítica. Lombardo habla de una revolución cultural. Ciertamente, los ítalo-franceses ofrecen a los italianos una unión basada sobre la creatividad, sobre una fantasía común, pero también una llave de colaboración con una cultura, la francesa, siempre dispuesta a interpretar y a difundir las nuevas tendencias.

Brooklyn vence a Hollywood

La revolución cultural de la que habla Salvatore Lombardo no se ha desarrollado en Roma o en Milán, en una Italia que no es todavía consciente de la misma, sino que ha venido del exterior, de la Italia de afuera, desde Nueva York; y, hablando en un sentido figurado, el escritor ítalo-francés alude a la Transvanguardia que se ha impuesto en América mientras que en Italia era considerada "risible" en tanto avalada por un crítico de fama mundial, Achille Bonito Oliva.[29]

Lombardo tiene razón, pero se podría precisar que el largo recorrido de la modernidad italiana parte de París, del manifiesto futurista de Marinetti, prosigue en los años veinte con la revista *Novecento*, de Bontempelli, retoma un modo autónomo con los arquitectos de los años treinta y con la influencia del cine francés de Renoir, Carné, Duvivier sobre el neorrealismo y con las aclamaciones que recibe en Cannes *Roma città aperta*, continúa con la rehabilitación por parte de los *Cahiers du cinema* de los *polpettoni** en túnica y peplo y por parte de los críticos ingles del *spaghetti western*, y pasa hoy de nuevo por Nueva York desautorizando al mismo tiempo a Roma y a Hollywood con la italianización del filme americano.[30]

* *Polpettoni* remite a las grandes producciones cinematográficas de dudoso rigor histórico de la tradición grecolatina. *N. de la T.*

No hay una precisa concomitancia entre la aparición del filme de Francis Ford Coppola *El padrino*, y sus dos películas siguientes, y la del western italiano de Sergio Leone. Coppola ennoblece la violenta irrupción en la sociedad americana de una burguesía, ésa de origen italiano antes contenida en su ámbito étnico, en la misma medida en la cual veinte años antes el western de los pistoleros y del buen bandido había legitimado a la burguesía texana. Leone proporciona una nueva burguesía italiana que avanza con cinismo y brutalidad un contrapunto musical arrogante y violento.

El filme de Coppola sustituye al bandido solitario y psicópata en su brutalidad en sí misma por el núcleo familiar con sus valores distorsionados pero ancestrales; abre el cine americano a una nueva creatividad; archiva el conformismo nacionalista de John Ford y de Frank Capra, el lado oscuro de los directores alemanes, prófugos de la Alemania nazi, de los Lang, de los Zinnemann, de los Preminger, de los Sirk, de los Siodmak; muestra el camino a un denso grupo de directores ítalo-americanos como Scorsese, De Palma, Tarantino, Ferrara, Cimino; termina con el monopolio de los divos *wasp* (white, anglosaxon, protestant) que hasta los años sesenta habían constreñido a los actores de origen italiano a travestirse, con la sola excepción de Frank Sinatra. Llega a su fin la época en la cual Vittore Maturi, hijo de un afilador trentino, se transforma en Victor Mature, Dino Martini en Dean Martin, Domenico Amici en Dom Ameche y Henry Fonda no aclara su proveniencia. Y ya están listos los refuerzos, como la cantante Amanda Latona, una morocha siciliana.[31]

Mientras que antes los actores con apellido italiano eran relegados como personajes, italianos de caricatura, al rol de característicos, hoy los Pacino, los Travolta, los DiCaprio, los De Niro, los Stallone, los Cage, los DeVito, los Turturro, los Pesci, los Mantegna, Madonna, Mira Sorvino, Anjelica Houston son buenos para todas las interpretaciones. Incluso para los personajes típicamente italianos se busca un actor no italiano. Es el caso del teniente Colombo, interpretado por Peter Falk, o de Arthur Fonzarelli —llamado Fonzie o The Fonz—, protagonista de la serie televisiva *Happy Day*, interpretado por Henry Winkler, hijo de padres alemanes huidos de la Alemania nazi en 1939.[32] Se trata de dos personajes positivos: el primero, un investigador de apariencia modesta y descuidada pero tenaz e incorruptible; el segundo, un ingenioso mecánico, duro pero leal, con capacidad de liderazgo entre sus compañeros.

Ningún residuo ni en directores ni en actores de aquel complejo de inferioridad que producía fastidio en Capra cuando le recordaban su lugar de nacimiento o que confinaba a John Fante al papel casi anónimo de guionista. Todos ven como un enriquecimiento el descubrimiento de las propias raíces que, en casi todos, se encuentran en el Mediodía italiano. Coppola, patriarca de una familia de cineastas (un hijo y una hija son directores, el sobrino es el actor Nicholas Cage), aprende a jugar a la escoba en casa de sus familiares italianos en una villa lucana y filma la fiesta del patrono.[33] Pero le tocará a Martín Scorsese establecer una ligazón entre el nuevo cine americano y el neorrealismo italiano con un filme, *Mi viaje a Italia*, en el cual se vale de fragmentos de esos filmes italianos que han alentado e inspirado su vocación.

En una fase de estancamiento de nuestro cine, el ítaloamericano asume la suplencia.

Microprocesadores y pasta a las berenjenas

En Italia ya no se inventa nada, no se hace más ciencia, ha pasado el tiempo en el que la escuela de Física de Roma, con Fermi y una cuadrilla de ases, está por hacer de Italia el primer país nuclear.[34] En América los italianos hacen ciencia e inventan. Federico Faggin, un perito radiotécnico, diplomado en Física, después de una breve experiencia en Olivetti donde participa del proyecto y construcción de una pequeña computadora digital, en 1968 se va a América, a Silicon Valley y con el colega Ted Hoff inventa el primer micropocesador o *chip*.[35] Muchos de estos inventores, científicos, investigadores no piensan en volver a aquella jungla universitaria de la cual han huido, si bien buscan en Italia una sede agradable para sus conferencias, un lugar saludable con una buena dieta y un relajado estilo mediterráneo de vida.[36] En consecuencia, si se exceptúan los premios literarios, la Italia de afuera se impone a la Italia de adentro con cinco Premios Nobel (Segre, Dulbecco, Modigliani, Levi Montalcini, Giaccone) contra dos

(Natta y Rubbia) o tres, si queremos dejar que se incluya a Fermi en el equipo. ¿Y la italianidad? Los discípulos de Giaccone ostentan sobre las remeras la inscripción *Richard's garibaldini*. Por lo demás, los ítalo-americanos no se quejan: "Hoy ser italianos en los Estados Unidos es un privilegio y un lujo, abre las puertas que importan con una cierta facilidad. El cambio radical que ha ocurrido se debe en parte a la nueva política cultural de Italia, pero, sobre todo, al cine italiano, a la moda, al *design*, a la Ferrari".[37] Dos estudiosos, Peter D'Epiro y Mary Desmond Pinkowish, dedican, bajo un sustantivo arcaico por título —*Sprezzatura*, o sea, el arte de la maestría sin esfuerzo— un ensayo a los cincuenta modos con los cuales el genio italiano ha plasmado el mundo, abarcando desde la invención del calendario por parte de Roma antigua hasta Armani y Ferrari.[38] Un director y actor americano de origen siciliano, Joe Mantegna, descubre un antepasado artístico en un pintor italiano del *Cinquecento* y le dedica un filme.

Tampoco en el plano lingüístico las cosas van mal. Si bien el italiano no está entre las diez lenguas más habladas en el mundo, sino que se encuentra detrás del décimo sexto puesto, está en el cuarto o quinto puesto en la enseñanza en los Estados Unidos. Además, según otra fuente, la enseñanza de la lengua y de la literatura italianas se hallan en el tercer lugar, después del inglés y del español y delante del francés y del alemán, a pesar de que estos últimos están incluidos en los programas oficiales.[40]

El frente ítalo-americano está pues en movimiento: avanzan los científicos, avanzan los políticos —después de la brecha abierta por Giuliani—, avanzan los *manager* —después de Lee Jacocca, que ha recolocado en su lugar a la Chrysler, viene Carly Fiorina, la zarina de *la new economy*—, avanza el cine, avanza la moda, devenida el caballo de Troya de la cultura italiana.

Avanza la burguesía empresarial. Un periodista español se dirige a Paterson, una ciudad de 150.000 habitantes, ya "en el corazón de los Estados Unidos, blancos, protestantes, anglosajones" y nota con satisfacción que los *hispanos*, los latinoamericanos, constituyen más de la mitad de la población, superando de a poco a la rival comunidad afroamericana, pero los que ganan y mucho en Paterson y en el resto de Nueva Jersey son los constructores italianos.[41]

Persisten, sin embargo, los clichés ofensivos de tiempo atrás de los cuales derivaba la indignación por la serie los *Sopranos*, una telenovela sobre una familia de gángsters; pero la atención de los telespectadores —más que sobre los contratiempos y sobre las crisis existenciales de los protagonistas y sobre ciertas vicisitudes familiares de tragedia griega— termina por concentrarse sobre el suculento menú de los susodichos; de allí la fama conquistada por algunos platos típicos como la "Pasta con berenjenas" y el "Pollo a la Marengo" con tal éxito que el mismo canal televisivo ha puesto en venta una serie de glotonerías garantizadas por las comilonas de los protagonistas: *ziti* al horno, salsa a la marinera, flores de calabaza fritas, y naturalmente pizzas, *focaccias, babá, cannoli*. Por lo cual la polémica gastronómica supera a la relativa a una difamación étnica caída en el ridículo y se vincula con la superioridad de la cocina italiana sobre las variantes locales.[42]

Notas

1. Francesco Tentori, *P. M. Bardi*, Milán, Mazzotta, 1990, p. 109.
2. Ibídem, p. 172.
3. Véase Padre Federico A. Farace, *Un sogno che diventa realtà. Vita e opere della Beata Amabile Visintainer Madre Paolina del Cuore di Gesù Agonizzante,* Trento,Vita Trentina, 1996, y Roberta Guidolin, *Identità incerte. La persistenza della cultura degli emigrati trentini in Santa Catarina, Brasile,* tesis de doctorado (rel. Emanuela Renzetti), Universidad de Trento- Facultad de Sociología, año académico 2000-2001, pp. 106-108.
4. Gidson Oliveira, *Frei Damião: O Santo das Missões*, San Pablo, FTD, 1997, p. 57.
5. Ibídem, p. 67.
6. Ibídem, p. 107.
7. Ibídem, pp. 140-141.
8. Emiliano José y Oldack Miranda, *Lamarca, o capitão da guerrilha,* VII ed., San Pablo, Global, 1981.

9. Sobre Marighella véase Frei Beto, *Batismo de sangue - os domenicanos e a morte de Carlos Marighella*, Río, Civilização Brasileira, 1982.
10. Ludovico Incisa di Camerana, *I caudillos*, Milán, Corbaccio, 1994, pp. 326-330.
11. Reinaldo Gonçalves, "Avaliação do desempenho coloca FHC en último lugar", en *Sem Terra*, a. IV, 15, mayo-junio de 2002.
12. Carlos Elf de Almeida, "En 'For All'. O sotaque inglès nas areias brancas de Natal", en *O Globo*, 15 de agosto de 1997.
13. João Ubaldo Ribeiro, "Para o autor, falar sobre o Brasil è cuestão de honra", en *O Globo*, 22 de noviembre de 1977.
14. Alain Rouquié, *Poder militar y sociedad política en la Argentina. I. Hasta 1943*, trad. española, Buenos Aires, Emecé, 1981, p.82.
15. Ibídem, p.107.
16. Luis Majul, *Los dueños de la Argentina. La cara oculta de los negocios*, Buenos Aires, Sudamericana, 1992.
17. Luis Majul, *Los dueños de la Argentina. Los secretos del verdadero poder*, Buenos Aires, Sudamericana, 1994.
18. Enrique N'Haux, *Menem-Cavallo: el poder Mediterráneo*, Buenos Aires, Corregidor, 1993.
19. Marcelo Larraquy y Roberto Caballero, *Galimberti. De Perón a Susana, de Montoneros a la CIA*, Buenos Aires, Norma, 2000.
20. Clifford Krauss,"Argentina Struggles to Understand a Suicide", en *International Herald Tribune*, 8 de agosto de 2000.
21. "Yves Montand", en *Le Monde*, 8 de diciembre de 2000.
22. Milza, *Voyage en Ritalie*, ob. cit., pp. 365-412.
23. Ibídem, pp. 489-490.
24. Intervención de Salvatore Lombardo, *Cultura italiana o cultura degli italiani*, Actas de la Primera Conferencia de los Italianos en el Mundo, Laboratorio Cultura (en lo sucesivo, Primera Conferencia 2000, Cultura), ADN Kronos, Soveria Mannelli (CZ) 2001, p. 69.
25. Josyane Savigneau, "Schifano, un Napolitain de Paris", en *Le Monde*, 22 de marzo de 2002.
26. Francis Marmande,"Marc Perrone, la catharsis, la tarentelle et l'accordéon", en *Le Monde*, 16 de febrero de 2001.

27. Véase Raymond Forni, *Un enfant de la République*, París, Stock, 2002.

28. Jean-Michel Frodon, "La cavale sanglante de Roberto Succo, personnage de cinéma", en *Le Monde*, 16 de mayo de 2001.

29. Intervención de Salvatore Lombardo, en ob. cit., p. 70.

30. Véase Richard Ambrosini, Vincenzo Matera y Matteo Sanfilippo,"Tony Goes to Hollywood. Gli italoamericani e il cinema", en *Il Veltro*, 3-4 de mayo de 1990, pp. 373-387.

31. Alessandra Farkas, "Amanda Latona, già diva, prima di debuttare", en *Corriere della Sera*, 6 de agosto de 2002.

32. Ben Davidson, *Official Fonzie Scrapbook*, Londres, Tandem Book, 1977, p. 77.

33. Giovanna Grassi, "Coppola: mi ispiro filmando la festa del patrono", en *Corriere della Sera*, 22 de agosto de 1999.

34. Gerald Holton, "La grande avventura del Gruppo Fermi", en Fabio Luca Cavazza y Stephen Graubard, *Il caso italiano*, Milán, Garzanti, 1974, pp. 477-524.

35. Federico Rampini, "Faggin, l'italiano che dette avvio a una rivoluzione", en *La Repubblica*, 17 de diciembre de 2001.

36. Stash Luczkiv, "Holding a Stethoscope to the Globe-Epidemiologist Paolo Toniolo who emigrated to América returns to Start the World Health Policy Forum", en *International Herald Tribune*, 12 de octubre de 2000.

37. Intervención de Carlo Chiarenza, docente de la California State University (Actas de la Primera Conferencia 2000, Cultura, p. 40).

38. Peter D'Epiro y Mary Desmond Pinkowish, *Sprezzatura. 50 Ways Italian Genius Shaped the World*, Nueva York, Anchor Books, 2001.

39. Massimo Vedovelli, de la Universidad de Siena (Actas de la Primera Conferencia 2000, Cultura, p. 28).

40. Massimo Ciavolella, de la Universidad de Los Ángeles, ibídem, p. 35.

41. Javier Valenzuela, "La Babel hispánica", en *El País semanal*, 9 de septiembre de 2001.

42. Alessandra Farkas, "A tavola con i Soprano. Il menu e le leccornie dei mafiosi della TV Usa", en *Corriere della Sera*, 7 de agosto de 2002.

V

PERDIDOS, AISLADOS, VENCEDORES

Alemania: los italianos en el último lugar

Numéricamente es la primera colectividad italiana en el mundo: 720.482 connacionales, o sea, cien mil más respecto de la segunda en la clasificación, la de Argentina (611.707),[1] pero su peso político y cultural en Alemania es prácticamente nulo. "No obstante el número, el pasaje de la primera a la segunda generación no ha visto a los propietarios de restaurantes o a los obreros devenir médicos, abogados o docentes, como ha ocurrido en otras comunidades en el extranjero."[2]

"Desconcertante", define la situación de los italianos en Alemania un representante de los italianos en los Estados Unidos, que, aunque reconociendo que la presencia política en las clases dirigentes americanas todavía no es proporcional al componente étnico italiano, ve dicha participación en ascenso.[3] No hay un Raymond Forni o un Rudy Giuliani en Alemania, no hay un Schifano o un Lombardo. El problema es que ni siquiera se divisa esa presencia.

Pueden existir dudas sobre la simpatía de los alemanes por los italianos. El diputado popular Cerulli Irelli protesta: "En un país como Alemania, miembro en primer lugar de la Unión Europea, nos encontramos frente al escándalo del Baden-Wurttemberg que trata a nuestros emigrantes como si fuesen del Tercer Mundo".[4] El representante de los italianos de Hamburgo, Padula, resume: "La emigración italiana a Alemania ha sido un éxito, los alemanes nos aman, nos admiran". Pero prosigue: "Esto no significa que los italianos estén integrados perfectamente a la sociedad alemana. Incluso después de cuarenta años, habiendo llegado ya a la tercera generación, nosotros, los italianos, nos hemos integrados a los niveles más bajos, no logramos devenir clase dirigente. Pero lo que es más grave y que nadie ha tenido el coraje de decir claramente es que no lo lograremos ni siquiera en la próximas generación."

Y he aquí un diagnóstico entristecedor: "Una mirada a las estadísticas referidas a los hijos de nuestros connacionales que frecuentan los gimnasios* alemanes nos permite constatar que nosotros, los italianos, detentamos el porcentual más bajo: hay más niños turcos, españoles, griegos que concurren al gimnasio que niños italianos. Éste es un dato importante porque la clase dirigente alemana proviene de gimnasios. Esto significa, entonces, que en la próxima generación los italianos todavía estaremos integrados en la sociedad alemana en los niveles más bajos". No basta: Padula agrega otro dato "desolador": "En el primer lugar, entre los niños que concurren a las escuelas diferenciales, las famosas *Sonderschulen,* están los hijos de los italianos... Y en el sistema escolar alemán, que se caracteriza por su rigidez, quien asiste a una escuela diferencial quedará para siempre en los márgenes de la sociedad."

Padula se pregunta: "¿Es acaso posible que el 8,5 por ciento de los niños italianos sean cretinos?"[5] Evidentemente no. Tal vez los italianos exageramos cuando creemos ser más inteligentes que los otros, pero ciertamente no somos más estúpidos que los otros.

Pero a los niños normales no les va mejor: la mayor parte concurre a la *Hauptschule,* escuela de preparación técnica, sólo el 6,2 por ciento se inscribe en el gimnasio contra el 22,7 por ciento de la media alemana.[6]

Además de todo esto, como indica Padula, los italianos en

---

*Gimnasio: por cierto no se trata de los establecimientos destinados a los ejercicios corporales, según se entiende actualmente en los países de habla española. Tanto en Alemania como en Suiza, se denomina así a los establecimientos de enseñanza secundaria que habilitan el ingreso a la universidad. *N del ed.*

Alemania han conquistado otro primado negativo: "Somos los primeros entre los desocupados; y esto está ligado al nivel de instrucción. En realidad, sin un buen título de estudio no es posible en Alemania, más aún que en Italia, encontrar trabajo".[7]

En realidad, las mismas condiciones de partida han descalificado nuestra emigración a Alemania. Un empresario italiano, Aduo Vio, recuerda cómo los obstáculos interpuestos por una reglamentación proteccionista han impedido la equiparación de la mano de obra especializada italiana con los *Meister* alemanes, por lo cual "óptimos artesanos italianos han terminado en las cadenas de montaje de la Volkswagen y de la Opel, en los altos hornos de la Krupp, Thyssen y Hoesch, en la construcción de autopistas y viaductos".[8]

Por lo tanto, en lo que atañe a la emigración italiana a Alemania resaltan dos características negativas que son la contracara de cuanto ha ocurrido en los países de América latina, en Francia y en los Estados Unidos: en primer lugar, la masa de los obreros especializados italianos y de sus familiares no ha sido "promovida" socialmente, no ha logrado crearse una posición autónoma sino que se ha reproducido a nivel proletario; en segundo lugar, las ondas migratorias que se produjeron sucesivamente desde países económicamente menos avanzados que Italia no han empujado hacia arriba al componente italiano; es más, se le han puesto a la par o bien lo han superado en el campo de la ocupación y de la instrucción.

La historia olvidada

La emigración italiana a Alemania tenía a la historia de su lado. En el Medioevo llegan los constructores de catedrales, los "maestros *comacini*"*. Vienen desde las ciudades lombardas, de la región de los lagos y de los valles italianos de los Grigioni, y van hacia Baviera y hacia Sajonia.[9] Seguirá, desde el *Trecento* al *Cinquecento* la supremacía de los banqueros italianos, piamonteses, lombardos, florentinos, venecianos. Despejados los banqueros y mercaderes, las cortes alemanas llamarán de nuevo no sólo a los arquitectos italianos sino también a los de-

---

* Maestros de la región de Como. *N. del ed.*

coradores y maestros albañiles con furiosas protestas de los colegas locales, como reclama un arquitecto alemán contemporáneo: "Los italianos vienen como las cigüeñas en primavera, no les gusta colaborar con los obreros del lugar y debe ser bien pagados; y se van durante el otoño y el invierno con los bolsillos llenos, dejando a los pobres maestros autóctonos en la miseria".[10]

Con la reconstrucción que sigue a la devastación de la guerra de los Treinta Años (1618-1648), los italianos, organizados en equipos que incluían arquitectos, pintores, estucadores, escultores, harán y reharán iglesias, palacios, castillos, agregando jardines, cascadas y fuentes.[11] Y, cuando en el *Settecento*, con el crepúsculo del barroco se pongan de moda los competidores franceses, el diseño italiano no cederá el terreno: el rey iluminista, el gran Federico de Prusia, ordena a sus arquitectos imitar a Palladio. En Munich se copia la florentina Loggia dei Lanzi.[12]

Los italianos contribuyen al repoblamiento de la Alemania desangrada y reducida a tierra arrasada por la guerra de los Treinta Años. Es una emigración que huye de una Italia en decadencia. Humilde y heterogénea, incluye toda suerte de gente, vagabundos y aventureros, mercaderes y vendedores ambulantes. Pero también una elite artesanal: albañiles *comaschi*,* picapedreros trentinos, marmolistas de Belluno, ebanistas piamonteses, pintores vénetos, artistas y músicos de todas partes de Italia. A ellos se debe no sólo el esplendor del barroco alemán sino también el renacimiento de un sector burgués. "Es de este movimiento migratorio que, a mitad del 1600, toman cuerpo y sustancia esas dinastías que darán lustre tanto a la sociedad alemana de la época como a las áreas de origen".[13] Una de estas dinastías, los Brentano, atravesará los siglos, dará una joven amiga a Goethe y un ministro de Relaciones Exteriores al gobierno de Adenauer. Otra, la de los

---

* *Comaschi*, provenientes del Comasco. Los *maestri comacini* (maestros de la región de Como, Lombardía) eran los albañiles, arquitectos, escultores que desde el siglo VII difundieron el estilo Lombardo, no sólo en Italia sino en toda Europa. Según algunas interpretaciones se los llamaba así no por provenir del Comasco sino por ser "*co-macini*", es decir, albañiles asociados. *N. del ed.*

Farina, lanzará el perfume más famoso del mundo, el Agua de Colonia, y durante casi todo el *Settecento* se escribirá en francés y en italiano con los propios clientes.

También la nobleza italiana se inserta en la sociedad alemana. Obtenido del imperio el monopolio del correo, los Torre y Tasso se transformarán en Thurm und Taxis y en el linaje principesco más opulento del país. Hacia fines del *Ottocento*, un Montecuccoli, el conde de Caprivi, será Canciller del imperio, del Segundo Reich.

Ciertamente el italiano suscita en la conciencia popular alguna desconfianza. Un escritor famoso de la primera mitad del Noveciento, Hans Carossa, descendiente de un médico piamontés del ejército napoleónico, después radicado en Baviera, cuenta cómo, hojeando un álbum de familia con una vieja gobernanta, ésta trata de distraerlo para que no se detenga sobre los retratos de los personajes de la rama paterna, insistiendo sobre la parte buena, la alemana, de la madre. Del abuelo no había nada que decir de malo: había devenido burgomaestre del país donde se había establecido. Pero sobre él y sobre el "tenebroso cortejo llegado de tras los Alpes" pendía, según la mujer, un halo "diabólico", más aún, "satánico" al cual se contraponía una rama materna totalmente luminosa.[14]

En la primera posguerra, *El gabinete del Doctor Calegari*, el filme que inaugura el ciclo triunfal del cine alemán de los años veinte, pero también el origen de una corriente que, según el crítico Siegfried Kracauer, llevará al hitlerismo a través de "un cortejo de monstruos y de tiranos", pone como genio maléfico en el centro de una historia alucinante a un personaje de apellido italiano.[15]

La realidad es menos sulfurosa y más modesta: antes de la Primera Guerra Mundial, una de las ocupaciones principales de los italianos en Berlín está dada por las innumerables pequeñas orquestas que alegran los cafés locales, un tercio de cuyos componentes, por lo menos, es provisto por "proletarios musicales" italianos de los cuales "alguno trajinan la calle y, después de algunos meses o algunos años de padecimientos, regresan", como refiere G. A. Borgese, "lacerados y macilentos a comer un plato de maccarrones bajo el techo doméstico". La moraleja, según Borgese, es la siguiente: "Nuestro gobierno publica de tanto en tanto una nota oficial que desaconseja la emigración a Brasil: sería bueno que también advirtiera a los musiqueros de los peligros de la emigración a Alemania".[16]

La época entre las dos guerras no es propicia para una nueva corriente migratoria: en 1937, por el contrario, Alemania nazi pedirá a Italia mano de obra sobre la base de una compensación entre las exportaciones alemanas y las remesas de nuestros tabajadores. En primer lugar se solicitarán braceros agrícolas, después será una mayoría de obreros especializados, elegidos en muchos casos a través de un reclutamiento voluntario o bien organizado por nuestras fábricas. La experiencia resulta técnicamente exitosa: los italianos son empleados en especial en el sector metalmecánico y en trabajos particularmente dedicados a la industria armamentística. Pero, si la operación le conviene a Alemania, le resulta menos conveniente a Italia (entre otras cosas Alemania tarda en pagar un crédito que no ha sido compensado por proveedores) y menos aún le conviene a los trabajadores, sujetos no sólo a la disciplina alemana sino, peor todavía, a la cocina alemana. Después de haber llegado a un techo máximo de más de 270.000 en 1941, los trabajadores italianos descienden a poco más de 100.000 en 1943.[17] Se añadirán centenares de miles de deportados. Curiosamente el gobierno nazi tendrá un ministro de Sanidad de origen italiano, el doctor Leonardo Conti.

La lección alemana

Los precedentes más recientes no jugaban a favor de una emigración italiana masiva y sobre todo ocurrida tardíamente, especialmente en el decenio 1955-1965, cuando ya el milagro italiano se había consolidado. Tampoco jugaba a favor el enfoque diverso adoptado por los dos países durante la segunda posguerra en la utilización de la mano de obra disponible.

En efecto, el milagro alemán no ha sido un milagro, ha sido una lección: una lección para todos sobre el modo con el cual se realiza la reconstrucción de un sistema industrial semidestruido por los bombardeos, mutilado en un tercio del territorio que se transforma en satélite de la URSS mientras, por otra parte, casi toda la Prusia y la Silesia son anexadas a Polonia, desmantelado por los vencedores que, en un primer momento, querían desembarazarse de un peligroso competidor (el plan Morgenthau preveía la transformación de Alemania en un país agrícola).

Una lección principalmente para Italia, sobre el modo de absorber doce millones de prófugos y un continuo fluir de refugiados de Alemania del Este, excluyendo el remedio de la emigración de masas y asegurando a todos la plena ocupación en la patria.

No se pueden negar los méritos de un De Gasperi que ensalza la política de Adenauer. Pero el milagro italiano fue en realidad más un milagro político que un milagro económico: se logró, de hecho, evitar una nueva guerra civil y se estabilizó una actitud institucional democrática. En el plano económico se podía hacer más de no haber sido por dos escollos insuperables: el mito de la pobreza de Italia en cuanto país privado de materias primas y el mito del exceso demográfico. Del primero Giulio Andreotti culpará a la cultura general. Como recordará un empresario ítalo-alemán, frente a la pregunta "¿Era posible evitar que tantos italianos emigraran en la posguerra de 1945?" El heredero más auténtico de De Gasperi responderá: "Es un poco difícil decirlo porque hemos empleado el tiempo en convencernos de la falsedad de cuanto nos enseñaban en la escuela de que sin fuentes energéticas y materias primas un país no puede llegar a un alto nivel industrial".[18] En todo caso y en todos sus aspectos la emigración italiana a Alemania se presenta, ligada ya sea a la pobreza orgánica de la península, o porque se la presumía excesivamente prolífica, como un anacronismo.

La conducta opuesta asumida por la clase política alemana y por la clase política italiana sobre el tema de la emigración induce a creer que ha sido y es difícil para los alemanes comprender por qué los italianos, los ciudadanos de una gran potencia industrial, han emigrado a Alemania. A nivel intelectual, desde la óptica alemana, se puede admirar como prueba de un irreductible maquiavelismo, la astucia de una clase dirigente que se ha liberado, con la silenciosa complicidad de los sindicatos, de una exceso momentáneo de mano de obra lavándose las manos y descargándolo en el extranjero. A nivel popular se puede seguir suponiento que la potencia mercantil de Italia es un hábil *bluff* que esconde la incapacidad de resolver por sí sola sus propios problemas.

Estas dificultades de comprensión explican cómo, por parte de Alemania, no se ha pensado en otorgar a la emigración italiana un trato privilegiado con respecto a la proveniente de áreas menos avanzadas.

Dicho todo lo que de peor es posible decir de una emigración tardía y evitable, es necesario reconcer que la colectividad italiana se ha creado en Alemania nichos de bienestar aislados pero consistentes. Según un empresario nuestro en el área de lengua y cultura alemana estarían en actividad 80.000 a 90.000 negocios italianos: "Tales negocios, pequeños, medianos o grandes, van de la *tavola calda* al restaurante de lujo, de la heladería al taller mecánico, del electricista a la empresa constructora, de la sastrería, peluquería, zapatería a los verdaderos y propios *ateliers* y negocios de más nivel; del negocio especializado en la venta de productos alimentarios mediterráneos al vendedor de frutas y de pescados y hasta a las refinadísimas reventas de vinos, aceites y fiambres". Y luego está el mercado de lujo: "Representantes de marcas y productos globales relativos a la moda y al *design* (Benetton, Stefanel, Luxottica, Alessi, Armani, Gaggia, Astoria) como a aquellas marcas y productos que remiten a la industria automovilística, por ejemplo, Ferrari y Maserati".[19] Los restauradores italianos son un ejército: 20.000 patrones con 200.000 empleados.[20]

En suma, existe en la colectividad italiana una burguesía comercial, separada del sector obrero e inserta en un contexto privado (a veces meramente estacional: es el caso de las heladerías) con enganches culturales limitados. Sin embargo, la vía de la pequeña empresa se presenta como el único medio de promoción social para la mayoría del componente étnico italiano en Alemania.

Suiza: de indeseables a benjamines

Tercera en la clasificación numérica con 534.108 individuos,[21] la colectividad italiana en Suiza corría el riesgo de una suerte no más brillante que la de los connacionales ítalo-alemanes.

Las premisas eran aún peores: ya conspicua a fines del ochocientos, la emigración italiana suscita reacciones xenófobas. La imagen del italiano es la del *"mangiapolenta"* ("come polenta") (*Maisdüger*) o la del *"mangiaspaghetti"* ("come spaghetti") (*Spaghettifrässer*). No menos despreciativo es aquella del *Tschingge,* del grito *"cinque"* ("cinco") que concluye un juego popular italiano, la morra. Más peligrosa es la acusación de los trabajadores locales de ser un *Lohndrücker,* un "rebajador de salarios".[22]

No faltan episodios trágicos. En julio de 1896 (un año poco feliz para los italianos en el extranjero a causa de las humillantes repercusiones de nuestras derrotas coloniales) se desencadena en Zurich, a raíz de un incidente banal que provocó el acuchillamiento de un alsaciano, un pogrom: casas, negocios, reaturantes italianos son saqueados; el consulado se ve obligado a evacuar a los connacionales en trenes especiales.[23]

El flujo migratorio desde Italia, mayoritariamente desde el norte de Italia, no cesa por ello: es más, supera en el período 1900-1910 los 655.000 individuos, no obstante la aversión local y las condiciones extremadamente duras en las cuales trabaja la mano de obra, en su mayoría italiana, empleada en la realización de perforaciones alpinas: en Sempione se trabaja "en medio de las cascadas de agua de filtración y de los torrentes que lanza el motor externo sobre las masas y dentro de la criba de las perforadoras para ayudar el trabajo, amenguar el polvo, refrescar los detritos después de las minas, en el aire viciado de la galería, entre las emanaciones del terreno y de la dinamita".[24]

Depués de una larga interrupción en el ventenio entre las dos guerras, la emigración se retoma en forma masiva: entre 1946 y 1964 se expatrian a Suiza más de un millón y medio de connacionales, inicialmente provenientes de Italia Septentrional (mitad del Triveneto y un tercio de Lombardía) y, a partir de 1958, también del Mediodía, que proveerán en 1961 más del 60 por ciento del total. Todo esto a despecho de una reglamentación helvética extremadamente rígida que, para reducir al máximo la permanencia de los extranjeros en su propio territorio, buscará imponer la figura del "estacional", un trabajador obligado todos los años a no pasar más de ocho meses en Suiza y menos de tres meses en Italia.

Todavía a principios de los años setenta los expertos notan una fuerte aversión por los inmigrados italianos y españoles.[25]

Todos los extranjeros son acusados de atrocidades contra los animales (cisnes a la par de los pavos engordados para Navidad y sacrificios con fines gastronómicos de perros y gatos), acusaciones que apenas rozan a los italianos.

Veinte años después, al contrario, la situación es completamente diversa. Ante todo, el uso de la lengua italiana se refuerza tanto en términos generales como en aquellos lugares donde, como en el Cantón Ticino, el italiano es lengua oficial gracias a un aporte demográfico consistente (casi el 20 por ciento de la población es de ciudadanía italiana). En segundo lugar, en la Suiza alemana el italiano se impone como lengua de trabajo entre las corrientes migratorias sucesivas, en particular entre las latinas: según el censo de 1990 el 46,4 por ciento de los hispanófonos y el 38 por ciento de los lusitanófonos adoptan el italiano como lengua de trabajo. Como lengua "vehicular" el italiano de trabajo, el *Fremdaheiteritalienisch*, tiene una valencia no inferior a la del inglés y constituye un modelo también para los inmigrados de extracción étnica no latina.[26]

Pero es la situación de conjunto la que ha cambiado. Los italianos se han transformado en "los benjamines de Suiza". En una investigación llevada a cabo en 1998 por el Instituto de Sociología de la Universidad de Zurich y referida por Trincia, surge "una increíble inversión de tendencia en la imagen que Italia y los italianos ofrecen de sí en estas regiones de Europa". El 88 por ciento de los entrevistados, una muestra de ciudadanos suizo-alemanes, considera a los italianos residentes en Suiza "un enriquecimiento de nuestra cultura", contra el 26 por ciento de una encuesta de 1969. Ya se aprecia "el estilo de vida italiano, hecho de elegancia y de buen gusto, de dieta mediterránea y de cultura clásica, de pensamiento positivo y de innata alegría de vivir". Para el 92 por ciento de los entrevistados de 1998 no estaría mal que los suizos, en un tiempo tan seguros de sí y del propio modo de vivir, "tuviesen una mentalidad un poco más italiana".[27]

El caso de Australia

"¿Por qué el gobierno italiano no nos ha pedido *a nosotros* que regresáramos a Italia?". Es la pregunta de un ítalo-australiano cuando en 1988 en un convenio se toca el problema de la inmigración del Tercer Mundo a Italia.

En una encuesta en Brisbane, de cien inmigrados italianos interrogados un tercio proyecta tornar a la paria, otro tercio se habría vuelto si no tuviera el problema de hijos que ya se hallan insertos en la sociedad local; sólo una minoría se declara feliz de quedarse en Australia. Por lo demás, un tercio de los migrados italianos de la segunda posguerra se ha repatriado, y se prevé un futuro aumento de repatriados, aun cuando —según acusan los connacionales— los trámites para el regreso son descorazonantes.

Prevalece, en suma, en muchos ítalo-australianos la sensación de haber perdido la apuesta: "La gente que he dejado en Italia se ha transformado en rica y yo soy la más pobre de todas", se queja una señora. Se ha dejado en los años cincuenta una Italia pobre y desesperada y se la reencuentra opulenta y majestuosa en el club de las siete naciones más poderosas del mundo.[28]

Más consistente que el número registrado en el anágrafe consular (128.019 inscritos)[29] con 262.000 nacidos en Italia, 563.000 nacidos en Australia de por lo menos un progenitor italiano, 50.000 de la Venecia Julia y de Istria considerados yugoslavos por las autoridades locales y por lo menos 415.000 italófonos,[30] la mayor minoría étnica australiana se siente subrepresentada y marginada política y económicamente, víctima de esterotipos racistas, relegada a los niveles medio-bajos de la sociedad local de lo que resulta un parangón desventajoso con respecto a una colectividad como la ítalo-argentina ampliamente representada en los niveles medio-altos.[31]

Un parangón impropio porque Sidney no es como Buenos Aires una metrópoli europea transferida al hemisferio austral. Y Australia en su conjunto no es como Argentina una Supereuropa sino una Superinglaterra, una Inglaterra de reserva, una alternativa de vida para la pequeña burguesía británica y para los primos amigos-enemigos irlandeses. No por casualidad durante mucho tiempo se ha buscado mantener en la admisión de los inmigrados no anglosajones una relación tal con los inmigrados ingleses (un extranjero cada diez ingleses) que asegure al componente anglosajón una mayoría absoluta y perpetua. Además, se reservaban para los ingleses ciertas facilidades, como la reducción de gastos de viaje, el hospedaje separado de los otros extranjeros, la prioridad en la ocupación y en los alojamientos.[32] Los mismos filmes australianos subrayan este vínculo afectivo reforzado por la participación australiana en las guerras de Su Majestad británica, a menudo retribuido por los ingleses con fría condescendencia.

Como en Inglaterra y en los Estados Unidos, también en Australia existía una imagen reverencial de la Italia cultural confirmada en el siglo XIX por algún inmigrado de elite, imagen semiborrada en el siglo siguiente con el arribo a Australia de esquirlas de la emigración de masa. Cuenta un trabajador italiano de su patrón australiano: "Antes de encontrarse con nosotros, obreros, pensaba que todos los italianos eran artistas, tenores y hombres del Renacimiento. Había aprendido qué era Italia de las poesías de Robert Browning y estaba seguro de que era un paraíso en la tierra. Cuando entró en contacto con nosotros no logró entender cómo el paraíso podía estar habitado por animales de carga".[33]

Luego de ocurrido el desdoblamiento entre la Italia de las Bellas Artes y la Italia proletaria, esta última es tratada sin consideraciones, hasta tal punto que se registran incidentes y pogroms antiitalianos en los años treinta y la internación, durante la Segunda Guerra Mundial, de casi 5.000 italianos sin distinción entre fascistas y antifascistas.[34]

Sin embargo, el cuadro social, después de la gran ola migratoria de la segunda posguerra, cuando Australia abre las puertas incluso a los italianos para evitar ser invadida por los asiáticos, no es del todo negativo. Los campesinos italianos han devenido propietarios, tanto que son titulares del 10 por ciento de las haciendas agrícolas y del 12 por cientos de los arrozales.[35] Existen islas de prosperidad como en el complejo vitivinícola de Griffith donde vénetos y calabreses, italianos blancos e italianos negros, según la terminología racista que en un tiempo se usó en Australia, conviven fraternalmente.[36] Hay grandes empresas de construcción de propiedad de italianos con ingenieros italianos.[37] En el conjunto, el parangón con el resto de la población, los italianos están netamente sobrerrepresentados en la franja manufacturera y en la de la construcción, levemente sobrerrepresentados en la agricultura y en la silvicultura; en cambio, están subrepresentados en los

servicios financieros, inmobiliarios y comerciales, en la administración civil y militar y en los servicios sociales. Por lo demás, se observa también la tendencia al pequeño comercio y a las empresas autónomas. Pero los "cuellos blancos" están en minoría.[38]
Indudablemente la renuncia por parte de los gobiernos australianos a una política de asimilación y a la viabilización de una política multicultural contribuyen a mantener la identidad de la comunidad ítalo-australiana pero no anulan un rechazo de fondo. En las formas más creativas —como en un filme reciente, Tercera generación, cuya protagonista es la anglo-italiana Greta Scacchi, y en los filmes de la ítalo-australiana Monica Pellizzari—, el malestar se manifiesta en las tensiones internas de las familias inmigradas, en el contraste de los hijos con los padres patrones o en las separaciones generacionales del triángulo abuela-madre-hija, pero en un clima externo tan poco propicio como para evocar la imagen no justificada de una Australia "antiitaliana".[39] Las reivindicaciones cinematográficas se extienden también a la comunidad española, a la hija de un italiano y de una andaluza. Anna Maria Ponticelli es la autora del guión de un filme, *La española* (con título en italiano: *La spagnola*), del director Steve Jacobs. La protagonista es una actriz, Lola Marceli, de apellido más italiano que español.[40]

La evolución de la presencia italiana en Australia puede seguir un modelo de tipo alemán o un modelo de tipo suizo con un rol guía respecto de las comunidades étnicas más afines. En tanto, parece que entre los jóvenes, sin distinción de etnia, la Italia comienza a estar de moda.[41] Un factor decisivo serán precisamente la moda y el estilo. Más que en otro lugar, salvo en Canadá, el caso australiano demuestra la estrecha interdependencia existente entre la posición internacional de Italia y el prestigio local de la Italia de afuera.

Notas

1. Ministerio de Relaciones Exteriores, *Annuario statistico 2002*, Roma s.f., pp. 69 y 71.
2. Francesca Sforza, "I figli degli emigranti non riescono a

fare il salto culturale e sociale - Senza radici, italiani in Germania - I bambini faticano più dei turchi a integrarsi", en *La Stampa*, 21 de febrero de 2001.

3. Intervención de Enzo Centofanti (Estados Unidos), *Prima Conferenza 2000*, Roma, ADN Kronos, 2002, pp. 145-146.

4. Intervención del diputado Vincenzo Cerulli Irelli, ibídem, p. 151.

5. Intervención de Emanuele Padula (Comites* Hamburgo, Germania), ibídem, pp. 230.

6. Sforza, art. cit.

7. Intervención de Padula, ob. cit., p. 231.

8. Aduo Vio (empresario en Bochum, Alemania), "Essere imprenditore oggi in Germania e nell'Europa unita", Convenio de estudios, *Umanesimo storico latino e realtà economiche socio-culturali contemporanee* (Colonia, 2-4 de noviembre de 2001), Treviso, Cassamarca, 2002, p. 102.

9. Federico Hermanin, *Gli artisti italini in Germani. I. Gli architetti (Genio italiano,* cit. primera serie), Roma, Librería del Estado, año XII E.F. (1934), p. 12.

10. Citado en ibídem, p. 27(véase en la nota *Repertorium für Kunstwissenschaft*, año IX; Klemm, *Alberin Tretsch, Anzeiger für Kunde der Forzeit. Nurberg*, vol. 77, p. 213)

11. Ibídem, p. 133.

12. Ibídem, pp. 142-143.

13. Vio, ob. cit., pp. 96-97.

14. Hans Carossa, *L'annata dei cari inganni*, trad. italiana, Mondadori, s.l., 1945, pp. 78 y sig.

15. Georges Sadoul, *Il cinema. I film A-L*, traducción y revisión a cargo de Paolo Gobetti y Goffredo Fofi, Bolonia, Sansoni, 1968, pp. 201-202.

16. G. A. Borghese, *La nuova Germania (La Germania prima della guerra)*, Milán, Treves, 1917, p. 75.

17. Brunello Mantelli, "L'emigrazione di manodopera nel Terzo Reich", en Comitato nazionale "Italia nel mondo", *Storia dell'emigrazione. Partenze,* en Piero Bevilacqua dir.), Andreina De Clementi, Emilio Franzina, Roma, Donzelli, 2001, pp. 343-351.

18. Vio, "Relazione", cit., Seminario Colonia 2001, p. 94.

* *Comitati italiani all'estero*: organismos representativos de las comunidades italianas en el exterior. *N. de la T.*

19. Ibídem, p.103.
20. Intervención de Andrea Fusaro (asociación *Ciao Italia* - Berlín), *Prima Conferenza 2000*, cit., p. 195.
21. M.A.E., *Annuario statistico 2002*, cit., p. 70.
22. Luciano Trincia, "Per un quadro globale della presenza italiana in Svizzera", en *Atti del Convegno Internazionle di Studi; L'umanesimo latino in Svizzera: aspetti storici, linguistici, culturali (Zurigo, 20 ottobre 2001)*, Treviso, Cassamarca, 2002, p. 7.
23. Ibídem, p. 79.
24. De un informe de Giuseppe De Michelis reproducido en ibídem, p. 75.
25. Stephen Castles y Godula Kosack, *Immigrazioni e struttura di classe in Europa Occidentale* (Giulia Roditti, dir.), Milán, Franco Angeli, 1976, p. 449.
26. Stephan Schmid, "La rilevanza sociolinguistica della comunità italofona in Svizzera e il legame tra comunità immigrate e italofonia nella Confederazione Elvetica", *Convegno Zurigo*, cit., pp. 100-113.
27. Trincia, relación cit., *Convegno Zurigo*, cit., p. 98.
28. Ellie Vasta, Gaetano Rando, Stephen Castles y Caroline Alcorso, "Cultura, communità e ricerca di un'identità italoaustraliana", en AA.VV., *Gli italo-australiani. La popolazione di origine italiana in Australia*, trad. italiana de Davide Panzieri, Turín, Fundación Agnelli, 1992, pp. 367-368.
29. M.A.E., *Annuario statistico 2002*, cit.
30. Castles, Vasta, "L'emigrazione italiana in Australia", en AA.VV. *Gli italo-australiani...*, cit. pp. 111-115.
31. Michael Morrissey, "L'immigrazione italiana in Australia e in Argentina, 1800-1988", en ibídem, pp. 337-351.
32. Castles, Vasta, J. Lo Bianco, "Dall'assimilazionismo al multiculturalismo", en ibídem, p. 123.
33. Strano, *Luck Without Joy. A Portrayal of a Migrant*, Freemantle, Arts Centre Press, 1986, p. 51, citado por C. Alcorso, "La prima immigrazione italiana e la costruzione di un'Australia europea, 1788-1939", en ibídem, p. 28.
34. Tito Cecilia, "Gli italiani in Australia 1788-1940, una cronistoria", en ibídem, p. 49. Véase también Caroline y Claudio Alcorso, "Gli italiani in Australia durante la seconda guerra mondiale", en ibídem, pp. 51-68.

35. Frank Panucci, Bernadette Kelly, Stephan Castles, "Il contributo italiano alla costruzione dell'Australia", en ibídem, p. 164.

36. Gian Antonio Stella, "Mezzo secolo dopo lo sbarco dalla Locride e da Treviso hanno trasformato Griffith nel regno della produzione vinicola - Autralia: il miracolo dei calabro-veneti - Dalla fame al successo: così due comunità di emigrati hanno creato un modello di convivenza", en *Corriere della Sera*, 9 de febrero de 2001.

37. Lino Pellegrini, "Il successo dei grattacieli nel deserto", en *Il Sole-24 ore*, 24 de agosto de 1979.

38. Panucci, Kelly y Castles, "Il contributo italiano", cit., en AA.VV., *Gli italiano-australiani*, cit., pp. 171-172.

39. "L'Australia anti-italiana" es el título que *La Repubblica* dedica a un artículo de Marco Olivetti sobre Pellizzari (24 de diciembre de 1996); sobre la *Terza Generazione* véase Roberto Rombi, "Greta Scacchi: 'Racconto i siciliani in Australia'", en *La Repubblica, 2 de julio de 2002*.

40. Elisa Silió, "La *spagnola* retrata la Australia profunda de los años sesenta", en *El País*, 5 de abril de 2002.

41. Intervención de Piero Genovesi de la Trobe University de Bundoora (Australia), (Primera Conferencia 2000, Cultura).

VI

DIFÍCILES RETORNOS

La otra cara de Italia

Los abuelos, campesinos piamonteses, habían llegado a la Argentina medio siglo antes, a tiempo para la "triste felicidad" de la sobrevivencia, muy tarde para hacer fortuna.

Héctor Bianciotti que, como tantos hijos de campesinos piamonteses, ha podido proseguir los estudios en un seminario, no encuentra el modo de desarrollar una vocación intelectual en una Argentina demasiado estrecha, que está saliendo de la fase peronista, y decide recorrer a la inversa el itinerario de los abuelos y de los padres, embarcándose para Italia.

La primera desilusión es Roma: "A medida que nos alejábamos de la estación, aparte de algunos vestigios abandonados, entramos en un barrio al cual ni siquiera le convenía el epíteto de 'reciente'. Inmuebles de cuatro o cinco pisos surgían en medio de un conjunto de casuchas de muros decrépitos, negocios con vidrieras tristes, con carteles herrumbrados y torpemente rebarnizados; y en un cruce de calles, en un ángulo, una pizzería, otro bar donde, sentados en una mesita, jugaban a las cartas unos viejos; me encontré, por así decir, en los suburbios de Buenos Aires".[1]

Sobre la ciudad se prolonga la sombra de la guerra y de la derrota. No hay compasión hacia el joven extranjero por parte de los que alquilan habitaciones, avaros y hostiles, endurecidos por la desgracia: "Una pobreza extrema obligaba a muchos habitantes de Roma a compartir la propia intimidad con desconocidos para aumentar, en el mejor de los casos, una pensión miserable. La guerra había interrumpido sus vidas y la posguerra se extendía aún sobre la península. Todos habían perdido a alguien y, a veces, a un muchacho, su única esperanza. Un día les notificaron de su muerte, el nombre del lugar donde había caído sin restituirles el cuerpo".[2]

Un mundo intelectual chato, famélico, todavía desorganizado y veleidoso incluso en las manifestaciones más avanzadas, como en el cine, no está en condiciones de asimilar al recién llegado, denunciado por colegas envidiosos cuando encuentra una ocupación fuera de los canales prescritos para los extranjeros (aunque ninguno le sugerirá que realice los trámites para el reconocimiento de la ciudadanía italiana).

La aventura italiana de Bianciotti concluirá con su transferencia a España, en el crepúsculo de un régimen, el franquista, más descuidado que tolerante, y donde una alta sociedad curiosa admite de un modo esnob cierta frecuentación de la excentricidad artística. De España pasará a París, cerrando su ciclo europeo con un final alegre: el ítalo-argentino deviene colaborador literario de *Le Monde*, el factotum del editor Gallimard, un escritor en lengua francesa.

Bianciotti seguirá la literatura contemporánea italiana con suma atención. Pero en sus novelas Italia queda opaca y apagada. No se salva la Italia monumental; en Florencia lo impresiona la discreta gentileza de los habitantes con los forasteros, pero la extraordinaria semejanza de las florentinos con las figuras de los cuadros renacentistas los hace "pálidos objetos estéticos".[3] Sin embargo, Cumiana, el pueblo piamontés de origen de la protagonista de su primera novela en francés, no es como lo imaginaba él, "hostil, pedregoso, ávido, cerrado entre prominencias, sin árboles y, por así decir, sin una verdadera tierra ni un cielo verdadero".[4] Por el contrario, atravesada la periferia de Turín, he ahí un paisaje sonriente y tan dulce que "cada cosa y en particular los bosques parecían todavía en la infancia y los colores eran nuevos"; y, en fin, en un valle circundado por lejanas montañas, aparece Cumiana: casas esparcidas pero una plaza con pórticos y una iglesia grandiosa. Sin embargo, la gente ya es extraña y no habla más el piamontés.[5]

En realidad, el retorno a Italia no es un salto a la oscuridad pero es siempre un viaje a algo inesperado. Un escritor uruguayo, José Pedro Díaz, italiano de parte de madre, se dirige a Marina di Camerota, un pueblo del Cilento, en las vecindades de Cabo Palinuro, tras las huellas de los cuentos fabulosos de un tío pescador, que evocan con tonalidad de leyenda homérica "un luminoso esplendor coloreado de azules profundos y verdes brillantes, resonante de mar y de voces de pescadores, surcado por el movimiento interior de luces lentas que flotaban en la sombra de un golfo".[6] Pero si algunas cosas, el mar brillante y el cielo azul, se daban por descontado "otras existían de un modo sórdidamente concreto, tan inmersas en una obtusa rutina provincial que las sentía yacer inermes y como recorridas por una gangrena sutil e implacable que dejaba intacta, pero por piedad, la plenitud exterior de la forma".[7]

Sobreviven —son los inicios de los años setenta— el mundo de las mujeres viejas y jóvenes vestidas de negro y un tipo de vida primordial: en ningún momento el lugar de origen es una opción de vida para el visitante que acorta al máximo su estadía.

Paisaje con inmigrados

Si la Roma de Bianciotti es todavía pobre y abandonada, el pequeño pueblo de Díaz es siempre tierra de emigración, aunque de una emigración diversa, no más aquella dirigida hacia el Río de la Plata, sino la propia de la fase migratoria posbélica dirigida hacia Venezuela, si bien en el imaginario popular Caracas se confunde con Montevideo y los *carachesi* (caraqueños) con los uruguayos. El panorama cambiará completamenta a partir de los años ochenta.

Los caraqueños han vuelto, han construido 1700 departamentos de alquiler a los 80.000 veraneantes que acuden en multitud a Marina di Camerota durante el verano. En el pequeño puerto hay 250 atracaderos para las "barcas" de los turistas. La goleta *Leone di Caprera* que en 1880, con un marinero de Camerota y otros dos compañeros, había afrontado la gran travesía de Montevideo a Livorno para llevar un libro de firmas a Garibaldi, está en una gruta-museo. En cuanto a los recuerdos homéricos, la discoteca que funciona hasta la mañana con la música a todo volumen está en otra gruta y se llama *Il Cíclope*.[8]

Pero los retornados tienden a ver el progreso material de Italia con una luz no menos sombría que la que rodeaba a una pobreza atávica. Antonio Dal Masetto, piamontés, emigrado a los doce años con la familia a la Argentina, ha vivido en Italia de niño el tiempo de la guerra y de la primera posguerra, tanto como para reconstruirlo en los recuerdos de una protagonista femenina, probablemente delineada sobre un personaje de familia, en una biografía verosímil de una joven operaria de los años treinta y cuarenta.[9] En una nueva historia describe el regreso del mismo personaje, después de cuarenta años, sobre las huellas de su pasado a una Italia irreconocible, enriquecida, calma, sin más tensiones, pero cambiada para peor.[10]

El viaje es una odisea: robo de los documentos en Fiumicino, riesgos de arrebatos en las calles por parte de gitanillas, frialdad de los parientes, ninguna curiosidad por el país del que viene y del que ignoran todo, interés sobre todo en conocer el nivel económico de la viajera o en cobrarse facturas no saldadas, deudas añosas, litigios irresueltos siempre de naturaleza financiera. En suma, vidas ya completas que no tienen lugar para un momento de novedad familiar si no está acompañado por un posible provecho, rasgos sádicos (la visita a una muestra sobre la tortura), racismo y desprecio por los inmigrados extracomunitarios (no sin una lista de los delitos a su cargo en Italia y en Alemania).

Lo que cuenta en una Italia de bienestar pero que se ha tornado árida y áspera es el dinero. Y no falta quien lo admite: "La gente se ha transformado en cínica, especulativa, falsa. Todos defienden su pequeña bolsa de pepitas de oro. La historia, la gloria no cuenta. Son mármoles para la fotografía, informes o tesis universitarias. Hemos perdido la grandeza, hemos perdido la fiereza. Por lo tanto, hemos perdido todo. Ahora nos aguarda una lenta agonía. La única realidad es la bolsa de pepitas de oro".[11]

La conclusión es una Italia a perder y de nuevo perdida, como piensa la protagonista en el momento de volver a partir.

Extrañamente, la reacción es peor para quien vuelve a la Italia del Norte que para quien regresa al Mezzogiorno. Los directores ítalo-americanos están felices de reconocerse lucanos, calabreses, sicilianos. El escritor Guy Talese descrubre sus raíces y encuentra la inspiración para un best-seller en Taormina: "Entre Taormina y yo nació una historia de amor. En Calabria había visto la historia y el arte en toda su decadencia: la tierra paterna me había parecido primitiva, árida, llena de ruinas. En Sicilia vi el esplendor: los monumentos todavía íntegros, las improntas de las distintas civilizaciones, siempre inconfundibles. Aquí escribiré la novela de mi padre".[12]

Gioconda y Gabriella

Gioconda Belli desciende de un ingeniero de Biella que se casa en Nicaragua con la hija del general presidente Chamorro, padre de otros presidentes. El abuelo obtiene para sí y para sus herederos un carné de ingreso permanente a la oligarquía local que apoya a la tiranía de los Somoza, aunque hasta cierto punto: Gioconda, en realidad, educada por monjas en España, con estudios universitarios en Filadelfia y un vocación literaria, no la apoya y, con mucha sutileza, conciliará una doble pertenencia a la alta sociedad y a los comandos sandinistas.

De educación refinada, participará en convenciones en los países comunistas y en los países árabes, conversará de igual a igual con Fidel y con Raúl Castro así como con el general Giap y con Régis Debray. Patriota, ama a su país, "su cuerpo de lagos desmesurados y de elevados volcanes, de árboles con cimas indóciles e intrincadas, de valles húmedos y olorosos a café, de nubes parecidas a las mujeres de Rubens, de crepúsculos y de violentos aguaceros".[13]

De su ascendencia italiana, además del apellido, le queda también el nombre de bautismo (también la hermana tiene un nombre italiano, Pía), pero toda otra referencia a Italia y a la italianidad es rechazada. Venecia es el escenario de un episodio sentimental pero también de una completa separación: "En una góndola, en Venecia, a medianoche, nos intercambiamos los anillos de matrimonio. En los canales casi desiertos se oía sólo el sonido del remo en el agua y el grave y nostálgico grito del gondolero que anunciaba su llegada al dar vuelta en las esquinas. Así como la neblina flotaba sobre los canales, un tiempo incólume y eterno habitaba Venecia. Ese quieto romanticismo era totalmente extraño a mi vida. La agitación de Nicaragua me parecía más vivible y estimulante. En esa góndola me di cuenta, más que nunca, de que jamás me contentarían los goces pasivos y los placeres puramente sensoriales, que para mí nada podía competir con la contagiosa euforia de los sueños colectivos".[14]

La contagiosa euforia de los sueños colectivos no turba a Gabriella De Ferrari, hija de un caballero genovés que vive en una pequeña ciudad peruana como un caballero inglés en la India colonial, saboreando un whisky todas las noches, vistiendo ropas confeccionadas en Lima pero de tejidos ingleses, llevando un sombrero Borsalino, y de una dama, una Brignole, también ella genovesa, que lee *La Divina Comedia*.

El primer contacto con Italia es con la abuela materna, una ex belleza que recibe a padres e hija con un frío consejo: "Pónganse vestidos nuevos antes de hacerse ver en la ciudad. Parecéis ricos sudamericanos". La familia italiana vive según costumbres fijas y con secretos celosamente custodiados, en un paisaje, el ligur, "cuidado y perfecto", donde "la rudeza y el vacío del Perú eran reemplazados por una densidad cálida y equilibrada".[15]

Mujer entre dos mundos, afectivamente ligada al Perú de su infancia, pero apenas rozada por los dramas nacionales, por la guerrilla y por el terrorismo, no se decide a escoger entre el Perú e Italia y sólo descubre su identidad con las recetas gastronómicas referidas como apéndice en sus recuerdos: recetas que comienzan con una típica sopa latinoamericana, el *locro*, pero que siguen con una cantidad de platos ligures y terminan gloriosamente con el sabayón.[16]

Por fin, De Ferrari encuentra una identidad precisa: será una *gringa* (una extranjera) en Perú y una *latina* (una latinoamericana) en los Estados Unidos. También para Belli, los Estados Unidos son la etapa final, pero el marido "muy bello, con el rostro viril de *latin lover* del cine italiano", Charlie o Carlos, es un Carlo obviamente italiano. Tarde o temprano, de la italianidad no se escapa.

Europa: la infantería del trabajo se repliega

"Hemos estudiado durante todos estos años las partidas, debemos ponernos a estudiar los regresos. Éste es el trastocamiento que me parece ver perfilarse: porque creo que ya el temido evento ha comenzado a verificarse. Esto es: de los países transalpinos de ocupación plena —y, en particular, de Alemania y de Suiza—, la ola de retorno de los emigrados se perfila, desde hace cerca de un año, amenazante", anuncia el diputado Francesco Compagna en enero de 1975 en una mesa redonda que debía ocuparse todavía de los problemas y de las perspectivas de la emigración y que, en cambio, se encuentra con el fin de la emigración y con el fenómeno contrario, el retorno.[17]

El "temido evento" no enciende una estrategia de recuperación, conlleva sólo problemas y, en particular para el Mediodía, plantea un interrogante dramático: ¿es necesario dar preferencia en los puestos de trabajo a los desocupados locales o a los retornados de la emigración, a la "infantería del trabajo" que regresa? Compagna alude al ostracismo de los sindicatos, conscientes de que las calificaciones adquiridas en el exterior colocan a los repatriados en posición más favorable para ascender en las industrias que se van estableciendo en la Italia meridional, como Alfa Sud en Pomigliano d'Arco y Fiat en Cassino.

El Estatuto de los Trabajadores, en efecto, juega en contra de los retornados: las empresas no pueden proceder a tomar personal si no en correspondencia con selecciones, de hecho devenidas de competencia de los sindicatos, dentro de "nichos de mano de obra" delimitados territorialmente y sobre la base de listas de las cuales son excluidos los emigrados que regresan, aunque a veces resulte que han partido de países comprendidos en el nicho dentro del cual las empresas deben efectuar el reclutamiento. Según sostiene Compagna, se choca contra esta "feudalización" sindical de la mano de obra que contrasta con el principio constitucional de la libertad de movimiento.

Las otras intervenciones son menos apropiadas. Giuseppe De Rita se limita a evocar una evolución de la emigración que se dirigiría más hacia el sector terciario y especialmente hacia el pequeño comercio y que presentaría, por lo tanto, una movilidad mayor que la precedente, orientada hacia la industria.[18]

En nombre de las organizaciones sindicales, Giuseppe Vignola, secretario confederal de la CGIL, se asusta por las consecuencias de los retornados destinados a engrosar "el pantano de la desocupación y de la subocupación" y proyecta remedios para evitarlo remitiéndolos a una mayor protección de los trabajadores en el extranjero. Vuelve sobre un *leit motiv* de nuestros sindicatos: la invitación a nuestros connacionales a inscribirse en los sindicatos locales, notoriamente poco complacientes en los conflictos con los trabajadores extranjeros. En realidad, los sindicatos, tal como han empujado a los emigrantes al irse, empujarán luego para que se queden donde están. Lo que interesa es "afirmar el control democrático de los trabajadores y de los sindicatos en la colocación".[19]

El subsecretario de Relaciones Exteriores de ese momento, Granelli, replicará, con justicia, que el principio de pleno empleo no debe ser aplicado sólo a quienes se han quedado en Italia.[20] En realidad, sólo algunas regiones, como el Friuli-Venecia Julia, dispondrán medidas para facilitar el retorno de los propios compaisanos.

En conjunto, los estudios sobre los que regresan producirán los mismos resultados magros que los estudios sobre los que partieron. El "temido evento" será manejado por cuenta propia por los numerosos retornados. La alarma era injustificada, pero se repetirá veinte años después no por la emigración en Europa sino por emigración en América latina, no obstante un evento, no temido y no previsto: la inmigración extracomunitaria, que encontrará un pasaje en un déficit demográfico que Italia no había logrado resolver ni prevenir con medios propios.

América latina: la preferencia italiana

En una encuesta en las dos regiones brasileñas de colonización ítalo-alemana, Río Grande del Sur y Santa Catalina, se pide a los descendientes de los inmigrados italianos y alemanes que indiquen los países preferidos en caso de transferencia desde el Brasil.

Obviamente, los oriundos italianos ponen en el primer puesto a Italia y los oriundos alemanes a Alemania, pero con porcentuales diversos: el 90 por ciento en el caso de los italianos y el 70 por ciento en el caso de los alemanes. Menos obvio es el hecho de que los italianos atribuyan el segundo lugar a Portugal y sólo el sexto a Alemania, mientras que los alemanes eligen en segundo lugar a Italia.[21] Evidentemente, en la elección italiana por Portugal juegan el acercamiento más fácil a un país de cultura latina y el conocimiento de una lengua ya aprendida localmente; a la inversa, en la preferencia italiana de los alemanes (con una cuota relativamente elevada del 47 al 50 por ciento) influye un factor local, una relación positiva entre las dos comunidades: la posición privilegiada asumida por los alemanes llegados primeros no ha dado lugar a una seria conflictividad, incluso porque el pasaje de la agricultura al comercio y a la industria sobreviene en momentos diversos con la precedencia del elemento alemán respecto del elemento italiano que abreviará los tiempos recuperando el retraso pero en sectores de trabajo específicos.

En los hechos, sin embargo, la preferencia de las corrientes migratorias brasileñas no se dirigirá ni hacia Italia ni hacia Alemania, sino hacia los Estados Unidos, clasificado en tercer lugar tanto en la lista italiana como en la alemana, si bien es cierto que la posesión del pasaporte italiano o alemán es ambicionada, en cuanto facilita el acceso a aquella que es la meta de la mayoría de los expatriados latinoamericanos.

En cuanto al logro de los retornados desde Brasil, las investigaciones se refieren por ahora a grupos restringidos prevalentemente femeninos. En el caso de los oriundos y de los oriundos trentinos, persiste un fuerte apego a los modos de ser brasileños de lo que surge, como ha observado una joven estudiosa, una curiosa simetría: por una parte, "los retornados del Brasil intentan mantener vivo el recuerdo de la tierra allende el océano, buscan no olvidar sus costumbres y tratan de reconstruir en Italia un pequeño Brasil"; por la otra, en Brasil "se reconstruye, con las mismas modalidades a través de libros, carteles, fotografías, comidas italianas típicas, una cultura 'italiana' que se presenta siempre más como un sincretismo entre tradiciones véneto-trentinas e italiana en general y la cultura luso-brasileña".[22]

Más consistente que el de quien proviene de Brasil es el retorno de los ítalo-argentinos, que presenta, además, características específicas con respecto a las masas prevalentemente obreras repatriadas a partir de los años sesenta desde los países europeos y especialmente desde Alemania. Nacido como exilio político, durante la fase autoritaria 1976-1983, el regreso se ha transformado, con el empeoramiento de las condiciones de vida en la Argentina, en un exilio social y económico.

Psicológicamente el resultado es ambiguo. Según una encuesta, los inmigrados argentinos (un 60 por ciento en posesión de ciudadanía italiana) reconocen en Italia, en comparación con la Argentina, condiciones mejores en lo que respecta al trabajo, a los servicios sociales, a la riqueza, a la eficiencia administrativa, al orden público y a la libertad de expresión, condiciones pocos superiores en la vida cultural y en la asistencia hospitalaria, y peores condiciones en la habitabilidad, en la cordialidad y en la hospitalidad.[23]

El encuentro cultural resulta frustrante: en efecto, los argentinos subvaloran el propio ambiente intelectual, al que consideran "periférico" con respecto a las centrales externas de la modernidad, y tienden a ver en Italia la llave de acceso a estas centrales cuando no como una de ellas. Por el contrario, como observa Miguel Ángel García, y como pueden testimoniar muchos visitantes europeos, "en realidad, la Argentina es un país culturalmente vivaz, *aggiornado* y artísticamente productivo, con aspectos de sofisticación que se encuentran sólo en las grandes metrópolis", de donde el "impacto que deja helado, con una realidad urbana italiana constituida en su mayor parte por ciudades medias y pequeñas, inconfundiblemente provincianas" y la exigencia de una observación paciente para individualizar las riquezas culturales que se habían esperado y encontrar las propias raíces, "la explicación del propio modo de ser".[24]

Incluso esta desilusión de las expectativas culturales confirma, junto con los datos sobre la proporción de egresados y diplomados (el 72,5 por ciento del total o sea 46.000 sobre 64.586),[25] el carácter de elite de la inmigración argentina que debería encontrar su ubicación natural en el sector terciario avanzado siempre que encontrara canales ya debidamente predispuestos. De otro modo, el retorno puede ser amargo, como denuncia en una carta a Maurizio Chierici la hija de un ingeniero piamontés emigrado en 1953 a Brasil: "Hemos desembarcado con nuestras currícula, dirigentes, empleados. Finalmente recogimos cualquier oferta: sirvientes, tal vez barrenderos. Nada, sólo camareras o bien en negro".[26] De nuevo el derroche de recursos humanos valiosos.

NOTAS

1. Héctor Bianciotti, *El paso tan lento del amor*, trad. española, Barcelona, Tusquets, 1996, p. 43.
2. Ibídem, p. 48.
3. Héctor Bianciotti, *Le traitè des saisons*, trad. francesa, París, Gallimard, 1977, p. 134.
4. Héctor Bianciotti, *Sans la miséricorde du Christ*, París, Gallimard, 1985, p. 330.
5. Ibídem, pp. 332-333.
6. José Pedro Díaz, *I fuochi di Sant'Elmo*, trad, italiana de Elena Falivene, Cava dei Tirreni, Avagliano, 2000, p. 91.
7. Ibídem, p. 92.
8. Massimo Dell'Omo, Parole magiche a Camerota ordine, silenzio, mare", en *La Repubblica*, 5 de agosto de 2001.
9. Antonio Dal Masetto, *Oscuramente fuerte es la vida*, Buenos Aires, Planeta, 1992.
10. Antonio Dal Masetto, *La tierra incomparable*, Buenos Aires, Planeta, 1994, pp. 152-153.
11. Ibídem, p. 273.
12. Ennio Caretto, "Talese: a Taormina ho ritrovato le radici", en *Corriere della Sera*, 25 de agosto 1999.
13. Gioconda Belli, *Il paese sotto la pelle. Memorie di amore e guerra*, trad. italiana de Margherita D'Amico, e/o, Roma 2000, p. 55.
14. Ibídem, p. 295.
15. Gabriella De Ferrari, *Gringa Latina, a Woman of Two Worlds*, Nueva York, Kodansha, 1996, pp. 115-119.
16. Ibídem, pp. 161-176.
17. Actas de la mesa redonda sobre el tema: *Problemi e prospettive dell'emigrazione*, SSI (Servicio Social Internacional), Roma 1975, p. 7.
18. Ibídem, p. 14.
19. Ibídem, p. 20.
20. Ibídem, p. 32.

21. Renzo Gubert, "Cultura e valori dei discendenti di emigrati italiani e tedeschi nel Sud del Brasile. Le risposte al questionario", en Bruno Bertelli, Renzo Gubert, Gabriele Pollini, Giuseppe Sciadà y Luigi Tomasi, *Cultura e sviluppo. Un'indagine sociologica sugli immigrati italiani e tedeschi nel Brasile meridionale*, Milán, Franco Angeli, 1955, p. 213.

22. Roberta Guidolin, "Identità incerte. La persistenza della cultura degli emigrati trentini in Santa Catarina, Brasile", relatora Emanuela Renzetti, Universidad de Trento-Facultad de Sociología, año académico 2000-2001, p. 3.

23. Maria Adriana Bernadotti, "Progetto, sfida, bilancio" en José Luis Rhi Sausi y Miguel Ángel García (dir.), *Gli argentini in Italia. Una comunità di immigrati nella terra degli avi*, Bolonia, Synergon, 1992, p. 141.

24. García, "La comunità argentina in Italia", en ibídem, pp. 98-99.

25. Los datos son de 1991 e incluyen a 39.637 argentinos de ciudadanía italiana (ibídem, pp. 31 y 91).

26. Maurizio Chierici, "L'amarezza del ritorno", en *Corriere della Sera*, 27 de diciembre de 200.

VII

PANTALEÓN Y ARLEQUÍN

Los negocios de Italia son los negocios

El 24 de abril de 1883 el ministro de Agricultura y Comercio del Reino, Domenico Berti, inaugurando los trabajos del Consejo de Comercio e Industria, proclama: "Debemos seguir una política comercial de expansión hacia fuera y trabajar a fin de conquistar nuevas metas para nuestros productos en comarcas más lejanas". Berti retoma la exhortación que había hecho a su gobierno el economista francés Léon Say: "Nuestra Francia no está confinada en las fronteras. Los franceses en el exterior tienen nuestra misma lengua, nuestro mismo modo de ver desde el punto de vista industrial y comercial; en consecuencia, debemos estar en constante relación con la gran Francia externa". El ministro italiano hace suya la exhortación de Say: "Quizá podemos decir que Italia, el trabajo italiano, tiene una Italia económica más grande aún que la Italia geográfica y política en la que se trabaja".[1]

El 15 de julio del mismo año el ministro de Relaciones Exteriores Pasquale Stanislao Mancini, en una circular a los agentes consulares, los invitará a promover la constitución de Cámaras de comercio italianas. En rápida sucesión se formarán Cámaras de comercio en Montevideo (1883), Buenos Aires (1883), Alejandría de Egipto, (1884), Rosario (1884), Constantinopla (1885), Túnez (1885), San Francisco (1885), París

(1886), Londres (1886), Nueva York (1887). Se crearán otras, después de 1890, sin subsidios gubernamentales en Valparaíso, San Pablo, Ginebra.[2]

Exponentes de la izquierda, como Berti y Mancini, no se separan en el fondo de la posición tomada en su momento por Ricasoli, sostenedor de aquella vocación mercantil de Italia que se realiza en la etapa inicial de su modernización, de modo instintivo, a través de la emigración, única vía posible para resolver el problema italiano, descartando las colonias territoriales, y constituyendo colonias comerciales sin ejercicio de una soberanía territorial.

Para un parlamentario de la época, en realidad las Cámaras debían transformarse en un organismo de ligazón entre comercio y emigración, entre la elite empresarial y el resto de la "colonia". El barón Giulio di Castelnuovo sostiene que las Cámaras del extranjero, además de asumir todas las atribuciones de las similares italianas, debían funcionar apoyándose en las autoridades consulares, como representaciones de la colectividad, ampliando la propia base no sólo a los empresarios y a los profesionales sino a todos los "trabajadores honestos". De tal modo, ya su activa presencia serviría para atraer a los migrantes hacia las áreas más favorecidas.[3] Castelnuovo, que expresa sus críticas en 1887, está muy lejos de mostrarse satisfecho por el desempeño de las Cámaras existentes: "Tal como están ahora, me parecen academias más que instituciones prácticas para lograr ser útiles al comercio de la madre patria y de las colonias".[4]

En otros términos, las Cámaras de comercio deberían desarrollar las funciones que, un siglo después en 1986, desenvolverán las *Comitati italiani dell'emigrazione* (Comités italianos de la emigración —Coemit—), luego denominados *Comitati degli italiani all'estero* (Comités de los italianos en el extranjero —Comites—), verdadera y propia representación electiva de los connacionales en cada circunscripción consular. Históricamente la diferenciación entre las Cámaras, expresión de una elite restringida, por lo común interesada más en exportar a Italia sus propios productos que en importar los italianos y las asociaciones mutualistas y regionalistas a los cuales adhiere la mayoría de los connacionales, hará de las colectividades italianas un mosaico multicolor, diluyendo los intereses comunes. Separados entre ellos, el Pantaleón de las Cámaras y el Arlequín de la constelación asociativa no constituirán ese conjunto coherente y influyente, presupuesto necesario de una colonia comercial o de aquella red robusta permanente que hoy se suele definir como *business community* o comunidad de negocios.

Las colonias comerciales ausentes

Privadas de conexiones orgánicas con las colectividades, condicionadas por los subsidios gubernamentales, las 62 o 66 Cámaras de comercio italianas en el extranjero han sido con mucha frecuencia órganos periféricos de la Italia de adentro más que centros representativos de la Italia de afuera, de la Italia económica externa. En primer lugar, deberían ser muchas más, al menos tantas cuantas son las oficinas consulares dirigidas por funcionarios de carrera (114). Pero la misma Unión de Cámaras, por temor a perder las contribuciones públicas, ha seguido en este campo una política restrictiva.

En segundo lugar, la influencia de los cuadros de empleadores (dirigentes de empresas y bancas italianas) con poderes limitados ha sido en muchos casos mayor que el peso de los empresarios locales o ha ofrecido una coartada a su falta de interés.

En tercer lugar, la excesiva dependencia de la central gubernamental y el rol a menudo fuera de la mira asumido por los industriales ítalo-locales más eminentes no han conferido, salvo excepciones, a nuestras Cámaras una jerarquía frente a las autoridades de los países huéspedes que resulte comparable si no, por cierto, al prestigio de las Cámaras de comercio estadounidenses, al menos al de los organismos análogos ingleses, franceses y a veces españoles, no obstante un conjunto de intereses empresariales abigarrado y robusto. En este aspecto, prevalecerá durante mucho tiempo la estrategia de bajo perfil político, cuando no de absoluto apoliticismo, seguida no sólo por las grandes empresas italianas locales o peninsulares sino también por la mayoría de los operadores económicos italianos.

Obviamente cada Cámara representaba y representa un caso en sí mismo. Sobre todo, se ha demostrado como una tarea ardua, incluso en tiempo recientes, coordinar mejor con las Cámaras la actividad de las oficinas locales del Instituto de Comercio exterior, técnicamente bien fornidas pero creadas y disueltas según una geopolítica improvisada.

De modo que, en más de un siglo de existencia, sólo en algunos casos y no de modo permanente se ha logrado la concreción de figuras similares a las colonias comerciales de la tradición histórica mercantil italiana, no obstante algunos logros modelo en el Levante, en la América latina, en Europa y en los Estados Unidos.

El prototipo casi perfecto de colonia comercial es el de la Cámara de San Francisco en los años treinta. Después de haber asumido el control de algunos sectores como el de la alimentación (entre otros, hay un italiano, Fontana, que crea una multinacional, la Del Monte), los italianos están presentes en el sector financiero con el Bank of Italy, futuro Bank of America, fundada por el ligur Giannini. El frente único entre consulado, Cámara, asociaciones, club, prensa, programas radiofónicos en italiano, llevará a la elección en 1931 de un alcalde italiano, Angelo Rossi, y a la renovación de su mandato hasta 1944.[5]

La "historia secreta" disipará, a causa de los eventos bélicos, el período áureo de la "colonia italiana" de San Francisco, que permanece como un caso en sí mismo, en cuanto se realiza en el cuadro de un completa adhesión al régimen fascista italiano sufriendo, como consecuencia, el contragolpe destructivo de 1941.

Indudablemente, el solo comercio se revelará para las Cámaras italianas como un adhesivo efímero, también porque, al ser con suma frecuencia muy favorable a Italia, no muestra, por ende, necesidad de ulteriores incentivos. El ingrediente permanente debía ser provisto por las iniciativas industriales que comenzarán a aparecer no en forma aislada (es el caso en 1894 de la industria textil de Enrico Dall'Acqua en Buenos Aires y luego en San Pablo y de la Pirelli en Barcelona en 1902) en la época de entre guerras y especialmente después de la revaluación de la lira en 1927, cuando diversas empresas italianas efectúan inversiones directas en el extranjero en emprendimientos productivos, es decir, cuando, en pocas palabras, devienen "multinacionales". La internacionalización se refiere a diversos sectores: las bebidas alcohólicas (Cinzano, Martini, Stock, Fratelli Branca), los medios de transporte (Fiat), la mecánica (Marelli), las fibras textiles (Snia Viscosa), las máquinas para oficinas (Olivetti).[6]

Una ocasión ausente: el capitalismo reacio

Ya a fines del ochocientos se ventila la fórmula del desarrollo conjunto de la industrialización italiana con la de países como la Argentina y Brasil, pero la fórmula encarnada por Enrico Dall'Acqua, el príncipe mercante de Einaudi, es demasiado inteligente para un capitalismo inmaduro y ávido de ganancias inmediatas como el italiano.

Y, sin embargo, después del ensayo de Einaudi no faltan sugerencias ingeniosas. En 1912, en ocasión de la fundación en Génova de una Cámara de comercio e industria ítalo-argentina por iniciativa del cónsul argentino, un experto italiano, Angelo Ramajoli, señalaba la necesidad de que Italia "no se limitase al poblamiento argentino"; recordaba los capitales franceses, alemanes, ingleses invertidos en vías férreas y en obras públicas del Nuevo Mundo y proponía que "el mismo ahorro acumulado por nuestros emigrantes que, en centenares de millones, cruza anualmente el océano, no para vivificar la industria y el comercio italianos sino para perder vigor en títulos del Estado, se transformase, garantizado por el Estado, en un factor poderosísimo para la creación de intereses italianos en la Argentina... con total beneficio de la actividades manufactureras italianas".

"La industria de la seda, desplazada en gran parte por la competencia extremo-oriental", subrayaba Ramajoli, "la algodonera, afectada por una crisis perpetua de excesivo desarrollo, la siderurgia, trabajosamente sostenida por los principales institutos de crédito, habrían podido encontrar una libre salida a toda la producción, con inmensa ventaja para la economía nacional, si la obra sabia de algún espíritu agudo, previniendo a tiempo, hubiese advertido los enormes beneficios que la emigración podía reportar directa o indirectamente".

Los "espíritus agudos" de la edad de Giolitti están en general distraídos y Ramajoli no puede hacer otra cosa que amargarse por las ocasiones que se han dejado escapar: "Una óptima oportunidad se ha perdido para los capitalistas italianos con la falta de participación en la construcción de las vías férreas argentinas, fruto en cambio de la creación de potentes organismos autónomos, financiados en gran parte por capitales europeos, cuya obra ha sido decisiva también para la puesta en valor y el aprovechamiento de las riquezas naturales del interior, al punto de hacer afirmar al *Times* que en ningún otro país mejor que en la Argentina el capital inglés ha tenido un óptimo y seguro beneficio".

En cambio, concluía Ramajoli, las empresas ferroviarias privadas italianas, aun disponiendo de capitales relevantes, después de la nacionalización de la red italiana, "no han logrado encontrar un nuevo campo dentro del cual desarrollar clara y provechosamente su actividad, mientras que, más allá del Atlántico, empresas análogas, financiadas por capitales europeos, todavía hoy pueden retribuir a sus propios accionistas con dividendos que, para nosotros, serían quizás excesivos".[7]

Por lo demás, las vías férreas argentinas fueron proyectadas, al menos en parte, por técnicos italianos, como el ingeniero lombardo Pompeo Moneta. Y, puesto que la historia estúpida se repite, las sociedades eléctricas italianas, después de la nacionalización en 1963 de la energía eléctrica, lograrán perder, como medio siglo antes las filiales ferroviarias, las conspicuas indemnizaciones recibidas.

Pantaleón vestido de harapos crea un imperio industrial

Italia sale derrotada de la Segunda Guerra Mundial, pero no sale pobre, es más, sale más rica que antes. Hay un exceso de mano de obra, pero hay igualmente un exceso de capitales. Y al río de emigrantes que se dirige hacia el exterior se une en la misma dirección —aunque pocos lo saben y será difícil acertar en la cifra precisa— un río de dinero destinado preferentemente a inversiones industriales, un río de dinero cuya entidad precisa no se sabrá jamás, sobre el que cae una "cortina de silencio",[8] pasando por diversos canales.

La pérdida de las inversiones en Europa oriental, en particular en el sector de seguros en Hungría y en Checoslovaquia y en el sector industrial textil en Rumania, es compensada por una nueva expansión en Occidente.

Oficialmente, entre 1945 y 1954, se constituyen 23 filiales productivas en el extranjero, 21 en el quinquenio siguiente y 62 en los años sesenta.[9] Sólo esta actividad explica cómo en 1975 Italia está en el cuarto puesto en el mundo siguiendo a los Estados Unidos, a Inglaterra y a Francia, pero precediendo a Alemania, que todavía está reconstruyendo el propio aparato industrial interno, y al Japón en las inversiones internacionales, es decir, en las inversiones en países distintos al de origen.[10]

En 1971, la Banca de Italia calcula que la facturación en el extranjero de las multinacionales italianas es de 3.915 millones de dólares. Para el mismo año, según las Naciones Unidas, la misma facturación de las multinacionales italianas llega a los 6.700 millones de dólares.[11] En 1983 alcanza los 17.000 millones de dólares.[12]

En 1992 las empresas que toman parte en Europa occidental, en total 621, registran una facturación de 64 billones de liras, y ocupan a 251.000 trabajadores; en América del Norte, 167 empresas tienen una facturación de 13,870 billones de liras y ocupan a 58.000 trabajadores; en América latina, 156 empresas facturan 11 billones y ocupan a 97.000 dependientes; en África, 78 empresas facturan 8,5 billones de liras con 26.300 empleados.[13]

Un éxito significativo tienen en particular las empresas italianas en Brasil, que, en 1995, encabezadas por el grupo Fiat, se encuentran en el cuarto lugar —después de las multinacionales alemanas, americanas e inglesas— en cuanto a facturación, a pesar de que ésta se ha reducido en un 10 por ciento respecto de la del año precedente; pero conquistan el primer puesto en los beneficios: acumulan un 23 por ciento, poco menos de la cuarta parte del capital invertido.[14]

Casi un imperio —el reino de las multinacionales italianas— por cuanto, aunque menor en su conjunto al alemán, francés, inglés y americano, sin embargo es un gigante financiero, no con dos pies de arcilla pero ciertamente con uno.

Italia llama a Italia

La Italia multinacional no es, según algunos economistas, una Italia verdaderamente global: descuida áreas como Medio Oriente o Asia y en África sus inversiones tienen un único actor, la ENI, y un único objeto, el petróleo. Fundamentalmente, se trata de ampliar, concentrándose en áreas preferenciales, el mercado doméstico.[15] Instintivamente las empresas han escogido otra Italia.

En efecto, a diferencia de una política exterior general y de objetivos variables, las multinacionales italianas siguen, desde la inmediata posguerra, una geopolítica precisa: España y Francia en Europa, Estados Unidos, Brasil y la Argentina fuera de Europa, es decir, todos países, salvo España, con un fuerte componente étnico italiano. Esta elección privada de las empresas coincide con la elección privada de la mayoría de los emigrantes en el mismo período de tiempo, los años cincuenta. En lo que respecta a España, la participación italiana en la guerra civil y las exigencias de la reconstrucción han facilitado la permanencia de cuadros empresariales y técnicos constituidos a menudo por los veteranos italianos de aquel conflicto.

En los asentamientos en el exterior las multinacionales italianas crean verdaderas y propias "colonias industriales". Al trío Fiat-Pirelli-Olivetti se unen las filiales vinculadas de las pequeñas y medianas empresas proveedoras. Se ofrece así una sólida base a Cámaras de comercio binacionales eficientes con presidentes de prestigio; se refuerzan las empresas de propiedad italiana del lugar y las instituciones públicas italianas. Consulados, escuelas, institutos de cultura, Cámaras de comercio, oficinas de la ICE y de la ENIT forman un circuito nacional virtuoso inserto en el corazón de la sociedad local.

En este sentido, ejemplos típico son la colonia italiana de Barcelona, en los años sesenta, y la de Buenos Aires en la misma época. Los grupos de presión ítalo-españoles facilitarán el difícil diálogo entre Roma y Madrid sobre la negociación española con Bruselas. Y en 1971 una firme, aunque cuidadosa, admonición del embajador italiano Tallarigo que, en un discurso en la Cámara de Comercio de Buenos Aires, subraya el aporte de la Italia económica al desarrollo argentino, llevará al replanteo del gobierno local de una disposición juzgada perjudicial para los intereses de la industria ítalo-argentina.[16] En 1982 le tocará al gobierno italiano asumir la insostenibilidad de una posición antiargentina en el conflicto con Inglaterra sobre las Malvinas-Falkland, como consecuencia de las presiones de la comunidad político-económica italiana de Buenos Aires.[17]

Los resultados alcanzados por las multinacionales italianas deben mucho a ciertos personajes fabulosos, herederos de los comerciantes y banqueros de la época del primado italiano, auténticos pioneros de la Italia de afuera. Aparte de Agostino Rocca y de los ingenieros ítalo-argentinos, se encuentran hombres como Teodoro Pigozzi, presidente de la Cámara de comercio italiana de París en 1939 y presidente de la Simca, la cuarta casa automovilística francesa ligada hasta los años cincuenta a la Fiat,[18] Spartaco Boldori, que se encargará de la instalación de la Fiat en España: y en sus bases italianas encontramos a Adriano Olivetti y a un banquero iluminado, Raffaele Mattioli. Tampoco se puede olvidar la guerra de corsarios conducida con coraje por Enrico Mattei para insertar al grupo ENI entre los grandes de la industria energética. Guiadas por hábiles emisarios, las empresas italianas, tanto públicas, como la SNAM y la Ansaldo, como privadas, como la Techint, la Condotte, la Vianini, la Astaldi, la Impregilo, la SADE, tienen la primacía en los grandes trabajo. En los años ochenta, en América latina están en el segundo puesto después de las americanas.

Al imperio italiano le falta un último espaldarazo para hacerse reconocer en la primera fila del club exclusivo de la gran finanza internacional. A fines de los años ochenta, los grandes grupos privados italianos pasan al ataque. Sólo que el terreno preescogido para el desafío (Europa, los Estados Unidos) está cubierto de minas.

El amargo té de los condottieri*

Aparentemente, Italia es admitida en el gran juego. "En torno a la mesa, el tío Sam, el *businessman* americano, el sa-

---

* En el Medioevo y en el Renacimiento un *Condottiere* era un capitán de aventura; por extensión se denomina así a los que comandan ejércitos, guían a los pueblos o dirigen grandes empresas. *N. del ed.*

murai del Japón, el industrial alemán, el diplomados de las grandes escuelas de París, el *maffioso* italiano representan a las naciones más ricas del mundo occidental."[19]

La definición insultante del hombre de negocios italiano, acuñada en 1984 por dos economistas franceses, ya de por sí indica la escasa simpatía internacional por el mundo empresarial italiano, aun cuando no sea heredero de los mafiosos italianos con doble efe o con una sola sino de los banqueros y de los mercaderes del Renacimiento. Ella anticipa, por otro lado, la reacción del mundo financiero europeo ante el intento de los *"condottieri"*, de los grandes y majestuosos señores de la industria italiana, de los Agnelli, de los De Benedetti, de los Pirelli, de conferir una dimensión europea a sus propios grupos, de contar algo en más en los salones buenos de esa Europa unida, en la cual quizás creen o creían más que sus competidores franceses y alemanes.

De Benedetti apunta en 1987 sobre la Société Génerale de Bélgica, que controla un pequeño imperio de empresas mineras en Bélgica y en el Congo. *La Repubblica* apenas llega a proclamarlo "rey de Bélgica"[20] (ya ha acumulado un número suficiente de acciones como para obtener la mayoría relativa en la SGB): una coalición de grandes bancos franceses y belgas lo defenestran antes de la coronación. El *boomerang* será letal: la Olivetti, una de las estrellas de la tecnología italiana de avanzada, se despeñará hacia una triste decadencia.

Contemporáneamente, en América las cosas no van mejor. La Banca Comercial trata de comprar el Banco Irvin, pero la operación es bloqueada por las autoridades americanas pues, en el caso de la Comercial, se trata de un institución con participación estatal. El grupo Ferruzzi, que ha logrado un lugar entre los grandes de las materias primas alimentarias, intenta un gran golpe en la Bolsa de Chicago jugando con la elevación de los precios de la soja. La maniobra es bloqueada por medio de pretextos especiosos, hasta ahora rechazados en vía judicial. De inmediato, el grupo se desintegra en pedazos acaparado por grupos de competidores.[21]

Siempre en América, a Leopoldo Pirelli, que proyecta un salto adelante para su grupo, se le escapará de las manos la Firestone: se la sustrae la japonesa Bridgestone. Para nada desalentado, retoma su batalla en Europa y, apoyado por la gran finanza italiana, intenta la escalada de la fábrica alemana de neumáticos, Continental: "Sólo por haber pensado una cosa así merecería un premio. La Continental es perfecta y, sobre todo, está en Alemania, esto es, en el corazón de la Europa de pasado mañana. Pero la operación fracasa. Es inútil volver a pensar en el porqué y el cómo", escribe Giuseppe Turani, "Pirelli y Mediobanca fallan y deben retirarse. La Pirelli arrastra en esto enormes pérdidas. Y debe comenzar pronto a pagar. Son precios muy elevados. Para cubrir las desventuras en tierra alemana decide vender todo el sector de productos diversificados por un millar de millones, y Mediobanca, para conceder un buen préstamo, hipoteca más del 80 por ciento del sector cableado (que es el futuro de la Pirelli)".[22] Como un verdadero caballero, Leopoldo Pirelli cederá le riendas del grupo al yerno Tronchetti Provera.

Más simple se presenta para el grupo Agnelli la escalada de la francesa Exor: se trata con dos señoras griegas como en familia. Pero la Exor incluye también un agua mineral famosa, la Perrier: los franceses la defenderán como si fuese el agua sagrada del Marne. Los Agnelli se las arreglarán con un compromiso.[23] Los problemas vendrán más tarde y en el sector automotor. En su momento, la Fiat había querido confiscar a la Citroën-Peugeot: las negociaciones habían fracasado porque la casa turinesa no había dado suficientes garantías al grupo de brillantes ingenieros que controlaba la casa francesa. El resultado de hoy es que la sociedad francesa, gracias a la fantasía de sus técnicos, ha superado ampliamente a la Fiat.[24]

Las consecuencias de estas desventuras son graves para el sistema Italia. Aparte del caso Ferruzzi, las otras compañías estaban en la vanguardia del proceso de internacionalización con cuotas de producción en el exterior superiores a las de las multinacionales estadounidenses y, precisamente en el caso de la Fiat, superiores a las de la Ford y la Chrysler; en el caso de la Pirelli dichos montos eran superiores a los de la Goodyear, en el caso de la Olivetti a los de la IBM. Moraleja de la fábula: en una época aparentemente defectuosa pero en realidad vivaz y ágil, el imperio italiano a fines de los años noventa parece claudicar seriamente.

Más que de la pérdida de un imperio se corre el riesgo de retroceder a colonia, de ser invadido por las multinacionales de los otros países, como advierte Piero Ottone,[25] mientras que un experto en geopolítica, el general Jean, criticando la política de privatizaciones que ha ofrecido un caballo de Troya a los bancos y a las empresas extranjeras, observa: "No se está considerando adecuadamente, a diferencia de lo que se ha hecho en Francia, la oportunidad de mantener bajo control italiano las empresas estratégicas y de crear grupos que puedan constituir los nuevos campeones 'geoeconómicos nacionales'. Las empresas italianas son compradas fácilmente por adquirentes extranjeros pero encuentran grandes dificultades en adquirir propiedades en otros países europeos".[26]

Lobos y hormigas

En momentos graves hay siempre una Italia de reserva, de adentro o de afuera, que socorre a la Italia vacilante. Existen en Italia aquellos que Ottone llama los "lobos solitarios", los fundadores de nuevas dinastías industriales, los Benetton, los Del Vecchio, los Ferrero. Hay en el exterior aquellos de quienes decía Guido Carli, conversando con Ottone: "Viajo por el mundo e incluso en los lugares más impensados encuentro italianos voluntariosos, trabajadores, que se encolumnan por todos lados como las hormigas. No se quedan jamás quietos".[27] Si el italiano de la Bota suele dar la impresión, por lo demás superficial, de la cigarra, o se complace en parecerlo, el del exterior sigue siendo una hormiga laboriosa e incansable.

Y luego está el caso del Véneto, una de las regiones que más contingentes ha proporcionado a la emigración y que no sólo se ha constituido en una base sólida de exportaciones para Italia, con el boom de las pequeñas y medianas empresas, sino que en sí misma se ha transformado, como modelo de desarrollo, en un sistema que ha maravillado al mundo, un sistema que muchos países desearían importar.

Precisamente las ciudades vénetas —como las ciudades de otras regiones en las que el modelo, ya más central y adriático que véneto, se ha propagado— están a la cabeza de un movimiento análogo a las migraciones mercantiles del pasado. En este sentido, resulta típica la instalación de más de 10.000 pequeñas y medianas empresas vénetas en Rumania, con inversiones relativamente bajas pero con efectos positivos en la ocupación de la mano de obra local e, indirectamente, gracias a una elevada productividad, en el sector exportador italiano. Algunas ciudades rumanas como Timisoara, Arad y Oradea se transforman, como señala Gad Lerner, enviado de la *Stampa*, en apéndices del sector manufacturero véneto, en colonias, o mejor, en distritos industriales ítalo-rumanos. Pero la esfera de influencia italiana se extiende: debemos considerar el este europeo como un territorio doméstico, parte integrante de nuestra economía, dice a Lerner un profesor de la Universidad de Padua, Maurizio Mistri.[28] últimamente, siempre en Rumania, en Cluj, polo de la informática y de la electrónica, se ha formado otro distrito industrial con la instalación de 645 empresas italianas que utilizan a los técnicos particularmente calificados, salidos de la universidad local.[29]

Las hormigas se han vuelto agresivas y los lobos solitarios ya no actúan solos sino en grupos, pero los niveles elevados se consolidan. En la lista de las doscientas personalidades más ricas del mundo la revista americana *Forbes* ha incluido a cuatro italianos: Silvio Berlusconi, Luciano Benetton, Gianni Agnelli y Leonardo Del Vecchio. ¿Pocos, respecto de los siete franceses? Basta añadir a los italianos del exterior: Roberto Rocca es incluido, con otros dos personajes, en el trío más rico y poderoso de la Argentina, el ex veterano de la Marina italiana Anacleto Angelini es uno de los tres representantes de Chile, los ítalo-helvéticos Fabio y Ernesto Bertarelli pertenecen a la familia más rica y poderosa de Suiza.[30]

Hay una emigración nueva de empresarios y de cuadros técnicos que no se ha perdido porque no corta sus vinculaciones con Italia, sino que las renueva y las refuerza. Después del largo y doloroso paréntesis de la emigración de masas vuelve a aparecer la emigración de elite, aquella que puede coordinar y sumar a la Italia de afuera y a la Italia de adentro.

NOTAS

1. Citado en Ulema (barón Giulio di Castelnuovo), *Italiani all'estero. Emigrazione e Camere di commercio coloniali*, Roma, Stabilimento Tipografico Italiano, 1887, p. 24.

2. Emilio Franzina, "Le comunità imprenditoriali italiane e le Camere di Commercio all'estero", en Giulio Sapelli (dir.), *Tra identità culturale e sviluppo di reti. Storia delle Camere di Commercio italiane all'estero*, Unioncamere, Rubbettino, Soveria Mannelli (Catanzaro), 2000, pp. 53-54.
3. Ulema, ob. cit., p. 21.
4. Ibídem, p. 23.
5. Mil Vassanelli, "La Camera di Commercio italiana di San Francisco", en Giovanni Emilio Fontana y Emilio Franzina, *Profili di Camere di Commercio italiane all'estero*, Unioncamere, Rubbettino, Soveria Mannelli (Catanzaro), 2001, pp. 134-136.
6. Fabrizio Fuga, *Geopolitica delle multinazionali*, Pacini, Ospedaletto (Pisa), 1993, pp. 158-159.
7. Cito la intervención de Ramajoli, publicada en el boletín de la Cámara que entrará en funciones en 1913, de la síntesis de Francesco Surdich, "La costituzione a Genova della Camera di Commercio e Industria Italo-argentina (1913)" en *Quaderni*, nueva serie, 5-7 de agosto de 1974, San Pablo, Instituto italiano de Cultura.
8. Nicola Cacace (con la colaboración de Antonello Buccellato), *La multinazionale Italia. Il capitalismo italiano all'estero*, Roma, Coines, 1977, pp. 71-72.
9. Fuga, ob. cit., p. 160.
10. Cacace, ob, cit., pp. 71-72.
11. Ibídem, p.41.
12.R & P Ricerche e Progetti, con la colaboración de OSPRI-Universidad Bocconi, "L'Italia multinazionale. L'internazionalizzazione dell'industria italiana" en *Il sole-24 Ore*, Milán, 1986, p. 162.
13. Fuga, ob. cit., p. 167.
14. "Melhores e Maiores", *Exame*, agosto de 1996.
15. Fuga, ob. cit., p. 168.
16. Incisa di Camerana, *L'Argentina, gli italiani*, cit. p. 635.
17. Ibídem, pp. 649-651.
18. Sobre Pigozzi, véase Milza, *Voyage en Ritalie*, cit. pp. 386-387.
19. Yves Barou y Bernard Keizer, *Les grandes économies. Etats-Unis, Japon, Allemagne Féderale, France, Royaume Uni, Italie*, París, Seuil, 1984, p. 9.

20. Piero Ottone, *Saremo colonia?*, Milán, Longanesi, 1977, p. 43.

21. Marco Magrini, "É la guerra della soia (ma senza i Ferruzzi)", en *Il Sole 24 Ore*, 4 de agosto de 2002.

22. Giuseppe Turani, "Chi scala la Pirelli", en *Uomini & Business*, a. 4, 2 de febrero de 1992.

23. Turani, "Venga a prendere una Perrier da noi", en *Uomini & Business*, cit.

24. Andrea Malan, "Auto, in cinque anni la grande sterzata", en *Il Sole 24 Ore*, 3 de agosto de 2002.

25. Ottone, ob. cit., p. 7.

26. Paolo Savona y Carlo Jean (dir.), *Geoeconomia. Il dominio dello spazio economico*, Milán, Franco Angeli, 1995, p. 43.

27. Ottone, ob. cit., pp. 182-183.

28. Gad Lerner, "I pioneri dell'Est. La griffe italiana nasce in Romania", en *La Stampa*, 2 de octubre de 1996.

29. Anna Del Freo, "Bucarest investe sulle campagne", en *Il Sole-24 Ore*, 3 de septiembre de 2002.

30. "The Global Power Elite", en *Forbes*, suplemento sin fecha (2000).

PRIMER EPÍLOGO

De las pequeñas Italias a la más grande Italia

La Italia de afuera no comprende sólo a los italianos en el exterior y a los descendientes de nuestros emigrantes, comprende también a los "italianizantes", o sea, a los extranjeros que los aceptan, los imitan o los promueven.

La identidad de la Italia de afuera, como la de la Italia interna, no refleja "esa cierta idea de Francia" que De Gaulle describía en las primeras líneas de sus memorias: no es "la princesa de las fábulas" y ni siquiera "la *madonna* de los frescos", no se cree "lanzada a un destino eminente y excepcional", "creada para sucesivos deberes o desventuras ejemplares".[1]

La italianidad es "algo más", que se agrega, en el interior, al patriotismo de las regiones y de las ciudades y en el exterior a las lealtades nacionales, al servicio de otras causas.

La italianidad es "naturalmente" global. La vocación global de Italia es una vocación dictada por su geografía, por mar abierto, por el *grand bleu* que la circunda y por una posición continental central. No es casualidad que Italia haya sido, como sostiene el historiador francés Michel Mollat, "una gran proveedora de exploradores".[2] Exploradores y descubridores de Asia, como Giovanni del Pian del Carmine, exploradores del Atlántico y de África, como Cadamosto, Usodimare, los Vivaldi, Antonio Malfante, de las Américas, como Colón, Vespucio, los Caboto, Verrazzano.

Italia ha resultado siempre estrecha para los italianos que, por ello, han creado otra Italia fuera de Italia. Ruggiero Romano afirma que "En el curso de su historia Italia ha ofrecido dos modelos: el modelo 'romano-imperial' y el que por comodidad llamaremos 'comunal-mercantil'". "Modelos", subraya Romano, "porque constituyen ejemplos de civilización que se han impuesto. Y se notará que, si en el primer caso la imposición se ha logrado con la ayuda de las armas, en el segundo caso el modelo se ha afirmado de un modo pacífico".[3] El historiador inglés Phillip Jones, a quien Romano retoma, habla de un pasaje del imperio político al imperio económico.[4] Más propiamente deberíamos hablar de un modelo permanente italiano basado sobre el cosmopolitismo económico, un preglobalismo abierto y expansivo que no busca conquistas territoriales sino conquistas mercantiles. Luego del comienzo de la decadencia de los imperios económicos de las repúblicas marítimas y de que se siguiera en vano el modelo imperial por el reino en el período 1936-1940, la nueva edición del modelo comunal-mercantil se desdobla en las dos Italias.

En suma, aquel "grandioso logro cosmopolita de Italia" que el italiano de afuera Giuseppe Prezzolini deplora en 1948 como una desventura para una Italia derrotada y mutilada por la guerra, "si se considera al territorio ocupado por los pueblos italianos o bajo su influencia, se verá que al fin del milenio (ya casi concluido) aquello ha disminuido",[5] hoy ya no es una desventura, sino una fórmula válida para un país que está entre las seis mayores potencias industriales del mundo y que, además de tener, casi sin quererlo, vecinas zonas de influencia, puede volver a ser la referencia de la "más grande Italia de afuera" o, como imagina el estudioso ítalo-americano Robert Viscusi, de un *Commonwealth* italiano.[6]

Como observa Viscusi, ha habido una estrepitosa coincidencia entre el desarrollo de la Italia de adentro y el desarrollo de la Italia de afuera. El país Italia ha entrado en el estado mayor de los Grandes y la *way of life* italiana se ha transformado en un modelo. Al mismo tiempo, de las *little Italies*, de una italianidad marginada, ha nacido un italiano homogéneo, que no es más un estereotipo negativo sino que hoy definitivamente ha pasado de clase, no pertenece más a los estratos más bajos de la pirámide social, ya no se siente acomplejado y no tiene más miedo de sí mismo. Antes se encontraban las grandes individualidades que no salvaban al conjunto sino que, en el hecho de destacarse, confirmaban la mediocridad: el bello actor Rodolfo Valentino, el maestro Toscanini, el científico Enrico Fermi, los púgiles Jack La Motta y Rocky Marciano, los cantantes Enrico Caruso o Frank Sinatra, Edith (Giovanna Gassion) Piaf e Yves Montand. Ahora somos a grandes rasgos: clases, categorías, escuelas artísticas y culturales, en suma, elite. Y se ve a los italianos en el exterior reclamar el pasado histórico del país[7] y al país tomar conciencia de su identidad y de aquella potencialidad que Gioberti le asignaba como "nación creadora".[8]

Por lo demás, las dos Italias jamás estuvieron realmente separadas. La Italia de afuera a menudo asumió un papel de suplencia con respecto a la Italia de adentro. Así, mantuvo el honor artístico y militar en los siglos oscuros. Fue la matriz de la independencia. Ha estado junto a Italia en la Primera Guerra Mundial, ayudándola con hombres y medios. Aunque desilusionada, durante la Segunda Guerra Mundial ayudó a la maduración de una Italia alternativa a la oficial y después ha presionado sobre el gobierno de los Estados Unidos para que la Italia derrotada recuperara un status internacional cada vez mejor, mientras que una Argentina, que no había querido declarar la guerra a Italia, la salvó del hambre.

El hilo cultural también se mantuvo, y más a menudo de lo que se cree. Donde no ha entrado la "otra cultura" ha subentrado una subcultura que por lo común no es tal. Un Manzoni no cruza la frontera, pero la cruzan los *Guerin Meschino* y *Los Reales de Francia* en el banquete de vendedores ambulantes, mientras que de las librerías del exterior son y han sido normales inquilinos Collodi, De Amicis, Salgari y toda la literatura sentimental desde Carolina Invernizio a Liala y hasta la lánguida y corrupta mundanidad de Pitigrilli. Gracias a sus libros, un autor italiano poco notorio en Italia, Pietro Ubaldi, deviene el profeta de las sectas espiritistas brasileñas. En la segunda posguerra italiana se publican en edición española y brasileña *Grand Hotel* y *Cuatro rutas*. No sería difícil, pues, encontrar el origen de las *telenovelas* latinoamericanas en la extraordinaria difusión que en los años cincuenta tuvieron en el otro hemisferio aquellas fotonovelas italianas que sugirieron a Federico Fellini *El jeque blanco*. Y es cada vez mayor, gracias a la Italia de afuera, el triunfo de la cultura gastronómica italiana transformada, con pocas variantes en diversos países, en la "cocina nacional".

La ventaja de Italia como potencia global creativa es que es imitable, no exclusiva. Por esto el término "diáspora" no se adecua a la expatriación de los italianos. Además, la emigración no ha dispersado a los italianos que, en el extranjero, se han descubierto como tales. No hay detrás del éxodo italiano la leyenda del judío errante, víctima de innobles persecuciones. Hay un acto de voluntad, con un sustrato más comercial que ideal.

En un bello ensayo, Enrico Pozzi[9] teoriza sobre el término "diáspora" con respecto al éxodo italiano y vincula dicho término justamente con una causa determinante, un evento catastrófico, capaz de provocar una fuga en masa, como la destrucción y la dispersión de Israel después de la guerra judaica. Por el contrario, no existe ninguna situación de este tipo en la génesis de la emigración italiana. Pozzi parte de la existencia, también en el caso de Italia, de una crisis traumática y se refiere a las comunidades del Mediodía y del nordeste "amenazas por la disgregación social y por el resquebrajamiento" en las áreas menos integradas al Estado nacional. En realidad, la emigración de masa no comienza en Italia en el Mediodía sino precisamente en aquellas regiones, la Liguria, el Piamonte, la Lombardía, que han evidenciado el sentimiento nacional más fuerte. Además, de la diáspora no se vuelve o no se pude volver, al menos antes de la constitución del Estado de Israel. Por el contrario, ya en la época de la gran emigración de fines del ochocientos los repatriados eran numerosos y sobre 7 millones de emigrantes de la última onda, la posterior a la Segunda Guerra Mundial, casi la mitad ha retornado.

El emigrante italiano no busca en el exterior un refugio, se dirige hacia una meta práctica, quiere hacer fortuna, se identifica con el país de recepción sin perder el marco de origen, deviniendo paradójicamente más italiano que antes. La expatriación, en este sentido, no es la salida fatal y atroz de una derrota colectiva, sino una opción, una apuesta personal, aunque compartida.

Sin embargo, la semejanza con la diáspora se halla en la tendencia de las colectividades italianas a ser una emigración de elite, en la tendencia a devenir, como las comunidades israelitas, una comunidad escogida, genial y creativa. Tanto la Italia de adentro como la Italia de afuera, se han encontrado mal en los paños del "gran proletariado". El italiano no se considera distinto a los otros, sino mejor que los otros. No es casual que la teoría de las elites haya tenido en Italia, en la tríada Pareto-Mosca-Michels, a sus maestros. Tres personajes, entre otros, representativos de las dos Italias: interior al 100 por ciento Gaetano Mosca, cosmopolita Wilfredo Pareto, alemán pero italianizado Roberto Michels.

El fenómeno de la emigración de masa se presenta como una desviación inevitable en el período 1870-1915, como un evento excepcional respecto de una secular exportación de minorías escogidas. Un evento de dimensiones tan temibles como para encender inmediatamente, mientras se encamina una tendencia a la remoción, un proceso de oscurecimiento y de exclusión de la historia nacional. Sólo una ola de pesimismo, una desvalorización de los recursos vitales del país y de su gente, justifica la réplica migratoria de la segunda posguerra y, en particular, la de los años sesenta del siglo veinte.

Afortunadamente al despegue de la Italia interna —conviene repetirlo— se ha unido en el último cuarto de siglo el despegue social y cultural de la Italia de afuera, la maduración de una conciencia identitaria en nuestras colectividades en el extranjero, expresada claramente en el plano político por la campaña por el voto de los italianos en el extranjero, mientras que la tendencia a la obtención del pasaporte italiano —aun cuando dictada en muchos casos por la conveniencia (pero es que tampoco ha sido un motivo de particular nobleza el invocado por la propaganda oficial difundida en su tiempo para favorecer las expatriaciones) y aunque también implica una difícil gobernabilidad a causa de regulaciones obsoletas— se presenta como un fenómeno a alentar para un país de inmigración.

En principio, es necesario ofrecerles a quienes pertenecen a las dos Italias no tanto una posibilidad de elección sino un espacio operativo para los propios proyectos individuales más vasto que aquel del que disponen actualmente en Italia y en los países donde residen. Esto es posible a través de oportunas formas de integración y de acuerdos con aquellos países atrasados que han devenido países de emigración porque faltan —o las han echado, como ha ocurrido en África del Norte— esas elites y técnicos empresariales que las dos Italias aportaron en el pasado y que, hasta ahora, están en condiciones de proveer.

En este sentido me complace constatar muchos síntomas favorables: sobre todo la concesión del voto a los italianos del exterior y la nueva designación de un ministro de los italianos en el exterior en la persona del parlamentario Tremaglia que más ha propugnado esa nominación; la presencia inesperada en el I Congreso de los italianos en el mundo de numerosas personalidades políticas de origen italiano; el proyecto *Italici* [Itálicos] de Piero Bassetti que se compromete a "promover una integración internacional entre los cerca de dos millones de itálicos —italianos, oriundos italianos, italófonos, italianistas, italófilos— dispersos por el mundo".[10] La Italia global, la gran potencia mercantil, tiene los medios para crear un *Commonwealth* italiano proyectado hacia el futuro, no hacia el pasado, una Italia más grande en el ámbito de una gran Europa y del Occidente atlántico.

Italia ha sido ávida, nunca avara. Ha sublimado la riqueza en el lujo, en el estilo. Ha impuesto el estilo en el espléndido patrimonio cultural que de ella ha derivado. Es cierto, por otro lado, que cuando los bienes acumulados se transformaron en réditos inertes también el estilo se adocena. Pero la italianidad no es *dolce vita*. La emigración no ha sido *dolce vita*, sino que ha sido una severa y quizá dolorosa peripecia hacia una vida mejor. Este itinerario fue recorrido con dureza y sacrificio, inspirándose en los antiguos valores italianos: el apego a la familia numerosa, el coraje de tener hijos, una fuerte espiritualidad, la esperanza cristiana, una fe, un sentido de perfeccionismo, el amor al trabajo bien realizado, un voluntarismo laico y religioso que hace de muchos laicos auténticos misioneros y de muchos religiosos pioneros de la italianidad.

Y no sólo en el estilo sino también en ese conjunto de intereses morales es donde se pueden encontrar las dos Italias. También este conjunto de intereses se encuentra por demás en la otra Italia, en las campiñas francesas, californianas, argentinas, brasileñas, entre los colonos vénetos que se agrupan en la franja de la Amazonia, en el mundo de las empresas dondequiera que esté el "grupo" italiano, en las fábricas de Suiza y de Alemania.

¿Y el italiano? La Italia del estilo ha ofrecido al mundo la lengua de la música. La Italia de afuera ha impuesto la jerga del trabajo. La lengua de las orquestas, pero también la lengua franca en la industria de la construcción suiza. En la Argentina en la lengua coloquial el trabajo es el *laburo*. Y aun más: el italiano es la lengua de los carteles de los negocios, no sólo en Santiago, como han registrado dos estudiosos chilenos, sino también en el elegante centro de Nueva York y de varias ciudades latinoamericanas y europeas. En España diversas sastrerías italianizan las propias denominaciones. Hasta en Moscú, frente al Kremlin, en las vidrieras de la moda italiana se agrega el cartel italiano de un café a la italiana.

Le toca a la Italia de adentro, ahora en ciertos aspectos más rica que la Italia de afuera, organizar la gran alianza sin complejos de superioridad —teniendo presente que en un tiempo la Italia de fuera era tan rica como para llenarla de forraje— y rechazando como históricamente falsa, despreciable y desviadora la máscara miserable y mezquina que a menudo se impone a un proletariado italiano que literalmente ha construido países y ciudades, que no ha sido mano de obra que se usa y se tira, sino que doquiera haya estado, cualesquiera hayan sido los oficios humildes que haya ejercido, no ha sido un peso muerto sino un agente de desarrollo y de cultura. Italia no ha exportado un *Lumpenproletariat*, el proletariado de los andrajosos, como lo llamaba Marx, sino un proletariado cualificado y trabajador.

Por ello, al concluir este trabajo escojo recordar dos obras del italiano Leonardo da Vinci: los retratos expatriados de dos mujeres italianas, la *Gioconda* y la *Dama dell'ermellino*. Ésta es la Italia de afuera que nos sonríe y nos invita desde París y desde Cracovia.

Notas

1. Charles De Gaulle, *Mémoires de guerre. L'appel 1940-1941*, Plon 1934, p. 2.
2. Michel Mollat, *Los exploradores del siglo XIII al siglo XVI - Primeras miradas sobre nuevos mundos*, trad. española, México, FCE, 1990, p. 64.
3. Ruggiero Romano, *Paese Italia - Venti secoli di identità*, Roma, Donzelli, 1994, p. 35.
4. Ibídem, p. 74.
5. Giuseppe Prezzolini, *L'Italia finisce ecco quel che resta*, trad. italiana, Florencia, Valecchi, 1959, pp. XI-XII.
6. Robert Viscusi, "Il futuro dell'Italianità: il *Commonwealth* italiano", en *Altreitalie*, 10, julio-diciembre de 1993.
7. Peter D'Epiro y Mary Desmond Pinkowish, *Sprezzatura. 50 Ways Italian Genius Shaped the World*, Nueva York, Anchor Books, 2001.
8. Vincenzo Gioberti, *Del primato morale e civile degli italiani*, a cargo de Gustavo Balsamo Crivelli, Turín, UTET, 1946, I, p. XL.
9. Enrico Pozzi, "Diaspora", *Impresa & Stato*, suplemento al Nº 22, junio de 1993.
10. Piero Bassetti, *Globali e locali - Timori e speranze della seconda modernità*, Milán, Casagrande, 2001, p. 81.

SEGUNDO EPÍLOGO

La otra Italia: datos estadísticos

Según los datos divulgados por el Consejo General de los italianos en el exterior los titulares de pasaporte italiano residentes fuera de Italia serían 4.922.864, los oriundos 58.509.526, o sea, el equivalente casi exacto de la población residente en Italia, como resulta del siguiente cuadro:

Presencia Italiana en el Mundo

Ciudadanos italianos 2.072.978	**Europa**	Oriundos 1.963.983
281.085 470.628 591.438 35.000 157.000 12.060 459.183	de los cuales: Bélgica Francia Alemania Países Bajos Reino Unido España Suiza	94.921 1.530.536 32.361 25.000 90.000 3.960 0

Ciudadanos italianos 70.719	África	Oriundos 55.519
43.350	de los cuales: Sudáfrica	39.120
Ciudadanos italianos 480.132	Norteamérica	Oriundos 16.098.248
330.632 149.500	de los cuales: Estados Unidos Canadá	15.502.248 596.000
Ciudadanos italianos 12.168	Centroamérica	Oriundos 18.571
6.500	de los cuales: México	15.000
Ciudadanos italianos 2.174.814	Sudamérica	Oriundos 39.822.000
1.361.290 448.817 39.000 60.000	de los cuales: Argentina Brasil Chile Uruguay	15.880.000 22.753.000 150.000 1.000.000
Ciudadanos italianos 21.794	Asia	Oriundos 5.170
Ciudadanos italianos 90.259	Oceanía	Oriundos 546.035
Total: Ciudadanos italianos 4.922.864		Oriundos 58.509.526

En el cuadro aquí reproducido sobre el cual se basan tales estadísticas la laguna más llamativa tiene que ver con la omisión de la colectividad italiana en Venezuela, que sumaría entre ciudadanos y oriundos cerca de 500.000 individuos. Se subvalora el número de los oriundos en Francia (según estimaciones francesas el elemento étnico de origen italiano equivaldría a casi el 10 por ciento de la población local, o sea, alcanzaría a 5.000.000 de individuos). Estaría igual infravalorado el número de los oriundos en los Estados Unidos: la cifra indicada debería ascender en forma notable (de 7 a 10 millones de individuos). Más verosímiles son los datos que se refieren a la Argentina: más de 1.500.000 de ciudadanos y casi 16 millones de oriundos, es decir, poco menos de mitad de la población local y ciertamente la mayoría relativa con respecto a otros componentes étnicos. Atendibles, pero difícilmente controlables, son las cifras relativas al Brasil, equivalentes a cerca del 14 por ciento de la población total, porcentual que crece en la parte meridional del país y desciende en las otras regiones.

La evolución demográfica del elemento étnico italiano en el extranjero muestra un cierto paralelismo con el de la península, pero basándose no en los aportes migratorios externos sino en los aportes endógenos, o sea, en un menor alejamiento de la tasa de natalidad italiana tradicional. La cifra actual confirma que mitad de la población italiana potencial se ha transferido al extranjero.

La composición de la Italia de afuera refleja además, de modo equilibrado, la composición regional de la población peninsular quizá con una localización diversa como consecuencia de la dirección tomada por los diversos grupos regionales en la época de éxodo de masa. En efecto, según los cálculos del sociólogo ítalo-argentino Mario C. Nascimbene (*Italianos hacia América*, Museo Roca-Centro de Estudios sobre inmigración, Buenos Aires, 1994), en el período 1876-1965, la emigración hacia los Estados Unidos proviene en el 80,1 por ciento de la Italia meridional (con Sicilia, Campania, Abruzos, Calabria, Apulia, en los primeros cinco puestos y en ese orden), al 8,7 por ciento de la Italia central (en primer lugar del Lazio), el 11,2 por ciento de la Italia septentrional (con el primer puesto para el Piamonte); la emigración hacia Brasil proviene en un 46 por ciento de la Italia septentrional (en primer lugar del

Véneto, y en segundo de la Lombardía), el 10,3 por ciento de la Italia central (en primer lugar de Las Marcas), el 43,7 por ciento de la Italia meridional (con el primer puesto para Calabria y el segundo para Campania); para la Argentina proviene en un 39,3 por ciento de Italia septentrional (en primer lugar del Piamonte, en segundo de la Lombardía, en tercer lugar del Véneto), el 11,1 por ciento de Italia central (con el primer puesto para Las Marcas), el 45,6 por ciento de Italia meridional (en primer lugar de Calabria, en segundo lugar de Sicilia, en tercer lugar de los Abruzos).

En conjunto, la región que ha ofrecido más elementos a las migraciones hacia los tres países indicados es Sicilia (1.635.100). Le siguen, entre las primeras diez, Campania (1.561.000), Calabria (1.129.000), Abruzos-Molise (985.200), Véneto (720.000), Piamonte (624.400), Lombardía (476.900), Apulia (450.000), Basilicata (413.900), Las Marcas (329.000).

Si se tiene presente que la emigración anterior a 1876 provenía principalmente de la Liguria, que proporcionará en el período siguiente un contingente más limitado (182.000), y en menor medida del Piamonte y que aquella que se dirige a Francia, Suiza, Gran Bretaña proviene, en el período anterior a la Segunda Guerra Mundial, preferentemente de la Alta Italia, se puede concluir que *la fisonomía regional de la Italia de afuera no es muy diferente de la de la Italia geográfica, es más, se podría decir que es su sosía.*

La otra Italia: un balance

Terminado después de cinco lustros el gran éxodo, la estabilización de las comunidades étnicas italianas en el exterior permite trazar un balance del fenómeno. Ahora bien, para medir sus resultados en forma comparativa en relación con las diversas áreas de recepción, he adoptado los siguientes indicadores: prestigio étnico, movilidad social vertical, peso económico, influencia política, influencia cultural:

a) Prestigio étnico

Máximo en las colonias de elite (Perú, Chile), satisfactorio en los asentamientos de masa en América latina (la Argentina, Brasil, Uruguay, Venezuela), en ascenso en Francia, en los Estados Unidos y en Suiza, potencialmente creciente en Canadá y Australia, poco significativo en Gran Bretaña, Bélgica y Alemania.

b) Movilidad social vertical

Máxima en América latina (pasaje rápido en los sectores medios y altos), satisfactoria en los Estados Unidos (pasaje reciente en los sectores medios), estacionaria en Francia, creciente en Suiza, mediocre en Gran Bretaña, Canadá, Australia, baja en Alemania.

c) Peso económico

Máximo en América latina (la Argentina, Brasil, Venezuela, Chile, Uruguay, Paraguay, Perú), creciente en los Estados Unidos (son ya numerosos los grandes *manager* de origen italiano) y en Suiza, poco significativo en Francia, escaso en Alemania, Gran Bretaña, Bélgica, Australia.

d) Influencia política

Máxima en América latina (en tales regiones los oriundos han escalado desde hace tiempo y repetidamente a los vértices del poder político), en ascenso en los Estados Unidos y Francia, discreta en Suiza, escasa en Gran Bretaña, Alemania, Bélgica, Australia, Canadá.

e) Influencia cultural

Notable en todo el circuito occidental en el campo de las artes, de la música, de la moda, con desarrollos actuales en Francia y en los Estados Unidos.

Las características generales de la otra Italia pueden sintetizarse así:

a) Tendencia a la readquisición de las propias raíces en los sectores medios cultos y de buen pasar y mantenimiento de la identidad étnica en las elites. Tentativas de recuperar la ciudadanía italiana también en el ámbito de los sectores menos pudientes en los países en crisis con vistas a repatriarse.

b) Persistencia del desfase entre una posición política predominantemente no visible con respecto a la vida local y una posición económica de mucho mayor peso. También en los oriundos subsiste esa opción economicista que ha determinado la migración en las generaciones precedentes.

c) Un creciente y cada vez más apasionado interés, especialmente en la generación oriunda más joven, por los aspectos más dinámicos de la sociedad italiana (moda, estilo, gastronomía, pero también nuevos modelos empresariales).

d) La otra Italia ya no cree "estar mejor" que la Italia peninsular: la imagen de la Italia campesina que han transmitido los padres y los abuelas se ha superado y ha sido sustituida por la de una Italia refinada y lujosa, hasta demasiado optimista.

NOTA BIBLIOGRÁFICA

Me limitaré a señalar aquellas referencias bibliográficas que, aunque consultadas por mí, no fueron mencionadas en el texto, y que se refieren ya sea a temas de carácter general, ya sea —como apuntes complementarios— a temas específicos, contenidos en escritos que he señalado en el texto y que no he desarrollado —aunque merecen ulteriores profundizaciones—.

Dado que no existen obras exhaustivas de carácter general, dividiré esta nota en tres partes relativas respectivamente a los tres ciclos de las migraciones italianas: la emigración de elite, la emigración de masa, la situación actual.

La emigración de elite

La documentación más informada es la que ofrece la obra *Il Genio italiano all'esterno* [El genio italiano en el exterior]. Se trata de una iniciativa sugerida por el historiador Gioacchino Volpe en un discurso en la Academia de Italia (reproducido bajo el título "Il primo anno dell'Accademia" en la *Nueva Antologia* del 16 de junio de 1930) y editada por el Ministerio de Relaciones Exteriores y por el Instituto Real de Arqueología e Historia del Arte. El comienzo de su realización, ilustrada por la revista *Marzocco* (6 de marzo de 1932), suscitará la curiosidad de Gramsci, que anotará en sus cuadernos los precedentes más autorizados, el auspicio de Cesare Balbo de una historia de la "Italia de afuera" y el parecer contrario respecto de Balbo expresado por Benedetto Croce en su *Storia dell'età barocca in Italia*. Gramsci rechaza la existencia de una hegemonía internacional italiana sosteniendo que "los intelectuales italianos no ejercen influjo como grupo nacional, sino cada individuo directamente y no por emigración de masa", si bien reconoce la función "cosmopolita", hoy diríamos "global", desarrollada durante un largo período por los intelectuales italianos (*Gli intellettuali e l'organizzazione della cultura*, Turín, Einaudi, 1952, pp. 56-57).

Il Genio italiano all'esterno incluye doce series: la primera "Gli artisti"[Los artistas]; la segunda "I musicisti" [Los músicos]; la tercera "Gli uomini di lettere e di pensiero" [Los hombres de letras y de pensamiento]; la cuarta "Gli architetti militari" [Los arquitectos militares]; la quinta "Gli uomini d'arme" [Los hombres de armas]; la sexta "Gli industriali, i costruttori, le maestranze" [Los industriales, los constructores, las maestranzas]; la séptima "Gli esploratori e i viaggiatori" [Los exploradores y los viajeros]; la octava "I principi" [Los príncipes]; la novena "Gli uomini politici"[Los hombres políticos]; la décima "I santi, i sacerdoti, i missionari" [Los santos, los sacerdotes, los misioneros]; la undécima "Gli scienziati" [Los científicos]; la duodécima "I banchieri, i mercanti, i colonizzatori" [Los banqueros, los mercaderes, los colonizadores].

La obra no resulta completa, sea porque diversos autores entre los más competentes serán afectados por las leyes raciales, sea por el ritmo de publicación más lento adoptado en el período posfascista. Entre los volúmenes, que no he mencionado en el texto, recuerdo *Gli incisori dal sec. XV al sec. XIX*, de Alfredo Petrucci (Roma, Istituto Poligrafico dello Stato - Libreria dello Stato, s/d); *Gli artisti in Ungheria* de Cornelio Budinis (Roma, La librería dello Stato, 1936); *Gli artisti italiani in Austria*, vol. I, *Dalle origini al secolo XVI* (Roma, La librería dello Stato, 1937), y vol. II. *Il secolo XVII* (Roma, Istituto Poligrafico dello Stato - Libreria dello Stato, 1962) ambos de Enrico Morpurgo; *I musicisti italiani in Francia*, vol. I, *Dalle origini al secolo XVII*, de Fernando Liuzzi (Roma, Danesi, 1946); *Gli scienziati italiani in Francia*, de Francesco Savorgnan di Brazzà (Roma, La librería dello Stato, 1941).

He descuidado la presencia de los italianos en Portugal, no reseñando un filón tan continuo y orgánico como el que se encuentra en otros países europeos, a pesar de los momentos mágicos como la participación de notables familias florentinas y genovesas (Cavalcanti, Accioli, Adorno) en la primera colonización de Brasil, cuyas riquezas serán descritas por primera vez por un jesuita italiano, Giovanni Antonio Andreoni. Por lo tanto, remito al *Genio italiano* para la parte artística, en particular al volumen *Gli artisti italiani in Portogallo*, de Emilio Lavagnino (Roma, Librería dello Stato, 1940) y para la colaboración marítima en la época que precede a los descubrimientos al ensayo de Roberto Almagià, *Gli italiani, primi esploratori dell'America* (Roma, Librería dello Stato, 1937).

Además del *Genio italiano* se pueden recordar los numerosos estudios que dedican a las colonias de los antiguos Estados italianos autores como Francesco Sapori, Gino Luzzatto y Fernand Braudel y, de este último, además de las obras citadas en el texto, el ensayo monumental *La Mediterranée et le monde mediterranéen à l'époque de Philippe II* (2 vol., París, Colin, 19878) traducido al italiano (Turín, Einaudi, 1976). El crítico literario austríaco, refugiado en Brasil, Otto Maria Carpeaux, atribuye a los literatos italianos como grupo nacional la conquista de Europa en la edad del barroco gracias precisamente a la dirección de la Contrarreforma y a la italianización de la Compañía de Jesús (*História da Literatura Ocidental*, 3, Río, Alhambra, 1980, pp. 495-497). Para las publicaciones más recientes, véase la rica documentación de Michel Balard, Angeliki E. Laiou, Catherine Otten-Froux, *Les italiens à Bizance*, París, Publications de la Sorbonne, 1987. Sobre los inicios de la presencia italiana en Egipto, véase "Il commercio dell'Egitto con le città italiane nel Medio Evo", de Michel Balard (*Levante*, XLIX, 1-2, enero-agosto de 2002). Para una cuidadosa descripción de los créditos concedidos a Carlos V y a Felipe II por los consorcios bancarios genoveses, véase Romano Canosa, *Banchieri genovesi e sovrani spagnoli tra Cinquecento e Seicento*, Roma, Sapere 2000, 1998. Sobre el más típico aventurero del setecientos, Giacomo Casanova, véanse las páginas clásicas de Alessandro D'Ancona [*Viaggiatori e avventurieri*, Florencia, Sansoni, 1974 (la primera edición es de 1912), pp. 117-209]. A las "Presenze italiane in America da Colombo a Garibaldi" está dedicada la primera parte (pp. 29-140) del ensayo de Emilio Franzina, *Gli italiani nel Nuovo Mondo. L'emigrazione italiana in America 1492-1942*, ya citado en el texto. El breve pero brillante ensayo de Ruggiero Romano "Il lungo cammino dell'emigrazione italiana" parte de la emigración histórica del siglo XVI (*Altre Italie*, 7, enero-junio de 1992).

La emigración de masa

Una panorámica de mucha densidad, aunque sucinta, de la "Italia de afuera" es la que ofrece Gioacchino Volpe en el capítulo homónimo de *Italia moderna 1815-1915* (vol. II, 1898-1915, Florencia, Sansoni, 1973, pp. 193-272), en la óptica del éxodo de masa. Al describir un mundo que se va "poblando de italianos", Volpe critica al gobierno nacional que se comporta como si la emigración no existiese, elogia el activismo de las organizaciones religiosas, traza un balance de las condiciones de los italianos país por país, no esconde las tragedias que allí ocurren (los 600 muertos del túnel del Gottardo) y propone, para mantener los vínculos entre las dos Italias, medidas como la doble ciudadanía y la "luminosa utopía" del voto italiano en el exterior.

El enfoque nacionalista ha encontrado una expresión literaria en las novelas de su teórico Enrico Corradini, *La patria lontana* (Milán, Treves, 1910) y *La guerra lontana* (Milán, Treves, 1991); el primero ha sido publicado nuevamente a cargo de Anna Storti Abate [Vecchiarelli, Manziana (Roma), 1989].

De la prensa en el exterior en lengua italiana, que merecería una historia aparte, existe una lista oficial que registra la situación al 31 de diciembre de 1893, año en el cual alcanza su máxima expansión. Excluyendo a los países donde existen minorías étnicas italianas y considerando solamente a los países preferidos por nuestra emigración, se enumeran dos diarios en Egipto, cuatro diarios y doce semanarios en los Estados Unidos, dos diarios, un bisemanario y tres semanarios en Brasil, dos diarios, un bisemanario, nueve semanarios y otros periódicos en la Argentina, un diario en Uruguay y en Chile, dos bisemanarios en Perú (*Bollettino del Ministero degli Affari Esteri*, n. general 37, Nº de Serie 18, diciembre de 1894).

El fin de la emigración en las postrimerías de los años setenta ha llevado a una rehabilitación póstuma del fenómeno y de su rol histórico. He mencionado varias veces la amplísima documentación recogida en la obra, a menudo citada en el texto, *L'emigrazione nella storia d'Italia 1868-1975* (Florencia, Valecchi, 1978) debida a Zeffiro Ciuffoletti, que tuvo a su cargo el primer volumen dedicado el período 1868-1914, y a Maurizio Degl'Innocenti, que tuvo a su cargo el segundo volumen dedicado el siguiente período. Rico en consideraciones y en datos es el ensayo de Ercole Sori, *L'emigrazione italiana dall'Unità alla seconda guerra mondiale* (Bolonia, Il Mulino, 1979): es especialmente importante y original la tercera parte que trata el pasaje de la emigración al exterior a las migraciones internas (pp. 399-473) las cuales, por lo demás, fueron mantenidas bajo control por la estricta reglamentación sobre el cambio de residencia que se implementó a partir de 1928 y que permaneció en vigencia hasta 1961. Otra visión de conjunto más sumaria que, por otra parte, también incluye los flujos migratorios de la segunda posguerra es la que proveen Patrizia Audenino y Paola Corti en *L'emigrazione italiana*, Milán, Fenice 2000, 1994. El punto de vista del asociacionismo católico inspira la *Storia dimenticata* de Deliso Villa (Thiene, Meneghini, 1995). Son muy recientes los dos volúmenes, a cargo de Piero Bevilacqua, Andreina De Clemente y Emilio Franzina, sobre *La storia dell'emigrazione italiana*, el primero con el subtítulo de *Partenze* (Roma, Donzelli, 2000), el segundo con el subtítulo de *Arrivi* (Roma, Donzelli, 2000). En *L'orda quando gli albanesi eravamo noi* (Milán, Rizzoli, 2002), Gian Antonio Stella recoge diversos juicios negativos extranjeros sobre la "calidad" de nuestra emigración. Un tema análogo había sido evocado por Maddalena Tirabassi en *L'emigrazione italiana negli Stati Uniti. Pregiudizio, intolleranza, razzismo* (Turín, Cesedi, 1991).

A las obras de Emilio Franzina ya mencionadas en el texto agrego el ensayo de carácter general "Le grandi migrazioni" (en *Storia dell'economia mondiale 4. Tra espansione e recessione*, a cargo de Valerio Castronovo, Roma-Bari, Laterza), además de una colección de cartas, más dolorosas que complacientes, de nuestros emigrantes, *Merica! Merica! Emigrazione e colonizzazione nelle lettere dei contadini veneti in America latina 1876-1902*, Milán, Feltrinelli, 1979; a cargo de Franzina está *Notizia sull'Argentina-Rio Segundo-Cordoba, ottobre 1889* (Bassano del Grappa, Errepidueveneto, 2001), las memorias de un burgués veneto que rehace su vida en la emigración. A Marcello Carmagnani se debe un examen comparado de la emigración italiana con la española y portuguesa (*Emigración mediterránea y América. Formas y transformaciones, 1860-1930,* Colombres-Asturias, Archivo de Indias, 1994).

El ensayo "La politica migratoria dello Stato postunitario" de Antonio Annino está dedicado a los orígenes y a las consecuencias de la ley del 31 de enero de 1901, un tema sobre el cual he mencionado en el texto las obras de Fernando Manzotti y Mauricio Vernassa (este último con particular referencia al período de Crispi). En el mismo número de la revista *Il Ponte* (30 de noviembre-31 de diciembre de 1974) en el cual se publica el ensayo de Annino, en su escrito "Politica migratoria e vicende dell'emigrazione durante il fascismo", Annunziata Nobile demuestra, basándose en las elecciones efectivas de los italianos, la inconsistencia de la tesis que ve en el colonialismo el antídoto a la emigración. Sobre el período giolittiano se centra el ensayo de Fabio Grassi "Giolitti, Tittoni e l'emigrazione" (en *Affari sociali internazionali,* I, 1 de septiembre de 1973).

El volumen *La politica navale italiana dal 1885 al 1915,* de Mariano Gabriele y Giuliano Friz (Ufficio Storico della Marina Militare, Roma, 1982) es muy útil para comprender mejor los límites de la "diplomacia de la cañonera" y, en general, de la diplomacia "global" en relación con las prioridades regionales o sea mediterráneas. El cuarto volumen de la *Storia delle campagne oceaniche della R. Marina,* compilado por el contraalmirante Fausto Leva para el período 1922-1937 y por el Ufficio Storico della Marina Militare, para el período 1937 a 1959, y publicado siempre a cargo de tal Ufficio en 1960, indica, con respecto al deber intimidatorio de las campañas precedentes, la relevancia esencialmente política y propagandística de las sucesivas, relevancia valorizada, por ejemplo, por el abastecimiento del crucero de una división especial en América meridional para la visita del príncipe heredero.

Si la emigración se presenta como un tema secundario en los *Documenti diplomatici italiani,* incluso porque la publicación todavía no está completa en lo que se refiere a los años cruciales a caballo entre el siglo XIX y el siglo XX, precisamente para aquel período existe *Emigrazione e colonie*, una primera recopilación de informes diplomáticos y consulares editada en 1893 a cargo del ministerio de Relaciones Exteriores. En una segunda recopilación de igual título, el primer volumen, editado en 1903, está dedicado a Europa y se divide en tres partes: I. Francia; II. Suiza, Austria-Hungría, Gran Bretaña. España, Gibraltar, Portugal, Malta; III. Alemania, Bélgica, Holanda, Estados Escandinavos, Rusia, Península balcánica. El segundo volumen, editado en 1906, incluye Asia, África, Oceanía. El tercer volumen, América, editado en 1909, está dividido en dos tomos: uno dedicado a la primera parte, Brasil, y a la segunda, la Argentina; el otro dedicado a la tercera parte: Estados Unidos, Cuba, México, Guatemala, Honduras, Nicaragua, Costa Rica, Haití, Santo Domingo, Curaçao, Colombia, Venezuela, Ecuador, Perú, Paraguay, Chile (falta Uruguay). Resulta sorprendente, entre otros, las noticias sobre el decisivo aporte de los italianos en la reconstrucción y desarrollo de Paraguay después de la guerra de la Triple Alianza (informe del encargado de negocios Ettore Cazzaniga, agosto de 1907, publicado en *Emigrazione e Colonie*, 3, p. III, pp. 436 y ss.).

Una documentación precisa sobre las controversias internacionales relativas a la tutela de los italianos en el exterior se encuentra, junto con los acuerdos y las convenciones internacionales sobre tal argumento, en la monumental publicación *La prassi italiana del diritto internazionale*, a cargo de la Sociedad Italiana para la Organización Internacional (SIOI) y por el Consejo Nacional de Investigaciones (Nueva York, Ocean Publications Inc., fecha de edición a partir de 1970). La obra se divide en tres series que se refieren respectivamente a los períodos 1861-1887, 1887-1918, 1918-1925.

Entre las monografías dedicadas a la emigración en países individuales, hay que mencionar el ensayo de Angelo Trento *Là dov'è la raccolta del caffè - L'emigrazione italiana in Brasile* (Padua, Antenore, 1984) particularmente dirigido a los fallidos movimientos reivindicativos de los colonos italianos en el Estado de San Pablo; véase en particular la huelga de Riberão Prieto en 1913 (pp. 176-177). Muy útil es el volumen a cargo de Alberto Filippi sobre *Italia en Venezuela* (Caracas, Monte ávila, 1983). Sobre el período crítico para los italianos después dela caída del dictador Pérez Jiménez, véase la versión personal del corresponsal de la Ansa, Bruno Campanini, *Rivoluzione a Caracas,* Parma, P.E.I., 1968. La participación de las maestranzas italianas en la construcción del canal de Panamá está descripta por Diego Del Boni en *Panamá y los italainos en la época de la construcción del Canal (1880-1915),* Panamá, Crucero de Oro, 2000. El Instituto ítalo-Latinoamericano ha promovido la publicación del *Dizionario storico degli italiani in Ecuador e Bolivia* (Bolonia, Il Mulino, 2001) de Luigi Guarnieri Calò Carducci, y del *Dizionario storico-biografico degli italiani in Perú* (Bolonia, Il Mulino, 1998) de Giovanni Bonfiglio. En ambos trabajos, además del diccionario figura la descripción de la emigración italiana en cada uno de los tres países. Federico Croci y Giovanni Bonfiglio en *El Baúl de la memoria* (Lima, Fondo Editorial del Congreso del Perú, 2002) publican recuerdos y cartas de los emigrados italianos en Perú. Para Colombia, al ensayo de Cinquegranelli citado en el texto, se agrega el más reciente de Roberto Violi Botta, *Biografías y relatos de italianos en Colombia (entre 1492 y 1938),* Bogotá, Granadina, 1995. Para Paraguay, véase *El bosque de la memoria. La comunidad italiana en el Paraguay,* a cargo de la Embajada de Italia, Asunción, 1993. Alusiones a los connacionales que encontró en su viaje en los años treinta del siglo xx pueden leerse en los reportajes de Mario Appelius en México, Chile y la Argentina, en *L'aquila di Chapultepec* y *Cile e Patagonia* (Verona, Mondadori, 1932 y 1933). En los Estados Unidos sobresale la figura del alcalde de Nueva York, Fiorello La Guardia, de quien Eric Amfitheatrof traza un excelente retrato en *I figli di Colombo,* citado en presente texto (pp. 232-271). En lo que se refiere a la emigración italiana hacia la Argentina, remito a la detallada bibliografía indicada en el texto y en una nota al pie de mi escrito, muchas veces referido, *L'Argentina, gli italiani, l'Italia.* En 1928 se publicó una reseña sobre la elite ítalo-argentina: *Gli italiani nell'Argentina - Uomini ed opere* (Buenos Aires, La Patria degli italiani editrice) a cargo de de Emilio Zuccarini. La revista *Azzurra,* editada por el Instituto Italiano de Cultura de Córdoba, ha dedicado un número especial (año VIII, Nº 19/20/21) a los intelectuales italianos, y en particular a aquellos de origen hebreo, emigrados a la Argentina entre las dos guerras. Luciano Patetta tuvo a su cargo, para el Instituto ítalo-Americano, *Architetti e ingegneri italiani in Argentina, Uruguay e Paraguay* (Roma, Pellicani, 2000).

Sobre la emigración femenina, véase el número de *Altreitalie* (9, enero-junio de 1993) sobre el tema "Le emigrate italiane in una prospettiva comparata", con la colaboración de Franca Jacovetta (Canadá), Roslyn Pesman Cooper y Ellie Vasta (Australia), Loraine Slomp Giron (Brasil), Alicia Bernasconi y Carina Frid de Silberstein (Santa Fe-Argentina), Maddalena Tirabassi ("Italiane ed emigrate"), Donna Gabaccia y Virginia Yans-McLaughlin (Estados Unidos).

Sobre la obstinada búsqueda de metas —que se extiende, a nivel gubernamental, incluso hasta la segunda posguerra— para una emigración "colonizadora" que ya no encuentra aspirantes serios en Italia, véase el artículo de Maurizio Vernassa, "Note sulla missione diplomatica di Salvatore Aldisio e Giuseppe Brusasca in America latina (23 luglio-5 ottobre 1949) e i suoi effetti sui rapporti italo-cileni" (*Africana*, VII, 2001).

La situación actual

Las actas de la Primera Conferencia de los Italianos en el Mundo y las publicaciones conexas ofrecen un cuadro general de la herencia de la gran emigración y de las perspectivas que de ella derivan en relación con la nueva fisonomía internacional de Italia. Además de las citas del texto, señalo las actas de algunas convenciones que, siempre en el ámbito de la primera conferencia, han debatido temas específicos: la convención de Lecce sobre *La donna italiana nel mondo tra tradizione ed innovazione*; la convención de Milán sobre *La rete delle comunità d' affari nel mondo: una risorsa strategica per il paese*; la convención de Campobasso sobre *Le nuove generazioni: tendenze, aspettative, richiami, opportunità*; la convención de Frascati sobre *Globalizzazione, migrazioni, intellettuali e sistemi di ricerca*; la convención de Roma sobre la prensa italiana en el exterior *Italiani nel mondo; una risorsa per l'informazione*. Todos los resúmenes han sido editados por adn kronos, Soveria Mannelli (Catanzaro) en 2001.

También las convenciones de estudios que recientemente ha

organizado la Fundación Cassamarca (Caja de Ahorro de la Marca Trevigiana) en varios países, sobre el humanismo latino han puesto en evidencia las relaciones entre nuestras colectividades y la difusión de la lengua y de la cultura italianas. Análogas iniciativas han sido promovidas, a su vez, por los ministerios de Relaciones Exteriores y de Instrucción Pública: merecen una especial referencia la convención de Nueva York de 1984 "L'italiano negli Stati Uniti" (Actas publicadas por la revista *Il Veltro*, XXX, 1-2 enero-febrero de 1986) y la convención de Buenos Aires de 1986 "L'italiano in America latina "(Actas publicadas bajo la dirección de Vincenzo Lo Cascio, Florencia, Le Monnier, 1987).

La fundación Agnelli ha publicado bajo un título "Euroamericanos" —que, a decir verdad, se adaptaría a la mayoría de los americanos y no sólo a los ítalo-americanos— tres volúmenes respectivos sobre las poblaciones de origen italiano en los Estados Unidos, en la Argentina, en Brasil (Turín, 1987). Para los Estados Unidos, además de las referencias ya incluidas en el presente texto, señalo el ensayo de Rudolf J. Vecoli sobre el "renacimiento étnico" ("La ricerca di un'identità italoamericana: continuità e cambiamento") y el ensayo de Dino Cinel sobre la colonia de San Francisco, en su momento definida justamente por Gioacchino Volpe como una "colonia de selección", "un todo orgánico" (*Italia moderna*, II, p. 218) pero será precisamente esta organicidad, adquirida superando con el nacionalismo fascista la fragmentación regionalista, la que sufrirá el contragolpe de la Segunda Guerra Mundial. En el volumen sobre Brasil, un grupo de reconocidos especialistas brasileños insiste sobre las vicisitudes de nuestra emigración. El volumen sobre la Argentina está dividido en dos sesiones a cargo de Francis Korn y de Mario Nascimbene y toca todos los múltiples aspectos históricos y estadísticos de la presencia italiana en la Argentina, salvo los políticos. Amplio espacio a los italianos en el exterior es acordado en la sección "Noi&Loro" del *Corriere della Sera* escrita por Maurizio Clerici, autor de *Gli eredi dei gangster* (Milán, Fabbri, 1973). Sobre la participación de los italianos en la vida política de los países de recepción y en particular en los Estados Unidos, menciono los ensayos de Maria Susanna Garroni, "Immigrati e cittadini. L'essere 'americani' degli italoamericani tra Otto y Novecento" (*Contempo-*

ranea, V.1, enero de 2002) y de Emilio Franzina "Le risorse dell'etnia e i doni della politica - Approssimazioni sugli italiani americani nella storia politica di un continente" (*Italia contemporanea*, 217, diciembre de 1999). Sobre los efectos en nuestras comunidades italianas en el exterior de las visitas de personalidades oficiales italianas, véase Federico Ghiglia, *L'America che parla italiano - Viaggio tra la Argentina e Uruguay. La memoria, il futuro e la visita di Ciampi*, Città di Castello, Dante Alighieri, 2001.

La continuidad histórica en la emigración de elite, ya evidente en las artes y en las disciplinas científicas, es ulteriormente testimoniada, en lo que se refiere a la economía, por el ensayo de Pier Francesco Asso, *From Economists to Economist. The International Spread of Italian Economy Thought, 1750-1950*, (Florencia, Polistampa, 2002). Véase a propósito del tema, Piero Barucci, "Italiani da esportazione", *Il Sole 24 Ore*, 12 de mayo de 2002.

ALIANZA SINGULAR
OTROS TÍTULOS

SIGMUND FREUD
LOS TEXTOS FUNDAMENTALES DEL PSICOANÁLISIS
Selección e introducción de Anna Freud
Versión española de Miriam Chorne y Gustavo Dessal
726 págs.

DAVID ROCK
ARGENTINA 1516-1987
Desde la colonización española hasta Raúl Alfonsín
Traducción de Néstor Míguez
536 págs.

JUAN JOSÉ SAER
EL RIO SIN ORILLAS
Tratado imaginario
256 págs.

FERNANDO GARCÍA DE CORTÁZAR Y JOSÉ MARÍA LORENZO ESPINOSA
LOS PLIEGUES DE LA TIARA.
Los Papas y la Iglesia en el siglo XX
230 págs.

GIOVANNI SARTORI
ELEMENTOS DE TEORÍA POLÍTICA
322 págs.

ROBERT GRAVES Y RAPHAEL PATAI
LOS MITOS HEBREOS
278 págs.

EDUARDO GALEANO, RICARDO PIGLIA, DAVID VIÑAS Y OTROS
RODOLFO WALSH
Edición de Jorge Lafforgue
Coed. con la Stanford University
342 págs.

SAÚL SOSNOWSKI (ed.)
LA CULTURA DE UN SIGLO
América latina en sus revistas
592 págs.

A. FERNÁNDEZ BRAVO, F. GARRAMUÑO y S. SOSNOWSKI (eds.)
SUJETOS EN TRÁNSITO
(In)migración, exilio y diáspora en la cultura latinoamericana
350 págs.

Se terminó de imprimir en el mes de
julio de 2005 en Imprenta de los
Buenos Ayres S.A.I.C., Carlos Berg 3449,
Buenos Aires - Argentina